此书的出版得到
2013年度教育部人文社会科学研究规划基金项目
《基于类型学的汉韩（朝）语篇结构标记对比研究》
（项目批准号：13YJA740021）
经费支持

2013年度教育部人文社会科学研究规划基金项目（批准号：13YJA740021）

基于类型学的汉韩（朝）语篇结构标记对比研究

金莉娜 ◎ 著

中国社会科学出版社

图书在版编目（CIP）数据

基于类型学的汉韩（朝）语篇结构标记对比研究 / 金莉娜著. —北京：中国社会科学出版社，2019.7
ISBN 978-7-5203-5358-8

Ⅰ.①基⋯　Ⅱ.①金⋯　Ⅲ.①汉语-语法结构-对比研究-朝鲜语
Ⅳ.①H14②H554

中国版本图书馆 CIP 数据核字（2019）第 230569 号

出 版 人	赵剑英
责任编辑	任　明
责任校对	闫　萃
责任印制	赫美娜

出　　版	中国社会科学出版社
社　　址	北京鼓楼西大街甲 158 号
邮　　编	100720
网　　址	http：//www.csspw.cn
发 行 部	010-84083685
门 市 部	010-84029450
经　　销	新华书店及其他书店
印刷装订	北京君升印刷有限公司
版　　次	2019 年 7 月第 1 版
印　　次	2019 年 7 月第 1 次印刷
开　　本	710×1000　1/16
印　　张	23
插　　页	2
字　　数	354 千字
定　　价	110.00 元

凡购买中国社会科学出版社图书，如有质量问题请与本社营销中心联系调换
电话：010-84083683
版权所有　侵权必究

内容提要

传统语言学把句子视为最基本的语言单位之一，主要研究句子内部的结构及语法功能。尽管传统语言学取得了丰硕的成果，但是观察实际使用中的语言现象即可发现，传统语言学对现实中的许多语言现象束手无策。例如，指称、省略、超句连接成分、连贯话语的生成与理解等，都无法在脱离语境的孤立句中得到满意的解释。不仅如此，人与人之间的语言交际并非通过孤立的句子实现，而是由多个连贯的句子组成的语篇来实现。因此，要真正认识作为交际工具的语言及其功能，就必须在传统语言学的基础上把研究领域拓展到语篇层面，对语篇进行全面、深入的研究。

然而，目前的汉韩（朝）对比学界却很少关注语篇对比研究，有限的研究成果也大都集中在指称问题上，语篇结构的研究几乎是一个盲点。在西方语言学界，语篇的结构和语篇的功能是语篇语言学的中心议题，语篇结构既是语篇研究的出发点，也是语篇研究的归宿。那么，如何对比汉韩（朝）语篇结构，以哪些语言现象或语言事实作为切入点，应该采用怎样的对比框架？

为此，本书以语篇分析理论和系统功能语言学理论为框架，综合运用话语分析、认知语言学、句法学、语义学、语用学、语体学、修辞学以及心理语言学、系统哲学、叙事学、新闻学等领域的相关理论和研究方法，依据功能为主形式为辅的原则，采用从共性基础到个性差异的对比思路，对汉韩（朝）语篇结构标记进行了全面的对比研究。

本书共分六章。

第一章是绪论。主要介绍了本书的研究内容、西方语言学界和汉韩（朝）语言学界的相关研究概况、本书的选题价值、理论基础、研究方法、研究思路、论文框架以及语料来源和涉及的术语。

第二章对比了汉韩（朝）语篇系统的总体特征。结合系统哲学的原理，归纳了语篇系统的多元性、有序性、整体性、有限性等基本特征，指出汉韩（朝）语篇结构由句子、句群、段落及段落群等四级单位构成，其中，段落是核心构成单位。其次，指出汉韩（朝）语篇结构是由微观结构、中观结构及宏观结构统一形成的复合三元结构，结构关系通常由结构标记来体现。同时，对汉韩（朝）语篇结构标记下了定义，并根据功能特征把语篇结构标记分为概念意义结构标记、逻辑意义结构标记、人际意义结构标记等三种类型。

第三章对比了汉韩（朝）概念意义结构标记的功能和使用特点。首先，考察了汉韩（朝）话题研究中存在的不足点，并指出汉韩（朝）话题的共同特征。其次，根据典型话题的构成特征，把汉韩（朝）语篇话题分为指称性话题、介引性话题、命题性话题等三种类型，重点对比了指称性话题中的不定指性话题，不仅归纳了不定指性话题的主要表现形式，还归纳了不定指性话题在两种语言中的对应形式和对应规律。最后，考察了话题的组织，按照信息类型把话题分为初始性话题、回指性话题和激活性话题，并据此对比了汉韩（朝）语篇话题的推进模式，归纳出延续式、派生式、集中式、交叉式、链条式等五种模式。

第四章对比了汉韩（朝）逻辑意义结构标记的功能和使用特点。首先，归纳了汉韩（朝）逻辑意义结构标记的特点，把它分为"元素—元素"关系标记、"对应点—对应点"关系标记、"原因—结果"关系标记等三种主要类型，并对每一类型的下位类型进行了对比，重点对比了罗列标记、转折标记和条件标记。

第五章对比了汉韩（朝）人际意义结构标记的功能和使用特点。首先，在指出汉韩（朝）人际意义结构标记的共同点之后，根据汉韩（朝）话语标记在话轮结构中的起始功能、延续功能、切换功能、抢夺功能及结束功能进行分类；其次，在归纳汉韩（朝）元话语标记的共同点的基础上，根据它们在语篇结构中的衔接功能，把它们分为话语态度标记、话语组织标记和话语信息标记，其中，重点对比了汉韩（朝）话语组织标记。

第六章是结语。对全书进行了总结，指出研究中的新发现和存在的不足点。

总之，语篇结构标记是在语篇中负载一定的语法、语义关系，并能通过这种关系管领语篇构成单位的语言标记。语篇结构，既是话者或作者建构连贯话语的结果，又是听者或读者重构连贯话语的过程。话者或作者为了使听者或读者更好地领会自己的交际意图,除了传递主要信息之外,还会选择恰当的语篇结构标记来有效地组织语篇,以表明自己的态度、观点以及谋篇思路;而语篇结构标记在很大程度上影响和制约听者或读者对主要信息的理解和对话语关联性的寻求,因为听者或读者在理解语篇时,除了推理机制以外,语篇结构标记往往是他们寻求最佳关联的重要线索。

我们认为,不一定所有的语篇都有结构标记,但是典型的语篇必有结构标记。不论是汉语还是韩国语(朝鲜语),影响语篇结构和语篇结构标记的主要参数不是语言类型,而是语篇类型以及作者或话者的话语风格。

关键词:汉语;韩国语(朝鲜语);语篇;结构标记;功能;对比

Abstract

Traditional linguistics regards a sentence as the most basic unit of a language, and mainly studies the internal structure of sentences and the grammatical functions. Although traditional linguistics has obtained plentiful and substantial achievements, it is at a loss to some language phenomena in context, which we can observe from the observation of the language phenomena in using. For example: The reference, ellipsis, super-sentence conjunction, the generation and comprehension of sentential coherence and so on, could not be satisfactorily explained in an isolated sentence regardless of its context. Moreover, the interactive language communication among human beings could not be achieved by an isolated sentence, but by the discourse which is composed of considerable coherent sentences. Therefore, if we truly want to know the language which is used as a kind of communicative tool, and its function, we have to expand the research field to the discourse level with syntactic linguistics as a basis, and take a comprehensive, in-depth study on discourse structure.

However, in the academic circles of thecomparative study on Chinese and Korean, few people have paid attention to the comparative studies of discourse. Although some limited achievements have mainly focused on the study of reference, the discourse structure study is almost a blind spot. In the west linguistic circle, a discourse structure and a discourse function are the central subjects of discourse linguistics, and the discourse structure is not only a starting point, but also the destination of discourse studies. Then, questions like how to compare the discourse structures between Chinese and Korean, which kind of linguistic phenomena to be viewed as a starting point, what theoretical framework should be used deserve much attention.

This dissertation takes the theory of discourse analysis and systemic-functional linguistics as a framework, and synthetically uses the correlation theories and research methods of discourse analysis, cognitive linguistics, syntax, semantics, pragmatics, stylistics, rhetoric, psycholinguistics, system philosophy, narratology and so on, takes the discourse structure marker as a starting point, with the principle of function first and form second, uses the thinking of comparison from common basis to individual differences, conducts a comprehensive comparative study on the discourse structure marker between Chinese and Korean.

This dissertationconsists of six chapters.

Chapter One is an introduction. It mainly introduced the content of this dissertation, therelevant literature review in Western linguistic circle and the Chinese and Korean linguistic circle, as well as the value of the research topic, the theoretical basis, the methods, the line of thinking, the framework of this dissertation, the origination of linguistic corpora, and the linguistic terms used in this dissertation.

Chapter Two compared the overall characteristics of the discourse system in Chinese and Korean. With the principle of systematic philosophy, Chapter Two summed up some basic characteristics of discourse system—pluralism, orderliness, integrity and finiteness. Then it pointed out that the discourse structure in Chinese and Korean is composed of sentences, segments, paragraphs, paragraph groups, and the paragraphs are the core constituent units. Secondly, it also pointed out that the discourse system is a kind of triadic compound structure which includes micro structure, intermediate structure and macro structure, and the structural relation is usually manifested by the structure marker. Meanwhile, it gave a definition to the Chinese and Korean discourse structure, according to the functional characteristics. It classified the discourse structure markers into three types: markers denoting ideational meanings, markers denoting logic meanings and markers denoting interpersonal relationships.

Chapter Threecompared the function and the characteristics of markers denoting ideational meanings used in Korean and Chinese. First, it commented on the shortcomings of topical studies in Chinese and Korean, and pointed out the common characteristics in Chinese and Korean topics. Secondly, according to the formation characteristics of typical topics, it categorized discourse topics into referential topics, introductionary topics and propositional topics with a focus on comparing the indefinite topics in referentiality topics. It included not only the main manifestation, but also the correspondence forms and correspondence laws of indefinite topics in Chinese and Korean. Once more, according to the information types, the dissertation divided topics into initial topics, anaphoric topics and activating topics, and according to the above, it compared the discourse thematic progression in Chinese and Korean, and then summarized the extension type, derivation type, central type, cross type and chain type. Finally, it compared the manifestation and boundary issue of Chinese and Korean temporal markers.

Chapter Fourcompared the function and the characteristics of markers denoting logic meanings used in Chinese and Korean. It summarized the characteristics of markers denoting logic meanings in Chinese and Korean and put it into three main types: "the element-element" relational marker, "the corresponding points-corresponding points" relational marker and "the cause-effect" relational marker. Finally, it carried on a comparison on the subtypes of each type, focusing on the display marker, adversative marker and condition marker.

Chapter Fivecompared the function and the characteristics of markers denoting interpersonal relationships used in Chinese and Korean. First, after pointing out the common ground of Chinese and Korean interpersonal meaning structure marker, according to the initial function, extended function, switching function, seizing function and conclusion function of Chinese and Korean discourse marker in turn-taking structure, it categorized markers denoting interpersonal relationships into several types; Secondly, on the basis of including the common ground of Chinese and Korean meta-discourse marker, according to their cohesion function in discourse structure, this dissertation divided it into discourse attitude marker, discourse organization marker and discourse information marker, which focused on the Chinese and Korean discourse organization marker.

Chapter Six is a conclusion. It carried on a summary to the full dissertation and pointed out the new findings and deficiency points in the study.

In short, the discourse structure marker is a kind of language marker which loads the grammar and semantic relations, and it can lead to two ormore discourse formation units with this relationship. The discourse structure is not only the result of an author's/speaker's construction to coherence discourse, but also the process of a reader's/listener's reconstruction to coherence discourse. In order to make readers/listeners can understand the communicative intent better, in addition to conveying the main information, the authors/speakers will choose the appropriate discourse structure marker to effectively organize the discourse to indicate their attitudes, views and thinking; and to a large extent, discourse structure marker will influence and restrict a reader's /listener's understanding of the main message and the search of discourse relevance theory, because when readers / listeners understand the discourse, in addition to the reasoning mechanism, a discourse marker will be an important clue to seek the best connection for them.

We believe that not all the discourses have structure markers, but the typical discourse must havethem. No matter whether it is Chinese or Korean, the main parameters that affect a discourse structure and a discourse structure marker are not the language types, but the discourse types and the author's discourse style.

[**Key words**] Chinese; Korean; discourse; structure marker; function; comparative study

序

  金莉娜的新著《基于类型学的汉韩(朝)语篇结构标记对比研究》即将出版,我感到十分高兴和欣慰。为了完成这个课题,金莉娜投入了大量的时间和精力,我是比较了解的,所以欣然答应写这个序。

  近十几年来,我国的汉语、韩国语(朝鲜语)对比研究领域不断得到拓展,从传统的词汇、语法、语音对比研究扩展到语篇、话语分析领域,研究方法逐渐多样化,研究内容不断深化。但是我们发现,基于传统语言学的词汇对比和句法对比,仍然是汉韩(朝)对比研究的主流,而超出句子层面的语篇对比、话语对比研究成果还并不丰富,更缺乏结合系统功能语言学、语言类型学、认知语言学、话语分析、语用学等多种理论和方法的突破性研究成果。就汉韩(朝)语篇对比而言,有限的对比成果主要集中在指称、衔接手段等个别语篇现象上,尤其集中在指称对比方面,而对语篇结构及语篇标记等方面的问题缺乏深入的研究。在这种情况下,金莉娜的《基于类型学的汉韩(朝)语篇结构标记对比研究》的出版,可以说是一种有意义的尝试,也在一定程度上弥补了汉韩(朝)语篇对比研究领域的缺失,是一项重要的研究成果。

  通过跨语言的对比分析,学者们经常发现原本视为某一个语言的"特点"或"特色"的东西,实际上不是那个语言所独有的。同样,作者通过基于类型学的汉语、韩国语(朝鲜语)语篇的对比研究,发现汉语和韩国语(朝鲜语)语篇结构具有很强的共性。语篇是一个系统,从内部结构和外部功能来看,汉韩(朝)语篇系统都具有多元性、有序性、整体性和有限性,汉韩(朝)语篇的这种系统性不仅体现在统一的语篇主题上,还体现在主体结构和外围结构的统一上。实际上,汉语、韩国语(朝鲜语)语篇的共性也代表了人类语言语篇的共性特征。

  作者指出,语篇结构是语篇的句子或命题等语篇直接构成成分之间的内在关系，可理解为影响语篇连贯的诸关系的组织网络，而语篇结构标记则是显示这种语篇结构关系的语言标志，是语篇组织网络中的节点。语篇通常由句子、句群、段落、段落群等单位构成，语篇构成单位既可以独自构成一个语篇，也可以两种或多种共同构成一个语篇，既可以平列组合语篇，也可以嵌套组合语篇。由这些四级单位构成的语篇结构，作者称为"复合三元层级结构"。汉韩（朝）语篇的这种层级结构是由中观结构、微观结构和宏观结构组成的，是形式、语义及功能的有机统一体，是一种复合结构，而汉韩（朝）语篇结构的三元复合结构特点，也可看作多数语言语篇的共性。

语篇结构，是语篇研究中最重要的议题，对于研究语篇的生成和理解具有重要意义。汉语和韩国语（朝鲜语）的语篇结构在大体上呈现出相近的特点，但是，建构语篇的标记手段在形式上有区别，其功能也不完全一致。作者依据语言中的概念功能、人际功能、语篇功能以及话语的不同分层，把汉语、韩国语（朝鲜语）语篇结构标记分为概念意义结构标记、逻辑意义结构标记和人际意义结构标记等三种类型，并依次进行了对比分析。

语篇是一个语义—语用单位，既涉及语篇的生成，又关涉语篇的理解。对语篇的听者（读者）来说，要理解和把握一个语篇，首先要理解和把握构成语篇的命题，因为命题说明事物的概念结构，而概念意义结构标记正是表示这种概念结构的手段，是构筑语篇真值条件义的基础和核心。作者指出，仅就语篇的理解而言，话题具有更重要的意义，因为话题不仅奠定言谈或叙述的基点，而且对述题部分具有穿针引线的导向作用。作者根据话题的形式、语义、语用特征，把汉语、韩国语（朝鲜语）语篇的话题分为指称性话题、介引性话题和命题性话题等三种类型，再根据指称性质把指称性话题分为定指性话题、不定指性话题及通指性话题，并进行了深入的对比。其中，不定指性话题的汉韩（朝）对比分析，可谓一个亮点。

在分析汉语、韩国语（朝鲜语）不定指性话题时，作者指出，尽管汉韩（朝）语篇话题都以定指为主，但在特殊语境中某些不定指成分也可以充当话题。韩国语（朝鲜语）不定指话题句对应于汉语存现句中的"有"字存在句、"动词+了"存在句、"动词+着"存在句以及表示出现的隐现句；汉语不定指话题则有不同的对应形式，当它以隐现句的主语形式出现时，由"一+(量词)+名词性成分"构成的主语对应为韩国语(朝鲜语)的"冠形词+名词"形式，以隐现句的宾语形式出现时，则对应为韩国语(朝鲜语)的主语。这种差异不仅是由于汉语、韩国语(朝鲜语)不同的结构类型、语序类型及语法手段导致的，也是由于汉语、韩国语(朝鲜语)母语人的认知模式不同而产生的必然结果。尽管充当汉韩(朝)不定指性话题的名词性成分的句法形式和句法功能有所不同，但是作为语篇的结构标记手段，汉韩(朝)不定指性话题都具有引进新话题和淡化陈述对象的语篇功能，体现出较高的一致性。

作者把语篇的建构过程看作语篇的话者(作者)不断地选择话题、引入述题的过程，而这种选择、引入话题的过程也是话题推进的过程，是语篇的结构逐渐形成的过程。作者指出，汉语、韩国语(朝鲜语)语篇都有延续式、派生式、集中式、交叉式、链条式话题推进模式，具有很强的共性，这表明，汉韩(朝)话题推进模式主要受认知模式的影响，而较少受语言结构类型和语序类型的影响。但是，汉韩(朝)语篇推进模式也存在一定的区别，韩国语(朝鲜语)语篇话题的管领力强于汉语，而汉语句子话题的管领力强于韩国语(朝鲜语)，因此，汉语语篇的话题和韩国语(朝鲜语)语篇的话题有不同的对应形式。

在传统的汉语、韩国语(朝鲜语)研究中，汉语关联词或连词、韩国语(朝鲜语)接续副词或接续词研究主要是在句子范围内进行的，研究者很少跨越句子范围，在段落及语篇层面考虑这些连接成分的衔接功能。作者把这些连接成分称为"逻辑意义结构标记"，并依据所连接单位之间的逻辑语义关系，把汉语、韩国语(朝鲜语)逻辑意义结构标记分为"元素—元素"关系标记、"对应点—对应点"关系标记和"原因—结果"关系标记。作者指出，"因为、所以、但是、如果、即使""gɯrigɔ 그리고(然后)，gɯreʃə 그래서(所以)，gɯrəna 그러나(但是)，gɯrənde 그런데(不过)，gɯrətʃhiman 그렇지만(可是)"等语言成分，在语篇中不表示命题内容，不能或较少表示概念意义，也难以或很少增加新的真值意义，它们所表示的是语篇命题内容之间的逻辑衔接关系，是语篇结构的一部分。汉韩(朝)语篇中的逻辑意义结构标记都是以某种客观的逻辑事实为基础而使用的，但是，具体是否选择明示的形式标记或者使用哪一个形式标记，则带有话者(作者)一定的主观性。可以说，作者建立了相对全面、缜密的汉韩(朝)逻辑意义结构标记系统，并发现其类型有高度的一致

性，但是在数量和对应形式方面存在区别。例如，汉语时间序列标记比韩国语（朝鲜语）发达，而韩国语（朝鲜语）连贯标记、转折标记、结果标记比汉语发达。

除了表示逻辑意义的结构标记以外，汉韩（朝）语篇中还有一种结构标记也不增加真值意义，只表示话者的态度、评价、立场、动机等人际意义，这些标记有词语形式，也有词组或小句形式，它们通常独立于句法结构之外，所表示的不是命题性信息，而是编码性信息，具有较大的主观性和程序性。作者指出，汉韩（朝）话语标记在会话结构中的话语功能是相同的，都主要体现起始、延续、切换、抢夺、结束等衔接连贯的功能，而且一个话语标记往往在不同语境中可以表示不同的话语功能，强化不同的话语意图，同时，汉韩（朝）词汇或词组形式的话语标记的使用频率高于小句形式的话语标记，而且由指示代词构成的话语标记的使用频率也都很高。值得注意的是，在韩国语（朝鲜语）中，由表示远指或更远指的指示代词"dzə 저（那个），dzəgi 저기（那），gə 거（那个），gəgi 거기（那），gɯ 그（那个）"构成的话语标记的使用频率较高；而在汉语中，由表示近指的"这个"构成的话语标记的使用频率较高。

作者把汉语、韩国语（朝鲜语）语篇中含有言说动词或言说名词且在形式上多以谓词性词组或小句形式出现的语言成分称为"元话语标记"，并对"老实说、说实话、表面看来、如前所述""ʃoltʃikhage malhɛ 솔직하게 말해（说实话），gɛkkuantsəgɯrɔ malhamiən 객관적으로 말하면（客观地讲），ʃypke malhadzamiən 쉽게 말하자면（简单地说），bakuə malhamiən 바꿔 말하면（换句话说）"等元话语标记进行了对比分析。这些语言成分，在以往的研究中多是从关联成分或话语标记的角度进行研究的，而作者把它们同话语标记分开来进行了分析。作者指出，这些元话语标记与话语标记的共同点在于，都由词组、小句或某些惯用形式组成，都存在于基本话语层之外，且不表示命题性信息，而表示编码性信息，具有语篇衔接和连贯的功能；不同点在于，汉语、韩国语（朝鲜语）元话语标记主要是由"说"类言说动词和"看""想"类意向动词以及部分言说名词组成的，所表示的是话者（作者）对自己话语的主观调控和评述，体现的是话者的元认知。

作者发现，除了上述共性之外，汉语和韩国语（朝鲜语）元话语标记也有一定的区别，例如，在汉语中，构成视点标记和认识情态标记的核心

成分是言说动词"说";而在韩国语(朝鲜语)中,则是视觉动词"bɔda 보다(看)"。作者认为,这是由于汉语视点标记和认识情态标记所凸显的是观察之后所要进行的表述行为,而韩国语(朝鲜语)更突出的是观察事物的视觉行为。再如,汉语的推论标记、总述标记及信息来源标记都比韩国语(朝鲜语)丰富,而且汉语的元话语标记较之韩国语(朝鲜语)更强烈地反映了话者(作者)的主体意识,更显著地体现了话语的交互主观性,然而在韩国语(朝鲜语)中,话者(作者)的主体意识相对淡化,更多的是以零形式出现,而且交互主观性也没有汉语那样显明。

从类型学的视角进行研究,并不是每一项研究、每一次研究都一定要涉及大量的语言样本。最为重要的是,研究者要有对语言共性的认识和语言类型学的意识,有了这种认识和意识,我们即便只研究一种语言或只对比两种语言,也能发现新的语言现象和规律。《基于类型学的汉韩(朝)语篇结构标记对比研究》所描写和揭示的只是汉语、韩国语(朝鲜语)两种语言的共性,可以说是局部的共性,但是这种跨语言、跨谱系的语言对比,对于考察不同语言的语篇结构的共性,对于揭示人类语言的奥秘及普遍性,都具有重要的类型学意义。

除了上述颇为新颖的对比结论之外,书中还有许多值得称道的尝试和探索。例如,为了得出更为客观、准确的结论,作者不仅考察了汉语、韩国语(朝鲜语)的文学语体、科学语体、政治语体、新闻语体、公务语体五种语体的语料,而且尽量选取了语域对等、翻译对等且数量足够的典型性语料,从而最大限度地保证了对比的全面性、公正性和可靠性。此外,在研究方法方面,作者以语篇语言学理论和对比语言学理论作为主要理论框架,综合运用语言类型学、系统功能语言学、认知语言学、话语分析、语义学、句法学、语用学、语体学、修辞学以及系统哲学、叙事学等领域的相关理论和研究方法,形成了不同于以往汉韩(朝)对比研究的多元化、多视角、多维度的跨语言对比模式。

由于篇幅所限,我无法一一列举书中诸多可圈可点的地方,也无法一一评价。总之,作者立足于语言类型学视角,结合丰富的语言理论知识及汉语、韩国语(朝鲜语)本体知识,以汉语、韩国语(朝鲜语)语篇事实为依据,开拓性地建立并对比了汉韩(朝)语篇结构标记系统,拓宽了汉韩(朝)语言对比的研究领域,建构了汉韩(朝)语言对比的新模式和新方法。我认为,作者所做的这些有益的尝试和探索,具有方法论上的重要意义，是今后的汉韩（朝）语言对比研究需要借鉴和参考的。

不过，由于考察范围过广、所涉及的语言现象及语言形式众多，作者未能对语篇语料标注国际音标，从而在一定程度上影响了部分读者的阅读和理解。此外，在对比汉韩（朝）话题结构时，对于组篇机制的分析还不够深入，对部分汉韩（朝）逻辑意义结构标记和人际意义结构标记的对比也缺乏微观层面的细致描写。当然，这些问题主要是由语篇结构或话语结构自身的复杂性造成的，也是当前语言类型学研究的局限性造成的。我想，这些问题也是汉韩（朝）对比学者今后需要不断开拓、不断探索的研究课题。

我和金莉娜师生多年，我十分了解她在学术研究方面积极进取、刻苦拼搏、敢于挑战、勇于开拓的精神，这些年来，我也欣喜地看到她的成长与进步，看到她通过不懈努力所取得的一些成绩。金莉娜热爱学术研究，而且勤奋好学、乐于钻研、不怕吃苦，相信她在未来的学术研究方面会取得更大的成就。

是为序。

金永寿
2019 年 3 月 20 日

目 录

第一章 绪论 ……………………………………………………… （1）
　第一节　研究内容及研究方法 ……………………………………… （1）
　　一　研究内容 …………………………………………………… （1）
　　二　研究方法 …………………………………………………… （2）
　第二节　研究概况 …………………………………………………… （3）
　　一　语法取向的语篇分析 ……………………………………… （4）
　　二　语义取向的语篇分析 ……………………………………… （11）
　　三　语用、交际取向的语篇分析 ……………………………… （20）
　　四　研究的不足 ………………………………………………… （26）
　第三节　选题价值 …………………………………………………… （30）
　　一　理论价值 …………………………………………………… （30）
　　二　应用价值 …………………………………………………… （31）
　第四节　理论基础 …………………………………………………… （32）
　　一　语言类型学理论基础 ……………………………………… （32）
　　二　系统功能语言学理论基础 ………………………………… （35）
　　三　其他理论基础 ……………………………………………… （36）
　第五节　研究思路及全书框架 ……………………………………… （36）
　第六节　语料来源及符号说明 ……………………………………… （38）
　　一　语料来源 …………………………………………………… （38）
　　二　符号说明 …………………………………………………… （38）

第二章　汉韩（朝）语篇的总体特征 …………………………… （39）
　第一节　汉韩（朝）语篇系统的特征 ……………………………… （39）
　第二节　汉韩（朝）语篇结构的特征 ……………………………… （40）
　　一　四级构成单位 ……………………………………………… （41）

二　三元层级结构 …………………………………………（47）
　第三节　汉韩（朝）语篇结构标记的特征 …………………（48）
　　一　语篇结构标记的功能 …………………………………（49）
　　二　语篇结构标记的分类 …………………………………（51）
　第四节　小结 …………………………………………………（58）

第三章　汉韩（朝）概念意义结构标记 …………………………（61）
　第一节　概念意义结构标记的特点 …………………………（61）
　第二节　话题标记 ……………………………………………（63）
　　一　目前汉韩（朝）话题研究中存在的不足点 …………（66）
　　二　汉韩（朝）话题标记的特征及类型 …………………（73）
　第三节　汉韩（朝）话题标记的组织 ………………………（113）
　　一　汉韩（朝）话题标记的信息类型 ……………………（113）
　　二　汉韩（朝）话题的推进模式 …………………………（129）
　第四节　小结 …………………………………………………（145）

第四章　汉韩（朝）逻辑意义结构标记 …………………………（151）
　第一节　汉韩（朝）逻辑意义结构标记的特点及类型 ……（151）
　第二节　"元素—元素"关系标记 ……………………………（153）
　　一　罗列标记 ………………………………………………（153）
　　二　序列标记 ………………………………………………（180）
　第三节　"对应点—对应点"关系标记 ………………………（190）
　　一　比较标记 ………………………………………………（191）
　　二　对立标记 ………………………………………………（195）
　　三　转折标记 ………………………………………………（203）
　第四节　"原因—结果"关系标记 ……………………………（224）
　　一　因果标记 ………………………………………………（225）
　　二　条件标记 ………………………………………………（233）
　　三　目的标记 ………………………………………………（237）
　第五节　小结 …………………………………………………（240）

第五章　汉韩（朝）人际意义结构标记 …………………………（244）
　第一节　人际意义结构标记的特点 …………………………（244）
　第二节　话语标记 ……………………………………………（245）
　　一　起始功能话语标记 ……………………………………（248）

二　延续功能话语标记 ……………………………………………（250）
　三　切换功能话语标记 ……………………………………………（253）
　四　抢夺功能话语标记 ……………………………………………（255）
　五　结束功能话语标记 ……………………………………………（256）
第三节　元话语标记 …………………………………………………（258）
　一　相关研究概况 …………………………………………………（258）
　二　汉韩（朝）元话语标记的界定、范围及特点 ………………（259）
　三　话语态度标记 …………………………………………………（262）
　四　话语组织标记 …………………………………………………（273）
　五　话语信息标记 …………………………………………………（296）
第四节　小结 …………………………………………………………（302）

第六章　结语 ………………………………………………………（309）
第一节　本书的主要内容 ……………………………………………（309）
第二节　本书的主要发现 ……………………………………………（311）
第三节　本书的不足之处 ……………………………………………（319）

参考文献 ……………………………………………………………（321）

附录 A　韩国语"ユ-"系列连接成分的词类地位问题 …………（335）

附录 B　本书语料的构成 …………………………………………（339）

后记 …………………………………………………………………（343）

图表目录

图 1.1　本书的研究思路及框架图 ……………………………（37）
图 2.1　语篇基本构成单位和非基本构成单位关系图 …………（45）
图 2.2　汉韩（朝）语篇三元层级结构示意图 …………………（48）
图 2.3　汉韩（朝）语篇结构标记系统基本框架图 ……………（60）
图 4.1　"元素—元素"关系图 …………………………………（153）
图 4.2　"对应点—对应点"关系图 ……………………………（191）
图 4.3　两种"原因—结果"关系图 ……………………………（225）
图 5.1　论证语篇的主题展开模式图 ……………………………（285）
图 6.1　汉韩（朝）语篇结构标记系统图 ………………………（312）
表 1.1　2000 年—2011 年间国内核心期刊韩国语（朝鲜语）研究
　　　　成果分类表 …………………………………………（28）
表 1.2　汉韩（朝）语篇对比研究成果分类表 …………………（29）
表 3.1　韩国语（朝鲜语）语篇中表示主格的助词使用频率
　　　　统计表 …………………………………………………（78）
表 3.2　汉韩（朝）话题推进模式对照表 ………………………（149）
表 4.1　韩国语（朝鲜语）常用转折标记统计表 ………………（203）
表 4.2　韩国语（朝鲜语）常用结果标记统计表 ………………（230）
表 4.3　汉韩（朝）逻辑意义结构标记分类表 …………………（241）
表 5.1　汉韩（朝）话语标记分类表 ……………………………（303）
表 5.2　汉韩（朝）元话语标记的分类表 ………………………（305）
表 A.1　汉语、韩国语（朝鲜语）元话语标记的类型 …………（335）

第一章

绪　论

第一节　研究内容及研究方法

一　研究内容

本书将从对比语言学的角度出发，以结构标记(구조 표지) 为线索，研究汉语和韩国语(朝鲜语) 语篇(텍스트①) 结构的标记系统。

语篇语言学(텍스트언어학)，是结合语境对语言实体尤其是大于句子的语言单位进行研究的语言学理论和方法。语篇结构（텍스트구조），指的是语篇的句子或命题等语篇直接构成成分之间的内在关系，可理解为影响语篇连贯的诸关系的组织网络②；语篇结构标记(텍스트 구조 표지)，则是显示这种语篇结构关系的语言标志，即语篇组织网络中的节点。本书将重点探讨如下内容：

第一，以结构标记作为切入点，对比汉语和韩国语(朝鲜语) 的语篇结构。

第二，建构汉语和韩国语(朝鲜语) 的语篇结构标记系统。

第三，探讨确定汉语、韩国语(朝鲜语) 语篇结构标记的依据和标

---

① 在韩国和朝鲜，与"text"相对应的术语分别有"텍스트"和"본문"。1991 年，韩国成立了以引介美国话语理论和认知理论为目的的"담화인지언어학회"(话语・认知语言学会)，最初称为"담화인지문법연구회"(话语・认知语法研究会)。同年，又建立了以引介德国及其他欧洲国家语篇理论为目的的"한국텍스트언어학회"(韩国语篇语言学会)，最初称为"텍스트연구회"(语篇研究会)。这两个学会先后发行了会刊"담화와 인지"(话语与认知) 和"텍스트언어학"(语篇语言学)，不仅引起学者们对语篇研究的关注和兴趣，扩大语篇研究的影响力，而且取得了较为丰硕的成果。据此，本书选用韩国通用的语言学术语"텍스트"，它对应于英语的"text"和汉语的"语篇"。

② Klaus Brinker 著，李成万译（이성만，2004）:《语篇语言学的理解》（텍스트언어학의 이해）韩文版第 29 页，图书出版亦乐。

准,并探讨其下位类型。

第四,探讨不同类型的汉语和韩国语(朝鲜语)语篇结构标记在形式和功能方面的共同点和不同点。

第五,探讨汉语和韩国语(朝鲜语)语篇结构标记所反映的汉韩(朝)语言的差异。

第六,探讨动态式语篇对比范式。

本书将围绕以上内容,对汉韩(朝)语篇结构标记进行全面、深入、系统的对比研究。

二 研究方法

第一,从语言事实出发,归纳和演绎相结合

本研究坚持从语言事实出发,注重对语言事实的理论思考。在对语言事实进行分析、归类、解释时,运用归纳法和演绎法。归纳,能够提供研究所需的资料和数据,但是语言事实难以用归纳法来穷尽;演绎,则可以从整体出发观察更多的语言现象。本研究将结合归纳法和演绎法,并力求保持归纳和演绎的适度张力。

第二,静态研究和动态研究相结合

语篇既是一个静态的成品,又是一个逐渐生成、理解的动态过程。本研究在描述语篇的语言要素所固有的静态结构关系的同时,也将研究语篇的生产过程和理解过程,注重由语篇的话者或作者、听者或读者所共同构成的动态的交际关系。

第三,描写与解释相结合

本书将详细描写汉语、韩国语(朝鲜语)两种语言的语篇结构标记系统,包括标记的形式、意义、类型及功能,同时,归纳、分析两种语言的语篇结构标记在功能方面所具有的共同点和不同点。

第四,跨语言对比方法

"每次一种语言"的语言现象分析,难以从一个语言套用于另一个语言,靠这种方法无法寻求人类语言的共性。跨语言对比是语言类型学的基本特点,可以让我们从一个新的、不同的视角审视并解释单一语言中的语言现象。本书将对比形态类型和语序类型完全不同的汉语和韩国语(朝鲜语),不仅对比两种语言的概念意义结构标记,还将对比逻辑意义结构标记和人际意义结构标记,从而揭示两种截然不同的语言的语篇结构之间的联系，进而寻求人类语言语篇结构的共性，并进行合理解释。

第五，理论逼近法

首先对汉语、韩国语（朝鲜语）语篇进行初步观察，并从中概括出语篇结构标记的定义，形成第一理论逼近；其次，再把第一逼近放在其他相关的汉韩（朝）语篇事实中去检验，在事实与第一逼近之间找出定义上的不充分性，再对已有定义进行补充及修正，从而形成第二理论逼近，以此类推，最终形成语篇结构标记的科学定义。

第六，综合运用多种语言学研究方法

以语篇语言学理论为基础，将综合运用系统功能语言学、认知语言学、话语分析、语义学、句法学、语用学、语体学、修辞学以及认知心理学、系统哲学、叙事学等领域的相关理论和研究方法，从而形成多元化、多视角的语篇研究模式。

第二节 研究概况

语篇语言学始于20世纪60年代，于70年代逐渐形成，是继结构主义语言学和转换生成语言学之后在欧美兴起的一个新的语言学分支。语篇语言学的中心任务是研究语篇的结构和功能，这既是它的出发点，也是它的理论目标，同时也是语篇语言学成为独树一帜的新的语言学理论的根本原因。

传统语言学把语音、音素、语素、形态、词、词组、句子等语言单位作为研究对象，并把句子视为语言研究的最高层次结构和最大单位。而语篇语言学则超越孤立的句子层面，以大于句子的语篇作为研究对象，将视野扩展到实际交际活动中的连贯话语，开拓了语言研究的新领域。[1]

但是，语篇语言学不像其他语言学理论那样拥有统一的理论体系和领军人物，根据不同的学者及不同的研究目标，在使用的术语、依据的语言理论及运用的研究方法等方面都有所不同，其研究重点和研究风格也存在较大差异，而且不论是汉语学界还是韩国语（朝鲜语）学界，对语篇结构的研究现状、所取得的成就及存在的问题缺乏明确的认识。因此，作为汉韩（朝）语篇结构对比研究的初步尝试，我们认为有必要从语言对比的角

---

[1] 钱敏汝：《篇章语用学》，外语教学与研究出版社2001年版，第4—5页。

度梳理和比较汉韩(朝)语篇结构的研究现状,从而探寻汉韩(朝)语篇结构对比的理论空间。

由于汉语、韩国语(朝鲜语)语篇研究的理论和方法大都由西方引进,因此,围绕与本书论题有关的论域,我们将采取先回顾西方语言学界的研究现状之后再回顾汉语、韩国语(朝鲜语)研究现状的思路,分三种不同的语篇分析取向进行分层阐述。

一 语法取向的语篇分析

语法取向的语篇分析,也称为"语篇语法"(텍스트 문법)。语篇语法把语篇看作由一系列具有内在联系的句子组合而成的整体,认为语篇的性质和特点在原则上与句子相同,可以用描写句子的方法和范畴来描写语篇。语篇语法认为,语篇具有如下特点:①

    a. 语篇是句子的线性序列;
    b. 语篇具有左右边界;
    c. 语篇具有相对完整性;
    d. 语篇的句子序列具有衔接性;
    e. 语篇表层构成成分之间具有语义关系。

如上所见,语篇语法把语篇结构理解为一系列句子的线性序列结构,句子与句子之间的连接方式构成语篇生成过程的基础和前提,语篇研究的任务就是推导句子连接的"语篇规则"。

为了说明语篇规则,人们从不同的角度分析了语篇建构的手段,例如,因果连接、时间连接、相反的对照性、问答互换、细化前述内容、修正前述内容等。虽然这些手段已经构成基本的语义模式,但是研究者的兴趣仍然集中在表层结构的语法形式上。

Heineann 和 Viehweger (1991, 2001: 36) 把作用于语篇建构类型并参与语篇衔接的语法单位称为语篇建构手段,并把它们分为两大类:

---

① Heineann, Wolfgang&Dieter Viehweger 著(1991),白雪子译(백설자, 2001):《语篇语言学入门》(텍스트 언어학 입문)韩文版第35页,图书出版月印。另见钱敏汝《篇章语用学》,外语教学与研究出版社2001年版,第14页。

个别成分：	句子的整体特征：
连接词	语调
代词	句子重音
冠词	强调和对比
代副词（Proadverbien）	句子成分的顺序
提问—回答—分词	主位—述位结构
结构信息	省略结构
场景指示词	
称谓形式	
表示时态和情态的动词的形态	
句副词	

可以看出，以上的语篇建构手段不仅包括相邻小句，而且还包括跨越多个句子或覆盖整个语篇而形成语篇连贯或语篇衔接的语法现象和语法结构。这种关注句子连接的观点成为所有语篇语法研究的基础，也成为后续研究的基本框架。

（一）衔接(결속)与组篇机制(텍스트 형성 기제)

Halliday 和 Hasan（1976，2007：1）把语篇定义为一个任何长度的、语义完整的口语或书面语的段落即语义单位。语篇有组篇机制，而其他互不相关的一组句子则没有，语篇在周围环境中体现出的整体性反映了它的组篇机制。

衔接，是个语义概念。它形成语篇的意义关系，当在语篇中对某个成分的意义解释需要依赖于对另一个成分的解释时，便出现了衔接。英语的衔接手段分为指称、替代、省略、连接及词汇衔接五种类型：指称分为外指和内指，内指指称又分为人称指称、指示指称和比较指称三种；替代是一种语法关系而不是意义之间的关系，分为名词性替代、动词性替代及小句性替代三种形式；作为句与句之间关系表达形式的省略，是组篇机制的一个重要方面，分为名词性省略、动词性省略及小句性省略。连接成分本身没有衔接意义，它们通过特定的意义间接地具有衔接作用，它们不是延伸至上下文的手段，而是在话语中表达某些意义，预设其他成分的存在，英语的连接类型包括增补关系、转折关系、因果关系和时间关系。

结构是一种统一性关系，一个句子或小句的组成成分之间由于有了结构，也就互相衔接，从而表现出组篇机制。任何结构成分之间都有一种内在的一致性以保证它们组成语篇的一个部分，即人们不能在句子中间改动语篇，如若改动，就会在结构中出现断裂现象。连续性不仅是语篇的一个有趣的特征，而且是理解语篇的必要成分，如果要进行意义的交换，就必须要有衔接。

可以看出，Halliday 和 Hasan 把衔接看作形成语篇的必要条件但非充分条件，而这种观点在某些程度上过于夸大了衔接在语篇中的作用。他们只探讨了非结构性衔接机制，没有指明语篇的衔接机制如何与语篇的连贯发生联系，衔接手段又如何参与语篇结构的形成等重要问题，尤其是没有考虑到语篇在生产时会受哪些条件的制约，更没有给受话者留出应有的位置。但是无论怎样，Halliday 和 Hasan（1976）在语篇衔接方面所取得的成就是巨大的，为后来的语篇研究奠定了坚实的基础。

廖秋忠是汉语学界较早从事语篇研究且取得突出成绩的学者，他的研究思路和研究方法给汉语学界的语篇研究产生了很大的影响。廖秋忠（1986）把用于句子或大于句子之间的连接手段称为"篇章连接成分"，并根据以功能为主、位置为辅的原则确定了汉语中的篇章连接成分。所谓功能标准，指连接成分是用来明确表达语言片段之间在语义上的种种转承关系的；位置标准，指篇章中绝大多数连接成分位于句首，一般在主语之前，只有少数位于句中，在谓语之前。廖秋忠把篇章中的连接成分分为时间关系连接成分和逻辑关系连接成分两大类，并细致地划分了各种连接成分的类别。值得注意的是，廖秋忠所讨论的篇章连接成分是只用于或基本上只用于跨句或跨段落的连接成分，但是他所列出的篇章连接成分十分庞杂，其内部差异相当大：既有词语形式的关联词语，又有词组形式的凝固结构；既有表示真值条件义的逻辑连接词语，又有表示话者主观态度的话语标记。此外，虽然对汉语篇章连接成分进行了深入细致的描写，但是研究重心还是主要侧重于连接成分的表意功能，而忽略了它们所具有的形式特点和交际功能。

周刚（2004）在以往连词研究的基础上探讨了汉语篇章中的关联连词，指出汉语篇章中的逻辑衔接通常使用显性的连接词语来表示逻辑语义关系。关联连词单用时只有前置关联连词衔接篇章，而后置关联连词则不能衔接篇章；书面语中的关联连词不仅具有逻辑功能，同时还具有导入、承接、激活话题及过渡等篇章组织功能。但是严格来讲，周文所依据的并不是完整的语篇理论,所采用的研究方法也是以句法研究方法为主,因此对关联连词所具有的语篇组织功能挖掘得不够深入。

金晓艳(2006)以廖秋忠(1986)的时间连接成分研究为基础,考察了现代汉语的时间连接成分。她根据事件发生的先后顺序、在主语前后的位置及是否含有事件信息等标准,把时间连接成分分为起始时间、接续时间及结尾时间连接成分,定位时间和非定位时间连接成分,事件时间和非事件时间连接成分三大类型,并且考察了它们的位置、隐现及连用情况。她依据语篇理论中的衔接理论对现代汉语中的时间连接成分进行了系统的描写,但是文章未能摆脱静态的语篇分析模式,且所引用的例文只限于相邻的两个句子,没能扩展到复杂的句群或更大的段落以上的语篇单位,也就无法更全面地挖掘出时间连接成分的跨段衔接功能。

此外,外语学界的彭宣维(2000)运用系统功能语法理论中的语义三元理论探讨了英汉语复句(及句群)内部的逻辑语义关系,朱永生等(2001)以 Halliday & Hasan(1976)的衔接理论为基本框架对比了英汉语篇的衔接手段,张德禄、刘汝山(2003)则把衔接视为语篇连贯的内部条件,探讨了英语衔接关系的类型、衔接的范围及衔接力、衔接原则与语言交际之间的关系等问题。但是,这些研究成果要么全部选用英语语料,要么所涉及的汉语语料缺乏典型性,且对汉语语篇衔接现象的分析过于依赖英语语篇的分析思路,尤其对英汉语篇衔接现象的对比多停留于描写层面,未能对英汉语篇现象的异同做出令人信服的解释。

韩国的吴长根(오장근,1993)、李恩义(이은희,1993)、黄美香(황미향,1998)、车润晶(차윤정,2000)、金美仙(김미선,2001)、金善英(김선영,2003)和中国的全炳善(전병선,1995)从语篇语言学的角度考察了韩国语(朝鲜语)的衔接结构或部分衔接手段。

全炳善的《话语语言学》(본문언어학,1995)是第一部系统、深入地研究韩国语(朝鲜语)语篇的著作。他指出,正确理解语篇的衔接手段和结构关系,对于揭示组篇机制具有重要意义。他把韩国语(朝鲜语)语篇的衔接手段分为语义衔接、形式衔接及修辞衔接,认为韩国语(朝鲜语)的形式衔接主要有接续语、插入语、指示语、连贯性词语、词尾、词语反复、表示时间和地点及方向的词语或词组、表示顺序义的词语或词组八种类型。但是,这些衔接手段是依据什么标准确定的,其具体功能有哪些区别,作者没有进行更深入的探索。

黄美香(1998)把语篇的构成单位分为五级：命题(명제)、时态句(시제문)、句子(문장)、句群(글분절)及语段(문단)，认为韩国语(朝鲜语)语篇是由这五种语篇单位次第组成的层级结构。值得注意的是，她区分了格助词和语用助词，认为"도，만，까지，조차，마저"等助词的共同点是它们拥有姊妹项，若要全面考察这些助词所具有的衔接功能，就必须把研究范围扩大到超句的语篇层面上，所以它们既是语用助词也是衔接标记。我们认为，把传统语法研究中的辅助助词或特殊助词视为语篇衔接标记，固然有其合理的一面，但是这种跨句的语义覆盖功能同句内的语义衔接功能有何本质的区别？另外，这些衔接标记对语篇语义的构建是怎样实现的？对此，作者没有做出合理的解释。

金美仙(2001)结合Halliday、Hasan(1976)和Beaugrand、Dressler(1981)的衔接理论，把韩国语(朝鲜语)的衔接结构分为反复(반복)、排比(병행구문)、释义(환언)、替代(대용)、衔接(접속표현)五种类型，并把衔接手段再分为"와/과"等接续助词(접속조사)，"지만，고"等连接词尾(연결어미)，"그러나，그래서"等连接副词(접속부사)以及"요컨대，바꾸어 말하면，뿐만 아니라"等词汇衔接(어휘적연결)。她指出，韩国语(朝鲜语)接续副词的主要功能是连接上下文，小句内的修饰功能和言谈中的话语功能是其辅助功能。她以现代小说为语料，进一步考察了韩国接续副词的语篇衔接功能，认为"그리고，그러더니，그러자，그러면서"主要表示时间关系，"그러나，그렇지만"主要表示对立关系，"그래서，그러니까，그러므로"主要表示原因关系，"그러면，그렇다면，그래야"主要表示条件关系，"그런데，그러다가，그러나"和"그래도"则分别表示转折关系和让步关系。事实上，有一些韩国语(朝鲜语)接续副词在语义上是多义的，其衔接功能需要结合具体的语篇类型和语篇结构来分析，只根据接续副词所连接的前后句子，很难深入挖掘接续副词的语篇衔接功能。

（二）管界(관할범위)与管领词语(관할어)

Chafe(1976)从话语表达的角度出发指出，为了在不同层面跟半活跃意识中的各种变化相联系，如空间、时间、人物塑造、事件结构以及意识模式等，话者往往会标示话题界限，以指明段落的分界。

汉语学界的"管界"一词是由廖秋忠(1987)提出的，他对汉语语篇结构中的管界问题进行了深入的分析，不仅提出了新的观点，也得出了令人信服的结论。管界是某个管领词语如动词或各种修饰语所支配、修饰或统领的范围,当管界跨越句子边界时,便称作篇章管界。他指出,汉语中带篇章管界的句中管领词语按其语法性质分为谓语动词、状语、连接成分三类,其中,可带篇章管界的谓语动词按语义分为六类:表述动词、感知动词、行动动词、等同动词、包含动词、存在动词。句中的状语一般位于句首,有时所修饰的范围也可跨越本句的边界,形成篇章管界,状语按语义可分为:时间词或短语、处所词或短语、状况短语、过程短语、目的短语、消息来源短语、角度短语、评估短语、话题短语、方面短语等。

在谈到确定篇章管界的手段时,廖文指出,在相关语段里,如果没有足够的手段来表示管界的边界,听者或读者就会感到费解,也会误解话者或作者的原意,反过来,话者或作者也有必要提供确定管界的足够手段,以免被误解或造成费解。确定篇章管界,是听者或读者在理解篇章时所采用的一种策略,它一方面是依靠表示篇章局部连贯的语义和形式手段来确定某个管领词与可以延伸的地点,另一方面,要依靠表达篇章连贯局部中断的语义和形式手段来确定某个管领词语不可能越过某一点。按照语义和形式,决定篇章管界的各种手段有语义的和谐与否,主语的重现、更迭与省略,同类管领词语的再现,指称词的改变,观点的改变,回指管界的统领词语的出现,篇章中罗列连接成分的出现,文体的差异,管界终止的描述,段落、章节边界的出现,引文标志的出现等十一种。

罗选民等(2001)运用廖秋忠(1987)的管界理论对比了英汉管领词语的表现形式及其在汉语原文和英语译文中的使用情况。他们发现,在同样篇幅的文章中,汉语所使用的篇章管领词语少于英语,因为汉语的词语及句子之间的统领、管辖及支配关系可通过意义而不必通过形式来表现,而且在汉语中所使用的篇章管领词语中谓语动词的使用频率较高,而在英语中却很难找到对应的谓语动词充当篇章管领词语的现象。

唐善生(2005)在探讨话语指示语的篇章管界时谈到了"上面、前面、以上、下面、后面、以下、如下、这里"等单纯话语指示语、指称性话语指示语及话语指称的管界。在进一步探讨引语的管界问题时他指出,对言说或意向自身进行描述的词语和言说时伴随动词的重现都可作为引语终点的标记,有时,篇章中表示作者主观评价的"看来、就此看来"等插入语也是确定引语管界的标记。

刘臣(2006)参照廖秋忠(1987)的理论框架探讨了篇章管界的形成、

类型、递归现象及确定管界边界的手段等问题，他把管界类型归纳为带小句宾语的动词管界、状语管界、主题主语管界三类，并把廖文所提出的六类可带篇章管界的谓语动词重新整合为四类：言说动词、意向动词、行动动词、关系动词。

杨同用和徐德宽(2007)考察了时间词语的管界现象，主要考察了管界的类型、确认管界边界的手段以及管界的层次。他们认为，标点符号和段落章节是读者用来判断管界的形式手段，读者可以根据外部终止标志判断管界的终止，根据内部延续标志判断管界的延伸，结合两者，可能更准确地找出时间词语的管领范围。

可以看出，汉语学界的管界研究都是以廖秋忠(1987)为基础的。需要指出的是，廖秋忠(1987)所说的"管界"存在概念模糊的地方，因为最初在给"管界"下定义时，他把"管界"规定为统领词所统领的范围，认为篇章管界相对于它的管领词语而言是一种从属的结构关系①，而在探讨确定篇章管界的手段时，又说"管界"指管领词语统摄、支配和修饰的边界。另外，廖秋忠(1987)所归纳的某些管界手段缺乏合理的分类依据，对于这种管界手段是如何参与语篇结构的建构，其动因又是什么，也没有进一步的解释。这种不足点也体现在以廖秋忠(1987)为基础的后续研究中。

在韩国语(朝鲜语)语篇研究中，鲜有探讨管界及管领词语的研究成果，全炳善(전병선，1995)是少有的论述。他把管界确定(경계확정)看作对句群(문장군)、段落(문단)、篇(단편)等语篇单位的管界的确定，认为既可以依据从小到大的单位确定，也可以依据从大到小的单位确定；既可以依据表示时间顺序、空间位置、材料性质及特点的表现方式来确定，也可以依据修辞手法或管领语来确定。他指出，所谓管领语是使几个句子进入一个语义总体的词语或句子，换言之，在管领语的统领下几个句子可以整合为一个语义单位，从而构成一个语义整体。他所列出的韩国语(朝鲜语)的管领语有如下十种：提示下文的成分，表示概括的成分，表示时间、地点的成分，表示目的的成分，表示信息来源的成分，表示事件过程的成分，表示话题的成分，表示领域的成分，表示评价的成分，表示连接的成分。

---

① 廖秋忠：《篇章中的管界问题》，《中国语文》1987年第4期。

可以看出，上述十种管领语的表现形式存在较大差异：既有以谓语动词为核心构成的命题结构，也有以依存名词为核心构成的偏正结构和由词尾或惯用形式构成的句法结构，还有表示真值条件义的逻辑连接成分。我们认为，这些不同形式的成分具有不同的管领力，需要根据不同形式进行分类考察，而不应笼统地一概而论。

由此可见，语篇研究不仅要研究语篇的特征，还要对具体交际中的语篇的生产和语篇的理解做出解释。作为一种语篇结构现象，管界及管领词语的确定，不仅要依据语篇分析理论从语言结构中找到依据，还需要结合一定的认知心理学理论从认知的角度寻找根据。但是，上述研究都没有充分关注作为一种语篇理解策略而使用的管界及管领词语的特点，而把语篇看作一个孤立的成品。

二 语义取向的语篇分析

如果说，语法取向的语篇结构研究主要在表层结构中寻找语篇的结构特征，那么，语义取向的语篇研究则主要在深层结构中探索语篇的语义结构关系。他们认为，表层结构只能反映语篇的部分语义信息而无法反映语篇整体的语义信息，语篇的统一性只有在考虑深层语义结构时才能得到更加充分、合理的解释，句法衔接手段只是帮助读者认识并理解语篇语义结构的辅助性、选择性信息。于是，Heineann 和 Viehweger（1991，2001：48）认为，语篇语义理论的核心任务在于探索语篇中语言符号的限定关系和指示关系的相关规则。

（一）微观语义研究

1. 同位素（lsotopie，어휘자질 동위성）理论

同位素理论是由法国语言学家 Greimas（1966）提出的，是探索语义基本结构的理论。Greimas 以"词位"称呼传统意义上的对象词项，把"义素"（의미소）看作对象词项即词位所具有的性质。他认为，结构是意义存在的方式，它以衔接两个义素的关系作为特征，当语篇内部的一个词位的义素构成某种语义关系时，义素之间便具有了同位性，义素也就成为了"同位素"。他把核心义素和语境义素在语篇层面上结合后所形成的各种语义效果称为"义子"（의자），并认为语境在语篇中实现时，以是否兼容作为系统运行的标准来判断两个义素是否能组合在一起，而兼容则意味着两个义子可以结合，因为它们共享一个语境义素。

在同位素理论中，义素的同位性是以语篇中一定词汇之间的语义等价性作为基础的，而等价性可用不同词语所具有的义素的递归性来说明，对于一个语篇来说，表层结构的衔接手段是辅助性的，而对语篇结构起决定性作用的则是义素的复现。这样，由出现在同一语篇中且指称同一对象的义素所形成的同位素链可称为话题链，篇幅较大的语篇正是由众多的同位素链融合而成的，而那些同位素链又构成整个语篇的同位素网络。按照 Greimas 的理论，同位素链由下列形式组成：①

简单反复：司机—司机
词语替代：
同义词替代：司机—开车的人
上义词替代：司机—参与交通的人
反义词替代：司机—步行者
用其他表现形式：司机—马路英雄
语法替代：司机—他

的确，同位素链可使多义词的意义在语篇中变得明确，使读者或听者在理解过程中及时获得相关的语义信息，因此是在语篇构建和语篇理解中非常重要的线索。但是，这一理论无法充分地说明语篇的统一性和连贯性，因为有些语篇或语篇中的局部并不存在同位关系。例如：

枯藤、老树、昏鸦，
小桥、流水、人家，
古道、西风、瘦马，
夕阳西下，
断肠人在天涯。　　　　　　　　　　（马致远《天净沙·秋思》）

显然，上面的语篇具有完整连贯的结构，但是仅凭同位素理论难以说明这一语篇结构的特点。同样，不具有语义核心的单纯的义子复现，也难以形成一个合格的语篇。例如：

---

① Heineann, Wolfgang & Dieter Viehwege 著（1991），白雪子译（백설자, 2001）:《语篇语言学入门》（텍스트 언어학 입문）韩文版第 4 页，图书出版月印。

没有人不喜欢那首优美的<u>歌曲</u>。冼星海一生创作了许多脍炙人口的<u>歌曲</u>。妹妹爱唱的大部分都是抒情<u>歌曲</u>。那首革命<u>歌曲</u>是邻居王奶奶经常给她小孙子唱的。(自编)

如上所见,在这个例文中"歌曲"是反复出现的义素,的确构成 Greimas 所说的同位性,尽管如此,这一例文只是由若干个毫无语义关联的句子堆砌而成的语言片段,而非一个语篇。可见,同位素理论虽是一个重要的语篇结构理论,但是仅凭它难以说明语篇整体结构的普遍特征。

2. 主位结构(주제부—서술부 구조)

Daneš (1970, 1976) 把语篇视为一个表述链,即一个符合特定上下文和特定情景的句子链,并按照句子功能观把"表述"切分为主位(주제부) 和述位(서술부)。他认为,从句子成分的叙述价值来看,述位起着重要的作用,因为它传递新信息;但是,从语篇结构的角度来看更重要的是主位,尽管主位所担负的信息负荷较少,却容易成为语篇构造的重要手段。每一个语篇及其段落都可以看作一个或多个主位的序列,语篇的主位结构实际上是主位的连接和衔接、主位之间的相互关系和领属层次,还有主位跟段落、语篇乃至情景的关系。他把这种复杂的主位关系称作"主位推进模式"(주제부 전개 유형),并归纳了捷克语的五种主位推进模式。

参考 Daneš 的主位结构理论,Van Dijk (1977)、Halliday (1982, 1985)、徐盛桓(1982, 1985)、黄衍(1985)、朱永生(1995) 讨论了英语的主位结构;王福祥(1994),张伯江、方梅(1994),沈开木(1996) 则参照英语主位结构的研究成果探讨了汉语的主位结构,金甲俊(김갑준,1988)、李甲载(리갑재, 1988)、许锦姬(허금희, 1993)、朴载元(박재원, 1995)、李喜子(이희자, 2001, 2004) 探讨了韩国语(朝鲜语) 的主位结构。

王福祥(1994) 认为,语篇中的语句由左向右、从前至后排列,属于横向线性扩展形式,由这种形式构成的语篇结构有平行式、链式及混合式三种形式,而语篇中的段落或章节自上而下排列,是纵向线性扩展形式,由这种关系组成的语篇结构有并列式、首语平行式及链式三种。

张伯江、方梅(1994) 对汉语口语的主位结构尤其是主位结构中的主位后置现象进行了深入的探讨,指出,在汉语的多项主位同时出现时篇章主位处于句首,而人际主位则不能位于话题主位之后,话者为了突出所要传达的重要信息，往往采用延缓、停顿、加强语调、附加语气词等手段，这些形式手段是推断话者语言心理过程的重要依据，也是次要信息和重要信息的分界线，是汉语主位的标志。他们认为，在一般的叙述语体中，主位在前、述位在后的语序体现了语用学中的可处理原则，但是在简短紧凑的对话语体中，简练原则和清楚原则显得特别重要，从而导致后置主位现象的出现。

沈开木(1996)把话语看作由句子的话题(Topic)和述题(Commant)形成的链条，他把这一链条称为 TC 链，并把每一个 TC 看作链条的一个环节，称作 TC 环，认为汉语的 TC 链有平行式和链接式两种。他还探讨了离境的实义切分和不离境的实义切分，认为 TC 链中各个离镜实义切分的话题作纯线性排列而形成的链条就是话题链，它又分为同题链、异题链、包题链三种基本类型。

金甲俊(1988)结合结构、语法特点和逻辑、语义特点研究了韩国语(朝鲜语)的成分化问题，他把句子划分为主位、述位及提示位(제시부)，并指出韩国语(朝鲜语)主位主要由"-는 (-은)，-도，-란"等语法形态来表示，而且可以由除谓语之外的任何句法成分充当。

李甲载(1988)指出，韩国语(朝鲜语)中的语调、语法形态(如"는/은")及对应于疑问焦点的词语部分都可成为主位与述位的切分依据，而语序却不能单独成为主位、述位的切分依据，它只有和语调结合起来才能成为判断主述位的标志。

朴载元(1995)认为，韩国语(朝鲜语)主述位的衔接关系其实就是句子和句子、段落和段落之间的逻辑语义关系问题，主述位通过这些句子或段落将所表现的语义和思想感情体现出来。

正如 Daneš(1970)自己所承认的那样，主位推进模式在一个实际语篇中并不是以某种单纯的形式实现的，而是以多种方式混合出现的，再加上不同的附加成分、补充成分和插入成分，实际上出现在自然语篇中的主位推进往往呈现出非常复杂的情形。另外，主位结构所注重的是语句之间的线性序列关系，但是有一个问题始终没有得到满意的解决，即语篇的主位结构之间是如何建立语义关系的，微观层面的主位结构是如何构筑语篇宏观结构的？因此，倘若主位结构理论只停留于对某一个语篇主位推进模式类型的归纳和描写，而不考虑语篇主题的生成和理解，那么，不但无法反映语篇复合结构的本质特征，也无法全面、准确地揭示语篇的组篇机制。

（二）宏观语义研究

1. 宏观结构（거시구조）及超结构（초구조）

Van Dijk（1980）把语篇中的一个句子以及两个按一定顺序连续排列的句子的结构定义为微观结构，并指出对语篇内部各局部之间关系的观察和研究不能局限于句子之间的微观结构上，语篇的构成还要依赖于建立在语篇总体之上或者建立在语篇局部一个相对大的语篇局部（如段落等）总体之上的结构，即宏观结构。他所说的宏观结构具有相对性，即宏观结构是相对于微观结构而论的，在某个语篇中的微观结构也可以在另一个语篇中成为宏观结构，整个语篇有自己最高层次的宏观结构，而语篇的某些部分也可以有各自的宏观结构。他指出，语篇分析要区分语篇内部相互联系的各个句子之间的语义连贯的类别，但是更要揭示这些属于同一个合格语篇的句子是如何在一个表述环境中联结成一个语义整体的。他还指出，语篇的宏观结构不是语篇外部形式上的结构，而是语篇内部的语义结构，具有合理的宏观结构是合格语篇区别于非语篇的一个本质特征。为了说明如何把微观结构压缩成宏观结构，也就是如何把信息单元压缩成较大的事件或状态单元，从而构成一个个更高层次上的语义单位，Van Dijk 提出了四项被称为宏观规则的语义转换规则：删除规则、选择规则、概括规则及涵盖规则。除了宏观结构理论之外，Van Dijk 还提出了超结构理论。超结构是话语的综合性、全局性结构，它通过语义宏观结构和其他话语结构建立必要的联系，而每一种超结构范畴都和语义宏观结构的宏观命题（主题）相联系，特定语义范畴赋予某一宏观命题以具体的话语功能，也赋予了推导出这一宏观命题的句子群或命题群的功能。

Van Dijk 的贡献不仅在于他使用了"信息单元""经验框架""语篇图式""微观结构""宏观结构""超结构"等一系列重要的语篇术语，更在于他提出了更高层次上的语篇结构理论，使语篇结构分析具有了重要的理论意义。

廖秋忠(1988)分析了汉语的论证结构。他指出，论证结构是根据篇章中的各个组成部分的结构关系和它们的功能来确定的，篇章中处于同一层次的两个语段如果存在论题和论据的功能关系，那么它们便构成一个基本的论证结构，决定论题与论据的主要手段是结构关系和功能，句型和词语标记是次要手段。他认为，可以根据篇章各个组成部分之间的结构关系及它们的传信功能来确定一个篇章的结构,并可从不同篇章结构中归纳各种篇章类型,而这些篇章结构的类型就构成了各种文体的分类。在这里,所谓的"篇章结构"类似于 Van Dijk 的"宏观结构",篇章类型则近似于 Van Dijk 的"超结构"。

郑贵友(2002)以文体特征为依据把汉语日常使用的篇章类型划分为叙事结构、议论结构、说明结构和新闻结构,并把议论结构细分为并列结构、映衬结构、层进结构、总分结构,把说明类篇章又分为事物说明、物品说明、程序说明等不同类型。

金载峰(김재봉,1997)接受 Van Dijk 的观点,认为人具有把意义归总为更大意义单位的语言能力,而宏观规则是读者用来缩减语义信息的手段。理解语篇,就要汇总语篇的语义内容,而汇总语义内容的过程实际上是重建语篇语义内容的过程,是读者系统地把握作者的意图并用自己的语义知识重新解释语篇语义的过程。他把韩国语(朝鲜语)语篇的汇总手段分为两类:一是表层结构中的衔接结构,二是深层结构中的表征结构、主题结构及关系结构。

韩国的金峰洵(김봉순,1996)则把语篇的语义结构看作由命题按一定的顺序连接起来构成的语义单位,它和客观的知识结构不同,主要取决于语篇生产者的主观态度。语篇结构的核心问题是:哪些关系作用于语义网络的形成,那些关系又是如何把命题凝聚成语义网络即语篇的语义结构的?为此,他先分析了构成关系对象的命题,然后归纳了关系对象命题之间的语义关系的种类,进而探讨了其上位命题的形成过程及语义结构的形成规则。

我们看到,Van Dijk 所指出的微观结构、宏观结构及超结构并不是渐次形成的系列概念,尤其从宏观结构到超结构的形成缺乏妥当的推导机制,在很大程度上具有主观性和随意性。不仅如此,行为底层(Handlung-substrat,행위기층)、超结构和叙事语篇之间的关系也不够明确,实际上无法达到 Van Dijk 所制定的理论目标,即获得对社会情景交流过程的明示的知识。此外,语篇研究固然要重视语篇的生成和理解过程,但是作为交际成品的语篇有别于处在生成或理解过程中的语篇,而 Van Dijk 却混同了两者。

2. 语篇主题生成模式(주제 생성 모형)

在语义取向的语篇研究中,语篇主题既是语篇研究的出发点,也是语篇研究的归宿点。人们发现,在语篇的生产和理解过程中,语篇主题占有重要的位置。因为话者在建构语篇时总是从某一主题出发,主题也是语篇总体构思的基础;相反,在语篇理解过程中语篇主题是理解过程的结果,当听者或读者真正把握语篇主题及话者意图时,才算真正理解了语篇。可见,处于不同层次的语篇语义单位都与主题发生联系,从而形成语篇的连贯性,反过来,语篇主题又决定语篇的内容和结构,反映整个语篇的基本思想和基本信息。

Klaus Brinker(1985,2004:77)把语篇主题定义为"语篇内容的核心",认为语篇主题如果没有通过标题或特定的句子体现出来,那么就需要读者通过"汇总式简述"(요약식 바꿔쓰기)的方式从语篇内容中推断出来。他指出,Van Dijk 的宏观规则在具体操作中很难适用,因为人们无法设定层层缩减最终达到"理想主题"的机械程序,语篇主题的确定依赖于读者在当时的语篇活动中所获得的整体感受和理解。

Brinker 把语篇主题结构看作层级结构,并用推导可行性原则(유도가능성의 원칙)和两可原则(양립성의 원칙)区分了核心主题和边缘主题,认为联系这两种主题的一般范畴是"细化"(명세화)范畴。他认为,在实际交际中,主题的生成往往受制于交际因素和语境因素(如交际场景、交际目的、交际双方的关系、对方的评价等),因此,一种主题可用多种模式来展现。在一个语言使用群体中,往往有其成员共同使用的基本主题模式,其中最为重要的是用阐述、叙事、说明及论证的方式展开语篇主题的模式,而根据这些模式在语篇中所占的地位,可以把语篇结构分为四种类型:阐述类(기술형)、叙事类(서사형)、说明类(설명형)和论证类(논증형)。他指出,在叙事类语篇中,主题模式往往要考虑时空因素,主题经常通过名词性小句或陈述句的形式出现在句首;而在论证类语篇中,主题往往通过具有一个主位和述位的陈述句形式出现。

陈平(1987)、徐赳赳(2003)、许余龙(2004)分别探讨了汉语语篇中的零形回指现象及回指在语篇建构中的作用。

许余龙(2004)以汉语民间故事和报刊语料为基础,探讨了汉语零形回指的主题管理。他指出,在汉语篇章中主题标示、主题引入、主题的维持和转换具有密切的联系,那些经常用于标示新的重要篇章主题的句法手段和形态手段,即存现句结构和无定名词短语,通常也是将全新的重要主题引入篇章的语言手段。在相同条件下,汉语中零形代词是用于暗示所谈论主题将会延续或维持，而有定描述语和代词则暗示所谈论主题将会在下一句中转换为另一个新主题。

他发现，与篇章回指的确认关系密切的不仅是篇章实体在篇章中被提及时所表现出来的主题性，更是篇章实体在理解下一小句的过程中所具有的潜在的主题性。他指出，在像汉语这样的语言中篇章回指的确认尤为重要，因为作者已在当前小句中为读者如何理解下一个小句做了提示，读者可以根据这种提示正确理解在下一个小句中出现的回指语，所以这类回指语的理解更依赖于作者在前一个小句中所做的有关主题维持的提示。

另外，崔健和姜美子（2004）、魏义祯（2010）对比了韩国语（朝鲜语）指示代词的回指形式及回指功能。崔健和姜美子指出，当回指对象相同且距离较近时，韩国语（朝鲜语）的近指代词和中指代词出现中和现象，均可用于指称回指，而汉语则倾向于使用近指代词，造成这种差异的原因主要是朝汉指示代词的来源和系统类型不同。魏义祯（2010）则指出，语篇话者的视角不同，其深层的心理机制也不大相同，韩国语（朝鲜语）篇章回指体现出较强的主观性，相比之下，汉语的篇章回指更多地体现了交互主观性。

韩国的朴采花（박채화，1993）、李三邢（이삼형，1994）及徐赫（서혁，1996）分别围绕话题结构、命题结构及语篇层级结构探讨了韩国语（朝鲜语）语篇的主题，主要分析了语篇主题是如何从语篇内容中生成的。

徐赫（1996）把"text"称作"담화"（话语）。他指出，在发现或形成话语的主题之前，首先要理解话语的内部结构和外部结构。内部结构由语素、命题、句子、话语等单位构成，又分为微观结构、宏观结构、上位结构及修辞结构；外部结构则是话语的产生环境，由时间、地点、话者的态度或观点、话者和听者的交际方式等情景要素构成，相当于语用结构。在微观、宏观结构中通过构成要素之间的关系而形成主题，称为"关系模式"；以信息焦点为中心而形成主题，则称为"焦点模式"。

我们认为，回指既是一种重要的语篇现象，也是一种心理现象，其根本作用在于形成语篇的衔接，推进交际的发展。因此，在考察回指现象时有必要结合语篇分析中的衔接理论、语篇主题理论及语境理论，只有这样才有可能揭示汉韩（朝）回指现象的异同及其内部机制。

3. 修辞结构（수사구조）

Wil-liam C. Mann 和 Sandra A. Thompsom 的修辞结构理论（1983，简称

RST）是关于自然语篇结构描写的理论，重点研究的是语篇结构中的修辞结构。RST 通过"篇位切分"和"确定结构段"两个步骤，从小句的连接关系的描写逐步过渡到各种长度的自然段落和完整语篇的描写，以"环境""目的""解答""对照""阐述""让步"等 23 种反复出现的结构关系来描写语篇不同层级中具有递归性的修辞结构。RST 对不同语篇题材类型和各种语篇结构类型进行全面、统一的描写，有助于确定语篇的类型特征与非类型特征，因此，对计算机语篇的生成和自然语篇的分析及描写都具有较强的解释力。

RST 的核心概念就是关系类型，即"修辞关系"。修辞关系存在于两个互不重叠而又有明显联系的语段之间，是未经陈述却可以引申出来的关系命题。RST 规定了上层的文本结构框架，一个结构框架将一些连续的文本片段连接起来，组合成更大的文本片段，而这些更大的文本片段又可以进一步被更高层的结构框架连接起来，从而形成一个完整的树形结构。RST 的理论目标是：任何连贯的语篇的结构都可以用一个修辞结构树来加以描述，而它的顶层结构框架能够覆盖所有语篇的文本片段。

由于修辞结构理论不采用转换规则或抽象化的方法，而只根据表层结构就能揭示语篇的下位单位、中间单位及上位单位，因此可以追踪确认任意一个下位单位如何参与语篇整体结构的构成。但是，这种理论在各个层次上均由形式转到意义，因而难以准确地描绘不同语篇的结构类型。例如，分析汉语和韩国语（朝鲜语）不同类型的语篇需要确定多少种结构关系和结构框架类型？描写汉语和韩国语（朝鲜语）叙事语篇的脚本应该细致到何种程度？不仅如此，这一理论只注重句子之间的语义关系，不涉及语篇的句法结构、信息结构、主题结构等重要的结构问题，更无法说明 RST 与这些语篇结构现象之间的相互关系。此外，这种理论的描写领域局限于非对话体的书面语篇，鲜有对口语体、对话体语篇修辞结构的分析，而且这一理论所使用的文字说明往往过于烦琐，所占篇幅较大，因此在实际研究中存在操作不便等不足点。

综观语义取向的语篇结构研究，它与语法取向的研究不同，不再从语篇的表层结构探索语篇的统一性，而是把表层结构看作深层的语义结构按一定的规则推导出来的实现形式。以这种语义中心的基本模式为基础，语篇的连贯性、语篇结构的复合性等问题在很大程度上得到了解释，语篇的生产和接受问题也多少受到了关注。

三 语用、交际取向的语篇分析

事实上,在上述语法取向和语义取向的语篇分析中,不少学者已经认识到语篇不仅仅是一个语法单位,也是一个语义单位,更是一个功能单位,而且或多或少地关注了语篇的生产和理解,也考虑了语境因素。但是在实际操作中,语篇的外部因素如语用、交际等概念始终处于次要的地位,语境因素也没有得到充分的考虑,语篇仍被视为静态的产品。

到了20世纪70年代以后,有些学者开始系统地考虑语境因素在语篇中的作用,并把语用看作语篇分析的出发点和目标,这种研究方法可称为语用、交际取向的语篇分析。

在这种语篇分析中,语篇分析的基础不再是作为自足体系的语言,而是作为社会交际手段的语言的使用过程。因此,语篇分析的出发点是形成语篇基础的语用或交际活动,而不是语篇本身的句法结构或语义结构。由于人类的交际活动具有复合性和动态性,语用、交际取向的语篇分析又细分为以下三种主要模式。

(一) 基于言语行为理论(언어행위이론)的语篇分析

言语行为理论,是语用学研究中一项非常重要的理论,它旨在回答语言是怎样用之于"行"而不是用之于"指"的问题,体现了"言"则"行"这样的语言观。[①] 这一理论由英国哲学家 Austin(1955)创立,由其学生 Searle 发展和完善,可以说对语言学界产生了很大的影响,为深入理解和解释语言的本质提供了崭新的视角。

Austin 在题为 *How To Do Things With Words*(1955,1987)的讲座中指出,那些对某种事情或状态所作的陈述,其实是一种以言行事行为,陈述的真伪并不取决于词汇意义,更多的是取决于在什么情景中为何事,陈述者对所陈述的事情到底具备多少知识,上下文是什么,说话的任务和意图又是什么,听话者具有什么特点等因素。他把言语行为分为三类:以言表意(Locutionary act,발화행위)、以言行事(Illocutionary act,발화수반행

---

① 何兆熊:《新编语用学概要》,上海外语教育出版社2009年版,第86页。另外,介绍言语行为理论的汉语、韩国语论著还有 Levinson(1986)、顾曰国(1994)、左思民(2000)、何自然(2009),以及李俊熙(이준희,2000)、金吉荣(김길영,2003)、宋京淑(송경숙,2005)、尹平贤(윤평현,2008)等。

位）及以言取效（Perlocutionary act，발화효과행위）。① 在这三种言语行为中最重要的是以言行事，它包括通报、陈述、断言、告知、命令、许诺、威胁、警告、请求、建议、劝告、询问等表示说话人用意的言语行为。

Searle（1965）在 Austin（1955）的基础上进一步发展了这一理论，他的言语行为理论主要是有关以言行事的理论。他增加了由指称行为和述谓行为构成的命题行为，并批评 Austin 所划分的言语行为类型不是对行为本身的分类，而且其内部类别之间存在重叠现象，因此他重新把以言行事行为分为五类：断言类、指令类、承诺类、表达类和宣告类。

在 Austin 和 Searle 创立言语行为理论之后，有些学者试图验证这一理论中的基本观点、方法及机制能否运用到语篇分析中，语篇是否也具有以言行事的属性。在 Austin 和 Searle 的论著中，有时虽也涉及句子在语篇层面上的语用义，但是更多的还是以句子为基本单位而考虑言语行为的。经过一系列研究，学者们达到了如下共识：语篇是交际工具，是由部分行为构成的复合行为。Motsch（1986：281）认为，语篇是言语行为的社会性过程，同时也是结果，可以通过"成功条件"把行为概念投射到某一语篇的特定语言特征上。总的来看，结合言语行为理论的语篇分析通常体现出如下观点：②

    a. 使用一种语言，意味着实施一种行为。
    b. 言语行为是针对某一交际对象而实施的，因此是一种社会行为。
    c. 言语行为以生产某一语篇或理解某一语篇的形式进行。
    d. 与其他行为相同，言语行为也是为了达到某一目的。
    e. 有意识、有目的的言语行为产生于某一行为计划和策略。

---

① 我们发现，国内语言学界存在语用学术语不统一、不一致的现象。仅就 Austin 的三种言语行为类型为例，学界有如下不同的汉译名称："以言表意、以言行事、以言取效"（左思民，2000），"表达性言语行为、施为性言语行为、成事性言语行为"（钱敏汝，2005），"言内行为、言外行为、言后行为"（何兆熊，2009），"言之发、示言外之力、收言后之果"（何自然，2009）。本书选用了汉语学者左思民（2000）的汉译名称。

② Heineann, Wolfgang&Dieter Viehwege 著（1991），白雪子译（백설자，2001）:《语篇语言学入门》（텍스트언어학 입문）韩文版第 76—77 页，图书出版月印。

由于这种理论对整个社会范围内的言语行为和个人的复合活动所具有的关系讨论得不够深入,而且所谓"成功条件"的理想化模式也缺乏足够的依据,因此,不可避免地导致了这种语篇分析的局限性。

我们发现,在汉语和韩国语(朝鲜语)学界,言语行为理论往往和后面我们所要论述的会话分析结合起来使用,尤其在汉语学界,纯粹以言语行为理论为框架的研究成果并不多见。在韩国,以言语行为理论为基础的语篇分析有金泰子(김태자,1989)、张京姬(장경희,2000)、金顺子(김순자,2001)、具宗男(구종남,2001)、李载元(이재원,2003)、金仙花(김선화,2004)、全正美(전정미,2008)等,他们分别讨论了提问、称赞、请求、允诺、拒绝等言语行为在韩国语(朝鲜语)中的特点,但在语料的选取和具体的研究方法上又不同程度地受到会话分析的影响。由此我们认为,当前的语篇分析逐渐呈现出多元化的特点,而这一特点也符合当前各学科理论交互式发展的趋向。

(二) 基于认知心理学的语篇分析

这是语篇语言学领域的新趋向,即在更高层次上运用心理语言学理论说明语言的组织、理解等过程,可称为"认知转向"。主张这种观点的学者基于人类活动和意识的一致性原则,认为人类的所有活动,包括以客观事物为研究对象的行为也都伴有认知过程,所有行为者都具有操作原型心理模式的能力。

运用这一模式取得较大成果的是 Beaugrand 和 Dressler(1981)。他们把语篇看作心理过程的产物,即语篇是决定、选择及组合等心理过程的记录。他们不再以语篇单位和语篇结构为研究的出发点,而是力求再现语篇生产者建构语篇时的心理过程,同时,又探索话者是如何把一定数量的意识内容按照一定的程序组织成各种类型的语言交际活动的。他们把语篇的生产过程看作一个认知过程,认为它主要由以下几个步骤组成:①

a. 计划:确定目标、选择语篇类型。

b. 构思:对包括语篇生产在内的具有意义的行为提供具有中心点的语义内容。

c. 展开:探索已储存的知识空间,把已经形成的构思进一步确

---

① R. de Beaugrand & W. Dressler 著(1991),金泰玉、李贤浩译(김태옥,이현호,2002):《语篇语言学入门》(텍스트 언어학 입문)韩文版第58—63页,韩信文化社。

定、扩充、细化，使之相互发生联系。

  d. 表达：前述行为通常表现为对一系列场景和事件的认知，需要把这些认知结果用适当的形式表现出来，优先被激活的往往是已储存于大脑中的语言表达形式。

  e. 句法合成：当最初的构思最终体现为语篇时，会受到语音和文字的线性结构限制，因此要按照一定的句法关系使之排列成语篇表层结构的线性序列。

  基于这种认识，Beaugrand 和 Dressler（1981）提出了后来在语篇语言学中产生重大影响的语篇概念——"语篇特征"（Texture[①]，텍스트성）：衔接（Cohesion，결속성[②]）、连贯（Coherence，응집성）、目的性（Intentionality，의도성）、可接受性（Acceptability，용인성）、信息性（Informativeness，정보성）、情景性（Situationality，상황성）及互文性（Intertextuality，상호텍스트성）。他们指出，语篇是符合这七项特征的交际事件，如果这七项中的任何一项没有得到满足，那么语篇将不具有交际性，也就无法称其为语篇。

  我们认为，这七项语篇特征是值得商榷的，因为它们不是根据统一的分类标准归纳出来的。例如，"意图性"是对于语篇生产者而言的，"可接受性"则是对于语篇接受者而言的，而"互文性"却是语篇自身所具有的特点而言的。此外，对于这种语篇特征在不同语篇类型中的体现方式和在具体语篇中的深化程度等问题，这种语篇分析理论却无法回答，所以正如 Beaugrand 和 Dressler 所承认的那样，这些理论探索离他们所要达到的终极目标还相差甚远。

  但是，这种语篇分析模式把交际者的知识体系纳入语篇语言学的描写范围内，并揭示生产、理解语篇的动机以及在语篇策略范围内运用并处理知识体系的操作程序。Wolfgang 和 Viehwege（1991：88）认为，交际者所具有的知识体系包括百科知识、交际知识、语篇模式知识三种，而认知

  [①] 这一术语有不同的译法，如"语篇特征"（黄国文，1988：8）、"篇章特征"（郑贵友，2002：17）、"篇章要素"（徐起起，2010：8）等，本书采用了黄国文（1988）的译法。

  [②] Cohesion 和 Coherence 是在韩国语学界使用较为混乱的术语，代表性的译法有两种：一是金泰玉、李贤浩（2002）使用的"결속구조"和"결속성"，另一种是白雪子（2001）使用的"응결성"和"응집성"。在考察大量的韩国语语篇研究成果的基础上，本书建议使用"결속성"和"응집성"，以对应 Cohesion（衔接）和 Coherence（连贯）。

心理学对这种知识体系的内部构成及其分类研究提供了佐证。储存于人脑中的知识体系是以概念的形式存在的，这种概念并非孤立地存在于记忆之中，而是通过某种方式联系储存的。有些概念之间的联系比较密切，如"学生—学习—学校"；有的概念之间的联系则相对松散，如"玻璃—爱情"；有的概念之间则很少或根本不存在什么联系，如"铅笔—地球"。如果不考虑第三种情况的话，可以从前两种情况中推断出这样一种结论：即相互联系的各种概念构成一种语义网络，而网络内部的储存物在数量和质量方面都存在个体差异。

由于受工作记忆容量的限制，人们在处理信息时通常采取自上而下的组块策略，将个别、离散的信息整合为更大的单位，作为整体来识别或储存。马国彦(2010)认为，对组块理解机制的分析就是对篇章结构的探索，即解释听者是如何通过识别篇章结构和语义关系进行组块处理的。于是，他从汉语篇章自上而下的组块处理策略出发，围绕组块标记和管界探讨了篇章的结构单位、组织格局及结构层次等问题。他指出，组块的有效范围在于管界的判断，而在判断管界时要依据结构、语义、语用原则以及相应的语言手段。管界的判断涉及两个方面的因素：一个是语篇中表示组块标记的管领力仍在延伸的手段，另一个是表示组块标记的管领力终止的手段。

我们认为，马国彦(2010)把自上而下的组块策略作为分析语篇结构的线索，是值得肯定的。但是，他所使用的"组块""篇章"等概念存在一定的模糊性，即"组块"既指"组"的行为，又指已组的"块"；"语篇"既指完整的言语成品，又指任何一个连贯的语言片段。此外，在一个语篇中表示核心主题的句子往往以陈述句的形式位于段前或断尾，那么按照他的识别标准，这种句子是否也应该属于组块标记呢？对此，作者没有进行更为深入的探讨。

(三) 会话分析 (대화, 회화분석)

会话分析，也称"话语分析"(담화분석)或"对话分析"(대화분석)，是由美国的社会学家即所谓的民族学方法论者开创的。这种分析方法通过对会话的考察来研究语用现象，其理由是：会话是一种原始的语言使用形式，也是人类语言习得的初始模式，而且语用结构的各个方面都是以语言使用中的会话为中心组织起来的(Levinson, 1987: 30)。在会话分析领域取得较大成果的学者有Sacks、Jefferson、Schegloff、Schenkein、Turner等。

在最初的发展阶段，会话分析分为两种倾向：一种是社会学的会话分析，另一种是语言学的会话分析。① 二者的共同点在于都使用了经验主义的方法，都把人类的语言交际和非语言交际视为直接的研究对象。不同的是，前者以揭示社会秩序及其生成机制为研究目标，而且其研究对象仅限于日常性的、无准备的、话轮频繁交替的私人对话；后者则以揭示语言的交际结构及其构成单位的具体意义为目标，其研究对象除了日常性的即兴对话以外，还涉及讲课、讨论、说教、法庭对话等具有固定模式的交际活动。这里，我们更加关注的是后一种会话分析。

语言学的会话分析，主要研究会话中的总体结构、话轮交替、对答结构、修正机制、间接言语行为等，有一套搜集语料的独特方法和严格的转写规则。会话分析方法在其发展过程中，正如 Heineann 和 Viehwege (1991：106) 所指出的那样，逐渐呈现出和语篇分析方法相互交融的倾向，即二者逐渐跨出原来各自封闭的研究思路和研究领域，开始逐渐吸收对方的研究成果，使自身的研究范围不断扩大。

在汉语学界，会话分析不像在外语学界那样受到足够的重视②，相关研究成果相对贫乏。除了刘虹（2004）对汉语会话结构进行全面的理论探索之外，廖美珍（2002）和郑远汉（2003）重点探讨了汉语的问答结构，张淑红（2009）、杨惠丽（2009）、段少敏（2009）则探讨了汉语会话中的修正模式和修正手段。

廖美珍（2002）结合言语行为理论和会话分析理论，以 17 场公开审判的现场录音为语料，探讨了法庭问答行为的互动机制与互动形式。她指出，行为或机构的不同决定话语结构的不同，法庭问答互动根本上是一种不对称的互动，而这种"对称不对称"是研究会话的重要参数。同时她又提出了"目的原则"，认为话语是有目的的，目的使话语具有意义，因此，要解释法庭审判活动参与者的言语行为，最佳途径莫过于从言语行为的目的出发。

刘虹的《会话结构分析》（2004）是第一部深入描写汉语会话结构的专著。论著以日常会话语料为分析对象，描写了话轮交接、对答结构等会话

---

① 朴容翊（박용익，2001）：《对话分析学》（대화분석론）韩文版第54—56页，图书出版亦乐。

② 外语学界的相关专著有王得杏（1998）、李悦娥、范宏雅（2002）、刘运同（2007）、于国栋（2008）等。

总体结构,还描写了会话的开头、结尾等局部结构。值得一提的是,作者提出了"半话轮"的概念,指出除话轮和反馈项目以外,还有半话轮性质的附属话轮、未完成话轮和听话者完成说话者话轮时的重叠,从而在一定意义上发展了会话分析理论。

在韩国,越来越多的学者开始注意实际生活中的会话语料。例如,朴容翊(박용익,1994,1997,1999,2001)、张京姬(장경희,1997)、宋京淑(송경숙,1998,2000)、尹石敏(윤석민,1999)、金顺子(김순자,1999,2000)、李元彪(이원표,2002)、朴容翰(박용한,2003)、赵国贤(조국현,2004)、金正善、李弼荣(김정선,이필영,2008),都依据真实的会话语料进行了韩国语(朝鲜语)的会话分析,并取得了一定的成绩。

朴容翊(1994,1997,1999)分析了特定的话语类型,例如课堂会话、电视讨论会议、电视剧中的人物对话等,探讨了这些话语类型的话轮转换、会话结构、会话意图及会话策略等问题。他指出,一种会话类型往往具有某种话轮交替原型,其原型的表层结构背后有交际的规则体系在起作用,正是这种规则促使会话顺利进行。

李元彪(이원표,2002)探讨了韩国语(朝鲜语)会话中的打断行为,指出,目前学界所使用的"重复""打断"等会话分析术语容易引起消极的理解,因此他主张使用"插话"(말 끼여들기)这一术语。他指出,在脱口秀节目中,合作性的插话行为往往多于非合作性的插话行为,尽管插话不是男性的专利,但是男性和女性在话语中所表现出的插话行为的功能和类型却存在一定的区别。

可以看出,会话分析和语篇分析理论具有较大的共同点:一是,二者都以超越句子的语言单位作为研究对象;二是,二者都注重语言交际所呈现出的结构特点。不过,如何把会话分析理论应用于语篇分析中,使之更有效地弥补当前国内外语篇分析研究所面临的困境,是值得我们深思的。

四 研究的不足

综观西方语言学界和汉语、韩国语(朝鲜语)学界的语篇研究,其成就是令人瞩目的。然而,由于语篇语言学兴起和发展的时间并不长,也由于语篇研究本身所具有的难度,以上研究仍存在如下不足点:

(一)语篇分析没有形成相对统一、完善的理论体系

从上述语篇分析的发展概况可以看出,不论是西方语言学界还是汉

语、韩国语(朝鲜语)学界,都缺乏相对统一、完善的理论体系。具体表现在:

第一,在使用的术语、依据的理论思想、运用的研究方法等方面,体现出较大的主观性和随意性。

第二,语篇分析缺乏一套相对严格的操作程序和评价体系。即典范的语篇分析应该遵循哪些程序,辨析语篇分析成功与否的评价标准又是什么,对这些问题都没有形成一个统一的认识。

第三,对于语篇分析中所使用的语料,包括对比语篇分析所使用的语料应该依据什么样的原则、什么样的方法选取等问题,缺乏明确、一致的认识。

长期以来,人们热衷于探讨分析语篇的具体方法或某一具体语篇的特征,而忽视了从理论建设的高度思考这些基本的理论问题。我们认为,发展语篇分析理论,就要加强语篇研究的理论建设,只有建立一套完整、严密的语篇理论体系,才能运用这一系统的理论框架指导具体的语篇研究。

(二) 汉语、韩国语(朝鲜语)学界的语篇分析过于依赖西方的研究成果,缺乏自主性和创新性

如上所见,不论是汉语学界还是韩国语(朝鲜语)学界,其语篇分析的理论和方法大都来自西方语言学界。从语法取向的语篇分析到语义取向的语篇分析,再到语用、交际取向的语篇分析,西方语篇分析的走向往往决定那一时期汉语和韩国语(朝鲜语)学界语篇分析的热点和特点。当然,科学没有国境,在全球化、多元化的大背景下,跨越国境,积极引进国外先进的学科理论和方法,不但有助于国内学科理论的发展,而且有助于国外学科理论的完善。但是,如何做到引进和创新相结合,如何使引进有利于创新,是值得汉语学界和韩国语(朝鲜语)学界的学者深思的。

以语篇对比为例,中国和韩国语篇研究的热潮最初都是由外语学界的学者引发的。外语学界的学者大量介绍、引进国外的语篇分析理论和相关研究成果,可谓功不可没。然而,不少学者在运用这些理论进行对比时,并不是从两种语言的共性基础出发,批判性地应用这些理论和方法的,而是在很大程度上用西方的语篇理论来验证汉语或韩国语(朝鲜语)语篇的特点,没能深入挖掘不同语言的语篇所具有的特点。尤其在英汉、德韩语篇对比中,由于学者对自己母语的结构和特点缺乏深入的了解,对汉语或韩国语(朝鲜语)语篇的分析多停留在表面的观察,其解释也是蜻蜓点

水、不痛不痒。有些汉语、韩国语学者虽以母语语篇作为研究对象，但是同样缺乏理论上的创新意识。

我们认为，对于国外先进的语言理论和研究方法采取不屑一顾的态度是不可取的，这种闭门造车的陈旧观念有可能会导致事倍功半的结果。同样，把西方的语言理论视为金科玉律的做法也是片面的，因为我们所要吸收的是西方语言理论及研究方法中的精华，而这种精华的吸收是需要去伪存真、去粗存精的过程。

（三）汉韩（朝）语篇结构对比方面的研究成果非常少

我们发现，目前的汉韩（朝）对比学界存在两个方面的问题，具体来说：

第一，多数汉韩（朝）对比仍以句子语言学为框架。

我们曾对2000年至2011年间发表在国内核心期刊上的81篇韩国语（朝鲜语）学术论文进行过统计①，其统计结果如表1.1所示：

表1.1 2000年—2011年间国内核心期刊韩国语（朝鲜语）研究成果分类表

性质 \ 项目	研究方向	篇数	比例	总计	
理论研究	语法	29	38.2%	69 (90.8%)	76 (100%)
	词汇	24	31.6%		
	语音及音韵	7	9.2%		
	语言研究史	5	6.6%		
	韩国语文字	2	2.6%		
	韩中语言关系	1	1.3%		
	语篇	1	1.3%		
应用研究	韩国语教学	3	4%	7 (9.2%)	
	信息处理	2	2.6%		
	语码转换	1	1.3%		
	语言规范	1	1.3%		

从表1.1中可以看出，目前国内的韩国语（朝鲜语）本体和汉韩（韩汉）对比方面的主流研究仍然是以句子为研究范围进行的，而且研究重

---

① 数据来源为"中国知网"中的"中国期刊全文数据库"，输入的关键字为"韩国语"和"朝鲜语"，输入的"全部数据"为"核心期刊"，输入的"限定年限范围"为"2000—2011"。我们最终采集的学术论文包括了韩国语、朝鲜语本体方面的学术论文，也包括汉韩（朝）对比方面的学术论文。

心和热点依旧集中在语法学和词汇学上。

国内的韩国语(朝鲜语)语篇分析如此受到冷落,与国内的汉语学界以及韩国的语言学界形成鲜明的反差,也从一定角度折射出国内的韩国语(朝鲜语)学界理论研究相对薄弱、研究方法相对单一、理论前沿意识相对欠缺等不足点。

第二,汉韩(朝)语篇对比领域过于狭窄。

目前,国内的语篇对比多集中在英汉、俄汉、法汉、日汉等方面,汉韩(朝)语篇对比方面的研究成果非常少;同样,韩国的语篇对比也大都集中在英韩、德韩、日韩等方面,对比韩国语和汉语的研究成果并不多。我们曾对国内和韩国的相关数据库进行搜索,共搜索出 14 篇汉韩(朝)语篇对比方面的研究成果[1],其统计结果如表 1.2 所示:

表 1.2　　　　　　汉韩(朝)语篇对比研究成果分类表

研究议题	成果类型	学术论文		学位论文				总 计	
				博士		硕士			
		韩国	中国	韩国	中国	韩国	中国		
指称	指示代词	2	1	0	0	1	2	8 (57.1%)	14 (100%)
	人称代词	0	0	0	2	0	0		
衔接手段		0	0	2	0	1	1	4 (28.6%)	
语篇翻译		1	0	1	0	0	0	2 (14.3%)	
语篇结构		0	0	0	0	0	0	0	

从表 1.2 中可以看出,目前汉韩(朝)语篇对比的成果主要集中在指称、衔接手段等个别语篇现象上,尤其集中在指称方面,约占成果总数的 57%,然而,有关语篇结构研究的成果却少之又少。无可否认,指称是语言研究和哲学研究中极为重要的范畴,其研究成果对于语言习得、语言教

---

[1] 数据来源为国内的"中国知网""万方数据资源"以及韩国的"韩国教育学术信息院""韩国学术信息""国会图书馆"等数据库,输入的关键字有"韩国语""朝鲜语""韩汉对比""汉韩对比""朝汉对比""汉朝对比""语篇对比"等。数据采集时间分别为 2010 年 6 月 30 日(第一次采集)和 2010 年 11 月 30 日(第二次采集),采集时没有限定年限范围。我们最终采集的研究成果不仅包括了以语篇理论为框架进行的汉韩(韩汉)对比研究成果,也包括了部分以超句的语言单位为语料的汉韩(韩汉)对比研究成果。

学及机器翻译等领域具有重要的意义。但是，指称现象属于语篇中的个别现象，从语篇分析的角度来说，指称是衔接的一种手段，而衔接的最终目的是构建一个完整、连贯的语篇结构，因此，语篇结构的对比研究应该引起汉韩（朝）对比学界的充分重视，汉韩（朝）对比研究有必要把研究视角转向汉韩（朝）语篇、话语的对比领域。

据此我们认为，汉韩（朝）语篇结构对比已成为一项迫在眉睫的研究任务。

第三节　选题价值

本书是一项理论研究和应用研究相结合的对比研究，其研究价值主要体现在以下几个方面：

一　理论价值

（一）首次对汉韩（朝）语篇结构进行全面、深入的对比研究

本书将以语篇语言学理论为主要框架，结合其他先进的语言学理论和方法，首次对汉韩（朝）语篇结构进行全面、深入的对比研究。

所谓"全面"，一指本书所探讨的语篇结构不是片面的、局部的结构，而是包括微观结构和中观结构在内，也包括语义结构和功能结构在内的复合结构，涉及有关语篇结构的众多重要论题。基于目前的微观结构理论和宏观结构理论所具有的局限性，本书提出"语篇中观结构"的概念，用以解决语篇结构单位与语篇层次结构不对应的理论问题。另外，本书以语篇语言学理论为主要框架，同时，又吸收其他先进的语言学理论及相邻学科的研究成果，这也是本研究称为"全面"的第二个理由。

我们认为，随着语言学的不断发展，汉韩（朝）对比语言学理论也应该不断地拓宽和深化。通过汉韩（朝）对比，不仅要对汉语和韩国语（朝鲜语）具体语言现象的异同进行描写和解释，还要找出两种语言的使用规则，而这些都要通过理论来实现。可见，汉韩（朝）对比的研究目的，是最终形成科学的、抽象的语言理论。因此，本书将在首次对汉韩（朝）语篇结构标记进行深入探索的同时，也将尝试性地探讨汉韩（朝）对比中的语篇对比模式、语料选取原则、多元化研究方法等理论问题，力求提升汉韩（朝）对比的理论水平。

（二） 建立汉语、韩国语（朝鲜语）语篇结构的标记系统

在吸收前人研究成果的基础上，本书提出"语篇结构标记"这一概念，并把结构标记作为语篇的子系统来研究。本书将围绕语篇结构标记的确定、分类及功能等核心问题，建立汉语、韩国语（朝鲜语）语篇的结构标记系统，并对这一系统在汉语、韩国语（朝鲜语）两种语言中的表现形式及特点进行深入的探索。

在汉语和韩国语（朝鲜语）学界，个别学者虽也提出过"语义结构标记""衔接标记""组块标记""语篇结构标记功能"等概念，但这些学者都没有把结构标记作为语篇的本质特征来看待，更没有把它作为一个系统来研究。如上所述，语篇结构是语篇分析的一个核心议题，而且汉韩（朝）语篇结构对比尚无可资借鉴的成熟的对比模式。对于错综复杂的汉语、韩国语（朝鲜语）语篇结构应该从什么角度切入，汉韩（朝）语篇结构的对比项目应该如何选择，通过这种对比能否达到我们的预期目标？可以说，这些问题都是我们选题时所面临的较为棘手的问题。通过对汉语、韩国语（朝鲜语）语篇结构进行对比、考察，我们发现，两种语言的语篇在结构层次、结构关系以及语篇主题的生成模式等方面存在较大的共性，而两种语言语篇结构的个性集中地反映在表示结构层次和结构关系的语言标记上。因此，本书把结构标记作为对比的切入点，一是为了探索行之有效的语篇对比模式，二是为了摸索独特创新的对比风格。

在本书中，"语篇结构标记"被视为语篇的本质属性，它是语篇生产者在生成语篇时所运用的重要建构手段，同时，也是语篇接受者在理解语篇时所依据的重要线索。

二 应用价值

（一） 有助于提高语言教学的效率

我们经常会发现这种情况：即一个学生（包括二语习得者）能够说或写出一句完整连贯的话语，并不等于他（她）能够说或写出一段完整连贯的话语，更不等于他（她）会说或写出高质量的语篇；同样，能够理解孤立的一句句话语，并不等于能够理解由这些句子构成的连贯话语，更不等于能够准确把握这些连贯话语的内部语义关系及核心主题。那么，如何才能帮助学生掌握生产或理解语篇的有效手段？

本书所进行的汉韩（朝）语篇结构标记对比，将提供生成语篇或理解

语篇时所要依据的重要线索，而这些研究成果无疑对阅读、写作、听力及会话等语言教学具有一定的实践意义。教者可以借鉴语篇结构标记方面的研究成果，用以调整同语篇教学或口语教学相关的教学策略和教学手段，从而进一步提高语言教学的质量。

（二）有助于计算机自然语言处理中的语篇结构模式的开发

语篇结构在计算机语篇处理中一直是一个难题。本书不仅探讨汉语、韩国语(朝鲜语)语篇的形式结构、语义结构和功能结构，还将探讨汉语、韩国语(朝鲜语)语篇复合结构的组篇规则，而这些方面的研究成果将在一定程度上促进汉语、韩国语(朝鲜语)自然语篇处理中的语篇结构模式的开发和汉韩(朝)机器翻译中的语篇翻译。

第四节　理论基础

一　语言类型学理论基础

自 19 世纪以来，根据不同时期的研究内容及研究方式，语言类型学可以分为形态类型学、语序类型学、功能类型学、语义类型学、区域类型学等不同的研究，下面简要介绍一下在语言类型学中较为重要的三种类型学研究。①

（一）形态类型学

形态类型学的代表性学者有 Friedrich von Schlegel、August Schlecher、Wilhelm von Humboldt、August Wilhelm Schle-gel 等。他们最为重要的贡献是在人类语言的形态方面进行了分类，即，把人类语言按照形态的有无和形态变化的特点分为屈折语、黏着语、孤立语以及编插语(也称为"复综语")，这种分类方法延续至今。

通过对众多语言的观察与分析，他们发现世界上的不同语言有很多共同点，某些语言之间存在的有些共同特点，其他语言也同样具有。由于这种类型学研究属于早期的研究，学者们是从语言中最为基本的单位"词"的外部形态出发对语言进行的分类，因此，被称为"形态类型学"，也称

---

① 这一部分的内容主要参考了刘丹青《语序类型学与介词理论》，商务印书馆 2004 年版，第 4—60 页；陆丙甫、金立鑫《语序类型学教程》，北京大学出版社 2015 年版，第 1—26 页；威廉·克罗夫特《语序类型学与语言共性》，龚群虎等译，复旦大学出版社 2009 年版，第 1—23 页。

"古典类型学"。形态类型学主要是分类意义上的类型学，与现代科学意义上的类型学相差甚远。但是，当时的类型学研究已经关注到语言的不同要素之间存在跨语言的相关性，即，具有某种特征的语言往往同时具有另一种特征，而这种观念就是当代类型学研究中的蕴含关系观念的雏形。

传统的形态类型学主要关心的是依据形态变化划分的语言的结构类型，而对人类语言的普遍共性及不同语言现象之间的相关性关注得并不多。自20世纪初期以来，结构主义语言学、形式语言学、系统功能语言学等不同语言学流派的理论成果及研究方法，对当时的类型学研究提供了较为丰富的理论依据和参考依据，从而逐渐孕育出"语序类型学"。

(二) 语序类型学

在语言的众多构成要素中，语序是变化最为缓慢的一个要素，也是人类语言中最为普遍的语法形式和重要的语法形式。传统的语言类型学转向当代语言类型学的一个最重要的标志，就是从强调形态转向强调语序，语序现象得到了广大类型学研究者的普遍关注和重视。

在当代的语序类型学研究中，最具代表性的学者是 Greenberg，他也是语言类型学研究学者中最为杰出的一位。Greenberg 用抽样方法建立了30种语言的语种库，并提出了45条共性，从而奠定了当代语言类型学研究的基本描写方法，也奠定了语序类型学研究的基本研究范式。

根据 Greenberg 的操作方法，通过观察、统计不同语言而得到的蕴含共性，可以用两种逻辑形式来表示：一是蕴含性命题，二是四分表。

其中，优势语序是类型学研究中的重要议题，它存在于蕴含共性中，同时，也存在于非蕴含共性中。Greenberg(1966) 指出，"GU14. 条件从句在所有语言中都以前置主语为正常语序。"由于条件从句所表示的内容在时间上先于主句所述的内容，因此，条件从句的优势语序是前置于主句。可见，有些优势语序是不受其他语序蕴含的。在提出优势语序观之后，Greenberg(1966) 又从中引出了语序和谐性，指出和谐性是与蕴含共性、优势语序相关的现象，并非独立存在的普遍原则。

Greenberg 的重要贡献之一，就是把语序问题提到语言研究的重要位置。在各种语序中，Greenberg 最为重视的是主语(S)、宾语(O)、动词(V) 的相对语序，在45条共性中，与此相关的共性有15条。

继 Greenberg 后，Lehmann(1973，1978) 和 Vennemann(1974) 提出了语序类型学模式，指出和谐性是语序类型学所遵循的根本原则，各种语序共性及语序演变都由这一原则决定。首先，他们发展了 Greenberg 的语序和谐性思想，同时也大大增加了和谐性原则的适用范围。其次，他们都很重视动宾结构在语序中的核心地位，认为可以忽略主语在语序类型学研究中的作用。最后，他们都很关注历时演变，把复杂语序的演变都归因为 VO 和 OV 两种语序类型之间的互变结果。

进入 20 世纪 80 年代以后，Hawkins 进一步发展了 Greenberg 的语序类型学中语序客观上的不对称性。首先，他通过建立、研究 300 多种语言的语种库，追求无例外的蕴含共性，并将有关共性系列化。其次，他将核心参项由 S、O、V 改为前后置介词。再次，他不追求绝对性和谐，不把和谐性看作严格的语序共性，而是看作一种统计上的倾向性，称为"跨类和谐性"，从而减少了例外。最后，认为语序共性和和谐性会影响历史演变，从而力求找出语言演变过程中永不违背共性的机制，并试图对此进行解释。

20 世纪 80 年代以后，Dryer 发展了 Lehmann 和 Vennemann 的和谐性模型。他建立了多达 625 种语言的语种库，并将这些语言分为 100 多个在谱系分类上相关、分布地域和结构类型上一致的亲缘组，再将这些语言组细分为 6 大区进行统计分析。可以说，Dryer 大大扩充了用于分析的语种数量，也改进了研究方法，同时，他还提出了"分支方向理论"假说。

(三) 功能类型学

功能类型学代表了类型学研究中的一种范式或理论框架，其理论主要来自 Greenberg，功能类型学在语言观和研究方法上同乔姆斯基所创立的形式语言学形成鲜明的对比，因此，也被称为"Greenberg 学派"。

以形式语言研究为特点的"乔姆斯基学派"认为，语言共性是心理语法的一部分，是人类基因的表现，具有生物学意义，而且这些语言共性是绝对的、无例外的，并且可以从生物遗传学和语言习得方面找到相应的证据。在研究方法上，"乔姆斯基学派"更加关注语言的形式特征，强调建立于单一语言上的规则，并使用形式化的逻辑演绎和推导方法。

然而，功能类型学在解释跨语言的共性或类型特征时，采用功能主义的解释方法。功能主义认为，在建立共性和划分语言类型的基础上，语言结构应该主要通过具体语言的功能进行对共性的解释，从而使类型学与人类语言的交际功能、认知功能的研究相互结合起来。功能类型学理论是在 20 世纪 70 年代以后才被人们普遍认识和重视的，初期的代表性学者有

Givón、Haiman、Comrie、Hopper 及 Thompson。功能类型学试图通过对跨语言材料的调查与研究,解释话题—述题、主位—述位、焦点、功能词、话语标记等话语交际现象。现代语言学意义上的语言类型学,在研究目的和研究目标上,同形式语言学和系统功能语言学基本一致,都是寻求对人类语言的普遍共性或者对人类语言进行统一性解释。但是,语言类型学不仅要解释人类语言为什么总体上会呈现出某一种倾向,还要解释某一种特定语言为什么会呈现出某种特定的倾向;同时,还要解释为什么人类语言会总体上遵循某些基本原则,某一特定语言在遵循这些基本原则时又会出现哪些变通或变异,会采取哪些策略等。在研究方法上,语言类型学尽可能采集大规模的语言样本,并在描写、对比的基础上进行抽象和概括,同时提出可能的理论假设,而这些假设大都通过蕴含共性或语义图等形式来表达。

在国内外语言学界,运用语言类型学方法研究两种语言或多种语言的语篇结构的成果并不多见,尤其缺少对汉语、韩国语(朝鲜语)这种形态类型与结构类型完全不同的语言的跨语言对比研究。本书大胆尝试从语言类型学的视角审视汉语和韩国语(朝鲜语)语篇结构的相关性,尽管并不是严格遵照类型学操作程序的研究,但是,在适当吸收语言类型学理论成果的基础上,本书将对汉韩(朝)语篇结构及语篇结构标记的共性进行合理解释。

二 系统功能语言学理论基础

系统功能语言学认为,语言的性质决定人们对语言的要求,即语言所必须完成的功能。这种功能是多维度的,可以概括为若干个有限的抽象功能,即"纯理功能"。Halliday(1970,1973,1985)把语言的纯理功能分为概念功能、人际功能和语篇功能,并认为这三种纯理功能是一体的,不存在主次之分。功能主义学者认为,"功能"指的是语言作为人类交际手段的功能,语言因为交际的目的而存在,语言的结构也是在交际使用中磨合形成的。功能主义学者试图通过对语言的交际及互动功能的探索,揭示形式和功能之间的关系,解释功能影响语法结构这一本质问题。[1] 总之,系统功能主义的理论和方法为人们观察语言并研究语言提供了广阔的视野。

---

[1] 李秀明:《汉语元话语标记研究》,博士学位论文,复旦大学,2006年。

三 其他理论基础

第一，语用学中的关联理论(관여성이론)

关联理论是 Sperber 和 Wislson (1995，2008) 提出来的，是关于人类交际和话语理解的认知理论。这一理论从人的认知特点与认知过程出发，将交际看作一种认知活动，认为人类的认知有一个总的目标，即在认知过程中力求投入最小的心力获得最大的语境效果。关联理论是通过语境效果和心力之间的关系来界定"关联"(relevance)这一概念的，认为语境效果越大，相关语句的刺激信号就越有关联；付出的心力越多，刺激信号的关联度就越小。追求最大关联，意味着力图投入最小的心力获得最大的语境效果。人们期望相关语句带来足够的语境效果，又不至于使人为之付出过多的心力，但是，作者认为这种关联不是最大关联，而是优化关联。可以说，Sperber 和 Wislson 的关联理论为学者们从认知角度探讨语言形式与语用理解之间的关系提供了一定的理论依据。

第二，系统科学中的系统结构理论

结构，是系统科学的基本问题，也是近代科学的重要议题。系统科学认为，尽管在很多场合人们主要关心的是系统的外部属性和功能，但是想要真正认识一个事物的运动规律和行为模式，又必须考虑它的内部结构（陈忠、盛毅华，2005：59）。系统的结构，是从系统的目的出发，按照一定的规律组织起来的、相互关联的系统元素的集合。结构具有三个特点：首先，结构所涉及的是系统的内部关系，而不是系统之间或系统与环境之间的关系；其次，结构不是构成元素的"集合"或内部关系的总和，而是元素之间的结合方式；最后，结构是相对于系统整体的属性、功能及价值而言的，离开系统整体也就无所谓结构。所以，系统结构的整体性总是与系统整体的特殊性、稳定性、目的性联系在一起。我们认为，这一理论有助于我们更加清楚地认识语篇结构作为一个子系统和结构标记作为一个分系统所具有的普遍特征，为我们更加深入地理解和把握语篇结构的性质提供了科学的依据。

第五节 研究思路及全书框架

根据研究对象和研究内容的特点，本书在以语言的功能观贯穿全文的同时，遵循如下研究思路：

第一，从共性基础到个性差异

汉韩（朝）语篇结构标记的对比基础，是汉韩（朝）语篇及语篇结构所具有的共同特征。因此，第二章先从总体上考察汉韩（朝）语篇系统的共同特征之后，再考察汉韩（朝）语篇结构在构成单位和层级方面的共同特征，并以此为基础进一步探讨汉韩（朝）语篇结构标记在功能和类型方面的共同特征。第三章、第四章及第五章将分别对比三种不同类型的汉韩（朝）语篇结构标记，不仅对比两种语言的语篇结构标记在使用特点和使用规律方面的共同点，还将对比两种语言的语篇结构标记的功能差异。即，本书从整体上采用了"共性基础—个性差异"的研究思路。

第二，从形式到意义，再到功能

在考察三种汉韩（朝）语篇结构标记的个性差异时，首先根据汉韩（朝）语篇结构标记所具有的形式、意义及功能特征界定语篇结构标记的范围及概念，并根据这些范围和概念考察汉韩（朝）语篇结构标记的共同点和不同点。在对比时，不仅对比汉韩（朝）语篇结构标记在形式上的共同点和不同点，还将对比在语义和功能方面的不同点。亦即，本书从局部上采用了"形式—意义—功能"的研究路径。

根据上述研究思路，本书在整体内容的编排上采用了"总—分—总"结构。全文的论述框架，如图1.1所示：

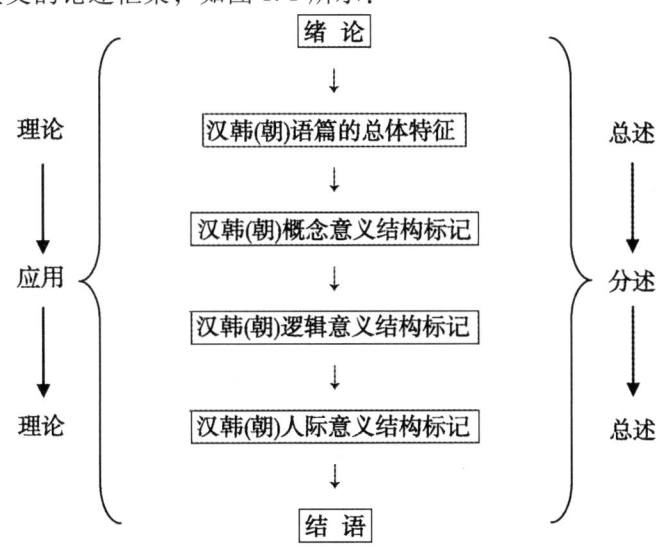

```
                    ┌─────────┐
                    │  绪 论  │
                    └────┬────┘
                         ↓
理论        ┌──────────────────────┐      总述
  │         │ 汉韩(朝)语篇的总体特征 │
  ↓         └──────────┬───────────┘
            ┌──────────↓───────────┐
应用        │ 汉韩(朝)概念意义结构标记│
  │         └──────────┬───────────┘      分述
  │         ┌──────────↓───────────┐
  ↓         │ 汉韩(朝)逻辑意义结构标记│
理论        └──────────┬───────────┘
            ┌──────────↓───────────┐      总述
            │ 汉韩(朝)人际意义结构标记│
            └──────────┬───────────┘
                       ↓
                    ┌─────────┐
                    │  结 语  │
                    └─────────┘
```

图 1.1 本书的研究思路及框架图

第六节　语料来源及符号说明

一　语料来源

（一）选取原则

为了进行汉韩(朝)语篇对比,本书遵循了如下选取原则:

第一,语料形式以大于句子的语言单位为主。

第二,语料来源不限于特定语体而涉及多种语体类型。

第三,选取具有典范性的语料。

第四,选用翻译对等语料作为考察对应规律的主要语料。

第五,将语域对等语料作为辅助性的语料。

第六,两种语言的语料在数量上大体相等。

（二）语料的构成

本书的语料从性质上来看主要属于书面语语篇或口语语篇,有原著也有译著;从范围上来看涉及汉语和韩国语(朝鲜语)的主要语体类型,包括文学语体、科学语体、政治语体、新闻语体以及公务语体五种语体;从数量上来看本书考察的语料字数近2000万字(详见附录B2)。

本书的大部分语料靠手工翻检采集,只有小部分语料靠韩国KAIST语料库、北京大学CCL语料库以及http://kin.naver.com 和 http://baike.baidu.com 检索获得。所有语料均标有出处。

二　符号说明

为行文简便起见,本书使用以下符号表示相关的基本概念和术语:

句　　子:a、b、c……　　　段　　落:P1、P2、P3……
段落群:U1、U2、U3……　　命　　题:S1、S2、S3……
名　　词:N　　　　　　　　名词性词组:NP
动　　词:V　　　　　　　　动词性词组:VP
管　　界:[ ]　　　　　　　外管界:{ }
省　　略:φ

另有一些符号将随文说明。

第二章

汉韩（朝）语篇的总体特征

科学的对比，都是建立在某一共同基础上的对比。① 在对汉韩（朝）语篇结构标记进行全面、细致的对比之前，我们先从总体上考察汉语、韩国语（朝鲜语）语篇的结构，以求找出对比的共同基础。为此，本章将紧紧围绕语篇特征，从语篇系统的基本特征到语篇结构的核心特征，再到语篇结构标记的重要特征，从大到小、由表及里，层层探索汉韩（朝）语篇结构标记的共性基础。

第一节　汉韩（朝）语篇系统的特征

语篇可看作一个系统。结合系统的内部结构和外部功能进行观察，可以发现语篇系统具有如下特征②：

第一，多元性

语篇，是由一个个句子按照一定的语义关系组合起来表达某种交际意图的语言单位。从构成语篇的句子的数量来看，标语、广告或短消息等语篇是由一个或两个句子组成的简单语篇，但是人们通常所接触到的语篇是由三个或多个句子组成的复杂语篇，如果再考虑句子内部的词组、词汇、形态、语素及语音等因素的话，那么，简单的语篇其实也是一个复杂系统。可见，语篇并不是由单一元素构成的简单系统，而是由众多元素构成的多元系统。

第二，有序性

语篇系统内部的各个元素之间存在一种有序的特殊关联，即有序性，

---

① 许余龙：《对比语言学》，上海外语教育出版社2003年版，第25页。
② 本书关于系统特征的科学阐述，参考了陈忠、盛毅华所著《现代系统科学学》，上海科学技术文献出版社2005年版。

有序性也是语篇作为一个系统区别于非语篇的重要特征。一方面，有序性使一个个句子联系成一个有机的统一体；另一方面，使系统内部两个或几个元素之间的联系又影响其他元素之间的联系。语篇一旦形成，这种有序性就作为语篇的属性存在于语篇之中，而且具有相对稳定、持久的特点。

第三，整体性

整体性是语篇作为一个系统所具有的最基本、最主要的特征之一。整体性并不是构成语篇的各个部分特征的简单累加，而是各个部分结合为语篇整体时体现出来的主体特征。例如，人的特征并不是头部、躯体、四肢等部分特征的简单加合，而是这几个部分组合为一个有机的整体时所体现出来的总体的、本质的特征。同样，一个语篇与非语篇的区别在于语篇具有各个组成部分所没有的新的属性和功能，即语篇整体性。

第四，有限性

有限性，主要体现在语篇所具有的时空上的边界。首先，语篇是在特定的时空背景中产生并被接受的，具有内部世界和外部世界之分。语篇的外部世界，指一个语篇所处的自然环境、交际环境、社会环境以及和其他相关语篇所构成的环境；语篇的内部世界，则指由语篇自身的各个组成部分所构成的整体环境。其次，语篇具有一定的篇幅。没有一个语篇是在时空上无限延续的，它们均体现为占据一定时间量或一定空间量的篇幅。一个口语语篇总有表示起始点的语音和表示终结点的语音，一个书面语篇也具有表示起始点的字符和表示终结点的字符。由于时空边界的有限性使然，一个语篇所具有的功能也是有限的，主要体现为侧重于某一方面的核心功能，而语篇的类型也正取决于语篇的这一核心功能。

与其他系统相同，语篇系统也由若干个子系统和分系统组成。语篇结构属于子系统，强调的是系统的组成；语篇结构标记则属于分系统，强调的是系统所包含的各个方面，两者分别是从"纵"和"横"的角度来区分的。下面，我们将依次考察汉语、韩国语（朝鲜语）的语篇结构这一子系统和语篇结构标记这一分系统的特征。

第二节 汉韩（朝）语篇结构的特征

一个完整的语篇，尤其是一个完整的书面语篇，往往具有一个完整的语篇结构。这种完整性不仅体现在语篇具有统一的主题，而且还体现在语篇同时具有主体结构和外围结构。主体结构，指集中表现语篇主题和作者意图的主干部分所具有的结构；外围结构，则指除去主体部分之外的其他部分，如语篇的标题（标题又可分为主题、眉题、副题、分题、提要题、大标题等）、目录、摘要、附录、作者简介、简评等部分的结构。读者在阅读和理解语篇时，除主体结构之外，还可以结合外围结构所提供的信息快速把握语篇的主旨、谋篇思路及功能结构。

以语篇标题为例，它是语篇的构成要素之一，对语篇具有重要的建构作用。我们发现，汉语、韩国语(朝鲜语)语篇的标题具有如下共同点：第一，从句法形式上看，通常具有结构简洁、形式简短的特点；第二，从语义内容来看，通常具有概括性和可识别性；第三，从语用功能来看，通常具有较强的指引功能和吸引功能。

可见，作为语篇的一个有机组成部分，标题具有特定的标记功能。一个具有可识别性的标题，往往通过简要地概括语篇的主题或提示语篇论题，或通过指明语篇中的主要人物、事件、时间、地点的方法对整个语篇产生统辖、制约的作用。因此，作者往往通过标题来明示或暗示所要表述的主要信息，而这种手段也往往使语篇中心突出、层次分明、结构严谨，不论这一语篇是叙事的还是论证的。同样，从读者的角度来看，标题往往成为读者预测语篇内容或整体框架的重要线索。但是从语篇整体的角度来看，语篇标题的标记功能依赖于语篇主体结构标记的实现，因为有的语篇标题不具有可识别性，不仅很难从中推测出语篇的主要信息，而且难以预测语篇的主要结构模式，甚至有时还会造成信息差。所以，本书把汉韩（朝）语篇结构标记的对比重点放在主体结构标记的对比上。下文所指语篇结构标记均指语篇主体部分的结构标记。

我们认为，在汉语、韩国语(朝鲜语)语篇中，语篇结构标记是语篇结构所具有的内在属性，因为这种结构标记不是以零散、无序的形式存在的，而是作为一个有序的分系统存在于语篇之中的，应体现在语篇结构的各个层级中。下面，我们将围绕构成单位和层级性，探讨汉韩(朝)语篇结构的特征。

一　四级构成单位

在语言交际中，句子只能表达一个相对完整的语义，也只能完成相对简单的交际任务。观察实际使用中的交际活动就可发现，人们往往是通过几个或更多的句子来进行交际的，这些句子并不是无序地相互堆叠，而是按照一定的逻辑语义关系或话语意图，有组织、有规则地组合起来，形成一定的主题。在形成过程中，若干个句子先构成一定的语义块，然后再与其他句子或语义块组合成更大的语义块，以此类推，直到最终构成完整的语篇结构。汉语、韩国语(朝鲜语)语篇结构由四级单位构成：句子、句群、段落①及段落群。本书对这四个构成单位的定义分别如下：

  a. 句子：具有一个语调且表达一个相对完整的语义内容且存在于一定的语境中，与上下文具有密切联系的语篇单位。
  b. 句群：由两个或两个以上的句子组成且表示相对连贯、统一的语义内容的语篇单位。
  c. 段落：由一个或几个句子组成或由一个或几个句群组成的，表示相对独立、统一的语义内容且具有换行形式标记的语篇单位。
  d. 段落群：由两个或两个以上的段落组成的语篇单位。

作为语篇的构成单位，句子、句群、段落及段落群具有如下共同点：第一，表达相对完整的逻辑语义内容；第二，表现语篇作者的谋篇意图；第三，运用特定的语法手段；第四，与其他构成单位共同组成语篇的层级结构。请看下例：

  (1) P1 지난 9일 동서리서치가 전국 성인 1000명을 대상으로 실시한 전화조사에서 이 대통령의 국정수행 지지율은 55.3%를 기록했다. (최대허용 표본오차는 95% 신뢰수준에서 ±3.1% 포인트) 다른 여론조사기관의 조사에서도 최근 이 대통령의 지지율은 51.0% (한국리서치 10월 30일) →52.0% (리서치앤리서치 11월 2일) →53.0% (미디어리서치 11월 3일) 등 50%를 넘는 강세를 이어가고 있다. 이 대통령의 지지율이 60%를 돌파할 경우엔 50%대 후반을 기록했던 취임직후보다 집권 후반기 들어 지지율이 높아지는 기록을 세울 수도 있다.

---

  ① 段落 (paragraph) 有自然段和语义段之别，自然段在书面语中另起一行且首行缩进，而语义段则是按照全文的语义内容划分的。通常所说的"把全文分为几个部分"中的"部分"指语义段，而本书所指的段落是自然段。

P2 최근 이 대통령의 강세는 'G20 효과' 때문이라고 보는 전문가들이 많다. 동서리서치 문병훈 부장은 "대통령 지지율에는 정상외교의 성과가 영향을 미치는 경우가 많다"며 "이번 G20 서울 정상회의를 통해 '일하는 대통령'의 이미지가 강화된 것도 영향이 있다"고 했다.

P3 하지만 이 대통령의 지지 충성도는 그다지 높지 않다는 견해도 많다. 최근 20—30 대 및 진보층 등 기존의 여권 비(非) 호감층까지 지지율이 40% 안팎까지 상승했지만, 역으로 이들의 지지는 G20 이란 '이벤트'에 의한 '일시적 거품'일 가능성이 크다는 것이다.

(<조선일보>10/11/14)

例（1）是一个完整的新闻报道语篇，由 P1、P2、P3 三个段落组成。这三个段落都是句群，P1 是由三个句子组成的句群，P2、P3 是由两个句子组成的句群。从这一语篇所表达的语义内容来看，P1 主要表示"韩国民众对李明博总统的支持率大幅上升"，而 P2 和 P3 则是对这一现象的两种不同的分析态度，因此，P2 和 P3 在语义上可看作一个整体即段落群，它们共同成为对 P1 所述现象的解释部分。可见，构成这一新闻语篇的结构单位有句子、句群、段落及段落群。再看下例：

（2）P1 人民网日本横滨 11 月 13 日电（记者吴绮敏、于青、崔寅）国家主席胡锦涛 13 日在出席亚太经合组织第十八次领导人非正式会议期间应约同日本首相菅直人会晤，进行了交谈。

P2 胡锦涛强调，中日两国走和平、友好、合作之路是符合两国和两国人民根本利益的正确选择。双方应该从战略高度和长远角度，恪守中日四个政治文件确定的各项原则，牢牢把握中日关系发展的正确方向，努力推动中日战略互惠关系沿着健康稳定的轨道向前发展。

P3 胡锦涛指出，双方应共同努力，持之以恒开展民间和人文交流，增进两国人民相互了解和友好感情。中日互为主要经贸合作伙伴，双方应继续深化双边互利合作，在国际事务中加强对话协调，共同致力于亚洲振兴，共同应对全球性挑战。

P4 菅直人完全赞同胡锦涛关于中日关系发展的意见，希望双方加强各领域交流合作，推动两国关系进一步改善和发展。菅直人祝贺上海世博会取得圆满成功。
　　P5 戴秉国等参加会晤。　　　　　　（《人民日报》10/11/14）

　　例（2）是由消息头、导语、主体、背景等四个部分组成的较典型的新闻报道语篇。其中，导语和背景分别由一个句子组成，是独句段①；主体部分则由三个段落组成，而且这三个段落都是由句群构成的段落。在主体部分中，P2 和 P3 指出了胡锦涛关于中日关系发展的意见，它们构成一个段落群，P4 则指出了菅直人对胡锦涛谈话内容的回应，自成一段。因此，这一新闻语篇同例（1）相仿，也由句子、句群、段落及段落群构成。不过在微型语篇中，句群或段落群有时并不出现。例如：

　　（3）P1 이명박 대통령은 11 일 한미 FTA（자유무역협정）추가 협의와 관련，"양국 통상장관이 논의했으나 세부적 사항을 해결할 수 있도록 하는데 시간이 더욱 필요하다는데 합의했다"고 밝혔다.
　　P2 이 대통령은 청와대에서 이날 버락 오바마 미국 대통령과의 정상회담후 공동기자회견을 갖고 이같이 말한 뒤 "양국 장관이 가능한 빠른 시간내에 상호수용가능한 사항을 최대한 빨리 하기로 했다"고 밝혔다.　　　　　　　　　　　　　　（<조선일보>10/11/14）
　　（4）本报武汉 11 月 14 日电（记者马剑）a 外交部长杨洁篪 14 日在武汉会见了出席中俄印三国外长会晤的印度外长克里希纳。b 杨洁篪说，今年是中印建交 60 周年，两国高层往来频繁，各领域、各层次交流合作不断加强，在国际和地区问题上的沟通与协调日益密切，中印关系发展势头良好。c 中国政府高度重视同印度的战略合作伙伴关系，认为两国关系具有全球影响和战略意义。d 两国领导人一致认为，世界上有足够的空间供两国同时发展，也有足够的领域让两国加强合作。e 中方愿与印方一道认真落实两国领导人达成的共识，加强沟通、协调与合作，推动中印关系在政治、经贸、人文等各领域合作不断迈上新台阶。　　　　　　　　　（《人民日报》10/11/15）

　　例（3）和（4）也都是完整的新闻报道语篇，但是其构成成分与例

---

① 郑文贞在《段落的组织》（1984：17）中按照段落的结构把段落分为独句段和多句段，同时又按照段落的功能和作用把段落分为一般段和特殊段。

（1）、例（2）有所不同。例（3）由P1、P2两个段落组成，而这两个段落都是由一个句子直接构成的独句段；例（4）则是由一个句群组成的段落，这个句群由5个句子组成，而全文只有一个段落，不存在段落群这个构成单位。

可见，语篇通常由句子、句群、段落、段落群等四级构成单位组成。两个或两个以上的句子按照一定的逻辑语义关系或话语意图先组成句群，这些句群又和其他句子或句群组成段落，段落和段落再形成更大的段落群，段落群再和其他段落或段落群形成更大的段落群，以此类推，最终形成一个完整的语篇。在较为复杂的语篇中，句群和段落群分别以句子和段落作为直接构成要素，但是它们在微型语篇中却不一定出现。据此我们认为，句群和段落群是语篇的重要构成单位，但不是基本构成单位，语篇的基本构成单位是句子和段落。汉语、韩国语（朝鲜语）语篇基本构成单位和非基本构成单位之间的关系如图2.1所示：

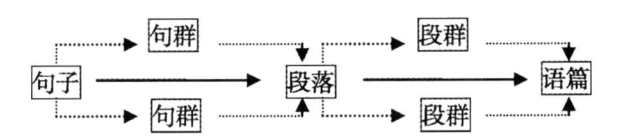

图 2.1　语篇基本构成单位和非基本构成单位关系图

在上述四级构成单位中，句子无疑是最为基础的构成单位，因为无论是句群、段落还是段落群都是以句子为基础形成的。但是从生产语篇和理解语篇的角度来看，语篇的核心构成单位是段落。

从心理学的角度看，人们在处理语篇时并非以一个个句子的形式处理信息，而是以组块的形式处理信息。组块，是把输入的个别、离散的信息重新编码，将其组织为更大的、有意义的单位的过程，是人类加工信息的一种重要形式。组块的作用在于，通过把相关的几个小项目整合为一个大项目的方法，减少基本块数，从而将信息量控制在记忆所容许的范围之内。① 因为有组织的信息块比处于无序状态的信息群更易于理解，所以，建立模块（chunk）是一种信息组织上的策略，使用模块策略的目的是在传信渠道建立起来之后减少信息的理解难度，使信息传送更加迅速，更加

---

① 马国彦:《篇章的组块：管界和标记》，博士学位论文，复旦大学，2010。

顺利。① 由于语篇所表达的信息量相对丰富，因此在处理语篇时，人们往往按照个别语句之间的逻辑语义关系把相关的句子组成一个语义块，而这种语义块最常见的形式就是段落。在汉语和韩国语（朝鲜语）语篇中，段落具有如下特点：

（一）具有典型的形式标记

Longaere（1979）和 Hinds（1977）发现，很多语言都具有表示段落边界的标记。在汉语和韩国语（朝鲜语）语篇中，典型的段落标记是另起一行且首行缩进。不同的是，当表示一个段落开始时，汉语要缩进两格，韩国语缩进一格，朝鲜和我国的朝鲜语则要缩进两格。由于不注意这种形式标记，汉语母语者在用韩国语写作时往往出现段落首行缩进两格的偏误，韩国语母语者在用汉语写作中时也经常出现段落首行缩进一格的偏误，可见，这是母语负迁移所致。

（二）具有语义上的统一性和连贯性

一个段落在语义上具有一定的统一性和连贯性。统一性，体现在段落往往有一个相对明确的、一致的主题；连贯性，体现在构成段落的句子或句群在语义上是相互关联的、连续的。段落内部的话题往往围绕一个相对独立、明确的主题推进，而且话题和话题之间、述题和述题之间通常具有较为紧密的语义联系。

（三）段落的推进体现作者的谋篇思路

从逻辑语义的角度来看，新的段落不仅表示语义内容的推进，同时体现语篇作者的思维进程和思想感情的变化，而这些往往要通过一定的谋篇布局来实现。我们发现，在汉语和韩国语（朝鲜语）语篇中，段落的划分与语篇的语体、文体类型具有密切关系，作者通常根据所要表达的主要内容和思想感情来组织语篇结构。在复杂语篇中，除了有些独句段之外，多句段中的起始句或收尾句往往集中体现作者的主要意图。

（四）段落的安排具有一定的随意性

不同的作者在语篇生产过程中所体现的组篇方式存在较大区别，即使是同一个作者，在同一个语篇中所体现出的段落安排方式也不尽相同。因此，在汉语、韩国语（朝鲜语）语篇中，段落的安排在总体上体现出规则性的同时，也体现出较大的随意性。例如，在小说语篇中，人物的言说行

---

① 黄锦章：《论两种性质的主题及汉语类型学特点》，《第五届国际汉语教学讨论会论文选》，北京大学出版社1997年版，第176页。

为和言说内容有时出现在同一个段落之内，有时则分别出现在上下不同的段落中；在学术语篇中，例文后的论述部分有时顶格写，有时则空格写。因此，当形式上独自成段的对话部分的前后不出现相关言说动词而直接出现交际双方的言说内容时，本书把每一个话轮处理为一个独立的段落；当形式上独自成段的对话部分同言说动词不具有句法上的密切联系时，本书也把每一个话轮处理为一个独立的段落。

二 三元层级结构

如上所述，构成汉语、韩国语（朝鲜语）语篇的基本构成单位有句子、句群、段落及段落群。

在汉语、韩国语（朝鲜语）自然语篇中，一个句子可以独立形成一个段落，也可以通过构成句群的方式形成段落；句群可以直接形成一个段落，也可以和其他句子或句群结合起来形成段落；一个段落可以直接形成一个语篇，也可以和其他段落一起形成段落群后再与其他段落或段落群构成语篇。需要指出的是，并不是任何两个或两个以上的句子或段落就可以形成句群或段落群，只有内部具有相对紧密的逻辑语义关系且能够表示一个相对统一、连贯的主题的句子集合体或段落集合体才可称为句群或段落群。在汉语、韩国语（朝鲜语）语篇中，一个篇幅较长且语义容量较大的段落内部的句子关系是相当复杂的，因为段落或句群内部的句子往往不是按照同一种语义关系组合起来的，而是由多种语义关系交织在一起，相互制约、相互影响而形成的。这些句子所形成的语义结构，并不是在平面按线条铺开的序列结构，而是从最底层的基本构成单位开始节节上升、层层推进的层级结构。

可以说，从句子到段落群，再到整个语篇，其生成过程不仅是篇幅加长、语义容量递增的过程，也是底层的语义关系逐渐形成上层的核心语义关系，从而形成一个立体的层级结构的过程，更是表意功能逐渐得到完善，最终生成一个完整的交际单位的过程。因此，观察语篇的层级结构，不能采用单一的平面视角，而要采用多维立体视角。根据汉语、韩国语（朝鲜语）语篇构成单位的共同点，本书把汉语、韩国语（朝鲜语）语篇的层级结构理解为由微观结构、中观结构及宏观结构统一起来构成的层级结构，即"三元层级结构"。如图2.2所示：

汉韩（朝）语篇的三元层级结构，是以中观方法为依据建立的。即，

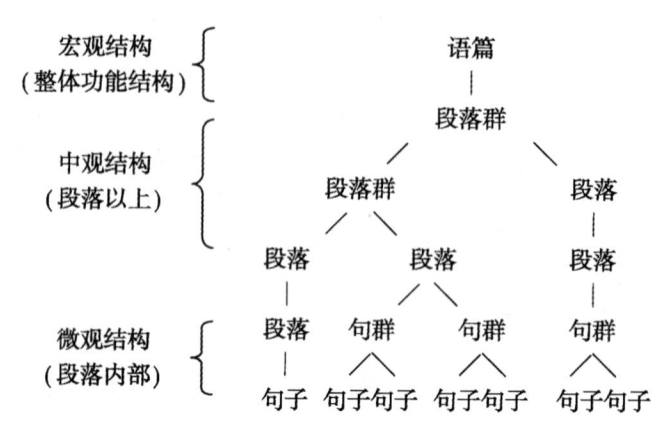

```
                          语篇
宏观结构    ┌
(整体功能结构) ┘        段落群
                      /     \
中观结构    ┌      段落群       段落
(段落以上)  ┘     /    \         |
              段落    段落      段落
微观结构    ┌   |     /\   /\   /\
(段落内部)  ┘  段落  句群 句群 句群
              句子 句子 句子 句子 句子 句子 句子
```

图 2.2　汉韩（朝）语篇三元层级结构示意图

以段落为核心构成单位，把语篇系统分为三个层级结构：中观结构、微观结构和宏观结构。中观结构，指段落与段落之间、段落与段落群之间、段落群与段落群之间的结构关系；微观结构，指语篇段落内部句子与句子之间、句子与句群之间、句群与句群之间的结构关系；宏观结构则指语篇作为完整、连贯、统一的交际单位所具有的功能结构。

第三节　汉韩（朝）语篇结构标记的特征

从图 2.2 中可以看出，在汉语、韩国语（朝鲜语）语篇的三元层级结构中，当两个结构成分互相结合时，总会出现一个节点。当语篇作者在生产一个语篇时，通常会使用一些语言形式明示这些节点，以便读者能够更好地把握节点所联系的相关命题以及整个语篇的结构；同样，当语篇读者阅读语篇时，也会依据这些明示的节点来理解前后构成单位的意义，形成完整的语义连贯，从而把握作者的意图。这些处于语篇结构节点位置的语言形式便是我们所要重点研究的"语篇结构标记"（텍스트 구조 표지）。我们将汉语和韩国语（朝鲜语）的"语篇结构标记"[①] 界定为：

Ⅰ 语篇结构标记：一个语言形式 M 为语篇结构标记，当且仅当它负载一定的语法、语义关系，并通过这种关系管领语篇构成单位，

[①] 本书对语篇结构标记的定义参考了马国彦（2010）《篇章的组块：管界和标记》中对组块标记的定义。

具有衔接或连贯的功能。

上述定义中所指的"管领",接近于廖秋忠(1987)所提出的"篇章管界"所具有的能力,但是也有一定的区别。本书对"管领""管领力""管界"的定义分别是:

Ⅱ 管领(통제):一个语言成分跨句或跨段统领、支配或修饰语篇构成单位。
Ⅲ 管领力(통제력):一个语言成分跨句或跨段统领、支配或修饰语篇构成单位的能力。
Ⅳ 管界(관할범위):语篇结构标记所管领的范围。

下面我们将从这些定义出发,结合语篇结构标记的功能和类型,考察汉韩(朝)语篇结构标记的总体特征。

一 语篇结构标记的功能

(一)达成关联的重要手段

人类交际有"编码—解码"模式和"明示—推理"模式,而话语理解主要涉及语言的解码和推理过程。解码,指语言结构的逻辑形式,即语义原型;推理,指逻辑形式转换成话语命题后推导出的隐含意义,即说话人意义。在"明示—推理"交际模式中,明示与推理是交际的两个方面。从话者或作者的角度而言,交际是一个明白无误地示意的明示过程,即话者或作者用明白无误的话语形式表达自己意图的过程;但从话者或作者的角度来说,交际是一个推理过程,即从话者或作者用明示手段提供的信息中推断出其交际意图的过程。交际的成功与否不在于听者或读者能否认识语句的语言意义,而在于能否从言语信息中推导出言者的"意义"。

交际是一种认知过程,是交际双方最大限度地达成关联的动态过程。在交际中,话者或作者尽可能准确地提供信息,以实现交际意图;而读者或听者也会把话者或作者的信息理解为具有整体性的连贯信息,以把握话者或作者的交际意图。Reinhart(1980)认为,连贯的话语应该具备三个特征:连续性,即话语中相邻的小句要么彼此照应,要么由某个连接成分使它们在形式上彼此连接在一起;一致性,即后一个句子与前一个句子在逻辑上保持统一；相关性，即每一个句子都必须与交谈的话题以及上下文彼此相关。Van Dijk（1977）认为，连贯是话语的一种语义特征，它依赖的是每个单句的解释与其他句子的解释之间的联系。因此，语篇结构既是话者或作者建构连贯话语的结果，又是听者或读者重构连贯话语的过程。话者或作者为了使听者或读者更好地领会自己的交际意图，除了传递主要信息之外，还会选择适当的结构标记来有效地组织语篇，从而表明自己的态度、观点以及谋篇思路，而语篇结构标记也在很大程度上会影响和制约听者或读者对主要信息的理解以及对话语关联性的寻求。因为听者或读者在理解语篇时，除了推理机制以外，语篇结构标记往往会成为他们寻求最佳关联的重要线索。

（二）语言纯理功能的重要体现

语言的功能可谓多种多样，但是可以大体归纳为各种语言用途所固有的三种纯理功能：概念功能、人际功能、语篇功能。

概念功能，指语言对人们在现实世界（包括心理世界）中的各种经历的表达，即，反映在客观世界和主观世界所发生的事情，所牵连的人物和事物，以及与之相关的时间、地点等因素。概念功能主要通过及物性、语态及归一度来体现。

人际功能，指概念功能之外语言所具有的表达讲话者的身份、地位、态度、动机以及对事物进行推断、参加社会活动、建立社会关系的功能。语言的人际功能实际上是语言的参与功能，讲话者通过这一功能使自己参与到某一话语情景之中，同时影响他人的态度或行为。这种功能主要通过话语、语气及情态体现出来。

不论是概念功能还是人际功能，最终都是由具体的语言形式表现出来的，把这种语言成分组织成前后连贯的语篇的功能就是语篇功能。语篇功能由主位结构、信息结构及衔接系统协同实现，它使语言和语境发生联系，从而使说话人生成与情景相一致的语篇。

在这三个功能中，概念功能其实就是"观察者"的功能，是对我们周围世界和内心世界的理解与表征；人际功能是"闯入者"的功能，是话者与听者通过互动配置言语交涉与情态、态度评论的功能；语篇功能是"相关"功能，是语境中语篇的概念和人际信息的表述，也是语篇地位的控制和语篇的连接扩展（Matthiessen，Halliday，2009：154）。语篇结构标记是语篇系统的重要组成部分，是作者或话者在实现语言的纯理功能即概念功能、人际功能及语篇功能时所体现出的特征，但是落实到具体的语篇结构标记，这三种功能的体现方式是有所区别的。

二 语篇结构标记的分类

（一）分类的依据和标准

文炼（1995）指出，分类的依据指分类的内在基础，即类的本质，分类的标准是一个对象属于某一个类所需满足的条件。分类的依据可以是直接观察到的东西，也可以是不能直接观察到的东西，但分类的标准必须是能够观察到的东西。分类的依据和分类的标准可以一致，也可以不一致，但分类标准必须能够反映分类的依据。本书对语篇结构标记的分类也将区分依据和标准。

由于交际功能均质地体现在所有语篇结构标记上，也就无法成为分类的依据，而纯理功能则是有所侧重地体现的，因此我们把纯理功能中的概念功能、人际功能、语篇功能作为分类的主要依据；同时，我们将区分话语的两个层面，以此作为进一步划分小类的标准。下面，在对汉韩（朝）语篇结构标记进行分类之前，我们先对部分语篇结构标记进行鉴别和梳理。

1. 话语的分层：基本话语（기본 담화）和元话语（메타 담화）

元语言（meta language，메타언어/상위언어①），是来自现代逻辑学的概念，指谈论语言的语言。例如，在用韩国语谈论汉语语法时，汉语是对象语言即基本语言，而韩国语则是工具语言即元语言。李葆嘉（2002：141）指出，语言学中的元语言和哲学、逻辑学中的元语言在研究目的、方法及范围上都有所不同，语言学中的元语言和基本语言之间的关系不限于哲学或逻辑学中的工具语言和对象语言之间的关系。

语言在实际应用中的产物是话语，包括用于口语中的话语和书面语中的话语。话语的意义产生于主体间的交际中，任何话语的意义通常由以下三个方面的因素构成：一是指物述事意义，二是话语主体的意图和对话语的指物述事意义所持的评价态度，三是话者对听者及他人话语的态度。②其中，前一个因素构成话语中的基本话语，后两个则构成元话语。元话语

---

① 李廷珉、裴永男、金勇锡（이정민、배영남、김용석，2000）：《语言学词典》（언어학사전）第521页，博英社。

② 巴赫金：《巴赫金全集》（第四卷），白春仁等译，河北教育出版社1998年版，第213页。

指在组织和展现一个语篇时，那些有助于读者理解或评估其内容的特征，包括模棱语等人际成分、态度标记和对话特征，还包括各种语篇组织特征。① 可以说，任何话语都是由基本话语（primary discourse）和元话语（meta discourse）构成的。基本话语编码的是命题性信息，侧重于概念意义或语篇意义的表达；而元话语编码的是程序性信息，侧重于人际意义的表达。例如：

（5）如上所述，文学创造的客体是整体性的、具有审美价值或审丑价值的特殊生活。但是，这种特殊生活当它还处于自在状态时，仍不能成为文学创造的真正的现实客体。众所周知，没有客体，人就什么感觉也没有；而没有人对客体的感觉，客体就不能现实地成为人所占有的客体。同样，当某种生活不再与作家发生联系，作家没去体验它，即感受、体味、思索它，并与之发生情感交流时，它就不会成为作家描写和表现的对象。　　（童庆炳主编《文学理论教程》）

在例（5）中，"文学创造的客体、这种特殊生活、它、人、客体、某种生活"表示话题，"但是、同样"表示前后语句的逻辑语义关系，它们都属于基本话语层面。而"如上所述"表示话者对自己前述内容的再次提及，"众所周知"则表示话者相信读者对所述信息是了解的，所以，这些语言成分所表示的不是概念意义或逻辑意义，而是话者的主观态度。

（6）한국을 떠나오기 전, 겨울이 한창 깊을 때, 나는 실로 오랜만에 그 남쪽 산으로 가서 신갈나무 숲에 이르렀었다. 사실대로 말하면, 나는 그때까지 그것이 신갈나무 숲이라는 걸 모르고 있었다. 그런데, 산중턱부터는 신갈나무가 숲의 주인이된다는 안내판이 친절하게 세워져 있었다. 신갈나무는 나무줄기에 희끗희끗한 빛을 띠고 있는 너도밤나무과에 속하는 나무였고, 무엇보다도 흔히 보았던 나무였다. 그러니까, 그 언젠가 저쪽 오르막길을 허위허위

---

① 戴维・克里斯特尔编：《现代语言学词典》，沈家煊译，商务印书馆 2007 年版，第 221 页。

오를 때도 신갈나무들은 내 모습을 보고 있었으리라.

(윤후명<달의 향기>)

在上例中，加下划线、字符边框和字符底纹的语言成分都属于语篇结构标记。其中，"한국을 떠나오기 전(离开韩国之前)"和"겨울이 한창 깊을 때(深冬季节)"表示时间，"나(我)，안내판(指示牌)，신갈나무(花木)，신갈나무들(花木们)"表示话题，"그런데(可是)，그러니까(这么说来)"表示前后语句的逻辑语义关系，这些语言成分都属于基本话语层面。但是，"사실대로 말하면"(说实话) 表示作者所陈述的"나는 그때까지 그것이 신갈나무 숲이라는 걸 모르고 있었다(我在那时还不知道那就是花木)"是属实的，是没有任何隐瞒的。可见，"사실대로 말하면(说实话)"是作者对自己陈述的内容所持的主观态度，属于元话语层面。

可见，例（5）和（6）中的"如上所述、众所周知"以及"사실대로 말하면(说实话)"等语言成分都是元话语层面的话语表现形式，它们在形式上可以是词、词组或小句，其共同点是不影响话语命题的真值义，其作用在于表示话者的主观态度、评价以及话语的组织方法。

那么，元话语是否与基本话语构成严格的二元对立？巴赫金曾反对把指物意义和评价意义完全分割开来，认为指物意义是由评价形成的，而评价还决定指物意义能否进入话者的视野，指物意义和评价意义共同构成话语的整体意义。根据认知心理学中的原型范畴理论，我们可以把基本话语和元话语看作一个连续统，逻辑连接标记(논리연결표지)、元话语标记(메타 담화표지) 以及话语标记(담화표지) 处于这一连续统之中。

2. 逻辑连接标记、元话语标记及话语标记的区别

1) 逻辑连接标记和元话语标记、话语标记的区别

逻辑连接标记，主要是传统语法中所说的关联词语或接续词(접속사)。例如，汉语中的"因为、但是、否则、同时、相反"和韩国语(朝鲜语) 中的"그리고，그러나，그래서，그러므로，그러니까"就属于逻辑连接标记。逻辑连接标记和元话语标记、话语标记都游离于句法结构之外，是句法上的独立成分。不同的是，逻辑连接标记所表达的是相关话语单元之间的逻辑语义关系，如因果关系、转折关系、比较关系等，其本身具有一定的真值条件义；而"说实话、具体来讲、总而言之"和"따지고

보면(究其实), 솔직히 말하면(说实话), 총적으로 보면(总的来说)"等元话语标记以及"你看你、完了"和"예, 저기요, 있잖아, 뭔가 하면"等话语标记则不表示相关话语单元之间的逻辑语义关系, 表示的只是话者对命题的态度、评价或对交际程序的编码。

2) 元话语标记和话语标记的区别

元话语标记和话语标记都侧重于表示程序性意义, 但是两者也有一定的区别, 即, 元话语标记一般具有可推导性, 而话语标记通常不具有可推导性。

构式语法[①]认为, 构式的形式或意义的某些方面不能从其构成成分或从其他已有的构式中得到严格意义上的预测, 即构式意义独立于填充在构式里的词项意义之外, 构式意义不能归因于所涉及的词项。虽然这一理论是关于句法中的论元结构的, 但是我们可以借用"构式"、"词项"及"推导性"等术语来解释元话语标记和话语标记的区别。

我们的观点是, 元话语标记往往形成一种构式, 其构式意义是可以从构式词项中推导出来的。在汉语和韩国语(朝鲜语) 中, 元话语标记通常由表示"说、言、讲"和"말하다(说), 이야기하다(讲), 제기하다(提)"等表示言域的动词或由表示"看(出)、知道、想"和"보다(看), 알다(知道), 생각하다(想)"等表示知域的动词构成, 而由这些动词所构成的元话语标记的语义是可以从这些动词及其相关构成成分中推导出来的。例如:

(7) 言域类: 坦白地说=坦白地+说
　　　　　　具体而言=具体+言语
　　　　　　换句话说=换+一句话+说
　　知域类: 总的看来=总的+看来
　　　　　　可想而知=可以+想象+知道
　　　　　　众所周知=大家+都+知道
(8) 言域类: 구체적으로 말하면(具体来说) = 구체적으로+말하다

　　　　　　바꿔 말하면(换言之) = 바꿔+말하다

---

① Adele E. Goldberg:《构式: 论元结构的构式语法研究》, 吴海波译, 北京大学出版社2007年版。

쉽게 말해(通俗地说) = 쉽게+말하다
知域类: 예를 들어 보면(举例来说) = 예+들어 보다
여러분도 알다시피(众所周知) = 여러분+알다시피
달리 생각해 보면(换个角度想) = 달리+생각해 보다

但是与例（7）、例（8）不同，例（9）、例（10）中的话语标记往往具有不可推导性，难以从内部词项的意义中推导出话语标记所表达的整体话语意义。例如：

(9) 完了 ≠ 结束+了　　　你看你 ≠ 你+看+你
(10) 뭔가 하면 ≠ 무엇이다+하다　　　저기요 ≠ 저기+이다

由于多数汉语、韩国语（朝鲜语）话语标记经常体现为一种口头禅，因此从表达概念意义的角度来看可以说是冗余信息，不增加任何真值条件义。也正因为如此，元话语标记"具体地说（구체적으로 말하면）"中的"具体（구체적）"可置换成"简单（간단히）、详细（상세하게）、全面（포괄적으로）、概括（개괄해）、坦白（솔직히）、坦诚（진심으로）"等具有相近或相反意义的词项，但是话语标记"你看你"和"뭔가 하면（是什么呢）"则无法替换为"你看他、我看我、他看你"和"이건/저건가 하면"等语言形式。

可见，元话语标记是语法化程度相对低的话语形式，仍然保留着一定的概念意义，而话语标记则是语法化程度更高的话语形式，很大程度上不具有概念意义，只是作为构建交际情景语境的"交际润滑剂"来使用的。

3）元话语标记和言说动词、名词组合或小句的区别

如前所述，元话语标记承载的是话者或作者对话语的态度和判断，并不表示话语的命题意义，但在形式上有时容易与言说动词、名词词组或小句发生混淆。汉语、韩国语（朝鲜语）中的元话语标记和言说动词、名词词组或小句的不同点，主要表现在以下几点：

第一，元话语标记具有相对固定的语言形式，言说动词的主体往往体现为零人称；但是言说动词、名词词组或小句都是自由组合形式，言说动

词作为谓语通常与主语共现。

之所以大部分元话语标记中不出现人称，是因为人称在语篇上下文或交谈现场都是明确的，所以往往隐含于元话语标记中，不必明示出来。如果需要补出人称，所补出的往往都是第一人称，但是一旦补出人称，元话语标记的固定形式就被打破，其中的言说动词就摆脱原有构式的制约而成为具有陈述功能的谓语动词。例如：

（11）去年，台湾共有103人因麻醉重大并发症而死亡，5人变成植物人，10人器官功能严重受损、无法正常生活。且受访医师<u>老实说</u>，这些重大并发症有4成是人为疏失造成的。

（新华社2004年新闻稿）

（12）下午六点她准时来了，一见她我毛骨悚然。老实说她就不能打扮。我见过很多青春期穿着军装度过的女人，一改文职就胡乱穿起来，惨不忍睹莫此为甚。 （王朔《过把瘾就死》）

在例（11）中，"老实"是副词，修饰后面的谓语动词"说"，它们都表示命题信息，"受访医师"和"这些重大并发症有4成是人为疏失造成的"则分别是"说"的施事主语和间接引语，都直受"说"的支配和管辖；而在例（12）中，"老实说"则是一个固定形式，"她就不能打扮"不能做"说"的引语，"老实说"只是在句法结构之外从语境意义上组织和控制后续句。

（13）그는 일산에 애증을 품고 있었다."만든 도시라 편리하면서도 뿌리를 내릴 것 같지는 않다"고 솔직하게 말했다. 하긴 다른 도시는 더 나쁠지 모른다. （<조선일보>, 인터넷 검색）

（14）솔직히 말해 출발하기 전부터 유럽농업 자체보다는 오히려 문화에 대한 관심이 컸던 것은 숨길 수 없는 사실이다. 동서양으로 대별되는 양대 문명과 그 문화적 차이를 느끼고 확인할 수 있다는 것은 나에게 매우 소중한 체험일 수밖에 없기 때문이다.

（이병철<살아남기, 근원으로 돌아가기>）

比较一下例（13）和（14）就可以看出，例（13）中的"솔직하게

말했다(坦白地说了)"是一个自由组合,"솔직하게(坦白地)"和"말했다(说了)"都是句法结构成分,前者是"부사어"(状语),修饰后面的谓语动词"말했다(说了)",而"만든 도시라 편리하면서도 뿌리를 내릴 것 같지는 않다(因为是人工建成的都市,所以尽管舒适,但不容易扎下根来)"则是"말했다(说了)"的直接引语。相比之下,例(14)中的"솔직하게 말해(坦白地说)"则是凝固形式,"솔직하게(坦白地)"和"말해(说)"都不是所属小句的句法结构成分。

第二,元话语标记不带有时体,而言说动词、名词词组或小句是可以带时体的。汉语元话语标记之后可以带语气词,但是不能带体标记和趋向动词(马国彦,2010:37)。在韩国语(朝鲜语)中,由言说动词组成的元话语标记都是动词的连接形,带有连接词尾"-면、-듯이"或副词"(-ㄴ/ㄹ 바와)같이",而且不带过去时制词尾"-았,-었,-였"。

第三,汉语和韩国语(朝鲜语)元话语标记通常是肯定形式的固定结构,但是言说动词、名词词组或小句通常是可以带否定形式的。

在汉语和韩国语(朝鲜语)中,元话语标记通常采用肯定形式,即使个别元话语标记采用了否定形式,言说动词所表示的仍然是肯定意义,被否定的只是言说动词的修饰成分。例如,在汉语元话语标记"不瞒你说、毋庸讳言"中,否定副词"不"和"毋庸"分别修饰"瞒"和"讳",两个元话语标记的内部句法结构分别是"不瞒|你说"和"毋庸讳|言",而不是"不|瞒你说"和"毋庸|讳言"。"숨김없이 말한다면(毫不隐瞒地说),주저하지 않고 말한다면(毫不迟疑地说)"中的"없다(没有)""않다(不)"两个否定词所否定的成分分别是"숨기다(隐瞒)"和"주저하다(迟疑)"而非"말하다(说)"。可见,元话语标记中的核心成分均没有被否定,它们仍然是肯定形式。

(二)语篇结构标记的类型

根据以上的认识,我们对汉语和韩国语(朝鲜语)语篇结构标记的定义做进一步修订:

> Ⅳ 语篇结构标记:一个语言形式 M 为语篇结构标记,当且仅当它负载基本话语层或元话语层的一定的语法、语义及话语关系,并通过这种关系管领语篇构成单位,具有衔接或连贯的功能。

根据以上的分类依据、分类标准和语篇结构标记的定义，本书把汉语、韩国语（朝鲜语）语篇结构标记分类如下：

（一）概念意义结构标记：主要指话题标记。

（二）逻辑意义结构标记：主要指逻辑连接标记。

（三）人际意义结构标记：主要指话语标记和元话语标记。

至此，我们已经建立了汉语、韩国语（朝鲜语）语篇结构标记的基本框架。

第四节　小结

一　归纳了语篇的特征

语篇是一个系统，结合系统的内部结构和外部功能来看，汉韩（朝）语篇系统具有如下特征：多元性、有序性、整体性、有限性。

作为一个系统，语篇具有完整性。这种完整性不仅体现在统一的语篇主题上，还体现在主体结构和外围结构的统一上。本章重点考察了汉韩（朝）语篇的主体结构，旨在寻找对比汉（韩）朝语篇结构标记的共性基础。

二　指出了汉韩（朝）语篇结构的四级构成单位

（一）指出汉韩（朝）语篇由四级构成单位组成

汉韩（朝）语篇结构由四级单位构成：句子、句群、段落、段落群。其定义分别如下：

a. 句子：具有一个语调且表达相对完整的语义内容，并存在于一定的语境中与上下文具有密切联系的语篇单位。

b. 句群：由两个或两个以上的句子组成，且表示相对连贯、统一的语义内容的语篇单位。

c. 段落：由一个或几个句子组成或者由一个或几个句群组成的，表示相对独立、统一的语义内容且具有换行形式标记的语篇单位。

d. 段落群：由两个或两个以上的段落组成的语篇单位。

（二）指出段落是汉韩（朝）语篇的核心构成单位

人们在处理语篇时，往往按照个别语句之间的逻辑语义关系把相关的句子组成一个语义块来理解，而这种语义块最常见的形式就是段落。在汉

韩(朝)语篇四级构成单位中,段落是语篇的核心构成单位。其特点是:
① 具有典型的形式标记。
② 具有语义上的统一性和连贯性。
③ 段落的推进体现作者的谋篇思路。
④ 段落的安排具有一定的随意性。

不同的是,表示一个段落的起始时,汉语要缩进两格,而韩国语缩进一格,朝鲜和我国的朝鲜语则要缩进两格。

三 指出了汉韩(朝)语篇结构是复合三元层级结构

复合三元层级结构,指语篇系统是由中观结构、微观结构和宏观结构组成的层级结构,同时又是形式、语义及功能有机统一的复合结构。中观结构,指段落与段落之间、段落与段落群之间、段落群与段落群之间的结构关系;微观结构,指语篇段落内部句子之间、句子与句群之间、句群与句群之间的结构关系;而宏观结构则指语篇作为完整、连贯、统一的交际单位所具有的功能结构。汉语、韩国语(朝鲜语)语篇结构是中观结构、微观结构和宏观结构的有机统一体。

四 归纳了汉韩(朝)语篇结构标记的功能特征及类型

(一) 语篇结构标记的定义

一个语言形式 M 为语篇结构标记,当且仅当它负载基本话语层或元话语层的一定的语法、语义及话语关系,并通过这种关系管领语篇构成单位,具有衔接或连贯的功能。

(二) 语篇结构标记的功能特征

功能特征主要体现在两点:
(1) 达成关联的重要手段。
(2) 语言纯理功能的重要体现。

(三) 语篇结构标记的分类依据及类型

1. 分类的依据和标准

主要依据:语言中的概念功能、人际功能、语篇功能等三元功能。

其他标准:①话语分为基本话语和元话语;②逻辑连接标记和元话语标记、话语标记在形式、意义、功能上有所区别。

2. 语篇结构标记的类型

语篇结构标记分为三种类型:概念意义结构标记、逻辑意义结构标记和人际意义结构标记。其中，概念意义结构标记主要指话题标记，逻辑意义结构标记主要指逻辑连接标记，人际意义结构标记主要指话语标记和元话语标记。如图 2.3 所示：

```
                    语篇结构标记
        ┌───────────────┼───────────────┐
  概念意义结构标记   逻辑意义结构标记   人际意义结构标记
        │               │           ┌───┴───┐
      话题标记         逻辑连接标记   话语标记  元话语标记
```

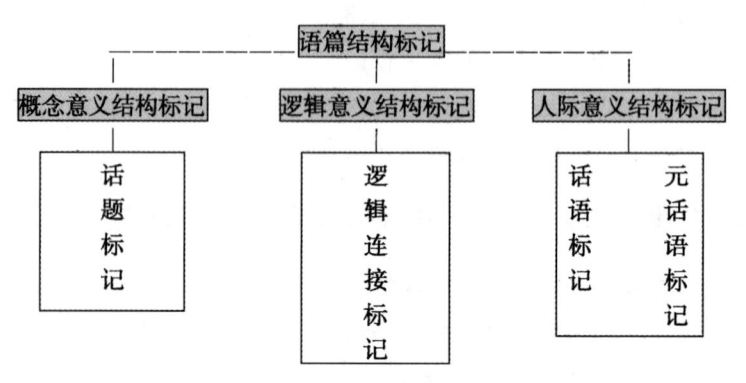

图 2.3　汉韩（朝）语篇结构标记系统基本框架图

第三章

汉韩（朝）概念意义结构标记

汉语和韩国语（朝鲜语）语篇由两种要素组成：一是表示命题内容的语言要素，二是表示命题内容之间关系的语言要素。所谓命题内容，是由状态、过程、动作、事件等表示命题的要素和时间、地点等情景要素结合起来表征概念意义的语义内容。我们把这种表示命题内容的语篇结构标记，称为概念意义结构标记。理解和把握语篇的概念意义，在语篇的生成和语篇的理解方面都具有重要意义。

第一节 概念意义结构标记的特点

概念意义结构标记的最大特点，就是增加语篇的真值意义。语篇是一个语义、语用单位，它同时连接人的两种活动，即内部的精神活动和外部的交际活动。就语篇话者或作者来说，他或她总是带有一定的目的性，例如向听者或读者传递某种信息、从听者或读者那里获取某些信息，而概念意义则是构成信息的最基本的语义核心。同样，对语篇听者或读者来说，要想理解一个语篇，就要理解构成语篇的命题，而命题说明事物的概念结构，概念结构则直接反映客观世界和主观世界中所发生的事情、所关涉的人物或事物，以及与之相关的时间、地点等因素。因此，表示这种概念结构的语言标记，是形成语篇真值条件义的基础乃至核心。例如：

（1）a 在会见韩国总统李明博时，{胡主席指出，[中韩关系发展良好。b 事实证明，中韩关系能够经受住各种考验并不断向前发展。c 中韩互为重要近邻和合作伙伴，中方愿意同韩方一道，推动中韩战略合作伙伴关系全面、深入、稳定向前发展。d 今后一个时期，双方应该在增进政治互信、深化务实合作、夯实友好基础等领域作出扎实努力,不断取得新的成效。] e 李明博表示,[中方为二十国集团领导人首尔峰会成功举行给予很大支持,韩方对此表示感谢。f 中国经济保持健康稳定发展,不仅对亚洲经济发展十分重要,而且对推动世界经济复苏具有重要意义。g 希望双方加强两国政治、经济等领域交流,扩大社会各界往来,增进互信,进一步发展韩中战略合作伙伴关系。]}

(《人民日报》10/11/15)

(2) a 在民主广场举行了群众大会,有几个教授讲演。b 也许是累了,也许是别的原因,江玫觉得思想很不集中,那种兴奋和激动已经过去了。c 她惦记着那黄昏笼罩了的初夏的校园,惦记着自己住的西楼,说得更确切些,她是惦记着那在西楼窗下徘徊的那个年轻人。d 不知道他会急成什么样子,会发多么大的脾气,会做出怎样的事来! e 她把肩上挎的包紧了一紧,感觉到一阵头昏。

(宗璞《红豆》)

在例(1)中,"在会见韩国总统李明博时"表示时间,其管界一直延伸至段落末尾;"胡主席"和"李明博"是这一段的主要陈述对象。另外,由言说动词"指出"和"表示"所构成的谓语的管领力不限于所在句,而分别延伸至 b、c、d 和 f、g。在例(2)中,"江玫"是全段的陈述对象,而"民主广场"则限定后述的一系列事件所发生的空间范围。

(3) a 그런데 이듬해 가을에 [그렇게 헤어진 매향이 자신의 씨로 지목되는 딸아이를 낳았다는 소문을 들었다. b 그때 마침 설악산의 산사(山寺) 사이를 헤매고 있던 그는 별 생각 없이 추수(秋水)란 이름을 지어 보냈다.] c 슬프도록 맑은 가을 계곡의 물이 그 아이의 앞날에 대한 어떤 예감으로 그의 의식에 와 닿은 것일까.

(이문열<금시조>)

(4) a 그는 비상구 아래 앉아 있던 은림을 생각했다. b [은림도 사실은 탈출하고 싶은 것이었을까. c 다시 말하면 은림도 사실은 마지막이라는 이름을 걸고 그를 찾아온 것은 아니었을까, 무언지 모르지만 뭉뚱그려져서라도 아직 희망이라는 게 남아 있나 싶어서, 그래

서 하필이면 그 비상구 아래에 앉아 있었던 것은 아닐까? d 그렇지 않으면 비상구라는 간판이 위기를 알리는 붉은색이 아니라 하필 풀잎 같은 초록색일 이유가 없을 것 같았고, 하필이면 은림이 그 아래 앉을 것 같지 않았다.]

(공지영<고등어>)

例（3）主要围绕"그"（他）来进行叙述，"그"（他）是这一段的陈述对象。"이듬해 가을（第二年秋天）"和"그 때（那时）"都是表示时间的语言标记，都同时管领 a 和 b，是跨越句子的语篇结构标记。"설악산（雪岳山）"是表示空间的语言标记，因为 b 中的"추수（秋水）란 이름을 지어 보냈다"（起了"秋水"这一名字并让人捎过去）这一行为和 a 中的"소문을 들었다"（听到传闻）这一行为都发生在"설악산"（雪岳山）。在例（4）中，"그"（他）是这一段的陈述对象，"생각했다"（想了）则是由意向动词构成的谓语，其语义控制范围延伸至 b、c、d。

可见，在例（1）至（4）中，表示陈述对象、时间、空间、主体行为等概念意义的语言标记都具有跨句的管领力，它们一同构成语篇的基本语义内容，增加语篇的真值条件义，是生成语篇和理解语篇时所要依据的重要标记。据此我们认为，汉韩（朝）概念意义结构标记分为三种：一是表示话题的语言标记，二是表示时间或空间的语言标记，三是陈述主体的意向行为、言说行为或认知行为的语言标记。其中，最为重要的概念意义结构标记是表示话题的语言标记，因此，本章将重点对比汉韩（朝）话题标记。

第二节　话题标记

本书中的话题标记，并不是传统意义上所说的凸显话题的语法手段或语音手段，如汉语中的"呢、啊（呀）、吧、吗"、停顿和韩国语（朝鲜语）中的"는/은""말이야, 있잖아"等，而是指话题本身作为显示语篇结构的标记出现。为了避免发生混淆，我们把"呢、啊（呀）、吧、吗"和"는/은"等能够凸显话题的语言形式称为话题凸显手段，以区别于我们所说的话题标记。

Li & Thompson（1976）从语言类型学的角度出发，依据"主语—谓语"和"话题—述题"这两种语法关系，把人类的语言分为四种类型，并认为汉语属于注重话题的语言，而韩国语（朝鲜语）属于主语和话题都注重的语言。可以说，这种观点已在汉语学界和韩国语（朝鲜语）学界达成了共识。暂且不论这种结论是否正确，在汉语和韩国语（朝鲜语）中，话题的确是一个非常重要的语言学概念。

在语篇生产中，话者或作者要想传达自己的交际意图，就要围绕一定的主题，选择恰当的话题展开陈述。对听者或读者来说，要想准确地理解话者或作者的交际意图，就要理解语篇的主题，而理解主题不是一蹴而就的，从微观层面的话题到中观层面的话题，经过一步步概括、整合之后才生成整体的语篇主题。因此，话题标记是语篇理解中最为重要的一个线索，话题之间是否具有一定的关联性，也是语篇区别于非语篇的重要特征。例如：

（5）a 中华人民共和国［简称中国，位于欧亚大陆东部，太平洋西岸。b 中国具有五千年的文明史，是世界四大文明古国之一。c 陆地面积约 960 万平方公里，东部和南部大陆海岸线长 18400 多公里，内海和边海的水域面积约 470 多万平方公里。d 海域分布有大小岛屿 7600 个，其中台湾岛最大，约为 35989.76 平方公里。e 陆上国界线长达 20000 多公里，同 14 国接壤与 8 国海上相邻。f 省级行政区划为 4 个直辖市、23 个省、5 个自治区、2 个特别行政区，首都北京。］

（下载：http://baike.baidu.com/view）

例（5）选自说明类语篇，主要介绍了我国的地理概况。在这一段中，话题标记"中华人民共和国"被引入语篇之后，便以替代和省略的形式具有了语义上的管领力，这种管领力不仅体现在句子内部，而且也体现在跨句的语篇层面上。话题标记以内部结构关系的一致性和语义关系的同一性引领各个述题围绕中心话题形成扇状语义结构，从而推进语篇的发展。例 5 中话题标记的这种结构功能可图式化为：

第三章 汉韩（朝）概念意义结构标记

中华人民共和国 {
 a. 简称中国，位于欧亚大陆东部，太平洋西岸。
 b. 具有五千年的文明史，是世界四大文明古国之一。
 c. 陆地面积约960万平方公里，东部和南部大陆海岸线长18400多公里，内海和边海的水域面积约470多万平方公里。
 d. 海域分布有大小岛屿7600个，其中台湾岛最大，约为35989.76平方公里。
 e. 陆上国界线长达20000多公里，同14国接壤与8国海上相邻。
 f. 省级行政区划为4个直辖市、23个省、5个自治区、2个特别行政区，首都北京。
}

可以看出，话题标记"中华人民共和国""中国"不仅是读者自下而上理解语篇内容的线索，也是读者自上而下把握语篇结构的重要依据，因此，把握这种话题标记对语篇的理解具有重要意义。

（6）a 대한민국（大韓民國，Republic of Korea）은 [동아시아의 한반도 남부에 자리한 공화국이다. b 서쪽으로는 중국, 동쪽으로는 일본이 있으며 북쪽은 조선민주주의공화국과 맞닿아 있다. c 수도는 서울이다.] d 대한민국은 [대체로 선진국으로 분류되며, 한국 전쟁이후 피폐해진 국토에서 한강의 기적이라 불리는 발전을 하여, 2000년 명목 국내총생산 기준 세계 13위（실질 국내총생산 기준 세계 7위）의 경제규모로 성장했다. e 2000년 남북 정상 회담으로 종전을 선언하는 문제를 추진하기 위해 협력해 나가기로 하였다.]

（http：//kin.naver.com/qna 검색）

例（6）是介绍韩国概况的语篇段落，共由五个句子组成。a、b、c和d、e所陈述的对象都是"대한민국"（大韓民國），全段紧紧围绕这一对象展开陈述。位于段落首位的"대한민국(大韓民國)"是第一次被引入的话题，但是一旦被引入、定位之后，它就成为作者默认的陈述对象，以省略或重复的方式将后面的陈述部分贯穿起来，使其紧紧围绕统一的言谈对象提供信息。因此，读者在理解这一段时，只要把握"대한민국(大韓民

国)"这一具有标记功能的话题,就能根据这个线索能够快速梳理陈述内容,进而概括、提炼出语篇的主题。因此,这种通常位于句首且为语篇提供语义范围或框架,同时通过控制两个或两个以上的句子,穿针引线地组织语篇结构的语言成分,就是话题标记。在例(6)中,"대한민국(大韩民国)"就属于我们所要探讨的话题标记,它在语篇中的结构组织功能可图式化为:

대한민국
- a. 동아시아의 한반도 남부에 자리한 공화국이다.
- b. 서쪽으로는 중국, 동쪽으로는 일본이 있으며 북쪽은 조선민주주의공화국과 맞닿아 있다.
- c. 수도는 서울이다.
- d. 대체로 선진국으로 분류되며, 한국 전쟁이후 피폐해진 국토에서 한강의 기적이라 불리는 발전을 하여, 2000 년 명목 국내총생산 기준세계 13 위 (실질 국내총생산 기준 세계 7 위) 의 경제규모로 성장했다.
- e. 2000 년 남북 정상 회담으로 종전을 선언하는 문제를 추진하기 위해 협력해 나가기로 하였다.

从上图中可以看出,"대한민국(大韩民国)"是这一段的陈述对象,也是这一段的话题标记。它管领段落中的五个句子,不仅保证了这一段落在语义上的连贯性和统一性,也保证了结构上的一致性和完整性。

一 目前汉韩(朝)话题研究中存在的不足点

不论是汉语学界还是韩国语(朝鲜语)学界,学者们从句法、语用、认知等不同角度对话题进行了研究,取得了丰硕的成果[①]。但是综观这些研究成果可以发现,目前的话题研究还存在以下不足:

---

① 关于"话题"的研究成果,韩国语(朝鲜语)学界有南基心(남기심,1972)、任洪彬(임홍빈,1972)、蔡琬(채완,1976)、金日雄(김일웅,1980)、成耆彻(성기철,1985)、洪思满(홍사만,1987)、崔圭洙(최규수,1990)、林奎洪(임규홍,1990)、朴采花(박채화,1993)、李三邢(이삼형,1994)、全炳善(전병선,1995)、徐赫(서혁,1996)、朴哲宇(박철우,2003)等;汉语学界有廖秋忠(1986)、沈家煊(1989)、陆丙甫(1993)、张伯江、方梅(1994)、史有为(1995)、曹逢甫(1995)、黄锦章(1996)、袁毓林(1996)、徐烈炯、刘丹青(1998,2007)、屈承熹(1999,2006)、王静(2000)、徐赳赳(2003)、陈平(2004)、吴中伟(2004)、许余龙(2004)等。

(一) 术语不统一

在汉语学界和韩国语(朝鲜语)学界,均存在与话题相关的术语不统一的现象。在汉语学界,对应于"topic"的术语一般是"话题"和"主题",但是"主题"有时还和"主位"一样表示"theme"。在韩国语(朝鲜语)学界,"화제"(话题)既对应于"topic",也对应于"theme",而且与"화제"(话题)经常混用的还有"주제"(主题)和"주제부"(主题部)。可见,在汉语学界和韩国语(朝鲜语)学界,有关话题的术语存在多个并用的现象。

在现代语言学中,最早对"主位"概念进行研究的是布拉格学派的Mathesius(1939,1989:10)。他指出,句子形式切分的基本要素是语法主语和语法谓语,而实际切分的基本要素是表述出发点和表述核心。表述出发点即主位,指的是该语境中已知的或至少是容易得知的东西,说话者通常由此出发;表述核心即述位,则是说话者关于表述出发点的所述内容或与其有关的内容。

最早把"话题""述题"等概念引入语言学分析的学者是美国的Hockett(1958)。他(1958,2003:217)指出,说话人先宣布一个话题,然后就它做出说明,在英语这样的欧洲语言里通常话题就是主语,说明是谓语,主谓结构是话题—说明结构的一种主要样式。

可见,"主位—述位"结构和"话题—述题"结构有很大的共同点,它们都不是从语法分析的角度来划分的,而是根据交际中的话语形式来划分的。尽管如此,这两套概念还是有区别的,有必要把"话题"和"主题""主位","화제"和"주제""주제부"等概念区分开来。本书在吸收前人研究成果的基础上,根据本书的研究内容和研究主旨,对以上术语进行重新界定:

第一,"话题"和"화제"是语用学的概念,对应于"topic"。"话题"和"화제"指话者或作者所要谈论或陈述的对象,"述题"和"논평"则是对话题所做的陈述或说明,它们分别构成"话题—述题"和"화제-논평"结构。

第二,"主位"和"주제부/테마"是功能语法中有关语篇功能的概念,都对应于"theme"。"主位"和"주제부"是谈论或陈述的出发点,是信息传递过程中信息传递动力最弱的部分;"述题"和"설명부/레마"是谈论和陈述的核心内容,是在信息传递过程中信息传递动力最强的部分。"主

位"和"주제부"还分为语篇主位、人际主位和话题主位,其中话题主位虽然接近于话题,但是不完全一致。例如:

(7) 所以说,起码呀,在这件事情上,她还真说了句实话。
（引自陆俭明《现代汉语语法研究教程》）

从语篇功能的角度来看,例(7)中的"所以说"是语篇主位,"起码呀"是人际主位,"在这件事情上"是话题主位;从语用学的角度来说,"这件事情"是话题,"她还真说了句实话"是述题。可见,"话题(화제)—述题(논평)"和"主位(주제부)—述位(설명부)"是两套相互区别的概念,但都和"旧信息（구정보）—新信息（신정보）"具有密切联系。本书将主要使用"话题—述题"这一对概念。

第三,"话题（화제）"是谈论或陈述的对象,一般以词汇、短语或小句的形式出现;"主题（주제）"则是所谈论或陈述的内容即命题,它可能以小句形式外显于语篇的表层中,也可能隐含于语篇的深层中,是高于话题的概念。例如:

(8) "外聚焦"叙述的特点是叙述者知道的比人物所知道的要少。从人称而言,这也是一种第三人称叙述,但与"零聚焦"叙述的无所不知相反,他像一个不肯露面的局外人,仅仅向读者叙述人物的言语和行为,但不进入任何人物的意识,也根本不想对他的所见所闻做出合情合理的解释,他自己一无所知,甚至表现得似乎什么也不想知道。现代一些小说家为了对抗"全知全能"的传统叙述方式,往往刻意采用这样一种冷漠的旁观者式的叙述方式。
（童庆炳主编《文学理论教程》）

在例(8)中,加下划线的部分是主题,是这一段的主要命题,是统辖全段话题和述题的语义核心;而加波浪底线的部分是话题,如"'外聚焦'叙述的特点""这""他""他自己""现代一些小说家"等,都是作者在这一段中所谈论的对象。

可见,话题和主题是有区别的概念。对一个完整的语篇来讲,语篇主题是整个语篇的核心命题,它是由各个段落的主题逐步合并、概括、整合而生成的,是属于中观结构层的概念;话题则是在语篇的生成过程中出现的谈论对象,是生成段落主题与语篇主题的基础,是属于微观结构层的概念。因此,在一个语篇中语篇主题只有一个,段落主题通常有多个,而话题则远远多于段落主题的数量。

(二) 语境没有得到充分的重视

传统的话题研究多以孤立句为对象,在话题与主语的区别、话题的结构位置、标记特征、指称特点及话题化等方面进行了较为深入的研究,但是由于没有摆脱句子语言学的局限性,研究者把话题或视为原子式的、不连续的实体,或当作小句的独立成分①。屈承熹(2007:195)指出,应该把话题看作语篇单位,在一个没有上下文的孤立句中,难以判断一个没有特别标明的名词性词语到底是不是一个话题。我们认为,话题是语用学的概念,因此,研究话题应该注重实际使用中的话语,应该把句子层面的话题研究和语篇层面的话题研究有机地结合起来,否则,难以全面、准确地认识话题的使用特征,也难以充分地解释话题的形成机制。

从当前汉韩(朝)对比学界的话题研究来看,我国的柳英绿(1999,2009)和崔载光(2005,2009)以及韩国的崔凤娘(2002)结合话题的形式特征和非句法功能,探讨了汉韩(朝)话题的共同点和不同点。尤其柳英绿(1999,2009)是在汉韩(朝)对比学界较早关注话题的学者,不仅发现了前人未曾注意到的汉韩(朝)语言的差异,而且对这种差异进行了具有说服力的解释。不过,由于以上学者所考察的语料均以孤立句为主,而未能摆脱句子语法的范围,因此对汉韩(朝)话题的动态性特征挖掘得不够深入。例如:

(9) a. 그가 밥을 샀다. (他买了饭)

그가 밥을 산 식당이 문을 닫았다. (他买饭的饭店停业了)

b. 밥은 그가 샀다. (饭是他买了)

*밥은 그가 샀던 식당이 문을 닫았다. (饭是他买的饭店停业了)

---

① Givón (1983:17): Topic continuity in discourse: an introduction. Topic Continuity in Discourse: A Quantitative Cross-language Study (pp. 1-44). John Benjamins Publishing Company.

按照传统研究,"韩国语话题结构一般不能用于从句层面,但主谓结构可用于从句层面"。也就是说,例(9a)中的第二个句子是正常语序的主谓结构,由于是无标记的语序,所以可以用于从句层面,而例(9b)中的第二个句子是带有话题的有标记的语序,所以不能用于从句层面。

然而,根据我们的观察,当韩国语(朝鲜语)话题结构同表示传信的连接词尾"-다는①"结合起来表示刚刚确认过去所不知道的某一件事情的时候,是完全可以出现在从句层面的。例如:

(10) 돈은 철수가 가장 많다(钱是哲洙最多)
　　　돈은 철수가 가장 많다는 사실이 드러났다.(钱是哲洙最多的事实暴露出来了)　　　　　　　　　　　　　　　　(自编)

另外,传统的话题研究认为,韩国语(朝鲜语)的主语可以用疑问代词提问,但韩国语(朝鲜语)话题不能用疑问代词提问。例如:

(11) a. 누가 밥을 먹었는가?(谁吃了饭?)
　　　? b. 누구는 밥을 먹었는가?(难道谁吃饭了吗?)

按照句子语法的观点,例(11a)中的疑问代词带了主格助词,而例(11b)中的疑问代词带了话题标记,所以不能成立,原因在于当韩国语(朝鲜语)疑问代词带有焦点特征时,不能带上表示已知信息的话题标记"은/는"。

如前所述,"话题—述题"结构是语用学的概念,而语用学则是研究"自然语言话语与其特定运用语境之间的关系"②的语言学理论,因此,在对比汉韩(朝)话题结构时如果不结合具体语境,尤其在判断某一个句子是否成立时如果不结合语境,就难以做出正确的判断。实际上,当话者在迫不得已忍受着饥饿做某一件事情时,假如有人走过来抱怨说"饿死了,我还没吃饭呢",那么,话者完全可能会采用这种疑问代词加上话题标记的焦点句式"누구는 밥을 먹었는가?"(难道谁吃饭了吗?)以表示内心的不满。在韩国语(朝鲜语)中,疑问代词和话题标记都具有凸显焦点的功能,但是当两者结合时话题标记的凸显功能与疑问代词的焦点功能重

---

① "-다는"是终结词尾"-다"加上表示引用的连接词尾"-는"构成的复合型连接词尾。
② 哈杜默德·布斯曼:《语言学词典》,陈慧瑛等译,商务印书馆2007年版,第418页。

叠,产生中和现象,话题的功能主要体现为"对照",即对方"你"和"我(我们)"相对照,表示"你没有吃,难道我(我们)就吃了吗?"可见,"疑问代词+는/은+VP?"是一个肯定形式的反问句式,表示的是全称否定,即"谁都没有 VP",是可以成立的。

可见,在考察一种语言或两种语言的"话题""焦点"及"旧信息""新信息"等概念时,不能把视角局限于孤立句而无视语言的实际使用环境。如果不把句子层面的话题研究和语篇层面的话题研究有机地结合起来,就难以得出符合客观语言事实的结论,也难以透过表面现象揭示深层次的语言使用规则。

(三)未能充分关注不同的语篇类型

国外有不少学者就话题的显著度(화제도)进行了研究,如 Keenan(1975)、Kuno(1976)、Li & Thompson(1976)、Givon(1976,1977)等。他们的观点可以归纳为:

a. 人类(a) > 非人类(b)
b. 有生(a) > 无生(b)
c. a+a(2) > a+b(1) >b+b(0)

也就是说,他们普遍认为具有[+人类]、[+限定性]、[+参与性]等区别特征的事物充当话题的显著度高于具有[-人类]、[-限定性]、[-参与性]等区别特征的事物。然而我们认为,这种规则虽然具有普遍意义,但并不是适用于所有的语篇类型。例如:

(12)如刺猬一样把身体蜷成一团,像一个球,然后静候敌人不耐烦地走开,这种"消极"本领,针鼹虽然也具备,并且运用,但针鼹的"绝活"是掘洞逃跑。针鼹的爪子十分厉害,像人手又有点像鸡爪,挖土速度快,且比较深,一口气可挖 1.5 米左右。其速度之快不要说刺猬、野兔不及,就是用现代人的工具甚至机器也未必能赶上它。中国的穿山甲也不是它的对手。

当你在灌木丛中发现一只黄澄澄的针鼹,在慢悠悠地爬着,你呼喊着同伴,朝它走去。可就在这几秒钟之内,你的眼皮底下,针鼹不见了!哪怕是一片草地,甚至是一片沙地,刹那间它也能在你眼前消失,只在地表上留下一个堆有浮土的洞口。

　　当然,挖洞不是针鼹的主要职责。它的食物来源是澳大利亚草原、丘陵、沙漠、山地中的蚁类,蚯蚓等,包括澳大利亚人恨之入骨的白蚁。澳大利亚每年许多民房被白蚁毁掉,农民喜欢可爱的小针鼹自然亦有这一因素在内。　　（王晓雨《珍奇的稀有动物——针鼹》）

　　例（12）选自一篇科普短文,短文的主题是"介绍澳洲珍奇的稀有动物——针鼹"。在所选的三个段落中,显性话题有"这种'消极'本领、针鼹的绝活、针鼹的爪子、其速度之快、中国的穿山甲、你、针鼹、它、挖洞、它的食物来源、民房、农民"等。其中,［+有生］话题的显著度的确高于［-有生］话题,但是,［+人类］话题的显著度却低于［-人类］话题。

　　(13). 오월의 아름다움을 표현한 글이다. 이 글은 한 편의 시와 같이 감각적인 비유로 이루어져 있으며, 깨끗하고 조촐한 이미지가 동심과 같이 펼쳐져 있다. 이 글에서의 오월은 순결하고, 밝고 맑고, 아름다운 존재이다. 서부 부분에서는 오월이라는 계절의 성격을, 본문에서는 젊은 날의 기억을 회상하고 있으며 결어에서는 오월을 보내는 마음을 담고 있다. 또 본문에서 중국 백하의 시를 인용함으로써 자신의 실연을 간접적으로 드러낸다. 과거 젊은날의 자아를 객관화하는 장면이다. 이 글은 간결하고 부드러운 문체로 일상적인 대상에 대한 서정적인 감흥과 깨달음을 보여 주며 그러면서도 자아를 객관적인 대상으로 삼는 작가의 작품세계를 잘 드러낸다.

　　　　　　　　　　　　（감상의 길잡이<한국대표수필>（하））

　　例（13）是一篇完整的文学短评,主题是"评论皮千得的《五月》",全文由一个段落构成。例文中加波浪底线的部分都是显性的话题,分别是"이 글(这篇文章)、이 글에서의 오월(文中的五月)、서부 부분(开头部分)、본문(本文)、결어(结尾)、본문(本文)、이 글(这篇文章)"。虽然评论中也出现了"작가(作家)"等具有［+人类］、［+限定性］、［+参与性］区别特征的名词,但是却不是作为话题出现的,而是作为受事"작품세계"(作品世界)的限定性成分出现的。因此,例（13）的话题显著

度是"无生>有生"和"非人类>人类"。

可见,话题显著度同语篇类型和语篇主题有密切关系,写景状物的描写语篇、介绍动植物的说明语篇以及写人记事的叙事语篇的话题,其显著度存在一定的区别,因而不能一概而论。

下面,我们将联系话题和语境,按照不同的语篇类型考察汉语、韩国语(朝鲜语)话题的特征及类型。

二 汉韩(朝)话题标记的特征及类型

在交际中,就信息传递的价值而言,传递新信息的往往是述题,但是就语篇理解的角度来说,话题是非常重要的线索。因为话题具有导向作用,它不仅是言谈或叙述的起点,而且对述题部分起穿针引线的作用,是语篇结构框架的重要体现。因此,抓住了话题标记,把握了话题的延伸和推进过程,也就大体上理解了语篇的结构。在汉语和韩国语(朝鲜语)中,话题标记通常具有如下特征:

  A. 形式特征
  a. 位于句首
  b. 带有话题凸显手段
  汉语:有语音停顿、逗号或"啊(呀)、呢、吧、嘛(么)"等语气助词
  韩国语:有辅助助词"는/은"、语音停顿、逗号或"야, 말이야, 있잖아"等话语标记
  B. 语义特征
  a. 有指
  b. 在话题链中控制代词回指或零形回指
  C. 语用特征
  已知信息或可提及信息

根据以上界定标准,具有上述全部特征的话题属于典型话题,典型话题的识别和把握是比较容易的;具有一部分特征的话题属于非典型话题,识别非典型话题需要投入一定的心力;所具有的话题特征特别少,那么该名词性成分就不是话题。本书将重点探讨典型话题,并根据典型话题的构

成特征，将话题标记分为指称性话题标记、介引性话题标记和命题性话题标记等三种类型。

（一）指称性话题标记

指称性话题标记，是在一句或一段话语中由指称某一个人或某一个事物的语言成分充当言谈起点的话题。在形式上，这类话题标记通常是体词性成分，不加"关于、对于、在（……方面/上）、就（……来说）"或"-에 대하여，-에 관하여，-을/를 놓고 말하면，-을 말할라 치면"等惯用结构等框式介词。

1. 再论"-가/이"（-ka/i）和"-는/은"（-n/wn）的功能域

在韩国语（朝鲜语）中，指称性话题标记通常用助词"-가/이"（-ka/i）和"-는/은"（-n/wn）来表示。当话题表示新信息时，话题通常带上助词"-가/이"（-ka/i）；当话题表示旧信息时，则通常带上助词"-는/은"（-n/wn）。由于话题通常是已知信息，因此带有"-는/은"（-n/wn）的已知话题是韩国语（朝鲜语）的常态话题，而带有"-가/이"（-ka/i）的新话题则是非常态话题。例如：

（14）그는 오피스텔 입구에서 주차장으로 들어섰다. 마침 한 차가 후진을 하는 중이라 그는 모퉁이에서 차례를 기다렸다. 하지만 후진하는 하얀 그랜저는 실력이 영 신통치가 않았다. 뒷유리창에 붙여 놓은 '초보 운전'이라는 스티커가 그제서야 눈에 띄었다. 저러다 받겠군, 하고 생각하는 순간 그랜저는 후진을 멈추고 차를 다시 원래 상태 대로 전진시킨 다음 차를 다시 후진시키기 시작했다. 하지만 이번에도 초보 운전자는 아까와 같은 모양새로 핸들을 꺾고 있을 뿐이어서 그대로 후진을 시키다가는 옆차를 받을 게 뻔했다. 그는 차에서 내려 그랜저의 운전석으로 다가갔다.

（공지영<고등어>）

例（14）主要围绕"그"（他）和"한 차"（一辆车）来展开，而这两个陈述对象分别是通过代词、专有名词、复合名词、数量短语及偏正短语等语言形式来实现的，它们都是体词性成分。但是，根据是否为首次引入

的新信息，话题后面所带的助词是有区别的。当"한 차"（一辆车）和"뒷유리창에 붙여놓은 '초보 운전' 이라는 스티커"（贴在后车窗玻璃上的写有'新手'字样的标签）作为新信息首次被引入时，均使用了表示指定陈述的主格助词"-가"（-ka），而当"一辆车"作为旧信息再次被提及时，则改用了表示一般陈述的助词"-는/은"（-n/wn）。再看下例：

(15) 건장한 양키가 쇼핑한 물건들을 한아름 내 테이블에 올려놓고 편지봉투를 한 묶음 꺼내 겉봉을 쓰기 시작했다. 나는 내 장사를 시작할 맞춤한 기회를 잡느라 침을 꼴깍 삼키며 그가 겉봉을 다 쓰기를 기다렸다.

양키들 특유의 아슬아슬할 정도의 속필로 그는 여러 주소를 거침없이 써내려갔다. 나는 보다못해 기어이 한마디하고 말았다.

（박완서<나목>）

在例（15）中，"건장한 양키"（虎背熊腰的洋鬼子）是首次引入的话题，所以使用了助词"-가(-ka)"，而当这个话题延续至下文成为旧信息时，则被替换为代词"그"（他），后面的助词也被替换为表示已知的助词"-는/은"（-n/wn）。可见，在韩国语（朝鲜语）中，表示新话题时主要使用助词"-가/이"（-ka/i），表示已知话题时则主要使用助词"는/은"（-n/wn）。但是，围绕"-가/이"（-ka/i）和"-는/은"（-n/wn）的用法，需要阐明我们的观点。在韩国语（朝鲜语）学界，不论是学校语法还是理论语法，都把"-가/이"（-ka/i）看作表示主语的主格助词，把"-는/은"（-n/wn）看作表示话题或强调、对比的辅助词或特殊助词、添意助词（보조사/특수조사/도움토）。最具代表性的是南基心、高永根（2005：99），他们认为"-가/이"（-ka/i）等主格助词是赋予体词以主语资格的助词，辅助词"-는/은"（-n/wn）虽表示不同的格，但其语义主要固定在"对照"上。实际上，这种观点是有失偏颇的。请看下例：

(16) 헌법 제 1 장(총강)
제 1 조 ①대한민국은 민주공화국이다.
②대한민국의 주권은 국민에게 있고, 모든 권력은 국

민으로부터 나온다.

　　제2조 ①대한민국의 국민이 되는 요건`은` 법률로 정한다.

　　　　②국가`는` 법률이 정하는 바에 의하여 재외국민을 보호할 의무를 진다.

　　제3조 대한민국의 영토`는` 한반도와 그 부속도서로 한다.

　　제4조 대한민국`은` 통일을 지향하며, 자유민주적기본질서에 입각한 평화적 통일정책을 수립하고 이를 추진한다.

　　제5조 ①대한민국`은` 국제평화의 유지에 노력하고 침략적 전쟁을 부인한다.

　　　　②국군`은` 국가의 안전보장과 국토방위의 신성한 의무를 수행함을 사명으로 하며, 그 정치적 중립성은 준수된다.

　　　　　　　　　　　　（http://kin.naver.com/qna 검색）

例（16）是韩国宪法总则前五条。从所出示的法律条文中可以看出，加上波浪底线的语言成分都是该总则所要陈述的言谈对象即话题，同时，它们又是主语，因为它们都和陈述部分中的谓语动词具有句法上的选择关系，并且受谓语动词的控制。如果把表示话题兼主语的"-는/은"（-n/wn）用主格助词"-가/이"（-ka/i）来替换，就会发现，它们将变得语义不通或语义上发生很大变化。如：

　　（17）？대한민국<u>이</u> 민주공화국이다.

　　　　？대한민국의 주권<u>이</u> 국민에게 있고, 모든 권력<u>이</u> 국민으로부터 나온다.

　　　　＊대한민국의 국민이 되는 요건<u>이</u> 법률로 정한다.

　　　　＊국가<u>가</u> 법률이 정하는 바에 의하여 재외국민을 보호할 의무를 진다.

　　　　＊대한민국의 영토<u>가</u> 한반도와 그 부속도서로 한다.

　　　　？대한민국<u>이</u> 통일을 지향하며, 자유민주적기본질서에 입각한 평화적 통일정책을 수립하고 이를 추진한다.

　　　　＊대한민국<u>이</u> 국제평화의 유지에 노력하고 침략적 전쟁

을 부인한다.

？ 국군은 국가의 안전보장과 국토방위의 신성한 의무를 수행함을 사명으로 하며, 그 정치적 중립성은 준수된다.

可以看出，例（17）中的主语无一能用"-가/이"（-ka/i）来替换。当然，这和两种助词所具有的细微语义差别有一定的关系，但是也从另一方面证明了我们的观点："-는/은"（-n/wn）是韩国语（朝鲜语）的话题助词，同时具有较强的主格标记功能，其跨越小句、句子及段落的语义统摄力强于"-가/이"（-ka/i）。如果因为例（17）属于法律语篇而认为这种结论不具有普遍意义，那么，我们还可以再举下面的例文：

(18) 길상이 ф 물감을 챙겨 내어 탈에 채색할 준비를 하는데 밖에서 그를 찾는 소리가 났다. 귀녀가 마님이 부른다고 했다. 길상이 ф 뛰어 갔을 때 문의원은 막 대청에서 신돌 위에 내려서고 있었다. 엉겁결에 길상은 절을 꾸벅 했다. 문의원은 연곡사의 노스님하고는 죽고마우로서 길상은 문의원을 절에서 여러 번 뵌 적이 있었던 것이다. 문의원은 절을 하는 길상에게 고개를 끄덕여 보였다. 깐깐하게 마른 늙은이, 백설 같은 수염에 묻힌 얼굴은 맑고 인자하게 보였다. 윤씨 부인은 두 손을 맞잡고 대청에 서 있었다. 언제나 다름없이 딱딱하게 굳은 얼굴이었다. 그러나 태도는 사부（師父）를 모시는 것 같은, 일찍이 뉘에게도 보인 적이 없는 경건한 태도였었다.（中略 6 个段落）

늘씬한 몸매에 치렁치렁 땋아내린 머리채를 흔들며 귀녀가 상을 보아 가지고 온다. 전과같이 문의원은 서방님의 진맥을 하러 온 것 같지 않다고 길상이는 생각 했다. 그 동안 최치수는 앓지 않았던 것이다. 무슨 심부름을 시키지나 않나 해서 사랑 앞을 서성거리는 길상은 그러나 마음은 도장에 가 있었다. 채색만 하면 탈은 끝이 난다. 어서 끝내야지 하는 생각에만 가득 차서 기어이 길상은 도장으로 뛰어가고 말았다. 두 손을 모아 호호 입김을 쐬고 비비고 하다가 그는 마지막 완성의 즐거움을 가만가만 누르고 물감을 풀었다. 이제 죽어 있는 두 개의 탈은 살아날 것이다. 길상은 혀를 반쯤 내물고 붓을 움직인다.　　　　　　　　　　（박경리<토지>1）

例（18）选自小说语篇，所选部分是为后来的情节埋下伏笔的重要段落，共有五个人物出场。其中，助词"-는/은"（-n/wn）总共出现了 18 次(加有字符边框)，除了用倾斜字体表示的两个"은"（-n）不表示主语而表示嵌套成分之外，其余 16 次均表示话题兼主语；"-가/이"（-ka/i）则包括 2 次零形式在内出现了 9 次(加有下划线)，其中，"귀녀가 마님이 부른다고 했다"（桂女说老夫人叫他）和"길상은…뵌 적이 있었던 것이다"（吉相曾见过……）中的后一个"-가/이"（-ka/i）表示的是谓语中的嵌套成分而不是主语，所以表示主语的只有 6 次。可见，在例（18）中，"-는/은"（-n/wn）表示主语(包括话题兼主语)的数量超过主格助词"-가/이"（-ka/i）。

我们曾进行过调查，在韩国语(朝鲜语)叙事类语篇、论证类语篇、描写类语篇及说明类语篇中各选出连贯的 150 个句子(包括单句和复句)，并对文中表示主语的助词进行了统计，结果如下：

表 3.1　韩国语（朝鲜语）语篇中表示主格的助词使用频率统计表

语篇类型	叙事类语篇		描写类语篇		论证类语篇		说明类语篇	
所选篇目	《토지》（박경리）（《土地》）		《권태》（이상）（《倦怠》）		《한국의 미학사상》（박용숙）（《韩国的美学思想》）		《정보사회와 인간생활》（정범모）《인간게놈프로젝트와 의의》（류성금）（《信息社会和人类的生活》《人类基项目及意义》）	
가/이 (ka/i)	51	38.6%	57	33.7%	42	34.4%	41	27.9%
는/은 (n/wn)	75	56.8%	94	55.6%	57	46.7%	82	55.8%
도 (tɔ)	6	4.6%	14	8.3%	18	14.8%	16	10.9%
(이)란 (iran)					1	0.82%	7	4.8%
까지 (kkatʃi)			1	0.6%				
마저 (madzə)					1	0.82%		
나 (na)			1	0.6%				

续表

语篇类型	叙事类语篇		描写类语篇		论证类语篇		说明类语篇	
인들（intwl）					1	0.82%		
(이)면（imiən）			2	1.2%	1	0.82%		
야말로（iamallɔ）					1	0.82%		
로 하여금（rɔhaiəkwm）							1	0.6%
合计	132	100%	169	100%	122	100%	147	100%

	表示主格的数量	表示主格的频率
"가/이"（ka/i）	191次	33.5%
"는/은"（n/wn）	308次	54%
其他	71次	12.5%

如上表所示，在韩国语（朝鲜语）自然语篇中，"-가/이"（-ka/i）表示主语的频率远不及"-는/은"（-n/wn）高，"-는/은"（-n/wn）经常表示话题，但是所表示的话题通常又是句法上的主语。据此我们认为，在韩国语（朝鲜语）语篇中，"-가/이"（-ka/i）是表示主格的助词，但是"-는/은"（-n/wn）也具有很强的主格标记功能。由于传统语法中的主语研究主要是在句子语法的范围内进行的，较少关注助词在自然语篇中的多样性和动态性，因此，所得出的结论不免有失客观。

以上，我们从语篇分析的角度出发重新审视了"-가/이"（-ka/i）和"-는/은"（-n/wn）的功能域，根据这一观察结果我们将展开下一步讨论。

2. 话题的指称性质：定指、通指和不定指

话题的指称性质，不仅关涉名词性成分与语境的联系问题，也关系到语言单位同所指之间的联系问题。从逻辑的角度来说，一个概念具有内涵与外延，内涵是概念所具有的区别性特征，而外延则是概念的所指范围。一个概念的内涵越丰富，其外延就越小，当一个概念的内涵丰富到足够的程度时，外延就形成一个独一无二的个体。话题的指称性质，是建立在对表示话题的名词性成分所指外延的限定上，而非对所指内涵的限定上。在指称的限定方面具有决定性作用的是语篇的话者或作者，因此，话题的指称性质实际上是话者或作者对所要陈述的对象进行修辞性处理的结果，属于话者或作者的一种语用策略。

汉韩(朝)指称性话题标记,可根据指称性质分为定指性话题标记、不定指性话题标记和通指性话题标记。

定指,是话者或作者在主观上认为听者或读者能够确定其所指对象;不定指,指话者或作者在主观上认为听者或读者无法确定其所指对象;通指,则指所指对象是整个一类。[①] 话者或作者判断定指还是不定指的依据主要是语境,即话者或作者对双方对话内容的理解以及对听者或读者的背景知识和解码能力的了解。

(1) 定指性话题标记

由于汉韩(朝)语篇中的话题往往是交际双方所了解的某人、某物或某事,至少是存在于听者或读者百科知识中的某人、某物或某事,因此在汉语和韩国语(朝鲜语)中,话题倾向于采用定指成分。

在汉语中,定指成分可以用专有名词来表示,也可以用"这、那、这个、那个、这些、那些"等指示代词,"我、你、他、我们、你们、他们"等人称代词以及相应的指示结构表示,还可以用指量短语来表示。例如:

(19) 刘家父女只剩了彼此瞪着,已无话可讲;祥子是闭口无言。车夫们,不管向着谁吧,似乎很难插嘴。打牌的人们不能不说话了,静默得已经很难堪。不过,大家只能浮面皮的敷衍几句,劝双方不必太挂火,慢慢的说,事情没有过不去的。他们只能说这些,不能解决什么,也不想解决什么。见两方面都不肯让步,那么,清官难断家务事,有机会便溜了吧。

(老舍《骆驼祥子》)

在例(19)中,充当话题的语言成分有名词词组"刘家妇女""打牌的人们"以及名词加上助词的"车夫们",专有名词"祥子"和代词"大家""他们"等,这些话题都是定指性话题标记。在汉语中,指示代词"这"和"那"以及由它们组成的指代结构经常表示定指话题。例如:

(20) 那个脸色苍白的少女刚走进书店,马林生便注意到了她,他一直用不易觉察的瞥视追随着她。那是个朴素干净学生打扮的少女,有着一张非常年轻瓷器般光洁的脸蛋和略显单薄但已发育的苗条

[①] 陈平(1987)认为,指称信息涉及有指和无指、定指和不定指、实指和虚指、单指和通指等四组概念。

身材。在日光灯的照耀下,她的两粒黑瞳仁点漆一般闪闪发光,但嘴唇仿佛褪了色和周围的肤色同样苍白。这正是马林生喜欢的那型少女。每当看到这类少女,总要在他心里引起一种痉挛般的心酸和几乎啜泣的感动,犹如听到一首熟悉的旧歌看到一张亡友的旧照片。这类少女现在已难得一见了,而在他年轻的时候比比皆是。

(王朔《我是你爸爸》)

在例(20)中,除了名词"马林生""嘴唇"和名词性词组"她的两粒黑瞳仁"之外,指称"少女"时都使用了由代词或指示结构充当的话题。当"少女"刚出现时,作者用了远指的"那个"和"那",而当她逐渐接近"马林生"时则使用了近指的"这"和"这类"。可见,在表示定指的指示代词和指示结构中,近指和远指的使用是有区别的。

在韩国语(朝鲜语)中,定指性话题标记通常采用"NP+는/은(-n/wn)"形式,NP一般是专有名词,还可以是冠形词"이(这),그(那),저(那)"①,指示代词"이것(这个),그것(那个),저것(那个),여기(这里),거기(那里),저기(那里)"、人称代词"나(我),너(你),우리(我们),너희"以及相关的词组或小句形式,但是很少使用指量短语。在上面所举例(14)至(16)中,除了例(14)中的"한 차가(一辆车)"表示不定指之外,其他话题都表示定指。

(2) 不定指性话题标记

1) 韩国语(朝鲜语)不定指性话题标记的表现形式及汉语对应形式

虽然汉语和韩国语(朝鲜语)的话题都以定指为主,但在特殊语境中,某些不定指成分也可以充当话题。例如:

(21) 또 차들이 부르릉대며 들먹이기 시작했다. 차들도 기다리기가 지루해서 짜증을 내고 있었다. 다시 날카로운 호루라기 소리가 들리고 저만치서 푸른 유니폼을 입은 마라토너가 나타났다.

(박완서<꼴찌에게 보내는 갈채>)

(22) "도대체 무엇이 그리 못마땅하죠?"

---

① 在"이(i),그(kɯ),저(dzə)"中,表示定指话题的是"이"(i),"그(kɯ),저(dzə)"一般不能单独表示话题。

자신의 생각에만 빠져 있던 아우가 퍼뜩 정신을 차리며 그 목소리의 주인을 올려보았다. 언제 왔는지 정확한 나이를 어림할 수 없는 젊은 여자 가 나무 곁에 서서 희미하게 웃고 있었다. 대단한 미인은 아니었지만 새하얀 원피스와 함께 꽤 인상적인 얼굴이었다.　　　　　　　　　　　　　　（이문열＜서늘한 여름＞）

之所以说例（21）和（22）中的话题是不定指的，是因为话题"푸른 유니폼을입은 마라토너"（身着绿色运动装的马拉松选手）和"정확한 나이를 어림할 수 없는 젊은 여자"（无法猜出确切年龄的年轻女人）都是作者或文中的主人公第一次见到的，所以在介绍给读者时采用了不定指形式。如果把这些话题句翻译成汉语，则要在结构上做些调整。例如：

　　（23）a. 다시 날카로운 호루라기 소리가 들리고 저만치서 푸른 유니폼을 입은 마라토너 가 나타났다

　　再次响起了刺耳的哨声，不远处出现了<u>一个身着绿色运动装的马拉松选手</u>。　　　　　　　　　　　　　　　　　　（自译）

　　b. 언제 왔는지 정확한 나이를어림할 수 없는 젊은 여자 가 나무 곁에 서서 희미하게 웃고 있었다.

　　不知什么时候出现的，有<u>一个无法猜出确切年龄的年轻女人</u>站在树旁，似笑非笑地望着他。　　　　　　　　　　　（自译）

在把上述两个韩国语（朝鲜语）不定指话题翻译成汉语时，要把它们转换成表示不定指的"一+（量）+名"结构，而且都要从主语转换成存现句的宾语，因为汉语中的宾语通常表示新信息，而主语通常与旧信息相对应。实际上，例（23a）和（23b）中的两个韩国语（朝鲜语）话题都可看作省略了前面的"어떤"（某）"어느"（某）"웬"（有个）"한"（一个）等表示不定的冠形词（관형사）。在韩国语（朝鲜语）中，的确有很多不定指话题是在名词性成分之前加上这些表示不定的冠形词构成的。例如：

　　（24）"아이구, 이제야 오시는군요. 어떤 여자분 이 아까부터 기다리시던데."

"여자요?"
"가만……." (공지영<고등어>)

(25) 산촌의 어느 집 며느리가 시냇가 버드나무 밑에서 빨래를 하고 있는데, 마침 하이킹 온 젊은 대학생이 지나다가 길을 물었것다. (양주동<웃음설>)

(26) 이윽고 나는 묘지에 이르렀다. 시간의 공동묘지였다. 한 여자가 내 앞을 막아 섰다. (윤후명<눈새의 집>)

例（24）的话题"어떤 여자분"（某位女士）中的"어떤"（某）、例（25）的话题"산촌의 어느 집 며느리"（乡村某一家儿媳妇）中的"어느"（某）、例（26）的话题"한 여자"（一个女人）中的"한"（一个），都是表示不定的语言成分，带有这些不定成分的话题也都是不定指话题。因为对于话者来说，话题所指称的"여자"（女人）、"산촌의 며느리"（乡村农家的儿媳妇）以及"여자"（女士）是陌生的，却是所要叙述的主要人物或者所要评论的人物，因此，在引入语篇时采用了不定指形式。这些话题在翻译成汉语时，也都要转换成"一+（量）+名"结构，如：

(27) a. 어떤 여자분이 아까부터 기다리시던데
　　　某位女士等了您很长时间 （自译）

　　b. 산촌의 어느 집 며느리가 시냇가 버드나무 밑에서 빨래를 하고 있는데
　　　有一个乡村农家的儿媳妇正在小溪旁的柳树下洗衣服
　　　　　　　　　　　　　　　　　　　　　　　　　（自译）

　　c. 한 여자가 내 앞을 막아 섰다.
　　　有个女人挡住了我的去路 （自译）

可以看出，在韩国语（朝鲜语）中，由"어떤"（某）"어느（某）""웬"（有个）"한"（一个）等冠形词和名词性成分结合而成的话题译成汉语时，不仅要把它转换成"一+（量）+名"结构，还要转换成"有"字兼语句的兼语。在汉语中，当"一+（量）+名"结构出现在宾语位置时可以酌情省略数词"一"，再者，a 和 c 句韩国语（朝鲜语）原文中的话题是由"冠形

词+名词"构成的简单结构,因此,在翻译时可以省去数词"一"。但是,b 句韩国语(朝鲜语)原文中的话题是一个带有长定语的复杂形式,因此在翻译时最好保留数词"一",以保证韵律的和谐。除了这种使用冠形词表示的不定指话题之外,韩国语(朝鲜语)中还有用数量结构表示的不定指话题。例如:

(28) 나는 그 자리에서 일어나서 풀밭으로 가 보기로 한다. 풀밭에는 암소 한 마리가 있다.　　　　　　　　(이상<권태>)

(29) 사람들 틈에서 웬 중년 남자 하나가 멍한 눈길로 걸어오는 것이 보였다. 가까이서 보니 초췌한 얼굴에는 구레나룻이 더부룩했고 두 눈은 충혈되어 있었다.　　(이문열<서늘한 여름>)

(30) 맞은편 집 사랑 툇마루엔 웬 노인이 한 분 책상다리를 하고 앉아서 달을 보고 있었다. 나는 걸음을 그리로 옮겼다. 그는 내가 가까이 가도 별 관심을 보이지 아니했다.　　(윤오영<달밤>)

例(28)中的话题"암소 한 마리"(母牛一头)是"名词+数词+量词(단위성 의존명사)"形式,例(29)和(30)中的话题"웬 중년 남자 하나"(某一个中年男人)和"웬 노인이 한 분"(某一位老人)则是"冠形词+名词+数词+(量词)"的形式,这些名词性成分的中心语后面都出现了数词及表示物量的依存名词。这类数量结构的话题在翻译成汉语时,也要转换成"一+(量)+名"结构。如:

(31) a. 풀밭에는 암소 한 마리가 있다.
　　　草地上有一头母牛。　　　　　　　　(自译)
　　b. 사람들 틈에서 웬 중년 남자 하나가 멍한 눈길로 걸어오는 것이 보였다.
　　　他发现人群中有一个中年男人正向他走来,目光呆滞麻木。　　　　　　　　　　　　　　　　　　　(自译)
　　c. 맞은편 집 사랑 툇마루엔 웬 노인이 한 분 책상다리를 하고 앉아서 달을 보고 있었다.

对面人家舍廊的木廊台上盘坐着<u>一位老人</u>,正仰望着天上的月亮。　　　　　　　　　　　　　　　　　　　（自译）

可以看出,韩国语(朝鲜语)原文例(31a)、(31b)、(31c)中由数量结构表示的不定指话题都转换为汉语的"一+(量)+名"结构,其中,例(31a)和(31b)的话题都转换为"有"字句的宾语,而(31c)却没有转换成"有"字句的宾语。因为如果要翻译成"有"字句的宾语,动词"坐"后要带上补语,这样,译文就变成"对面人家舍廊的木廊台上有一位老人盘坐在那里,正仰望着天上的月亮"。虽然语义通顺,但是从语篇翻译的角度来说它影响了原文精练、淡雅、质朴的散文体风格,故并不理想。因此,在翻译时就把韩国语(朝鲜语)话题转换为汉语存在动词"坐"的宾语,既符合汉语宾语对应为新信息的规律,同时也体现了韩国语(朝鲜语)原文的文体风格。再看下例:

（32）그 때 또 한사람의 입주자 가 나타났다. 그 선참자는 으레 그렇게 해야 되는 것처럼 처음부터 텃세를 내겠노라 고분고분하게 굴었다.　　　　　　　　　　　　　　　　（표성흠<안개섬>）

（33）길복판에서 6,7인의 아이들 이 놀고 있다. 적발동부의 반나체이다. 그들의 혼탁한 안색, 흘린 콧물, 둘른 베, 두렝이 벗은 웃통만을 가지고는 그들의 성별조차 거의 분간할 수 없다.
　　　　　　　　　　　　　　　　　　　　（이상<권태>）

在韩国语(朝鲜语)中,当"数词+个体量词"修饰名词时要以属格助词"의"(wi)作为媒介;而在汉语中,"数词+个体量词"修饰名词时中间不能用结构助词"的"。① 因此在翻译成汉语时,要省去属格助词"의"(wi)而直接译成"数词+量词+名词"形式,如:

（34）a. 그 때 또 한사람의 입주자 가 나타났다.
　　　　这时,又出现了<u>一个入住者</u>。

---

① 崔健（2002）:《韩汉范畴表达》第308页,中国大百科全书出版社。

b. 길복판에서 6,7인의 아이들 이 놀고 있다.
马路中央有六七个孩子在玩耍。

在例（34）中的 a、b 原文中，话题分别表示单数和复数，但是都表示不定指，在译成汉语时要分别转换为存在句的单数宾语和复数宾语的不定指形式。

根据以上对韩国语（朝鲜语）不定指话题的表现形式及汉语对应形式的考察，我们可以得出如下结论：

第一，韩国语（朝鲜语）不定指话题的表现形式有"冠形词+名词""（冠形词）+名词+数词+（量词）""数词+의（wi）+量词"及其组合形式。

第二，表示韩国语（朝鲜语）不定指话题的助词是"가/이"（-ka/i）及零形式。

第三，韩国语（朝鲜语）不定指话题句对应于汉语的存现句，主要对应的形式有"有"字存在句、"动词+了"存在句、"动词+着"存在句以及表示出现的隐现句。

第四，韩国语（朝鲜语）不定指话题在大多数情况下都是作为存现句的宾语出现的，在极个别的情况下以主语的形式出现，但是不论是宾语还是主语，都是述谓动词的行为主体。

2）汉语不定指性话题标记的表现形式和韩国语（朝鲜语）对应形式

陈平（1987，1991：128）根据语义特点，把汉语名词性成分的表现形式归纳为以下七组：

A 组：人称代词　　　　　　B 组：专有名词
C 组："这/那"+（量词）+名词　D 组：光杆普通名词
E 组：数词+（量词）+名词　　F 组："一"+（量词）+名词
G 组：量词+名词

其中，能够表示不定指的名词性成分是 D 组—G 组。但是 D 组和 E 组在语篇中既可以表示定指，也可以表示不定指，而 E 组作为语篇话题出现的比率比较低，G 组其实是 F 组的变体形式，据此可以说，在现代汉语中表示不定指性话题标记的主要是"一+（量词）+名词性成分"。例如：

(35) 这时，门悄悄地推开。一个苗条的女生轻步走了进来。孙逸民抬起头来，只见进来的这个女生穿一身布衣布裤。袖口补着一圈新布边，长裤的膝盖处已经发白。她是朴素的，甚至显得有些寒伧。

(谌容《人到中年》)

(36) 在这寂静的道路上，一个青年人正急速地向练琴室走来。他身材修长，穿着灰绸长袍，罩着蓝布长衫，半低着头，眼睛看着自己前面三尺的地方，世界对于他，仿佛并不存在。（宗璞《红豆》）

(37) 一位身穿白袍，手持一柄长剑的老人正穿过无数枯树向他走来。老人的脚步看去十分有力，可走来时却没有半滴声响，仿佛双脚并未着地。老人的白发白须迎风微微飘起，飘到了阮海阔身旁。

(余华《鲜血梅花》)

在例（35）—（37）中，不定指话题分别是"一个苗条的女生"、"一个青年人"和"一位身穿白袍，手持一柄长剑的老人"，都采用了"一+量+名"结构。另外，还有一个重要的特点，即，这些话题所属的句子都是隐现句，这一点从话题句谓语的补语"……来"可以看出。我们发现，汉语语篇中的不定指话题通常以这种数量结构的形式出现在隐现句中。在上述三个例文中，话题"苗条的女生"、"青年人"和"身穿白袍，手持一柄长剑的老人"对于作者来说当然是十分明确的，是作者所要叙述的特定人物，但是在引入之初，作者一是考虑到读者无法把他们和同类的人物区分开来，二是为了引发读者的好奇心，就把这些人物处理为不定指话题。但是，作者要把这些陌生的人物引出来介绍给读者，需要把这些人物从作者的构想或叙述者的背景知识中调出来引至当前语篇中，使之凸显为前景话题，而这种引出和凸显的过程是一种动态性的认知过程，正好与表示动态变化的隐现句的特点相吻合。当这些不定指话题进入语篇后进一步延续至下文时，都以"这个女生""他""老人"等定指话题出现，成为叙述的中心。可以说，这种不定指话题的使用，在很大程度上体现了作者的谋篇策略，也反映了"陌生—熟悉"的话题结构规则。把这些不定指话题译成韩国语（朝鲜语）时，通常要把它转换成"冠形词+名词性成分"的形式。

(38) a. 这时，门悄悄地推开。一个苗条的女生轻步走了进来。

이때 문이 조용히 열리더니 <u>어떤 호리호리한 여학생</u>이 사뿐사뿐 걸어 들어 왔다. （自译）

　　b. 在这寂静的道路上，一个青年人 正急速地向练琴室走来。

고요한 이 길로는 <u>한 젊은이</u>가 피아노연습실을 향해 다급히 걸어가고 있었다. （강범구 역＜상사자＞）

　　c. 一位身穿白袍，手持一柄长剑的老人 正穿过无数枯树向他走来。

<u>흰 도포를 걸치고</u> <u>장검을 든</u> 어떤 노인이 수많은 고목을 가로질러 그한테로 다가오고 있었다. （自译）

如前所述，汉语和韩国语（朝鲜语）中的很多话题同时又是句法上的主语，有些时候，像状语这样的非主干成分也可以充当话题［详见（二）］，但是由施事宾语充当话题却是汉语所独有①的。下面是由施事宾语充当不定指话题的例文：

（39）从阜平乡来了 一位农民代表 ，参观天津的工业展览会。我们是老交情，已经快有十多年不见面了。我陪他去参观展览，他对于中纺的织纺，对于那些改良的新农具特别感兴趣。临走的时候，我一定要送点东西给他，我想买几尺布。　　（孙犁《山地回忆》）

（40）我们走进老乡的院子里，只见堂屋里静静的，里面一间房门上，垂着一块蓝布红额的门帘，门框两边还贴着鲜红的对联。我们只得站在外面向里"大姐大嫂"地喊，喊了几声，不见有人应，但响动是有了。一会，门帘一挑，露出 一个年轻媳妇 来。这媳妇长得很好看，高高的鼻梁，弯弯的眉，额前一绺蓬松松的刘海。穿的虽是粗布，倒还是新的。　　（茹志娟《百合花》）

与例（35）—（37）相同，例（39）和（40）中的不定指话题所在

---

① 本书中所指的"特有"或"独有"，只是在对比汉语和韩国语（朝鲜语）的基础上得出的结论，并非类型学上的结论。

的句子也都是隐现句;但是,与例(35)—(37)中的不定指话题以句法主语的形式出现的情况不同,例(39)的不定指话题"一位农民代表"和例(40)中的不定指话题"一个年轻的媳妇"是分别作为谓语动词"来"和"露"的宾语出现的。由于这些隐现句的宾语都表示行为主体即施事,因此,可以自然地成为后文的叙述对象,其辖域也可以延伸到后续句,从而控制后面的话题。要把这些表示不定指的宾语译成韩国语(朝鲜语),就要把它们转换成主语。如:

(41) a. 从阜平乡来了 一位农民代表 ,参观天津的工业展览会。
부평촌의 한 농민대표가 천진에서 열리고있는 공업전람회를 관람하러 왔다. (김영무 역<산지대를 회상하여>)

b. 一会,门帘一挑,露出 一个年轻媳妇 来。
이윽하여 젊디젊은 새색시가 포장을 살짝 들치고 얼굴을 빠끔히 내미는것이였다. (김일 역<나리꽃>)

在汉语中,不定指成分经常出现的句法位置是宾语①,而在宾语中又多以存现句宾语的形式出现。但是在韩国语(朝鲜语)中,不定指成分经常出现的句法位置是主语,其中又以"名词性成分+가/이"的形式最常见。因此,在把汉语的不定指宾语译成韩国语(朝鲜语)时,都要把它们转换成句法上的主语。有时,汉语中的不定指话题可以连用,起一种特殊的修辞效果。例如:

(42) 一辆黑色的小轿车 悄无声息地停在人行道旁边。从车上走下来 一个满头白发、穿着一套黑色毛呢中山装的、上了年纪的 男人 。那头白发生得堂皇而又气派!他给人一种严谨的、一丝不苟的、脱俗的、明澄得像水晶一样的印象。特别是他的眼睛,十分冷峻地闪着寒光,当他急速地瞥向什么东西的时候,会让人联想起闪电或

---

① 陈平指出,汉语中存现句的宾语、双宾结构中的远宾语、处所介词短语前的宾语及复合趋向补语后的宾语等,都有由不定指格式的名词性成分充当的强烈倾向。参见"释汉语中与名词性成分相关的四组概念",《中国语文》1987年第2期。

是舞动着的剑影。要使这样一对冰冷的眼睛充满柔情,那必定得是特别强大的爱情,而且得为了一个确实值得爱的女人才行。

(张洁《爱,是不能忘记的》)

在例(42)中,作者首先以"NP+VP+在+NP"结构中的主语的形式引出了第一个不定指话题"一辆黑色的小轿车",然后再用"VP(下来)+NP"结构中宾语的形式引出了第二个不定指话题"一个满头白发、穿着一套黑色毛呢中山装的、上了年纪的男人"。这两种句法结构都表示一种动态性的变化,体现了把言谈对象从背景中引至前景的认知策略。同时,由于这段文字连用了两个不定指话题,强烈地吸引了读者的好奇心,因此,达到了一定的修辞效果。在翻译时要注意体现这种语义的动态性和修辞效果。如:

(43) 一辆黑色的小轿车悄无声息地停在人行道旁边。从车上走下来 一个满头白发、穿着一套黑色毛呢中山装的、上了年纪的男人。

　　까만 승용차 한대가 미끄러지듯 조용히 인행도 옆에 멈추어 섰다. 차문이 열리더니 백발이 성성하고 검은 나사로 된 중산복을 입은 어떤 나이 지긋한 남자가 내렸다.　　　　　　　　(自译)

汉语原文中的第一个言谈对象是"小轿车",第二个言谈对象则是"男人",在翻译时,最好把第二句状语"从车上"中的"车"转换为韩国语(朝鲜语)小句中的主语"차문"(车门),这样就符合韩国语(朝鲜语)反映事件的连贯模式,也使"승용차"(小轿车)"차문"(车门)"남자"(男人)等三个话题形成有关"下车"的认知图式,使读者理解起来更加自然、顺畅。

除了上述隐现句之外,汉语中的"有"字句也经常引入不定指话题。例如:

(44) 在我家屋后的荒山上,有 一座木板搭起来的小屋。

我每天都在家中清理抽屉。当我不清理抽屉的时候,我坐在围椅里,把双手平放在膝头上,听见呼啸声。是北风凶猛地抽打小屋杉木

皮搭成的屋顶，狼的嗥叫在山谷里回荡。　　（残雪《山上的小屋》）

（45）从前有 一只很会捉老鼠的雄猫，有一天，它忽然发现老鼠偷吃米，只不过是因为饿得没有办法。每一只老鼠都不断地叫着："咪！咪！咪！"它觉得似乎在老鼠的叫声中，也夹杂着猫的叫声。从此，它开始感到"老鼠是猫的可爱的可同情的兄弟"，因而丧失了捉老鼠的元气了。　　（黄秋耘《古怪的猫的自白》）

（46）我有 个弟弟 前多年被村人推选为村长。他来兰州探亲，忧心忡忡地对我说道："傻媳妇每生一个娃，不知道为啥，简直爱得要死。娃儿还在襁褓里，她就左一个吻、右一个吻，成天人前人后吻得'波儿、波儿'的。好好个孩子，仨月两月，让她揉恋得半呆半痴。……"　　（杨闻宇《乡村琐忆》）

例（44）—（46）中的不定指话题"一座木板搭起来的小屋"、"一只很会捉老鼠的雄猫"以及"（一）个弟弟"，在句法上都是"有"字的宾语。比较由这种"有"字存在句引出的不定指话题和由隐现句引出的不定指话题，前者是一种静态的展现，而后者是一种动态的引出。也就是说，在"NP1+有+NP2"结构中，NP1和NP2在物理空间或心理空间上具有某种联系，NP1往往是NP2存在的背景。在例（44）中，"我家屋后的荒山上"是"木板搭起来的小屋"存在的空间范围；在例（45）中，"从前"是"一只很会捉老鼠的雄猫"所生活的大体的物理时间；在例（46）中，"我"和"弟弟"在家族伦理关系上具有亲属领属关系。因此，这种"有"字存在句重在从某种背景中引出某一言谈对象，而引出的方式不是把言谈对象从背景中移动或改变，而是先把范围设定以后再把早已存在于这一范围中的某一言谈对象像一幅画面一样展现给读者，然后再围绕这个言谈对象提供信息，属于一种静态呈现的方式。由这种"有"字句引出的不定指话题句体现了"整体展现—局部定位—具体陈述"的认知策略，归根结底是"整体—局部"空间图式在语篇中的反映。而在韩国语（朝鲜语）中，静态呈现的方式主要通过"NP1 에（e）+NP2 가/이（ka/i）+있다（有）"或"NP1 가/이（ka/i）+NP2 에（e）+있다（有）"结构表现，因此在翻译成韩国语（朝鲜语）时，要把汉语"有"字句的宾语转换成主语。如：

(47) a. 在我家屋后的荒山上，有 一座木板搭起来的小屋。

우리 집 뒤의 민둥산 위에는 널빤지로 만들어진 귀틀집 한 채가 있다. （自译）

b. 从前有 一只很会捉老鼠的雄猫。

먼 옛날에 쥐를 잘 잡는 숫코양이 한마리가 있었다. （自译）

c. 我有 个弟弟 前多年被村人推选为村长。

내 동생은 몇년 전에 마을 사람들에게 촌장으로 추천되었다. （自译）

可以看出，例(47) a、b 中的汉语原文都对应为韩国语(朝鲜语)的存在句，而 c 则没有对应为存在句。原因何在？因为在汉语中，"有"字句可分为"有"字存在句和"有"字兼语句；前者是"NP1+有+NP2"结构，后者是"NP1+有+NP2+VP"结构。"有"字存在句表示的是某处或某时存在某人或某物，而"存在"归根结底是 NP1 和 NP2 之间的一种所属关系，因此，在翻译时可直接转换成韩国语(朝鲜语)的"NP1 에 (는) (enwn) +NP2 가/이(ka/i) +있다 (有)"。而"有"字兼语句则是述宾短语和主谓短语套叠而成的句型，"兼语"在句法上具有宾语和主语的双重性质，在语义上通常是受事和施事的复合体，但是韩国语(朝鲜语) 中却没有与"兼语"相对应的概念，因此在翻译时可以根据语境把兼语句处理为"NP1（의）（wi）+NP2 은 （wn）+VP"或者"NP1 에 （e） /에게 (eke) /한테 （는） (hdnthenwn) +NP2 가/이 (ka/i) 있 는 데(有) (+NP2는/은) +VP"。

根据以上对汉语不定指性话题标记的表现形式及韩国语(朝鲜语)对应形式的考察，我们得出：

第一，在现代汉语中表示不定指话题的主要是"一+(量词) +名词性成分"。

第二，当汉语不定指话题以隐现句主语的形式出现时，要把"一+(量词) +名词性成分"形式的主语转换成韩国语(朝鲜语) 的"冠形词+名词"形式。

第三，当汉语不定指话题以隐现句宾语的形式出现时，要把"一+(量词) +名词性成分"形式的宾语转换成韩国语(朝鲜语) 的主语。

第四，当不定指话题以汉语"有"字存在句宾语的形式出现时，要把它转换为韩国语(朝鲜语)"NP1 에（는）(nwn) +NP2 가/이（ka/i）+있다(有)"句式中的主语"NP2 가/이(ka/i)"。

第五，当不定指话题以"有"字兼语句的兼语形式出现时，可以根据语境把"有"字兼语句处理为韩国语(朝鲜语)"NP1（의）(wi) +NP2 은（wn）+VP"或者"NP1 에/에게/한테（는）(e/eke/hanthenwn) +NP2 가/이（ka/i）있는데(+NP2는/은) +VP"。

3) 汉语、韩国语(朝鲜语) 不定指性话题标记的语篇功能

根据以上分析，汉语和韩国语(朝鲜语)语篇都有不定指话题，汉语不定指话题的典型形式则是存现句的宾语，韩国语(朝鲜语)不定指话题的典型形式是用"NP+가/이"（ka/i）表示的主语。尽管充当汉韩(朝)不定指话题的名词性成分的句法形式和句法功能有所不同，但是这些不定指话题的语篇功能都是相似的。

第一，引进新话题

在汉语和韩国语(朝鲜语)的口语交际中，双方通常围绕熟悉的陈述对象进行交谈；在书面语篇的生产中，作者也通常围绕某一确定的陈述对象进行叙述。但是根据交际内容的发展和扩充信息的需要，话者或作者往往要引进新的言谈对象，而话者或作者出于合作原则，通常把新的言谈对象处理为非常态的不定指话题，以区别于常态的定指话题。这种新的言谈对象的出现，往往能够引发听者或读者的好奇心，可以说具有一定的修辞效果。可见，汉韩(朝)不定指话题的主要功能，是引进新话题。但是，新话题以不定指形式引入语篇之后再次被提及时，则都以定指形式出现，因为它已属于旧信息。

第二，淡化陈述对象

在汉韩(朝)新闻语篇中，与定指话题相比，不定指话题具有淡化陈述对象的功能。下面分别比较汉韩(朝)定指话题和不定指话题。

（48）美国旧金山艺术学院常务院长奥奎·恩威佐，每年为各大博物馆和美术馆策划专题展。作大会主旨发言的他直言不讳：中国和欧洲正处于不同的发展阶段，因此文化遗产保护所面临的课题也截然不同。　　　　　　　　　　　　　（《人民日报》10/11/15）

（49）김대래 신라대 경제학과 교수는"부산지역은 전국의 다

른 어떤 지역보다도무역 실무에 중점을 둔 교육이 활발하게 진행되고 있다"면서 "자유무역협정이 EU 와 체결되고 미국과의 체결도 앞두고 있는 등 국제적 자유 무역 환경 속에서 무역 실무에 능한 인력을 키워내는 현상은 아주 바람직한 것"이라고 말했다.

(<조선일보>10/11/15)

(50) 中国商飞有关负责人 14 日对新华社记者介绍说，C919 大型客机展示样机包括驾驶舱和客舱前端，比例为 1：1，已运抵珠海航展展馆。从 16 日上午起在一号馆（国际馆）向公众展示。

(《人民日报》10/11/15)

(51) "고향 발전을 위해 내놓겠다던 아버님의 뜻을 따른 것뿐이죠. 소중하게 쓰였으면 합니다."

충남 서천군 의 한 주민이 선친 유지라며 1 억원 상당의 재산을 서천군에 기부했다.

지난 4 월 급성 폐렴으로 작고한 고 김영희 (85) 씨 유족들은 최근 서천군청을 방문, 고인이 남긴 서천읍 군사리 일원 밭 447 ㎡ (공시지가 1 억 상당) 를 군에 기부했다. 김씨는 1925 년 서천군 종천면 도만리에서 출생, 한 평생을 서천에서 생활한 토박이이다. 유족으로 부인 이영복 (82) 씨와 3 남 3 녀가 있다.

(<조선일보>10/11/15)

例（48）和（49）中的话题分别是"美国旧金山艺术学院常务院长奥奎·恩威佐"和"김대래 신라대 경제학과 교수"（新罗大学经济专业金代莱教授），都是定指的；与之相比，例（50）和（51）中的话题"中国商飞有关负责人"和"충남 서천군의 한 주민"（忠清南道徐川郡的一个居民）都是不定指的。

通过比较可以发现，例（48）和（49）中的定指话题使读者的注意力先集中在这一特定的陈述对象上，然后再由这个陈述对象转至与之相关的陈述内容上；而例（50）和（51）中的不定指话题使陈述对象的所指变得模糊，使读者的注意力直接转至后述内容上。对于例（50）的作者来说，他可能确知那位"中国商飞有关负责人"为何人，但是由于不宜公开或不便使其成为新闻焦点，所以采用了不定指形式，从而模糊了信息的来源；对于例（51）的作者来说，他有可能的确不清楚捐赠父亲遗产的

"충남 서천군의 한 주민"(忠清南道徐川郡的一个居民)的姓名及相关情况,也有可能清楚但是由于种种原因不宜指明,因此以不定指的形式引入语篇。可见,在新闻语篇中这种不定指话题具有淡化陈述对象的功能。

(3) 通指性话题标记

通指,是对整个一类事物的指称,它与指称一类事物中的某一个体的单指相对。尽管通指并不指称语境中任何以个体形式出现的人或物,但是它的确又代表某一个确定的类。就前一个特点来看,它与无指相似;就后一个特点来看,它又与定指相近。在汉语中,通指性话题标记通常以光杆名词的形式出现,而名词也以普通名词和抽象名词为主;在韩国语(朝鲜语)中,通指性话题标记通常用"NP+은/는"(-wn/nwn)的形式表示,NP通常是普通名词或抽象名词。例如:

(52) 乌龟是两栖动物,听起来似乎比别人多了一种生活的路数和可能,实际上,乌龟减损了沉浸于中的双重快乐。并且乌龟既不能一直待在陆地上远离水,也不能一直扎在水里不上岸呼吸,被困在任何一种境况都会导致乌龟的死亡。有仙风道骨神话血统的乌龟尚不能在水与陆、人间与仙境之间从容往返,何况人呢?

(周晓枫《它们》)

(53) 나무는 고독하다. 나무는 모든 고독을 안다. 안개에 잠긴 아침의 고독을 알고, 구름에 덮인 저녁의 고독을 안다. 부슬비 내리는 가을 저녁의 고독도 알고, 함박눈 펄펄 날리는 겨울 아침의 고독도 안다.

나무는 파리 옴짝 않는 한여름 대낮의 고독도 알고, 별 얼고 돌 우는 동짓달 한밤의 고독도 안다. 그러나 나무는 어디까지든지 고독에 견디고 고독을 이기고 또 고독을 즐긴다. (이양하<나무>)

例(52)和(53)都是散文语篇中的段落,加字符边框的"乌龟"和"나무"(树)分别是两个段落的指称性话题标记,它们都以反复和零形回指的形式把语义延伸至段落末尾,使整个段落在语义上具有了统一性和连贯性,因此它们是段落的中心话题。但是,这两个例文中的"乌龟"和"나무"(树)不是以某一具体的一棵树或一只乌龟的形象出现的,而是以代表整个"乌龟"类和"나무"(树)类的类别出现的,是以具有某一种属

性的大类的体现。因此，例（52）和（53）中的"乌龟"和"나무"（树）是通指成分，是以泛指意义上的"나무"（树）和"乌龟"作为抒情对象的。再看下例：

（54）报告文学不能像小说那样虚构人物、情节，它必须以现实生活中的真人真事为描写对象，写真纪实是它的重要特征。一般来说，报告文学要写真人真事，但不是任何真人真事都能成为报告文学描写的对象。报告文学要追踪事实，但并不是任何事实都值得它们去报告，而是要有所选择和提炼。徐迟曾说："报告文学所报告的事实必须是真实的，并且是必须就历史的观点来说十分真实的，是代表我们时代的真实性的事实。"有的报告文学虽然也写了真人真事，但由于没有选取跳动着时代社会脉搏的人物和事件，结果缺乏时代感。

（童庆炳主编《文学理论教程》）

（55）철학자들은"어떤 규칙이 실제로 받아들여지고 있으며 왜 받아들여지게 되었는가?"라고 묻지 않고，"어떤 규칙이 합당한 도덕 규칙이며 그 정당 근거는 무엇인가?"라고 묻는다．철학자들은 도덕을 실천하는 것이 특정 사회의 일정한 계층에 속하는 사람들에게 어떻게 이익이 되는가를 설명하는 대신에，공동선을 증진하거나 사회 정의의 요구를 만족시키는 도덕적 관행이 있는가，그리고 공동선이나 사회 정의가 모든 사회의 도덕적 관행을 평가하기 위한 타당한 원리가 된다는 것을 입증할 수 있는가를 묻는다．

（황경식<인간과 사회>）

例（54）和（55）分别选自论证类语篇中的哲学语篇和文论语篇，句首的"报告文学"和"철학자들"（哲学家们）分别是两个例文的指称性话题标记。同例（52）和（53）相仿，这两个话题也具有使整个段落在语义上凝聚成一个整体的统辖能力，同样都是段落的中心话题。由于"报告文学"和"철학자들"（哲学家们）并不指称确定的某位哲学家或某一篇报告文学，因此在指称性质上也都是通指的。这种指称性质在理论语篇中比较常见，又如：

(56) 藏羚羊为羚羊科藏羚属动物，是中国重要珍惜物种之一，国家一级保护动物。体型与黄羊相似，体长为117—146厘米，尾长15—20厘米，身高75—91厘米，体重45—60千克。主要栖息于海拔4600—6000米的荒漠草甸高原、高原草原等环境中。性情胆怯，早晨和黄昏结小群活动、觅食。藏羚羊善于奔跑，最高时速可达80公里，寿命最长8年左右。雌羚羊生育后代时要千里迢迢的到可可西里生育。主要分布在新疆、青海、西藏的高原上，另有零星个体分布在印度地区。（下载：http://baike.baidu.com/view）

(57) 워낙 나무잎은 대량의 엽록소를 갖고있는바 풀색을 나타내는 엽록소는 전반 나무잎색갈의 3 분의 2 가량을 차지한다. 나무잎은 또 다른 색소들도 갖고있다. 그가운데서 노란색을 나타내는 엽황소가 23 퍼센트 되고 귤색을 나타내는 카로린이 10 페센트 가량 되며 이밖에도 붉은색을 나타내는 색소 등도 조금씩 들어있다. 여름철에는 풀색을 나타내는 엽록소가 많은 비중을 차지하기에 다른 색갈들이 눈에 뜨이지 않는다. 가을철과 겨울철이면 어떤 나무들은 더는 영양분을 생성하지 않기에 엽록소는 분해되고만다. 엽록소가 소실됨에 따라 본래 나무잎에 들어있던 기타 색소들이 차차 제모습을 드러내기 시작한다. 이때면 나무잎들은 풀색, 노란색, 귤색, 붉은색 등 울긋불긋한 색갈을 띤다.

（<고중조선어문>과학기술설명문쓰기）

例（56）和（57）都是说明类语篇的片段。在两个例文中，"藏羚羊"和"나무잎"（树叶）分别是说明的主要对象即中心话题。但是这两段文字并不是对某一只特定的"藏羚羊"和某一片特定的"树叶"进行说明的，而是把藏羚羊和树叶作为一个物类进行说明的，即藏羚羊都具有哪些习性，树叶为何发绿等。语篇话题采用这种通指成分，是一般科普类语篇的常用写法。在翻译时，汉语的通指性话题也一般都对应于韩国语（朝鲜语）的"NP+는/은（nwn/wn）"通指性话题标记，韩国语（朝鲜语）中的通指性话题标记也一般对应于汉语的通指性话题标记。

根据以上对汉韩（朝）指称性话题标记的考察，我们认为：

第一，科学语体使用的通指性话题标记的比例高于文学语体。

科学语体的功能在于准确而系统地阐述自然、社会或思维现象，同时

严密地论证这些现象背后的规律，理性地反映客体世界，从而使人们获得有关科学理论和生产实践的知识。由于要反映客观世界的规律性，科学语体中的谈论对象往往不是虚构出来的某一事物或形象，也很少是存在于某一特定环境和特定时间中的某一特定的个体，而通常是客观世界中具有普遍意义的、集客观规律性于一身的事物或现象。相比之下，文学语体是通过艺术形象来反映客观世界的，而艺术形象是用典型性的手法创造出来的，即通过虚构像"林黛玉""성춘향"（成春香）这样的具体人物，"用最小的面积惊人地集中最大量的思想"[①]，是"特征化"的最佳结果。因此，科学技术语体中出现的具有泛指意义的通指性话题标记的比例多于文学艺术语体。

第二，定指性、不定指及通指性话题标记可以同时出现在同一个语篇中。

一种语体的功能及特点，在一定的历史时期和交际环境中具有相对的稳定性和排他性。换言之，在相同语境条件下反复使用的遣词造句、谋篇修辞等语言使用特点逐渐形成一种特定的语体，而一种语体一旦形成便会具有规律性和约束力，人们要遵守每一种语体典型的、公认的表达方式和表达习惯。某一种语体的表达方式和表达习惯往往与其他语体不相容，如果不是因为特定的交际目的而随意跨越特定语体的界限，那么就会被视为修辞错误。但是，随着社会的发展，为了更好地完成自己的交际目的，也为了达到最佳交际效果，人们在使用一种语体时也会使用其他语体的表现手法，在某种特定的文体中也会渗透其他文体的典型句式、典型修辞手段以及典型的组篇方式。

因此，在文学语篇的叙事段落中常见的是定指性话题和不定指性话题，但在议论段落或描写段落中也会出现通指性话题；在科学语体中经常出现的是通指性话题，但也会出现定指性话题或不定指性话题；而散文、随笔及科普说明文则更多地体现了中间语体的特点，即经常把叙事、描写或议论、说明融为一体，同时用各种指称性话题标记来组织语篇。

可见，定指性、不定指性及通指性话题标记可以同时出现在同一个语篇中，这反映了在汉语和韩国语（朝鲜语）语篇中存在语体交融和文体渗透的现象。

[①] 巴尔扎克（1830）：《论艺术家》，盛澄华译，王秋荣编《巴尔扎克论文学》第10页，人民文学出版社1986年版。

(二) 介引性话题标记

介引性话题标记,是用"-에 대하여,(对于……) -에 관하여(关于……)"等惯用结构或"关于、对于、在(……方面/上)、就(……来说)"等框式介词引入的话题,它们通常位于主语之前,在语义上形成陈述内容所关涉的言谈范围或框架,其管界是跨句的。

全炳善(전병선,1995:78)指出,在朝鲜语中,充当话题的管领词所管辖的是话题的陈述部分。例如:

(58) 国제정세에 대하여 [쌍방은 발전변화가 매우 크다고 인정하였다. 새로운 형세는 새로운 문제와 도전을 제기한 동시에 새로운 기회를 제공하였다고 지적하였다.]

(전병선의<본문언어학>에서 인용)

在例(58)中,"국제정세에 대하여"(关于国际形势)是全炳善(1995)所指出的话题管领词,也是我们所要探讨的介引性话题标记。在这一例中,"국제정세에 대하여"(关于国际形势)表示双方的言谈是围绕"국제정세"(国际形势)进行的,它位于主语之前,是所属句子的句法状语(부사어),在语义上成为后面的两个句子所关涉的范围,其管领力已超越了一个句子,从"쌍방은"(双方)一直到"지적하였다"(指出)都是它的管界(加有方括号)。因此,"국제정세에 대하여"(关于国际形势)这一类话题具有标明语篇结构的功能,是一种结构标记。有时,这种介引性话题标记还可以作为语篇的标题出现,例如:

(59) 정현종 저<애틋함에 대하여>
황상민 저<한국인의 성격과 운명에 대하여>
김남조 저<허망에 관하여>
김민경 외<욕망과 구속—허상에 관하여>
박완서 저<그리움을 위하여>
장원재 저<황홀하고 격정적인 한국 축구를 위하여>

例(59)中的6个介引性话题标记都是语篇的标题,其功能在于为整个语篇限定了语义框架。可见,介引性话题的结构基础是"修饰—被修饰"关系,语义基础则是"限定—被限定"关系。

在韩国语(朝鲜语)中,除了"-에 대하여(对于……)"之外,还有"-에 관하여"(关于……)、"-기 위하여"(为了……)以及"-을/를 놓고 말하면(谈起……),-을 말할라치면"(说起……)也具有引入话题的功能。其中,"대하여"(对于)、"관하여"(关于)及"위하여"(为了)是"대하다"(对)"관하다"(关)"위하다"(为)等表示补充意义的辅助动词的连接形式,它们与名词性成分结合,形成"NP+에 대하여(对于……)""NP+에 관하여(关于……)""NP+기/을/를 위하여(为了……)"等介引性话题标记。

我们发现,在韩国语(朝鲜语)中,"NP+에 대하여"(对于)充当介引性话题标记的使用频率远不及它充当状语(부사어)的使用频率;而且韩国语介引性话题标记的使用频率也远没有汉语介引性话题标记的使用频率高,而且其用法在很大程度上反映了汉语的影响。因此,本小节将重点研究汉语介引性话题标记的特征及其韩国语(朝鲜语)对应形式的探讨上。

在汉语中,介引性话题标记是廖秋忠(1987)所说的"话题短语"和"方面短语",主要通过"关于……""对于……""至于……""为了……""在……方面"等介词短语来引入。例如:

(60) 对于那个太太,[祥子只把她当作个会给点零钱的女人,并不十分喜爱她。她比小福子美多了,而且香粉香水的沤着,绫罗绸缎的包着,更不是小福子所能比上的。不过,她虽然长得美,打扮得漂亮,可是他不知为何一看见她便想起虎妞来;她的身上老有些地方象虎妞,不是那些衣服,也不是她的模样,而是一点什么态度或神味,祥子找不到适当的字来形容。只觉得她与虎妞是,用他所能想出的字,一道货。她很年轻,至多也就是二十二三岁,可是她的气派很老到,绝不象个新出嫁的女子,正象虎妞那样永远没有过少女的腼腆与温柔。她烫着头,穿着高跟鞋,衣服裁得正好能帮忙她扭得有棱有角的。连祥子也看得出,她虽然打扮得这样入时,可是她没有一般的太太们所有的气度。]
(老舍《骆驼祥子》)

例(60)选自小说语篇。作者首先通过"祥子"的视角叙述"夏先生"的情况以及"祥子"对他的轻蔑之后，用介引性话题"对于那个太太"引出了言谈对象即"夏先生"的"姨太太"。在全段中，"那个姨太太"是中心话题，它以代词回指的方式把语义扩展到后续句中，使人物的容貌、年龄、服饰、气质等方面的描写均围绕中心话题而展开，形成了完整的语义链。又如：

（61）关于"大师"的桂冠，[早在 2002 年，季先生就公开声明自己不是"国学大师"，不是"学术泰斗"，也不是"国宝"。他殷殷真情，言辞恳切地说："我是什么大师？我是一个农民的儿子，是一个'土包子'。"] 后来对称他为国宝，他也"极为惊愕"，内心不安，不能接受。

（韩小蕙《人格大师季羡林》）

在例（61）中，作者先提出"关于'大师'的桂冠"这一介引性话题，然后围绕这一话题叙述了季羡林先生对这一称呼的态度。可见，介引性话题的主要功能是从整体上提供言谈对象的范围，限定语义框架，从而引出叙述的具体对象。由介词"至于"引出的话题也具有相近的作用，例如：

（62）他们受人崇拜，不外乎以下两个原因：首先，他们中的大部分是非寿终正寝的横死者。在古人心目中，横死夭折者含冤而死，戾气深重，必须隆重祭祀才能平息戾气，以防他们危害生人。久之，这些人成了水神。其次，马援、勾践等因有功于人民而受祭奠。但这类传说不是竞渡起源传说的主流，很可能是后起的。至于竞渡源于屈原的说法被大力宣传并逐步取代了其他传说，[是由于他的行为与其诗篇中指陈的思想适合于封建士大夫的情趣，这与今天我们赋予这个传说以爱国主义的含义是有差别的。从世俗的实际活动看，竞渡的屈原化在很大程度上是士大夫推崇屈原的结果]。

（阴法鲁、许树安《中国古代文化史（三）》）

在例（62）中，作者首先谈论了神化的历史人物与竞渡起源传说的关系，其次用"至于"引出了"竞渡源于屈原的说法被大力宣传并逐步取代了其他传说"的事实，并对此进行了分析。可见，同例（61）相同，这里的"至于竞渡源于屈原的说法被大力宣传并逐步取代了其他传说"是介引性话题，它为后面的叙述提供了言谈对象。但是，"至于……"和"对于……""关于……"所引入的话题句有所不同。首先，后者可以作为一段文字的首句出现，也可以作为标题出现，但是前者只能作为一段文字的后续句出现，而且不能作为标题使用；其次，较之后者，前者在语义上具有"非主要性"和"附加性"的特点，它在语义上的重要性不及前述部分，是对前述部分的补充和附加。再看由"为了……"结构引入的介引性话题：

（63）伯承同志党性坚强，突出表现在考虑问题从党的全局出发，事事顾全大局，服从大局。为了党的整体利益，[他总是毫不犹豫地牺牲个人和局部的利益，总是主动挑起最艰巨最危险的任务，兢兢业业，排除万难去圆满完成。长征开始前，他因反对军事指挥上的教条主义，被错误地撤销了总参谋长的职务，到五军团去当参谋长。他忍辱负重，积极工作。长征一开始，伯承率五军团担负了最艰巨的殿后任务，同数倍于我的敌人展开恶战，保护了中央机关的安全。后来他又担任先遣司令，率领部队斩关夺隘，为长征开辟前进道路。红军第一、四方面军会合后，他坚决拥护党中央北上抗日的方针，对张国焘另立中央、分裂党分裂红军的行为，进行了坚决的斗争。在抗日战争、解放战争时期和建国以后，他始终保持着党性坚强的高贵品质。]

（邓小平《邓小平文选·第三卷》）

在例（63）中，"为了党的整体利益"是表示目的的介词短语，后面的 7 个句子表示在这一目的下"伯承同志"所做的具体行为。7 个句子分别用"刘伯承"为指称性话题，按照时间顺序叙述了人物的革命行为，同前面的介引性话题形成了"目的—行为"关系，从而使段落在整体上构成了总分结构。另外，"在……上""在……方面"也具有引入话题的功能，例如：

（64）在小说创作的艺术上，[鲁迅也有其匠心独具之处。鲁迅以其精心创造的典型人物、着意安排的典型环境、独出心裁的新颖格式以及精炼的人物个性语言而受到交口赞誉。鲁迅广泛汲取了中外小说创作中的营养,经过融会贯通后再推陈出新,终于创造出崭新的具有中华民族风格的现代新小说。在现代小说发展史上,鲁迅居功至伟、功不可没。]　　　　　　(周鹏飞《中国现代小说精品·鲁迅卷》序言)

在例(64)中,"在小说创作的艺术上"为这一段提供了言谈范围,其管界一直延伸到段落末尾。全段就是按照这一介引性话题所设定的语义框架,从鲁迅小说创作的各个方面对其艺术性进行了评论,以统一、连贯的结构突出了鲁迅小说创作艺术的伟大性。有时"在……方面"结构中的介词"在"还可以隐去,只以"……方面"的形式出现,例如:

(65) 文艺方面,[近年来反映社会主义建设新生活的文学作品多了一些,这是值得欢迎的。但是,能够振奋人民和青年的革命精神,推动他们勇敢献身于祖国各个领域的建设和斗争,具有强大鼓舞力量的作品,除了报告文学方面比较多以外,其他方面也有,可是不能说多。一些人对党中央提出的文艺为人民服务,为社会主义服务的口号表示淡漠,对文艺的社会主义方向表示淡漠,对党和人民的革命历史和他们为社会主义现代化而奋斗的英雄业绩,缺少加以表现和歌颂的热忱,对社会主义事业中需要解决的问题,很少站在党的积极的革命的立场上提高群众的认识,激发他们的热情,坚定他们的信心。相反,他们却热心于写阴暗的、灰色的、以至胡编乱造、歪曲革命的历史和现实的东西。]　　　　　　(邓小平《邓小平文选·第三卷》)

这一段紧紧围绕"文艺方面"这个言谈范围,指出了"近年来在社会主义文艺创作中出现的一些问题",并进行了严肃的批评。从取得的成绩到存在的问题,作者运用"文学作品、作品、报告文学、文艺"以及"表现、歌颂、写"等一系列与艺术领域相关的词语提供信息,使话语具有了层次性和连贯性,体现了论证语篇的严谨性。

从对应形式来看,不论"在"字是否出现,"(在)……方面"构成的话题基本上对应于由"방면(에서, -을 놓고 말하면)"(从……方面,就……而言)构成的韩国语(朝鲜语)话题,由"방면에서"(从……方面)构成的话题也大体上对应于"(在)……方面"构成的汉语话题。但

是,"对于……"、"关于……"以及"至于……"结构却对应于韩国语(朝鲜语)的多种形式。我们从《骆驼祥子》(老舍著)中检索出共 12 例介引性话题句,其中,"对于""关于""至于"话题句分别为 8 例、1 例和 3 例。下面,我们将以这些话题句及其韩国语译文(柳晟俊译,1989)为语料,分析介引性话题句的韩国语(朝鲜语)对应形式。

1. 汉语介引性话题对应于韩国语(朝鲜语)的介引性话题或指称性话题

1) 汉语介引性话题对应于韩国语(朝鲜语)的介引性话题。

根据介引性话题所采用的不同结构形式,汉语介引性话题所对应的韩国语(朝鲜语)介引性话题也有不同的句法结构。

① 汉语的"对于+NP"对应于韩国语(朝鲜语)的"NP+에 대해서(도/만)"(对于……也,只对于……)

(66) 对于饮食,他不敢缺着嘴,可也不敢多吃些好的。他看出来自己是瘦了好多,但是身量还是那么高大,筋骨还那么硬棒,他放了心。

음식에 대해서도 끼니를 거르지 않았지만 잘 먹으려 하지 않았다. 자신도 많이 여위였다고 알고 있지만 체격은 우람하고 근육과 골격도 단단하여 안심하고 있었다.

(67) 不过,对于钱的处置方法,他可不敢冒儿咕咚的就随着她的主意走。她的主意,他以为,实在不算坏;可是多少有点冒险。

그러나 돈을 쓰는 방법에 대해서만은 상자도 섣불리 그의 의견을 따를 수 없었다. 그녀의 의견이 실제로 나쁘진 않았지만 다소 모험적이라고 그는 생각했기 때문이다.

(68) 对于那个太太,祥子只把她当作个会给点零钱的女人,并不十分喜爱她。她比小福子美多了,而且香粉香水的沤着,绫罗绸缎的包着,更不是小福子所能比上的。

그 부인에 대해서도 상자는 다만 용돈을 좀 집어 줄줄 아는 여자로만 여겼을 뿐 그다지 좋아하지 않았다. 그녀는 소복자보다 꽤 이뻤다. 분을 바르고 향수를 뿌리며 능라비단으로 몸을 감싸고 있으니 소복자가 따라갈 수는 없었다.

第三章 汉韩（朝）概念意义结构标记

②汉语的"至于+VP"对应于韩国语（朝鲜语）的"VP 는데+있어서"（在……方面）

(69) 半年来的，由秋而冬，他就那么一半对付，一半挣扎，不敢大意，也不敢偷懒，心中憋憋闷闷的，低着头苦奔。低着头，他不敢再象原先那么楞葱似的，什么也不在乎了。至于挣钱，他还是比一般的车夫多挣着些。

가을부터 겨울까지 반년 동안 그는 때때로 반항도 하고 때때로 인내도 하였다. 감히 마음을 놓거나 게으름을 피우지 못하고 답답한 마음으로 고개를 숙이고 스스로를 달랬다. 고개를 숙인다는 것은 그가 감히 예전처럼 두려워하지 않고 덤벼들 수 있는 그 어떤 것도 없다는 것을 뜻한다. 돈을 버는데 있어서 그는 일반 인력거꾼들보다 조금 더 나은 편이다.

③汉语的"至于+VP"对应于韩国语（朝鲜语）的"NP+에서는"（在……）

(70) 拉车的方法，以他干过的那些推，拉，扛，挑的经验来领会，也不算十分难。况且他有他的主意：多留神，少争胜，大概总不会出了毛病。至于讲价争座，他的嘴慢气盛，弄不过那些老油子们。

인력거를 끄는 방법도 민다든가, 잡아당긴다든가, 끌어올리는 등의 그가 겪은 경험을 통해 어렵지 않게 터득할 수 있었다. 더욱이 그는 나름대로의 신념을 가지고 있었으니, 그것은 주의를 많이 할 것과 경쟁을 적게 할 것이었다. 그러면 전혀 문제가 발생 할리가 없다고 생각했다. 찻삯이나 자리 다투는 일에서는 마음이 말보다 앞서고 나이들고 이력이 난 사람들에게 당할 수가 없었다.

2) 汉语介引性话题对应于韩国语（朝鲜语）的指称性话题。
①汉语的"对于+NP"对应于韩国语（朝鲜语）的"NP+(이)라면"（只要是……）

(71) 祥子没了主意。对于钱，他向来是不肯放松一个的。可是，在军队里这些日子，忽然听到老者这番诚恳而带有感情的话，他不好意思再争论了。

상자는 결론을 내릴 수 없었다. 돈이라면 그는 아직까지 한푼도 낭비하려 하지 않았다. 그러나 군대에서 고역을 겪고 나서인지 노인의 진지하고 정감어린 이 말을 듣고서는 다시 따지는 게 좀 미안스러워졌다.

②汉语的"关于+NP"对应于韩国语(朝鲜语)的"NP+는/은(nwn/wn)"

(72) 别种谣言往往始终是谣言，好象谈鬼说狐那样，不会说着说着就真见了鬼。关于战争的，正是因为根本没有正确消息，谣言反倒能立竿见影。

다른 소문은 어디까지나 소문이어서 귀신이니 여우니 떠들지만 진짜 귀신은 볼 수 있는 건 아니다. 그러나 전쟁은 원래 정확한 정보가 없기 때문에 소문이 도리어 사실처럼 될 수 있다.

2. 汉语介引性话题对应于韩国语(朝鲜语)的前置式句法成分
1) 汉语介引性话题对应于韩国语(朝鲜语)的宾语(목적어)。
①汉语的"对于+NP"对应于韩国语(朝鲜语)的"NP+를/을/도"(把……/……也)

(73) 对于车，他不再那么爱惜了。买车的心既已冷淡，对别人家的车就漠不关心。

인력거도 더이상 그렇게 애지중지하지 않았다. 인력거를 사고 싶은 마음이 이미 식어버렸는데 남의 인력거임에야 더더욱 관심이 없을 수밖에.

(74) 对于银行银号，他只知道那是出"座儿"的地方，假若巡警不阻止在那儿搁车的话，准能拉上"买卖"。

은행이란 상호를 그는 단지 '대절손님'이 나오는 곳으로만 알고 있었다. 순경이 그곳에 인력거를 놔두는 것을 막지 않는다면 손님을 잘 모실 수 있는 곳이다.

②汉语的"至于+VP"对应于韩国语(朝鲜语)的"VP（+를/을）"（把……）

(75) 对于银行银号，他只知道那是出"座儿"的地方，假若巡警不阻止在那儿搁车的话，准能拉上"买卖"。至于里面作些什么事，他猜不透。

은행이란 상호를 그는 단지 '대절손님'이 나오는 곳으로만 알고 있었다. 순경이 그곳에 인력거를 놔두는 것을 막지 않는다면 손님을 잘 모실 수 있는 곳이다. 그 안에서 무슨 일을 하고 있는지 그는 알 수 없었다.

2) 汉语介引性话题对应于韩国语(朝鲜语)的状语(부사어)。
①汉语的"对于+NP"对应于韩国语(朝鲜语)的"NP+에게"（对……）

(76) 对于车座儿，他绝对不客气。讲到哪里拉到哪里，一步也不多走。

인력거손님에게 그는 절대 점잖치 않았다. 어디까지 가자고 하면 그곳까지 가서는 한 발자욱도 더 가지 않았다.

②汉语的"对于+NP"对应于韩国语(朝鲜语)的"NP+로서"（作为……）

(77) "色！色！色！"祥子叫骆驼们跪下；对于调动骆驼的口号，他只晓得"色……"是表示跪下；他很得意的应用出来，特意叫村人们明白他并非是外行。

써！ 써！ 써！ 상자는 낙타를 앉히려고 소리를 질렀다. 낙타를 다루는 구호로서 '써!'가 앉으라는 표시인 것만을 알고 있었다. 그는 태연하게 그 구호를 써먹었다. 마을 사람들이 보아도 풋나기라고 여기지 않게 말이다.

从以上可以看出，在12例汉语介引性话题中，有7例对应于韩国语（朝鲜语）的话题，其中，5例对应于介引性话题，2例对应于指称性话题；剩下的5例则转换为韩国语（朝鲜语）的句法成分。

从直接对应于韩国语（朝鲜语）介引性话题的汉语介引性话题中，可以发现这样的共同点：即，汉语中的这些介引性话题同所属句子不具有任何句法关系，它们并不是句法上的前置成分，而是无法复原的独立成分。但是，其他7例，包括对应于韩国语（朝鲜语）指称性话题和句法成分的汉语介引性话题，则都与所属句子发生句法关系，可以在所属句子中找到相应的句法位置。据此可以认为，典型的汉语介引性话题是句法上的独立成分，它们通过提供言谈范围或言谈对象的方式统摄一系列后续句，具有很强的结构标记功能，也正因为这样的标记性，它们往往直接对应于韩国语（朝鲜语）的介引性话题。那些转换为韩国语（朝鲜语）句法成分的汉语介引性话题，也因具有较为强烈的结构标记功能，其韩国语（朝鲜语）的对应形式也都居于句首显著位置，以对比焦点的形式在语义上统摄后续句。

可见，位于主语之前（多为句首）是汉语、韩国语（朝鲜语）介引性话题标记的常态位置。

（三）命题性话题标记

命题性话题标记，是以命题①形式出现的语篇话题，通常采用主谓结构，并以语义上的概括力为后续语义内容的展开提供一个框架，使相关句子成为一个统一的语义整体。全炳善（전병선，1995）使用的"概括语"和金峰洵（김봉순，1996）提出的"구조개관표지"（结构概观标志），以及廖秋忠（1987）指出的部分主题或话题"命题词语"也都包含于此。在汉语和韩国语（朝鲜语）中，命题性话题主要有以下表现形式：

---

① 命题，指每一个具有真假意义的句子，所谓真假意义是指所反映的内容是否同客观事实相一致，命题通常以陈述的形式出现。参见王维贤等（1989）《语言逻辑引论》第72页，湖北教育出版社。

1. 以小标题的形式出现。

在文学作品或学术论著中,命题性话题标记往往以小标题的形式出现在章、节或语义段之前,使读者能够快速把握相关的中心话题。例如:

(78) 剧本是一种侧重以人物台词为手段、集中反映矛盾冲突的文学体裁。剧本可以分为悲剧、喜剧和正剧;按场次划分,还可以分为独幕剧与多幕剧等。它的基本特征是:浓缩地反映现实生活,集中地表现矛盾冲突,以人物台词推进戏剧动作。

(一) 浓缩地反映现实生活

[受舞台表演时间、空间的限制,剧本对现实生活的反映具有高度的浓缩性。……]

(二) 集中地表现矛盾冲突

[没有集中的矛盾冲突就没有戏剧,这已成为一条公认的定理。……]

(三) 以人物台词推进戏剧动作

[在剧本中,句中人物的言语(台词)是用来塑造形象、展示矛盾冲突的基本手段。……] (童庆炳主编《文学理论教程》)

例(78)中的三个命题性话题都是动词性词组,它们按顺序排列成三个小标题,以语义上的概括力表示下面的叙述将以它们为中心话题展开,而读者在理解语篇时也可以依据这些小标题快速把握每个部分的中心话题,与例(79)中由名词性词组构成的命题性话题不同。除了这种小标题形式,命题性话题还可以出现在段落之中。

(79) 행복의 메타포

(1) 앉은뱅이꽃의 노래

[괴테의 시 가운데「앉은뱅이꽃의 노래」라는 시가 있다. 어느 날, 들에 핀 한 떨기의 조그만 앉은뱅이꽃이 양의 젖을 짜는 순진무구한 시골 처녀의 발에 짓밟혀서 시들어 버리고 만다.……]

(2) 세 사람의 석공

[20여 년 전에 배운 중학교 영어 교과서 삽화 하나가 생각난다.

어떤 교회를 짓는데 세 사람의 석공이 와서 날마다 대리석을 조각한다.……]

(3) 밀레의 만종

[나는 어렸을 때부터 밀레의 그림을 좋아했다. 보리 이삭을 줍는 그림도 좋았고, 씨 뿌리는 그림도 마음에 들었다.……]

(안병욱<행복의 메타포>)

在例（79）中，语篇标题是"행복의 메타포"（幸福之比喻），在这一语篇标题下分别设有"앉은뱅이꽃의 노래""세 사람의 석공""밀레의 만종"等三个命题性话题标记，它们以小标题的形式醒目地位于相关内容的上端位置，不仅在形式上具有显著性，而且在语义上分别统领后面的陈述部分，使语篇中心突出、层次清晰。

2. 以起始句的形式出现。

如果例（78）和（79）的命题性话题都属于零句①的话，那么，下面所举的命题性话题则都属于整句。例如：

(80) 抵御沙丘进攻的方法是植树种草。[我国的沙荒地区，有一部分沙丘已经长了草皮和灌木，不再转移阵地了。这种固定的沙丘，只要能妥善保护草皮和灌木，防止过度砍伐和任意放牧，就可以固定下来。根据今年治沙的经验，陕北榆林、内蒙古磴口、甘肃民勤地区的流动沙丘，表面干沙层的厚度一般不超过10厘米。10厘米以下，水分含量逐渐增大，到40厘米的深处，水分含量达到2%以上，这就是湿土层了。湿土层的水分足够供应固定沙丘的植物的需要，所以在流动沙丘上植树种草，是可以成活的。林木和草类成长以后，沙丘就可以固定下来了。] （竺可桢《向沙漠进军》）

在例（80）中，段落起始句"抵御沙丘进攻的方法是植树种草"是命题性话题，全段从这一话题出发，详细说明了植树种树以抵御沙丘进攻的

---

① 赵元任（2005：41）从结构上把汉语的句子分为整句和零句，整句分为主语、谓语两个部分，而零句没有主语—谓语形式。我们借用赵先生的术语，但是含义有所不同，这里的整句主要指主谓词组或主谓句；零句则主要指名词性词组和除主谓词组之外的动词性词组。

可行性。与例（81）不同，这里的命题性话题并不是控制整个段落的核心命题，它只是以命题的形式提供了言谈的出发点，后面的说明内容则是建立在这一语义基础之上的。再如：

（81） 한국（동양）여인의 역사는 그대로 순종과 굴욕의 역사였다．［유교의'삼종지도'（三從之道）나'칠거지악'（七去之惡）을 보면 그것을 알 수 있을 것이다."어렸을 때는 부모를 따르고，출가해서는 남편을 따르고 늙어서는 자식을 따르라"고 했다．그리고 여인들이 출가해서 시부모에게 공경을 잘하지 못하면，자식을 낳지 못하면，음란하면，질투가 심하면，병이 있으면 그리고 말이 많거나 도둑질을 하면 지체 없이 쫓겨나도록 되어 있었다．］

（이어령〈한국의 여인들〉）

在例（81）中，段落的起始句"한국（동양）여인의 역사는 그대로 순종과 굴욕의 역사였다"［韩国（东方）女人的历史就是顺从与屈辱的历史］属于命题性话题标记，全段围绕这一话题展开，这一点可从后续句中的"그것"（这一点）表现得尤为突出。因为，指示词"그것"（这一点）回指的是整个起始句，而非起始句中的某一个成分，而指示词正通过这种回指方式把命题性话题以及具体表现联系起来，使整个段落形成了"论点—论据"的严密结构。可见，这里的命题性话题不仅是整个段落的语义框架，同时也是控制整个段落的核心命题。另外，例（80）和（81）的命题性话题从句类来看都是陈述句，从句式上来看都是判断句。再看下面的汉语和韩国语（朝鲜语）的例文：

（82） 乾隆年间的中国人吃的是什么呢？

［几千年来，中国农民主要食物是粗粮和青菜，肉蛋奶都少得可怜，通常情况下，在春荒之际，都要采摘野菜才能度日。乾隆时代，民众吃糠咽菜的记载比比皆是。据《十八世纪的中国与世界·农业卷》介绍，普通英国农户一年消费后，可剩余11镑，约合33—44两白银。而一个中国农户一年全部收入还不过32两，而年支出为35两，也就是说，辛苦一年，还要负债3两，才能过活，根本没有生产

剩余。所以一旦遇到饥荒，普通人家会立刻破产，卖儿卖女十分普遍。]　　　　　　　　（张宏杰《乾隆盛世是一个饥饿的盛世》）

（83）그런데 좋고 나쁨과 옳고 그름에 관한 진술이 경험적으로 검증될 수 없다면, 그것은 어떻게 입증되고 정당화될 수 있을 것인가? [이는 지극히 어렵고 복잡한 문제로서 그러한 문제에 대한 적절한 논의를 위해서는 또 다른 접근방식이 요구된다. 그것이 복잡한 문제인 까닭은 "이 진술이 참인 것을 어떻게 아느냐"라는 물음이 "그 진술의 용어들이 갖는 의미가 무엇인가?" 하는 다른 물음을 전제하기 때문이다. 앞의 물음에 대답할 수 있기 위해서, 우리는 먼저 "좋다","옳다" 혹은 다른 윤리적 용어들의 의미를 알아야 하고, 그에 대한 이론 또한 다양하게 전개될 수 있는 것이다.]

（황경식<인간과 사회>）

在上述两个例文中，命题性话题的句类不是陈述句，而是设问句。

设问，是无疑而问。正如吕叔湘(2004：296)所指出的那样，它是一种引起对方注意的修辞方法。作者之所以不采用陈述句而采用设问句的形式，其目的就在于引出话题的同时，把读者的注意力引到设问句中的疑问词所表示的焦点以及解答这一焦点的陈述部分上。

在例（82）中，命题性话题"乾隆年间的中国人吃的是什么呢？"中的焦点是疑问词"什么"，后面的解答部分也是围绕吃的是"什么"这一问题来展开的。同样，具体来说，在例（83）中，命题性话题"좋고 나쁨과 옳고 그름에 관한 진술이 경험적으로 검증될 수 없다면, 그것은 어떻게 입증되고 정당화될 수 있을 것인가?"（倘若有关好坏与是非的陈述无法得到经验上的验证，那么它将如何被论证和合理化?）中的自然焦点是疑问词"어떻게"（如何），后面的解答部分正是围绕这一"如何论证"的问题来展开的。

可见，设问形式的命题性话题不仅提供言谈的出发点，而且具有强烈的聚焦功能，成为作者"实现接引、推进功能的一种手段"[①]。

[①] 刘大为(2009)："修辞性疑问：动因与类型——修辞性疑问的分析框架之二",《修辞学习》第1期。

第三节 汉韩（朝）话题标记的组织

如前所述，根据典型话题的构成特征，汉韩（朝）语篇的话题标记可分为指称性、介引性和命题性三种话题标记。那么，这三类话题在具体语篇中是如何组织起来的？

在汉语、韩国语（朝鲜语）语篇中，话题标记以其语义控制力使语篇中的各个句子具有了语法、语义上的连贯性与整体性。在语篇中，传递新信息的往往是述题部分，述题部分对语篇命题意义的建构起重要作用，但是话题作为言谈起点和语义框架把各个述题部分连接成连贯、有序的语篇结构，并通过其穿针引线的作用促成语篇主题的生成。本节将重点围绕话题的信息类型和推进模式，考察汉语和韩国语（朝鲜语）话题标记的组织与管理。

一 汉韩（朝）话题标记的信息类型

根据 Sperber 和 Wilson（1995）的"明示—推理"交际理论，交际过程包括明示和推理两个方面。话者或作者通常使用听话人易于把握的方式进行编码，以明确表达自己的交际意图；而如果听者或读者从说话人的明示行为中能够推理出说话人的交际意图，那么这种明示行为是显明的，交际也实现了有关联的交际。因此，语篇中话题的选择和推进，一方面反映了话者或作者对客观世界的心理表征和认知视角，另一方面也反映了对听者或读者的知识结构及认知状态的假设和推断。根据信息是新信息、旧信息还是可及信息，汉语、韩国语（朝鲜语）的话题标记可以是初始性话题标记，也可以是回指性话题标记或激活性话题标记（下面分别简称初始话题、回指话题和激活话题）。

（一）*新信息和初始话题*

新信息，指既没有出现在上文，也没有出现在话语情景中，是作者或话者主观上认为读者或听者尚不了解的全新的信息，由这种新信息构成的话题可称为初始话题。初始话题是作者或话者首次引入语篇的话题，通常出现在语篇的开头。在采用第一人称或第二人称的语篇中，初始话题往往是"我"或"你"，而在第三人称语篇中，初始话题通常是指称第三者的实体名词或第三人称代词。例如：

(84) 马林生对镜子里的自己还算满意，一望可知，镜子里是那种在年龄和经济的双重压力下挣扎着、煞费苦心保持的类知识分子形象。像他这种成色的类知识分子如今已经没有什么好讲究的了。

（王朔《我是你爸爸》）

(85) 그 전화가 걸려온 날 오후 명우는 부천에서 돌아오고 있었다. φ 딸아이 명지와 하루를 놀아 주고 오는 길이었다.

（공지영<고등어>）

例（84）和（85）分别是两篇长篇小说的开头，"马林生"和"명우"（明宇）分别是语篇中的主人公。这两个主人公对语篇作者来说当然是心知肚明的，但是对读者来说却是第一次接受的全新信息，是无从了解的陌生人物，因此，首句中的"马林生"和"명우"（明宇）都属于初始话题。从形式上看，"马林生"和"명우"（明宇）都是定指的专有名词，而且兼做主谓句的主语。我们发现，除了这种一般主谓句之外，汉语、韩国语（朝鲜语）的初始话题还可以通过存在句来引入。不同的是，在汉语存在句中充当初始话题的名词性成分则是宾语，在韩国语（朝鲜语）存在句中，充当初始话题的名词性成分仍然是句子的主语。例如：

(86) 从前有一只很会捉老鼠的雄猫，有一天，它忽然发现老鼠偷吃米，只不过是因为饿得没有办法。

（黄秋耘《古怪的猫的自白》）

(87) 옛날 강원도 정선에 한 양반이 살고 있었습니다. 그는 마음이 어질고 책 읽기를 매우 좋아했습니다. 그래서……

（양반전《고전소설 속 논술 따라가기》）

例（86）中的话题中心"雄猫"则是"有"字存在句的宾语；在例（87）中，话题中心"양반"（两班）是存在句的主语。但是这两个话题中心都是初始话题，这一点在后续句中充当话题的代词"它"和"그"（他）的回指中可以得到确认。

值得注意的是，这种初始话题具有一次性的特征，因为当它将自身传递到后续句时，其零形式和替代形式所表示的不再是新信息，所以这些零形式和替代形式也不是初始话题。当一个初始话题出现在语篇开头时，不仅具有确定语篇切入点的功能，而且具有提供言谈框架的功能；而当它在语篇的展开过程中出现时，则具有转换视角和切换言谈框架的功能。从原有话题的推进角度来看，这种与上文或情景无关的初始话题则往往引起原有话题的暂时中断或完全终止。

（二）旧信息和回指话题

旧信息，指在上文中已经出现过的信息，是作者或话者主观上认为读者或听者已经知道的信息，由这种旧信息构成的话题就是回指话题。如，例（84）中的代词回指"他"、例（85）中的零形回指、例（86）中的代词"它"以及例（87）中的代词"그"（他）等，均属于回指话题。

在汉语和韩国语（朝鲜语）语篇话题中，这种回指话题的出现比例非常高。在语篇中，一旦引入一个新话题确定了言谈出发点，那么往往就要围绕这一话题提供相关信息，但是过于频繁地切换话题将影响形成统一、连贯的语篇主题，因此，回指话题的数量要远远多于初始话题。在汉语和韩国语（朝鲜语）语篇中，回指话题通常以零形回指、代词性回指和名词性回指的形式出现，具体如下：

1. 零形回指话题

根据 Huang（1984）的介绍，John R. Ross 把语言分为"热语言"（hot language）和"冷语言"（cool language）两种[①]。即，像英语那样代词一般不能在合乎语法的句子中随便省去的语言是"热语言"，而像汉语这样代词常常自然省略的语言是"冷语言"。如果按照代词可否自由省略来区分语言类型，那么韩国语（朝鲜语）也属于"冷语言"。因为韩国语（朝鲜语）语篇和汉语语篇一样，在回指旧信息时经常承前省略话题而以零形式指称，要确定这些话题的所指，就要结合上下文或情景语境来判断和推理。

同其他回指话题不同，零形回指话题并没有实在的词语表现形式可供读者辨认，因此，对读者来说如何判断回指对象是至关重要的事情。根据句子的语法、语义结构来看，如果某一句子中只有陈述内容没有出现陈述对象，且这一陈述对象和上文中的话题在事物指称上具有共同的所指对象，只是从语法结构上来看该陈述对象不具有实在的词语表现形式，那

---

① Huang, C.-T. J（1984）：On the distribution and reference of empty pronouns. linguistic Inquiry（15），pp. 531–574. 另见徐赳赳（2003）《现代汉语篇章回指研究》第 85 页，中国社会科学出版社。

么，此处便认定为使用了零形回指话题。例如：

(88) aφ 听见前面大家拿饭时铝盒的碰撞声，他常常闭上眼，φ 嘴巴紧紧收着，φ 倒好像有些恶心。bφ 拿到饭后，φ 马上就开始吃，φ 吃得很快，φ 喉结一缩一缩的，φ 脸上绷满了筋。cφ 常常突然停下来，φ 很小心地将嘴边或下巴上的饭粒儿和汤水油花儿用整个儿食指抹进嘴里。d 若饭粒儿落在衣服上，φ 就马上一按，φ 拈进嘴里。
(阿城《棋王》)

(89) a 드팀전 장돌림을 시작한 지 이십 년이나 되어도 허 생원은 봉평장을 빼논 적은 드물었다. bφ 중추 제천 등의 이웃 군에도 가고, φ 멀리 영남 지방도 헤매기는 하였으나, φ 강릉쯤에 물건하러 가는 외에는 φ 처음부터 끝까지 군내를 돌아다녔다. cφ 닷새만큼의 장날에는 달보다도 확실하게 면에서 면으로 건너간다. dφ 고향이 청주라고 자랑 삼아 말하였으나 고향에 돌보러 간 일도 있는 것 같지는 않았다.
(이효석《메밀꽃 필 무렵》)

在例 (88) 和 (89) 中，"φ" 指零形式，表示这些零形式是先行话题的省略形式。在例 (88) 中，除了 a 的话题 "他" 之外，其他小句的话题均以零形式出现，但是读者可以轻而易举地判断出加有下划线的一系列连贯动作的行为主体是 "他"。同样，尽管例 (89) 的陈述对象没有出现，但是读者可以根据起始句中的话题 "허생원"（许相公）推知，加有下划线的述题中心是对话题 "허생원"（许相公）的说明。可见，当作者将语篇的视点确定在某一人物或某一事物之后再对其进行定位叙述时，往往出现话题承前省略的现象。

实际上，例 (88) 和 (89) 就是所谓的话题链（在汉语中也称 "流水句"）。因为两个例文中的话题 "他" 和 "허생원"（许相公）分别统辖了 13 个小句和 8 个小句，而且它们分别同前后的零形式构成了同指关系。与以往从句法视角研究的句内话题链不同，例 (88) 和 (89) 都是跨句话题链，而且是零形回指的跨句话题链。由于零形回指可以更加自由地指称多个位置上的显性名词，而零形下指的指称识别往往需要投入更多的心力，因此，零形回指的指称距离较之零形下指长一些，而且也不必局限于句内。在汉语和韩国语（朝鲜语）语篇中，零形回指的话题链中也可以插入

干扰性的话题或修饰性成分，构成非连续链①，甚至还可以跨越句子或段落的界限。可见，汉语和韩国语(朝鲜语)的零形回指话题链具有很强的结构标记功能。

但是，由于零形回指不具有实在的表现形式，作者在使用零形回指之前必须提供足够的信息量，以便读者可以根据先行语准确判断零形式的省略成分。在汉语和韩国语(朝鲜语)语篇中，零形回指的使用一般受两种语用制约：一是零形式和先行语的距离尽量要靠近，二是零形式和先行语之间尽量不出现其他干扰性的名词性成分。如果在零形式和先行语中间插入了结构较为复杂且形式较为长的语言成分，那么由于受到大脑短时记忆容量的限制，读者要判断零形式的省略项目，就要重新回溯到上文中，要付出较大的心力。再者，如果这种零形式和先行语中间出现其他一个或多个［+施事］特征的名词性成分，那么将对读者准确判断零形式的被省略项目造成障碍，容易引起确认失误。因此，如果需要在一个话题和它的零形式中间插入其他施事性成分，作者往往会改用代词回指或名词回指的形式，以免读者发生混淆。

2. 代词回指话题

代词回指的主要作用在于建立语篇的意义联系。在语篇中，初始话题通常以名词性成分的形式出现，但是当这个名词性成分再次出现时，就不一定重复使用这个名词性成分，而改用零形式或代词来回指该名词性成分，体现了语言使用中的经济原则。在汉语和韩国语(朝鲜语)语篇中，代词的先行语可以是前一句的话题或主语，也可以是前一句的宾语、定语及其修饰性成分，但是代词所指的对象和先行语所指的对象都是同指的。例如：

(90) 江玫觉得这一切真没意思。她很快就抬起头来，擦干了眼泪。她看出来壁报是编不成了，但她也下定决心不跟他出去。

(宗璞《红豆》)

(91) 환쟁이 김씨가 스카프를 뭉쳐서 옆으로 밀어놓더니 늘어

---

① Li Wendan (2005): *Topic Chains in Chinese: A Discourse Analysis and Applications in Language Teaching*, Lincom Europa. 他认为，汉语话题链的类型包括句内链、跨句链、跨段链，还包括非延续链和修饰语链。另见王建国(2008)"汉语话题链——篇章分析与语言教学中的应用"简介，《当代语言学》第2期。

지게 기지개를 켰다. 그는 오늘 두 장 째 스카프를 망치고 있었다.

(박완서<나목>)

在例（90）中，第二句和第三句中的代词"她"的先行语是第一句的话题"江玫"，"江玫"和"她"同指；在例（91）中，第二句中的代词"그"（他）的先行语是第一句的话题"환쟁이 김씨"（金画家），"환쟁이 김씨"（金画家）和"그"（他）同指。再看下例：

（92）……他自居老虎，可惜没有儿子，只有个<u>三十七八岁的虎女</u>——知道刘四爷的就必也知道<u>虎妞</u>。<u>她</u>也长得虎头虎脑，因此吓住了男人，帮助父亲办事是把好手，可是没人敢娶她作太太。她什么都和男人一样，连骂人也有男人的爽快，有时候更多一些花样。

（老舍《骆驼祥子》）

（93）나는 <u>옥희도 씨</u>를 쳐다보았다. <u>그</u>는 하염없이 화필을 놓고 재빛휘장을 바라볼 때처럼 그런 시선으로 침팬치를 보고 있었다.

(박완서<나목>)

与例（90）和（91）不同的是，例（92）和（93）中加波浪底线的代词"她"和"그"（他）的先行语不是话题或主语。在例（92）中，"她"的先行语是前一个"有"字句的宾语"三十七八岁的虎女"及复指成分"虎妞"；在例（93）中，"그"（他）的先行语是前一句的宾语"옥희도 씨"（玉熙道君）。

根据信息结构原理，信息的传输通常遵照由旧信息到新信息的顺序，越靠近句子末尾，越可能是新信息，而且越可能是焦点信息。尽管汉语和韩国语（朝鲜语）分别属于 SVO 型和 SOV 型的不同语言，但是两种语言的共同点是主语都在谓语之前，宾语都位于主语之后。根据标记理论，话题和施事有自然的关联，焦点和受事也有自然的关联，它们分别构成两个无标记的组配；主语是施事和话题的交集，典型宾语则是受事和焦点的交集（沈家煊，1999：241）。因此，在汉语和韩国语（朝鲜语）中，宾语所引进的名词性成分往往是新信息，而当这个名词性成分所指的对象在后文中复现时则通常以代词的形式出现。但是，在汉韩（朝）两种语言中代词回指话题的使用比例是有差距的。根据我们的统计，在汉语和韩国语（朝鲜语）的典型话题句中，代词和名词充当话题的情况分别如下：

	汉语	韩国语（朝鲜语）
名词	29%	33%
代词	52%	43%
其他	19%	24%

可以看出，汉语语篇回指话题的使用比例为52%，高于韩国语（朝鲜语）回指话题。

除了上述的宾语位置，话题或主语的修饰性成分也往往成为汉韩（朝）回指话题的先行语。例如：

(94) 江玟身上的黑皮大衣换成了黑灰呢子的，配上她习惯用的红色的围巾，洋溢着春天的气息。她跟着肖素，生活渐渐忙起来。她参加"大家唱"歌咏团和"新诗社"。她多喜欢那"你来我来他来她来大家一起来唱歌"的热情的声音，她因为《黄河大合唱》刚开始时万马奔腾的鼓声兴奋得透不过气来。她读着艾青、田间的诗，自己也悄悄写着什么"飞翔、飞翔，飞向自由的远方"的句子。"小鸟"成了大家对她的爱称。她和肖素也更接近，每天早上一醒来，先要叫一声"素姐"。
（宗璞《红豆》）

(95) 약간은 허스키한 여경의 목소리가 높게 올라갔다. 그녀는 퀴즈프로그램에 출연해 우연히 그랑프리를 차지한 신인 여배우처럼 기쁜 얼굴로 그의 어깨를 잡고 말했다.

"맞지 그치? 여자지? 여자."
（공지영<고등어>）

在例（94）中，代词"她"的先行语也是第一句的主语"黑皮大衣"的修饰性成分"江玟"；在例（95）中，代词"그녀"（她）的先行语是前一句的主语"목소리"（声音）的修饰性成分"여경"（茹晶）。黑皮大衣是穿在"江玟"身上的，是附着于她身上的物体，因此"江玟"和"衣服"同样具有领属关系；同样，从先行语和它的修饰性成分的关系来看，声音是"茹晶"发出来的，是"茹晶"身上的一部分，因此"茹晶"和"声音"具有不可分离的领属关系。这种领属关系反映到汉语和韩国语（朝鲜语）中，以"定语—中心语"句法结构和"领有者—领属物"语义结构统一起来的形式出现，而这种统一形式从本质上反映的是汉族人和韩国人（朝鲜

人)的"整体—部分"意向图式。表示"整体"的领有者,因其具有[+施事]、[+自主]的特点,较为容易成为后续句的陈述对象即话题,又因这个陈述对象是前文中已经出现过的旧信息,故以代词回指的形式出现。

另外,汉语和韩国语(朝鲜语)的代词回指话题在以下几个方面具有共同点:

第一,在汉语和韩国语(朝鲜语)中,第一人称代词和第二人称代词具有较强的情景依赖性,其指称对象较为明确;但是,由于第三人称代词可以指称除话者和听者以外的所有的人,而且当情景中同时出现多个指称对象时,其确指对象不易辨认,因此,较之第一人称代词和第二人称代词需要投入更多的心力。

第二,在汉语和韩国语(朝鲜语)中,都有分别回指[+男性]、[+单数]话题和回指[-男性]、[+单数]话题的代词及代词结构。如汉语的"他"和"她",韩国语(朝鲜语)的"그,그이,당신,그대"和"그녀,그네,그,그대,당신"。

第三,在汉语和韩国语(朝鲜语)中,都有分别回指[+近指]和[-近指]的指示代词,如韩国语(朝鲜语)的"이""그""저"和汉语的"这""那"。这些代词及其组合形式不仅可以回指名词性成分或小句性成分,还可以回指一个段落或几个段落。

第四,汉语和韩国语(朝鲜语)中的代词回指话题,既可以以原词形式出现,也可以以带修饰性成分的词组形式出现;在所表示的信息量上,它既可以与先行语等价,也可以大于或小于先行语。

汉语和韩国语(朝鲜语)代词回指话题具有如下不同点:

第一,在汉语中,人称代词的使用主要受语法和语义上的限制;而在韩国语(朝鲜语)中,除了语法、语义上的限制以外,在很大程度上还受语用上的制约,尤其受"礼节、恭顺原则"的制约。

第二,在汉语中"他"和"她"具有严格的指称分工,但是在韩国语(朝鲜语)中,"그"既可以指称[+男性]、[+单数]话题,也可以指称[-男性]、[+单数]话题。

第三,在汉语中有专指[-人类]、[+单数]话题的代词"它",而在韩国语(朝鲜语)中,指称[-人类]、[+单数]话题的代词和指称[+人类]、[+单数]话题的代词都由"그"来共指。

第四,在汉语中,表示[-男性]、[+单数]话题的"她"既可以用

于书面语,也可以用于口语;韩国语(朝鲜语)中的"그녀"一般只用于书面语,而不用于口语,尤其不用于语境中的指示。

第五,在汉语和韩国语(朝鲜语)中,表示[+近指]话题的代词和表示[-近指]话题的代词之间存在使用上的不对称现象。而在汉语中,[+近指]"这"的使用频率高于[-近指]"那";在韩国语(朝鲜语)中,[-近指]"그"的使用频率高于[+近指]"이"。

3. 名词回指话题

在语篇中,当作者或话者引进某一话题之后再重新提及这一话题时,除了上述的零形式和代词之外,还可以使用名词、名词短语等名词性成分来回指,可称之为名词回指话题。

廖秋忠(1986,1992:45)根据原形、初始式同其后的表达式之间的异同程度,把汉语语篇中的指同表达手段分为同形表达式、局部同形表达式和异形表达式三种,并把异形表达式再分为同义词、统称词、指代词、零形式或省略式五种。徐赳赳(2003:142)在廖秋忠(1986)的基础上,以首次引入语篇的人名或事物为参照点,把名词回指对象分为同形、部分同形、同义、上下义、比喻五种。在以上两位学者的基础上,再根据先行话题和名词性回指话题的形式特点及二者之间的语义关系,我们把汉语和韩国语(朝鲜语)的名词回指话题分为以下四种。

(1) 同形回指话题

同形回指话题,指的是名词回指话题的语言形式和先行语的语言形式完全相同。同形回指话题的常见形式是表示定指的专有名词、表示通指的普通名词,以及它们的组合形式。例如:

(96) P1 13日上午,胡锦涛在亚太经合组织工商领导人峰会上发表题为《共同发展共享繁荣》的重要演讲。胡锦涛指出,亚太新兴市场国家为世界发展作出重要贡献,将继续提供巨大发展机遇;亚太新兴市场国家发展迅速,但仍面临诸多艰巨挑战;亚太新兴市场国家积极应对全球性挑战,承担的国际责任应该与其发展阶段相适应;国际社会应该完善国际经济金融体系,为亚太新兴市场国家同各国共同发展营造良好环境。

P1 13日下午,胡锦涛出席了各成员领导人同亚太经合组织工商咨询理事会代表对话会。胡锦涛就亚太自贸区、中小企业发展、粮食安全、能源安全等问题同代表交换看法。

　　P3 胡锦涛是在韩国首尔出席二十国集团领导人第五次峰会后，于 12 日傍晚抵达横滨的。　　　　　　（《人民日报》10/11/15）

　　(97) P1 이 대통령은 이날 기자회견에서 서울 정상회의에 대해 "역사적 성과" 라면서 "가장 큰 성과는 그동안의 합의 사항을 '실천' 을 위한 실질적 행동계획으로 구체화했다는 점이라고 생각한다" 고 말했다. 이어 "오늘 합의되고 발표된 대로 이 행된다면(세계 경제에) 기여할 것으로 확신한다" 면서 "우리가 함께 간다면 우리는 더 멀리 갈 수 있을 것" 이라고 했다.

　　P2 이 대통령은 "나 자신이 서울 정상회의 평가를 너무 잘하는 것도 좋지 않지만 나쁘게 할 것은 없다" 면서 "좋은 것밖에 없으니까 평가는 국제사회가 할 것" 이라고도 했다.

　　P3 이 대통령은 우리나라가 주도해 합의한 '개발도상국 지원' 에 대해서는 "G20 국가는 전체 세계의 GDP 가운데 85%를 차지한다. 그러나 G20 이 20 개국을 위해서만 존재하는 게 아니다" 라며 "170 개가 넘는 개발도상국을 위해서 가장 중요한 것은 개도국의 경제를 자립시키는 것" 이라고 말했다．　　　　　（<조선일보>10/11/13）

在例（96）中，P1 起始句的话题"胡锦涛"和 P2、P3 的回指话题在形式上完全相同；在例（97）中，P2 和 P3 的回指话题"이 대통령"（李总统）和 P1 的话题在形式上完全一致，都是专有名词，因此，这些回指话题都属于同形回指话题。不同的是，例（96）中的同形回指话题既有跨句回指话题，也有跨段回指话题，而例（97）中的同形回指话题都是跨段回指话题。

　　(2) 部分同形回指话题

　　部分同形回指话题，指的是名词回指话题的语言形式和先行语的语言形式部分相同，即在形式上既保留先行语的部分词语，又增加或减少了部分语言成分。这种部分同形回指话题具有较强的语境依赖性，因为一旦离开语境，有时回指的名词性成分和先行话题之间难以形成语义上的回指关系。例如：

　　(98) 由军事写作学会组织编纂、成保宏主编的《走出军营的老兵》丛书由中国青年出版社出版。这套丛书生动翔实地讲述了100位转业复员和退伍军人白手起家、敢为人先、艰苦创业的事迹,从一个侧面展示了广大转业复员和退伍军人的时代风采和可贵品质,是转业复员和退伍军人无私奉献、拼搏创业的一个缩影。

(《人民日报》10/11/15)

(99) 영국 데이비드 캐머런 총리는 12일 오전 8시쯤 머물던 인터컨티넨탈 호텔 직원들도 모르게 인근 봉은사를 깜짝 방문했다. 평소 종(鐘)에 관심이 많았다는 총리는 봉은사에 "종루(鐘樓)에서 차를 마셔보고 싶다"고 요청한 것으로 전해졌다. 주지 진화 스님은 "세계 평화를 위해 종을 같이 쳐보자"며 총리와 세 번 종을 친 뒤 차를 마시며 환담했다고 한다. 캐머런 총리는 이어 8시 30분쯤 정상회의에 참석하기 위해 횡단보도를 건너 인근의 코엑스 회의장까지 걸어가 주위 시민들을 놀라게 했다.

(<조선일보>10/11/13)

在例(98)中,回指话题"这套丛书"中的中心词和先行语"由军事写作学会组织编纂、成保宏主编的《走出军营的老兵》丛书"中的中心词"丛书"同形,因此也属于部分同形回指话题。在例(99)中,回指话题"평소 종(钟)에 관심이 많았다는 총리"(据说平时就对钟颇有关心的首相)和"캐머런 총리"(卡梅伦首相)中的中心词"총리"(首相)和先行语"영국 데이비드 캐머런 총리"(英国戴维·卡梅伦首相)中的中心词"총리"(首相)同形,因此,这里的回指话题属于部分同形回指话题。

在汉语和韩国语(朝鲜语)中,先行语和部分同形回指话题的关系既可以是扩展型和简单型的关系,也可以是简单型和扩展型的关系。

(3) 同义回指话题

同义回指话题,指的是名词回指话题的语言形式和先行语的语言形式完全不同,但是具有相同的语义内涵。在汉语和韩国语(朝鲜语)语篇中,使用与先行语构成绝对同义词的名词来回指某一话题的情形并不多见,更多的同义关系是在语篇语境或情景语境中构成的临时同义关系,包括由表示家庭成员关系的名词、表示人物或事物核心特征的语言成分、表示职业或职务的名词、表示绰号的名词以及修辞性比喻词及其先行语构成的同义关系等。例如：

（100）棋呆子红了脸，没好气儿地说："你管天管地，还管我下棋，走，该你走了。"就又催促我身边的对手。我这时听出点音儿来，就问同学："他就是王一生？"同学睁了眼，说："你不认识他？哎呀，你白活了。你不知道棋呆子？"我说："我知道棋呆子就是王一生，可不知道王一生就是他。"说着，就仔细看着这个精瘦的学生。王一生勉强笑一笑，只看着棋盘。　　　　（阿城《棋王》）

（101）장인되는 사람이 용이에게 한마디 했을 뿐 딸을 데려가면 가고, 두고 가려면 두고 가라는 투의 무관심이었다. 떠날 때도 변변한 예단 없이 초라하게 나선 딸을 위해 장모는 역시 가슴 아파하는 기색을 보이지 았았다. 신부를 조랑말에 태우고 신랑은 걸어서 고개를 넘었다. 　　　　（박경리<토지>1）

在例（100）中，回指话题"王一生"是先行语"棋呆子"的同义指称，因此，"王一生"是"棋呆子"的同义回指话题；在例（101）中，回指话题"신랑"（新郎）是先行语"용이"（龙伊）的同义指称，因此，"신랑"是先行语"용이"的同义回指话题。不同的是，例（100）的先行语和回指话题则是由绰号和专有名词构成的同义关系，而例（101）的先行语和回指话题是由专有名词和表示家庭成员关系的名词构成的同义关系。再看下例：

（102）两个新的生命，相继来到这间小屋。园园和佳佳，多么逗人疼爱的两个小人儿！

（谌容《人到中年》）

（103）챔피언은 꼿꼿하게 굳은 채 미리 연습한 대로 고향에 다리가 없어 불편하다고 대답했다. 그가 아닌 누가 그 자리에 섰더라도 마찬가지 대답이 나왔을 것이다. 당시의 스포츠 영웅들은 하나같이 도로 포장이라든가 전기 가설, 혹은 연륙교 건설을 소원처럼 말했고, 그것은 또 하나의 미담이 되었으며 금의환향은 그런 식으로 이루어졌던 것이다. 　　　　（전성태<퇴역 레슬러>）

在例（102）中，先行语"两个新的生命"和回指话题"园园和佳佳"则是修辞性喻词和原词的关系；在例（103）中，先行语"챔피언"（优胜者）和回指话题"스포츠 영웅"（体育健儿）是原词和修辞性喻词的关系，但是，两个例文中的原词和修辞性喻词都构成了同义关系。因此，"园园和佳佳"和"스포츠 영웅"都是同义回指话题。

可见，先行语和回指话题之间的同义关系，并不等同于词汇学中的同义词或同义组之间的同义关系。词汇学中的同义词是意义上相同、相近的词语，它们靠着这种特征形成互相制约、对立、对比的因应关系。[①] 由构成同义词或同义组的语言成分形成的词汇结构组织是具有封闭性的，其内部成员可以确定出来。可见，在语篇话题研究中所指的同义关系，其外延大于词汇学中的同义关系，而这种关系如果离开具体语境，有时难以构成同义关系。

（4）上下义回指话题

上下义回指话题，指的是名词回指话题的语言形式和先行语的语言形式完全不同，但是可以构成上下义语义场。这种上下义语义场是广义的，既包括根据分类法划分的种属关系，也包括"整体—局部"关系，以及合称、总称和分称的关系。例如：

（104）P1 本报北京 11 月 14 日电　综合本报驻外记者报道：国家主席胡锦涛 13 日至 14 日在日本横滨出席亚太经合组织第十八次领导人非正式会议并发表重要讲话，受到<u>国际舆论</u>高度关注。

P2 越南国家电视台、《西贡解放报》《民智报》和越南快讯网等媒体对胡锦涛出席亚太经合组织工商领导人峰会和亚太经合组织领导人非正式会议进行了及时报道。（中略）

P3 俄罗斯新闻网站等媒体在报道中着重介绍了中国将加快经济发展方式转变和经济结构调整，着力构建扩大内需特别是消费需求的长效机制。

P4 泰国通讯社表示，胡锦涛的演讲强调中国坚持对外开放的基本国策、奉行互利共赢的开放战略，并将继续致力于营造开放透明的法律环境、公平竞争的市场环境、稳定有序的经营环境，这为国际社

[①] 刘叔新主编（2004）：《现代汉语理论教程》第 110 页，高等教育出版社。

会投资中国创造了良好条件，将吸引越来越多东南亚企业到中国投资兴业。（中略）

P5 听完胡锦涛主席的讲话，日本经济团体联合会会长米仓弘昌说，新兴市场对世界经济发展影响力越来越大，中国是最具活力的国家和经济体，中国长期保持强劲经济增长，为亚太经济繁荣和增长作出了贡献。

P6 美联社在相关报道中说，亚太经合组织第十八次领导人非正式会议显示出了团结。报道特意引用胡锦涛主席的讲话指出，世界经济正在缓慢复苏，但复苏基础不牢固、进程不平衡，存在较大不确定性。
（《人民日报》10/11/14）

（105）P1 뉴욕타임스（NYT），워싱턴포스트（WP），월스트리트저널（WSJ）등 미국의 주요 신문들이 12 일 일제히 버락 오바마 대통령에 대해 비판의 목소리를 높였다.

P2NYT 는 "오바마 대통령이 이번 아시아 순방의 가장 실체가 있는 성과（concrete trophy）인 한·미 FTA 를 거머쥐지 못했다"며 "몇 주 안에 쟁점 현안이 해결될 것이라고 하고 있지만 정상회의라는 압박이 사라진 상황에서 쇠고기나 자동차 등 장애물이 어떻게 해결될지 불분명하다"고 평했다.

P3 신문은 "한·미 FTA 타결이 이뤄지지 못한 것은 오바마의 패배（setback）"라며 "수출확대와 경기회복을 위해 노력하는 오바마 대통령이 한·미 FTA 합의 없이 서울을 떠나는 것은 곤란한 상황이 될 수 있다"고 했다.

P4WP 는 "오바마 정부는 부시 전 정부에서 물려받은 무역협정을 완성하지 못했을 뿐만 아니라 새로운 무역협정을 체결하지도 못한 상태"라고 비판했다. WSJ 도 "이번 FTA 실패가 향후 5 년간 미국의 수출을 배로 늘리겠다고 공약한 오바마에게 타격이 될 것"이라고 분석했다.
（<조선일보>10/11/13）

在例（104）中，P2、P3、P4、P5、P6 的话题同 P1 中的先行语构成总称与分称的关系，也属于上下义关系，可以图示化为：

由于总称与分称的关系也属于上下义关系，因此，例（104）中的五个分称话题也都属于下义回指话题。我们发现，在汉韩（朝）语篇中，

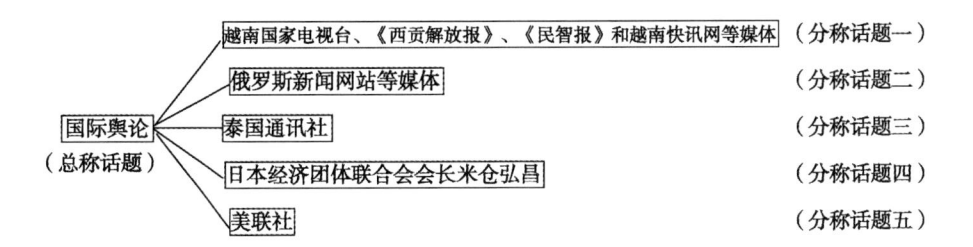

```
                    ┌─ 越南国家电视台、《西贡解放报》、《民智报》和越南快讯网等媒体 （分称话题一）
                    ├─ 俄罗斯新闻网站等媒体                                      （分称话题二）
    国际舆论 ───────┼─ 泰国通讯社                                                （分称话题三）
    （总称话题）     ├─ 日本经济团体联合会会长米仓弘昌                            （分称话题四）
                    └─ 美联社                                                   （分称话题五）
```

先行语属于上义范畴、回指话题属于下义范畴的类型比较多，而相反的类型则比较少。同样，在例（105）中，P2、P3、P4 的回指话题"NYT"（纽约时报）、"WP"（华盛顿邮报）及"WSJ"（华尔街日报）的先行语是 P1 的初始话题"뉴욕타임스（NYT），워싱턴포스트（WP），월스트리트저널（WSJ）등 미국의 주요 신문들"（《纽约时报》《华盛顿邮报》《华尔街日报》等美国的主要报纸），先行语和回指话题构成合称与分称的关系，可以图式化为：

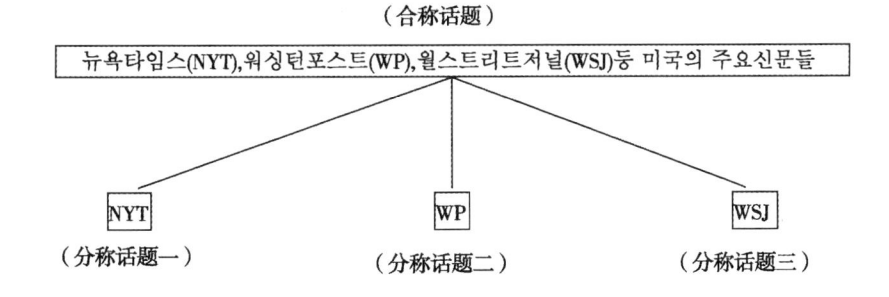

```
                            （合称话题）
        ┌──────────────────────────────────────────────────────────┐
        │ 뉴욕타임스(NYT), 워싱턴포스트(WP), 월스트리트저널(WSJ)등 미국의 주요신문들 │
        └──────────────────────────────────────────────────────────┘
                ／                   │                   ＼
          ┌───────┐             ┌───────┐             ┌───────┐
          │  NYT  │             │  WP   │             │  WSJ  │
          └───────┘             └───────┘             └───────┘
        （分称话题一）          （分称话题二）          （分称话题三）
```

由于总称与分称的关系属于上下义关系，因此，例（105）中的"NYT""WP""WSJ"等三个分称话题属于下义回指话题。可见，汉语和韩国语（朝鲜语）都倾向于采用"整体—部分"意向图式。

（三）可及信息和激活话题

可及信息，指虽未在上文中出现过，但却存在于听者或读者的百科知识或交际现场中，是听者或读者可以意识到的信息，激活这种可及信息而构成的话题可称为激活话题。从心理学来看，一部分可及信息存在于人们的末梢意识中，它虽没有直接成为听者或读者意识中的焦点，但对听者或读者来说并不是绝然陌生的信息，可以根据自己的认知图式建立指称联系；另一部分可及信息存在于人们的长时记忆中，听者或读者想要确认这种信息就需要较强声响和较长的词汇形式①，以建立指称表征。例如：

(106) P1 秋是什么颜色？

P2 谷子说：秋是黄色的，我就是叫秋风吹黄的。高粱说：秋是红色的，我就是叫秋气染红的。棉花说：秋是白色的，不然我哪里有这银装素裹呢？墨菊却说：秋是黑色的，我开放的花朵就是明证。松柏说：秋和夏没什么区别，都像我一样青翠……

(刘增山《秋魂》)

(107) P1 나는 그믐달을 몹시 사랑한다.

P2 그믐달은 요염하여 감히 손을 댈 수도 없고, 말을 붙일 수도 없이 깜찍하게 예쁜 계집 같은 동시에, 가슴이 저리고 쓰리도록 가련한 달이다.

P3 서산 위에 잠깐 나타났다 숨어버리는 초생달은 세상을 후려 삼키려는 독부가 아니면, 철모르는 처녀 같은 달이지마는, 그믐달은 세상의 갖은 풍상을 다 겪고, 나중에는 그 무슨 원한을 품고서 애처롭게 쓰러지는 원부와 같이 애절하고 애절한 맛이 있다.

(나도향<그믐달>)

在例(106)中，初始话题"秋天"之后出现的"谷子""高粱""棉花""墨菊""松柏"等陈述对象，是存在于读者百科知识中的可及信息，是读者可以从"秋天"联想到的事物，因此由它们构成的话题也属于激活话题。同样，在例(107)中，P1 中的"그믐달"（新月）是初始话题，P2 和 P3 中的"그믐달"（新月）则是同形回指话题。P3 中的"초생달"（残月）虽然是在文中第一次出现，但是一般读者对月亮有一种背景知识，即根据一个月中不同时期的形状，月亮有残月、新月、满月等不同的称呼，所以先行语"그믐달"（新月）一旦出现，它便激活读者的百科知识，使读者联想到"月亮"这一范畴中的其他概念。可见，"초생달"（残月）虽然是首次出现的话题，但它属于读者能够预测的可及信息，是激活话题。

---

① Knud Lambrecht（1994）在研究信息结构和句子结构时，根据 Chafe（1974，1976，1987）的激活理论把信息的激活状态分为激活、半激活和未激活，并认为话语指称的激活状态与音强和词汇长度有关。参见牛保义(1999)"主题提升理论评介"，《当代语言学》第 2 期。

二 汉韩(朝)话题的推进模式

如前所述,不论是汉语、韩国语(朝鲜语)的口语语篇还是书面语语篇,其建构过程都是话者或作者不断地选择话题,从而使表述得以展开和发展的过程。这种选择并确定话题的过程,就是话题推进的过程,也是语篇的结构逐渐形成的过程。

由于语言交际具有复杂性,根据不同的交际内容、交际意图、交际场合、交际对象及话者或作者的不同风格,不同的语篇所形成的结构是有所不同的。但是由于人类在很大程度上拥有共同的认知模式和交际模式,因而可以从看似千差万别、无规可循的语篇结构中寻找并概括出基本的语篇结构模式。

与语篇结构中的话题推进模式具有密切关系的是主位推进模式。主位推进模式,最早由捷克语言学家 Daneš(1970)提出,他把语篇中复杂的主位关系称作"主位推进模式",并指出捷克语语篇有五种常见的主位推进模式:简单线性推进模式、连贯主位推进模式、派生主位推进模式、分裂述位推进模式、跳跃主位推进模式。荷兰学者 Van Dijk(1977)也提出了[<a, b>, <b, c>, <c, d>⋯]和[<a, b>, <a, c>, <a, d>⋯]等两种主位推进模式,我们可看作链式和平行式。20 世纪 80 年代以后,我国英语学界的学者对英语主位的研究成果也开始多起来。例如,徐盛桓(1982)提出了平行性发展、延续性发展、集中性发展、交叉性发展等四种主位推进模式,黄衍(1985)根据国外已有的研究成果归纳了 7 种推进模式,朱永生(1995)则提出了主位同一型、述位同一型、延续型、交叉型四种。我国汉语学界的郑贵友(2002)根据英语学者的研究成果,指出了汉语语篇中主位推进的 7 种模式:平行模式、链接模式、集中模式、交叉模式、分散模式、交错模式及并列模式。韩国的李喜子(이희자,2001,2004)则在 Daneš(1970)的基础上又补充了英语语篇主位的分裂式、加合式及比喻式三种推进模式。

上述研究,都不同程度地反映了在单个语篇或多个语篇中主位发展的方式以及语篇的组织成分在逻辑上的衔接方式。但是有些模式过于笼统,而有些模式之间则存在相互重合的地方,[①] 不仅如此,由于这些研究多以

---

① 彭宣维(2002)也曾提出过类似的观点,参见《语言过程与维度》,清华大学出版社。

小句为单位,所考察的多是简单的句型,采用的方法也是线形演绎法,因此更多地注重了小句在形式上的连接关系,而没有充分关注句子在语义上的推进和发展。

我们认为,在主位结构中,真正推进语篇发展的是话题主位而非概念主位或人际主位,因此,我们不采用"主位推进"而使用"话题推进"这一术语,并把话题主位之间的关系看作句子和句子在微观结构层面的语法—语义结构关系,看作中观结构乃至宏观结构得以建构的基础。根据以上对汉韩(朝)话题的探讨,汉语、韩国语(朝鲜语)语篇的话题推进模式(화제 전개 모형)大体上可归纳为五种。为行文之便,我们将在图式中用"T"和"R"分别代替"话题"和"述题"。

(一)延续式(연속식)推进模式

延续式推进模式,指前一句的话题同时成为两个或两个以上句子的陈述对象,其语义控制力延续到后面的两个或多个句子的话题位置。可示意如下:

$$T1\cdots\cdots R1$$
$$T1\cdots\cdots R2$$
$$T1\cdots\cdots R3$$

延续式推进模式又分为贯通式和平行式两种形式。

1. 贯通延续式(관통연속식)

贯通延续式,指一个话题以实体形式出现以后,又以零形回指的形式延续至后面的两个或两个以上句子的话题位置。这种推进模式的特点是,只有第一个话题具有实体的表现形式,其语义控制力直接贯通至后面的句子中,后面的话题都承前省略,如本章所举的例(5)、例(6)以及例(88)、例(89)等。再看下例:

(108) 1 他的衣着过分随便,2ϕ 走路的姿态也不慎重,3ϕ 走上五六十米路便选定一处地方,4ϕ 一只脚踏在石凳上或土埂上或树墩上,5ϕ 解下腰间的酒瓶,6ϕ 解酒瓶的当儿眯起眼睛把一百八十度视角内的景物细细看一遭,然后 7ϕ 以迅雷不及掩耳之势倒一口酒入肚,8ϕ 把酒瓶摇一摇再挂向腰间,9ϕ 平心静气地想一会什么,10ϕ 便走下一个五六十米去。 (史铁生《我与地坛》)

例（108）是典型的汉语流水句。当话题"他"作为修饰性成分引入段落之后，以其［+人类］、［+施事］等显著语义特征成为全句的优先话题，与后面9个小句的零形回指话题形成语义上的同指关系，从而构成了贯通延续式推进模式，即：

他……R1，ϕ……R2，ϕ……R3，ϕ……R4，ϕ……R5，ϕ……R6，ϕ……R7，ϕ……R8，ϕ……R9。

再看韩国语（朝鲜语）的例文：

（109）a 이튿날 경애는 학교에 아니 갔다. bϕ 갈 용기가 아니 났다. cϕ 온 밤을 모친 몰래 꼬박 새고 머리가 내둘리기도 하지만 학교에 가면 오늘쯤은 조 선생이 나왔을지도 모르는데 얼굴을 맞대할 것이 걱정이었다. dϕ 부끄럽기도 하고 이상하도 했다. eϕ 겁도 났다.
(염상섭<삼대>)

在例（109）中，a的话题"경애"（敬爱）同时控制了a至e 5个句子，虽然b、c、d、e的话题全部承前省略，但是读者不难判断述题部分都围绕"경애"（敬爱）这一陈述对象从不同角度描写了她复杂的心理活动。即：

경애……R1. ϕ……R2. ϕ……R3. ϕ……R4. ϕ……R5.

因此，例（109）所采用的话题推进模式是贯通延续式。

有一点需要指出，这种贯通延续式推进模式在汉语和韩国语（朝鲜语）都很常见，但是它在两种语言中并不是完全对应的。就超句的语篇层面来说，韩国语（朝鲜语）贯通延续式的长度往往长于汉语；就句子层面来说，汉语贯通延续式的长度又通常长于韩国语（朝鲜语）。如果把例（108）和（109）分别译成韩国语（朝鲜语）和汉语，则是：

（110）a 그의 옷차림은 아주 건성이었고 걷는 자세도 신중하다고 할 수 없었다.

b 그는 한 5, 60 미터를 걷고는 ϕ 일정한 장소를 골라 휴식하곤 했는데 우선 ϕ 한 발을 돌걸상이나 흙더미, 또는 나무 그루터기 위에 올려놓고 ϕ 허리춤에서 술병을 푼다. c 그러면서 ϕ 술병을 푸는 짬을 타 ϕ 눈을 쪼프리고 ϕ180 도 시각 내의 경물을 한번 자세히 둘러 본다. d 그리고 ϕ 눈깜짝할 새에 입에 술 한 모금 털어넣고는 ϕ 술병을 두어번 흔들어 보고 나서 ϕ 다시 허리춤에 찌른다. e 그다음 ϕ 침착한 자세로 무언가를 한참 골똘히 생각하고는 ϕ 다시 한 5, 60 미터를 걸어가는 것이다. （自译）

(111) a 第二天，敬爱没有上班，她没有勇气上学校。b 不仅是因为 ϕ 瞒着母亲熬了一夜，ϕ 熬得头昏脑涨，更因为上学校之后若碰到赵先生 ϕ 不知该如何面对他。c 她既感到害羞、异样，ϕ 又感到一点点害怕。 （自译）

可见，例（108）虽采用了句内贯通延续式推进模式，但是相对应的韩国语（朝鲜语）译文却采用了由语篇平行延续式推进模式（参见3.2.4.1.2）和句内贯通延续式推进模式相结合的复合形式；相应地，例（109）虽采用了超句的贯通延续式推进模式，但是与之相对应的汉语译文并没有采用超句的贯通延续式。据此我们认为：

第一，韩国语（朝鲜语）语篇话题的管领力强于汉语。

正如我们在 3.2.2.1.1 中所指出的那样，韩国语（朝鲜语）有表示话题的专用语法标记"는/은"（nwn/wn），"는/은"（nwn/wn）经常表示话题兼主语，不仅具有很强的话题凸显功能，而且具有较强的主格标记功能。因此，韩国语（朝鲜语）语篇话题的管领力比较强，经常跨越句子范围，将其语义范围延伸到后面的数个句子，其管界可达四五个句子或更多。然而，汉语没有像"는/은"（nwn/wn）那样专门表示话题的强有力的语法标记，而且当话题非常明确时，后面的句子经常承前省略话题，但是以实体形式出现的话题的管领力非常有限，一般很少延伸至 5 个或更多的句子。例如：

(112) P1 난 옛날부터 힘이 없어서 실수를 많이 했어요. （중략）

P2 유치원에 다닐 때였습니다.

P3 어느 날부터 ф 엄마의 모습을 볼 수 없었어요. 아빠는 엄마가 그림 공부를 하기 위해 프랑스로 갔다고 했죠.

P4aф 아빠한테 지구본을 사달랬어요. bф 지구본에서 프랑스를 찾아냈답니다. cф 매일매일 프랑스를 바라보았지요. dф 눈을 감고 손가락으로 찍으면 거기가 바로 프랑스였어요. e 첫번째 퇴원하고 집으로 돌아갔을 때 ф 지구본을 옆집에 사는 아이한테 주고 말았습니다.
(조창인<가시고기>)

P1 我从小没有力气。(中略)

P2 那还是我上幼儿园的时候。

P3 不知哪天起 ф 突然见不到妈妈了。爸爸说妈妈为了学画到了法兰西了。

P4a 我求爸爸买了个地球仪, ф 在地球仪上找到了法兰西。b 我天天瞧着法兰西, 后来, 我闭上眼睛用手指一点就能点到法兰西。c 可我第一次出院回家, 却把那架地球仪送给了邻居家孩子。

(金莲兰译《九刺鱼》)

在例（112）的韩国语（朝鲜语）原文中，P1 的话题"나"（我）控制了 P4 的 5 个句子，5 个句子的话题均为零形回指话题，因此，全段所采用的话题推进模式是典型的贯通延续式。但是，与 P4 相对应的汉语译文却没有采用贯通延续式，原文的 5 个句子也变成 3 个句子，而 3 个句子的话题都属于句子话题，其管领力只限于句子内部。可见，由于语篇话题的管领力不相同，韩国语（朝鲜语）语篇的贯通延续式很难对应于汉语语篇的贯通延续式。

第二，汉语句子话题的管领力强于韩国语（朝鲜语）。

当句子和句子相连接时，汉语和韩国语（朝鲜语）都可以使用语序、关联词语或接续词等语法手段。但是当小句和小句相结合时，由于汉语是孤立语，语序就显得尤为重要；而韩国语（朝鲜语）则是黏着语，相对来说词尾具有更重要的作用。因此在表示施事主体的一系列行为动作时，陈述对象一旦明确无误，那么汉语话题往往不再以实体形式出现，而以句内零形回指的形式延续下去，形成流水句。可以说，汉语句子话题的管领力非常强，有时可以延伸至七八个句子或更多。但是在韩国语（朝鲜语）中，能够组成复句的分句的数量比较有限，通常为 2 个至 4 个，因此在叙述某一施事主体连贯的、比较复杂的行为动作时，韩国语（朝鲜语）很少用一个扩展复句的形式表示，而是倾向于采用单句和复句相结合的句群形式。因此，汉语流水句经常对应于韩国语（朝鲜语）句群，汉语句内的贯通延续式推进模式也经常对应于韩国语（朝鲜语）超句的贯通延续式推进模式。例如：

(113) 1 他把钱放进钱箱，2ϕ 伸出他那黄焦的双手，3ϕ 从一个小碗里拿出一根细棒，4ϕ 挑起少许糖稀，5ϕ 用手轻轻地在上面捏了几下，6ϕ 然后把细棒放入嘴中，7ϕ 一边吹一边用右手捏捏，8ϕ 使它变成椭圆形。　　（"捏糖人"，《新编小学生作文描写词典》）

a 그는 돈을 돈상자 속에 집어 넣었다. b 그리고 ϕ 싯누런 두손으로 작은 사발에서 가는 나무토막 한 개비를 꺼내더니 ϕ 사탕물을 묻혀서 ϕ 두손으로 몇번 가볍게 주무르는 것이었다. c 그다음 ϕ 그것을 입 안에 넣고 ϕ 훌훌 불면서 ϕ 오른손으로 이쪽저쪽 주무르더니 ϕ 인츰 타원형으로 만들어 내는 것이었다.　　（自译）

例(113)汉语原文是一个连贯关系的复句，8个分句按照"他"动作的先后顺序依次排列。句子话题"他"的管领力超出所在分句的范围，延伸至后面的7个小句，形成句内贯通延续式推进模式。但是与之对应的韩国语（朝鲜语）译文虽然也采用了同样的推进模式，但是从原来的复句变成由3个句子组成的句群，"그"（他）也成为管领3个句子的段落话题。

可见，汉语和韩国语（朝鲜语）的贯通延续式推进模式并不是完全对应的。

2. 平行延续式(평형연속식)

平行延续式，指一个话题以实体形式出现以后，再以代词回指或名词回指的形式延续至后面的两个或两个以上句子的话题位置。

这种推进模式的特点在于，第一个话题和后面的话题均为实体话题，而且在语义上构成同指关系，不仅每一句都具有完整的"话题—述题"结构，而且这些"话题—述题"结构是对同一个陈述对象的不同侧面的陈述，它们构成一种线性的平行发展关系。由于在这种推进模式中出现的话题既可以采用代词回指形式，也可以采用名词回指形式，因此是汉语和韩国语（朝鲜语）语篇中使用频率非常高的一种推进模式，如本章所举例

(90) — (103)。再如：

(114) a 孔尚任（1648—1718），字聘之，又字季重，号东塘，别号岸堂，自称云亭山人，山东曲阜人。b 他早年受封建家族的传统教育，并曾应科举试。c 他学习的范围很广，既爱好诗文，又精通乐律。　　　　　　　　　　　（游国恩等主编《中国文学史》4）

(115) a 시루떡이나 인절미에 비하면 절편은 그 원리보다는 모양에 특징이 있다고 하겠다. b 절편은 시루떡과 같이 멥쌀로 만들되, 시루떡과 같이 가루째로 찌지는 않는다. c 절편은 멥쌀을 물에다 불려서 가루를 만든 다음, 그 가루에다 더운 물 (경우에 따라 찬 물) 을 부어 반죽을 하며, 그 반죽을 가지고 갖가지 모양의 떡을 빚어서 찐다.　　　　　　　　　　　　　（박용숙<한국의 미학사상>）

在例（114）中，a、b、c 的话题分别是"孔尚任""他""他"，这三个话题所指称的是同一个对象，因此也形成了平行延续式推进模式，即：

孔尚任……R1。他……R2。他……R3。

在例（115）中，a、b、c 都以"절편"（切糕）为话题，构成了平行延续式推进结构，即：

절편……R1. 절편……R2. 절편……R3.

延续式推进模式中的贯通式和平行式的共同点都在于其陈述部分都指向同一个陈述对象，各个话题都处于同指关系。

(二) 派生式(파생식) 推进模式

派生式推进模式，指第一句的话题和后面两个或两个以上句子的话题在语义上形成包含与被包含关系，第一句的话题以语义上的包含关系控制后面两个或两个以上句子的话题，而这些句子话题是从第一个话题中派生出来的。可示意如下：

$$T1……R1$$
$$T1\text{-}1……R2$$

T1-2……R3

根据第一个话题和派生话题之间的语义关系，这种派生式推进模式又分为两种形式。

1."上义词→下义词"派生式("상의어→하의어"파생식)

"上义词→下义词"派生式推进，指第一句的话题或话题中心在语义上是上义词，而后续句中的话题或话题中心则是它的下义词。例如：

（116）a 元杂剧把歌曲、宾白、舞蹈、表演等有机地结合起来，开始形成了具有独特民族风格的戏曲艺术形式，并且产生了韵文和散文结合的结构完整的文学剧本。b 它的组织形式有它一定的惯例。c 在结构上一般是一本四折演一完整的故事，只有个别的是一本五折、六折（如《赵氏孤儿》《秋千记》），或多本连演（如《西厢记》）。d 折是音乐组织的单元，也是故事情节发展的自然段落，它不受时间、地点的限制，每一折大都包括了较多的场次，为演员的活动留下了广阔的天地，也给观众提供了想象的余地。

（游国恩等主编《中国文学史》3）

（117）a "참판님댁 마님께서는 안녕하시요." b 주모 월선이 물었다. c 여자의 눈은 용이 어깨넘어로 만리나 먼 곳을 바라보는 것 같았다. d 푸르스름한 눈동자는 어쩌면 노란 빛갈로 변하기도 했다.

（박경리<토지>1）

在例（116）中，"元杂剧"是"组织形式"的上义词，"组织形式"又是"结构"的上义词，"结构"又是"折"的上义词，这样，a、b、c、d 的话题在语义上形成以"元杂剧"为核心的上下义派生关系，后面的句子话题都可视为是从前一个句子话题中派生出来的，即：

元杂剧
／｜＼
组织形式
／｜＼
结构
／｜＼
折

因此，例（116）所采用的也是"上义词→下义词"派生式推进模式。

同样，在例（117）中，d 的话题"눈동자"（瞳仁）是 c 的话题"눈"（眼睛）的下义词，而"눈"（眼睛）又是 b 的话题"월선"（月仙）的下义词，三个话题在语义上形成以"월선"（月仙）为核心的语义场，其推进模式构成派生式推进，即：

월선(月仙)
／｜＼
눈(眼睛)
／｜＼
눈동자(瞳仁)

2. "复数→单数"派生式（"복수→단수"파생식）

与"上义词→下义词"派生式推进模式不同，构成"单数→复数"派生式推进模式的话题之间不是上位义和下位义之间的层级关系，而是复数和单数之间的数量关系，即，第一个句子话题所指称的对象在数量上包含后面的句子话题所指称的对象。例如：

（118）a 喝茶的几乎都是拉包月车的，有的把头靠在墙上，借着屋中的暖和气儿，闭上眼打盹。b 有的拿着碗白干酒，让让大家，而后慢慢的喝，喝完一口，上面咂着嘴，下面很响的放凉气。c 有的攥着卷儿大饼，一口咬下半截，把脖子撑得又粗又红。d 有的绷着脸，普遍的向大家抱怨，他怎么由一清早到如今，还没有停过脚，身上已经湿了又干，干了又湿，不知多少回！ （老舍《骆驼祥子》）

在例（118）中，从第一个小句的副词"几乎"和"都"可以看出，话题"喝茶的"所指称的是一个群体，即在场喝茶的各式各样的拉包月车的人。因此从语义范围来看，第一个话题是表示复数的话题，而后面的话题则是从这个复数话题派生出来的单数话题，即：

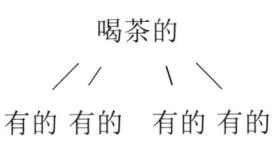

喝茶的
／／　＼＼
有的 有的　有的 有的

可见，例（118）采用的也是"复数→单数"派生式推进模式。从广义上来说,"上义词→下义词"关系和"复数→单数"关系都属于"上位范畴—下位范畴"关系,这种上位范畴和下位范畴落实到具体语言形式上,则体现为语篇的先行语和下义回指话题。再看韩国语(朝鲜语)的例文:

(119) a 설빔을 입은 아이들은 낮은 마루끝에 정강이를 바싹 붙이고 몸을 내여밀며 입이 찢어지라고 웃었다. b 봉순이는 노랑명주 저고리에 남치마, 빨간 염낭을 찼으며 어미의 명주수건인듯 눈이 불거질만큼 턱을 감싸서 머리꼭대기쪽에 질끈 동여맨 모습이였다. c 길상이는 무명바지저고리를 입고, 차고있는 염낭은 수박색인데 연두색과 노랑색의 수술 두개가 달린 염낭끈이 그의 인물을 돋보이게 했으며 검정갑사댕기를 드린 머리결이 부드러워보였다.

(박경리<토지>1)

在例(119)中,a 的话题"아이들"(孩子们)是复数形式,b 和 c 的话题"봉순이"(凤顺)和"길상이"(吉祥)则是单数形式,后者包含于前者所指称的范围内,因此,"봉순이"(凤顺)和"길상이"(吉祥)可以看作从"아이들"(孩子们)这一话题中派生出来的,即:

아이들(孩子们)

봉순이(凤顺)　　길상이(吉祥)

在韩国语(朝鲜语)中,复数的表现形式可以像例(119)中的"아이들"(孩子们)那样采用"体词+들(twl,复数词尾)"的形式,也可以采用"두 여인"(两个女人)或"나무 세 그루"(三棵树)那样的"数词+名词"或"名词+数词+量词(단위성의존명사)"的形式,还可以采用"많은 사람"(很多人)那样的"形容词+名词"的形式,或者直接用表示人数的数词"몇"(几)来表示的形式。

(三) 集中式(집중식) 推进模式

集中式推进模式,顾名思义,就是指作者先分别引出一个个话题之后,再引出一个在语义上包含前面几个话题的总括性话题,并对比进行集中陈述。可示意如下:

T1-1……R1

T1-2……R2

$$T1 \cdots\cdots R3$$

实际上，这些分述话题和总括性话题之间的语义关系，同我们在前面探讨过的派生式话题之间的关系有点相似，都是上位范畴和下位范畴之间的关系。但是从语义推进的方向来看，二者正好相反：派生式推进，是从上位范畴向下位范畴顺推进，而集中式推进则是从下位范畴向上位范畴逆推进。例如：

（120）a 苏州的刺绣，沉静的创造。b 苏州的菜肴，明亮的喜悦。c 苏州的歌曲，不设防的温柔。d 苏州的园林，恬美的诗情。e 苏州的街道，宁静的梦幻。f 而苏州的企业和企业家，温雅的外表下包含着洋溢的聪明生气。g 这一切都是怎么发生怎么留存的？

（王蒙《苏州赋》）

在例（120）中，作者先分别对苏州的"刺绣"、"菜肴"、"歌曲"、"园林"、"街道"及"企业和企业家"等话题进行陈述之后，用代词词组"这一切"概括了前面a—f所表述的内容，并以此为话题提出了过渡式的疑问。可见，a—f的话题是分述的起点，而g的话题则是总述的起点，从分述话题到总述话题，形成了集中式推进模式。

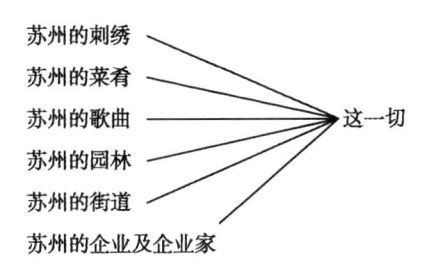

```
苏州的刺绣 ⎯⎯⎯⎯⎯⎯
苏州的菜肴 ⎯⎯⎯⎯⎯⎯
苏州的歌曲 ⎯⎯⎯⎯⎯⎯→ 这一切
苏州的园林 ⎯⎯⎯⎯⎯⎯
苏州的街道 ⎯⎯⎯⎯⎯⎯
苏州的企业及企业家 ⎯⎯
```

再看韩国语(朝鲜语)的例文：

（121）a 한동안 타작마당에서는 굿놀이가 멎은 것 같더니 별안간 경풍 들린 것처럼 꽹과리가 악을 쓴다. b 빠르게 드높게, 꽹과리를 따라 징소리도 빨라진다. c 깨깽! 깨애깽! 더어응응음—깨깽 깨애깽! 더어응응음—장구와 북이 사이사이 끼여서 들려온다. d 신나는 타악 소리는 푸른 하늘을 빙글빙글 돌게 하고 단풍든 나무를 우쭐우쭐 춤추게 한다.

（박경리<토지>1）

在例（121）中，a、b、c 分别描写了"꽹과리"（小锣声）、"징소리"（大锣声）、"장구와 북"（长鼓声和平鼓声），而 d 则概括性地描写了"타악소리"（打击乐声）给人的美好感受。从语义上来看，前三个话题所指称的对象是打击乐器声音中的一个成员，因此，这四个话题的推进方式构成了从分称到总称的集中式推进模式，即：

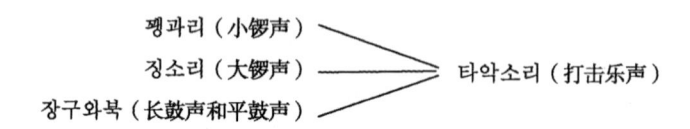

```
꽹과리（小锣声）
징소리（大锣声）—————— 타악소리（打击乐声）
장구와 북（长鼓声和平鼓声）
```

可见，在汉语和韩国语（朝鲜语）中，这种集中式推进模式的使用频率也都较高，在叙事语篇、论证语篇和说明语篇中都很常见。

（四）交叉式（교차식）推进模式

交叉式推进模式，指第一个句子的话题同其他句子的话题相互交叉在一起发展的推进方式。可示意如下：

$$T1……R1$$
$$T2……R2$$
$$T1……R3$$
$$(T2……R4)$$

根据交叉的性质，交叉式推进模式又分为插入交叉式和交替交叉式两种形式。

1. 插入交叉式（삽입교차식）

插入交叉式，指在某一个话题的发展过程中插入了其他话题，使原来的话题发展进程暂时被中断之后又重新推进的方式。例如：

（122）a 乔光朴觉得嗓子眼里像吞了只苍蝇。b 在人类情感方面，最叫人受不了的就是得意之色。c 而乔光朴现在从冀申脸上看到的正是这种神色。d 他怎么也想不通冀申这种得意之情是哪儿来的。

（蒋子龙《乔厂长上任记》）

在例（122）中，a 的话题"乔光朴"在发展过程中由于受到 b 干扰性话题"在人类情感方面"的影响而暂时中断，到了 c 和 d 后再以名词性回指"乔光朴"和代词性回指"他"的形式延续，即：

乔光朴……R1。在人类情感方面……R2。乔光朴……R3。他……R4。

因此，例（122）采用的话题推进模式也属于插入交叉式推进模式。再如：

(123) a 준구는 잠시 멈추어섰다. b 흔들리는 파초잎에서 비방울이 구르며 떨어지고 있다. c 시원하고 상쾌한 바람이 얼굴에 와닿는다. d 숨을 가다듬은 준구는 "돌아왔구먼" 하고 방문을 열었다.

(박경리<토지>1)

从上例（123）中可以看出，a 和 d 的话题都是"준구"（俊九），但是这一话题并不是以延续推进的方式发展的，而是在中间被 b 和 c 的话题"비방울"（雨滴）和"바람"（风）中断之后，到 d 又重新恢复的，即：

준구(俊九)……R1. 비방울(雨滴)……R2. 바람(风)……R3. 준구(俊九)……R4.

这样，在一个话题的发展过程中插入了干扰性的话题，使原来的话题暂时被替代之后又重新恢复发展的方式，就是插入交叉式推进。

2. 交替交叉式(교체교차식)

交替交叉式推进，指两个话题交叉在一起轮番交替发展的推进模式。例如：

(124) 苏小姐捡一块自己的手帕给方鸿渐道："你暂时用着，你的手帕交给我去洗"。方鸿渐慌得连说："没有这个道理！"苏小姐努嘴道："你真不爽气！这有什么大了不得？快给我！"方鸿渐没法，回房舱拿了一团皱手帕出来，求饶恕似的说："我自己会洗呀！脏得很，你看了要嫌的。"苏小姐夺过来，摇头道："你这人怎么邋遢到这个地步。你就把这东西擦苹果吃么？"方鸿渐为这事整天惶恐不安，向苏小姐谢了又谢，反给她说"婆婆妈妈"。

(钱锺书《围城》)

例（124）中的主要话题分别是"苏小姐"和"方鸿渐"，随着话轮的交替，它们也交替成为当前话题，即：

苏小姐……R1. 方鸿渐……R2. 苏小姐……R3. 方鸿渐……R4. 苏小姐……R5. 方鸿渐……R6.

可见，例（124）也形成了有规律的交替交叉式推进模式。再如：

（125）a 그러니까 주막에 나와 싸우고 돌아간 강포수는 밤에 귀녀뒤를 밟다가 멀찌감치서 망을 보고있던 평산에게 들키웠던것이다.

b"어디 가나?" 소매속에 팔을 찌르고 당황한 기색을 감추며평산이 막아섰다.

c"어디 가기는요?" 강포수는 입속말로 우물쩍거렸다.

d"그라면 나하고 주막에 가자. 낮에는 자네 맘을 알면서 이러쿵저러쿵했네. 누가 아나? 좋은 궁리가 날지." 평산은 얼렁뚱땅하며 민적거리는 강포수의 등을 밀고 주막으로 갔다. （박경리<토지>1）

在例（125）中，a 和 b 的话题分别是"강포수"（姜猎户）和"평산"（平山），c 和 d 的话题也分别是"강포수"（姜猎户）和"평산"（平山）。随着话轮的交替，两个人物也交替成为陈述的对象，即：

강포수(姜猎户) ……R1. 평산（平山）……R2. 강포수(姜猪户) ……R3. 평산（平山）……R4.

因此，例（125）在总体上也构成了交替交叉式推进模式。

我们发现，交替交叉式推进模式经常用于叙事语篇中对话场景的描写中。因为当两个或多个人物进行交谈时，随着话轮的交替，人物的言行或心理会发生变化，而作者通常也按照线性顺序交替性地进行描写。

（五）链条式(사슬식) 推进模式

以上四种话题推进模式是汉语、韩国语（朝鲜语）语篇中较为常见的模式。另外，还有一种链条式推进模式，即前一句的述题或述题中的一部分成为后一句的话题。可示意如下：

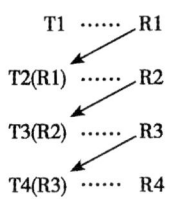

$$T1 \cdots\cdots R1$$
$$T2(R1) \cdots\cdots R2$$
$$T3(R2) \cdots\cdots R3$$
$$T4(R3) \cdots\cdots R4$$

链条式推进模式又分为长型链条式和短型链条式。

1. 长型链条式(장형사슬식)

长型链条式，指前一句的述题或述题的一部分成为后一句的话题，然后这一句的述题或述题的一部分又成为下一句的话题，从而形成三到三个以上的链条数目。例如：

（126）사과는 <u>맛있다</u>. 맛있는 것은 <u>바나나</u>. 바나나는 <u>길다</u>. 긴 것은 <u>기차</u>. 기차는 <u>빠르다</u>. 빠른 것은 <u>비행기</u>……　　（동요）

例（126）是韩国语(朝鲜语)的民间童谣。从理论上讲，依据语言递归性的原理，这种长型链条式推进可以无止境地延续，然而，这只限于语言游戏，在汉语、韩国语(朝鲜语) 实际语篇中，我们尚未发现这种长型链条式推进模式的实例。可见，长型链条式推进模式并不是常见的话题推进模式。

2. 短型链条式(단형사슬식)

短型链条式推进，指前一句的述题或述题的一部分成为后一句的话题，而这一句的述题或述题的一部分又成为下一句的话题。例如：

（127）a 没有父母兄弟，没有本家亲戚，他的唯一的朋友是这座古城。b 这座古城给了他一切，就是在这里饿着也比乡下可爱，这里有的看，有的听，到处是光色，到处是声音；自己只要卖力气，这里还有数不清的钱，吃不尽穿不完的万样好东西。c 在这里，要饭也能要到荤汤腊水的，乡下只有棒子面。　　（老舍《骆驼祥子》）

（128）a 제상에 오른 메뉴 가운데 술 못지 않게 중요한 것이 떡이다. b 떡은 제상만이 아니라, 크고 작은 명절에서부터 심지어 개

인의 잔치에 이르기까지 없어서는 안되는 음식이다.

(박용숙<한국의 미학사상>)

在例（127）中，a 述题中的宾语"这座城市"成为 b 的话题，a 和 b 构成了链条式推进；在例（128）中，a 的述题中心"떡"（糕点）直接成为 b 的话题，a 和 b 构成了链条式推进。但是，如上所见，这种句际链条式推进的长度非常有限，一般只构成一至两个链条便终止了，因为这种链条式推进的延长意味着话题的不断切换，而话题的不断切换必然会影响统一、连贯的主题的形成。然而我们发现，在句子内部，这种限制则相对小一些。例如：

（129）大干不如小干，小干不如不干，不干不如捣乱，捣乱就能升官。

（胡范铸《幽默语言学》）

（130）손녀는 할머니를 잡아 당기고 할머니는 할아버지를 잡아 당기고 할아버지는 순무를 잡아 당겼어요. 하지만 순무는 꼼짝도 안 했어요.   （만듦）

例（129）和（130）中的话题推进都构成了三个链条，属于句内长型链条式推进模式。可见，句内的链条式推进模式较之超句的链条式推进模式所受的限制相对小一些。

实际上，据我们观察，不论是长型链条式推进还是短型链条式推进，韩国语（朝鲜语）要比汉语受到更大的限制。原因在于：

韩国语（朝鲜语）是黏着语，当谓语是"名词+이다(ita, 体词的谓词形）"形式的体词性成分时，谓语中心可以直接成为后一句的话题，如例（128）；而当谓语是谓词性成分时，它只有经过体词化以后才可成为后一句的话题，如例（126）。而汉语则是孤立语，当宾语位于句末时，它可以直接成为下一句的话题，如例（127）；当句末成分是谓词性谓语时，则可以通过占据下一句主语位置的方式直接成为话题，而且无须使用其他语法手段，如例（129）。可见，受语言类型的影响，韩国语（朝鲜语）中的链条式话题推进模式较之汉语受更大的限制。

通过以上对汉韩（朝）话题推进模式的考察，我们认为：

第一,汉韩(朝)话题标记的推进模式主要有延续式、派生式、集中式、交叉式、链条式五种,其中经常用于跨句或跨段的是前四种。

第二,在自然语篇中,除了微型语篇之外很少有语篇只使用一种话题推进模式,在实际语篇中,以上几种推进模式往往结合起来使用,形成复杂的综合性话题推进。

第三,话题推进模式揭示的是微观层面的语义关系和语义结构,若要考察整个语篇的主题的生成,还要以这种微观层面的研究为基础,把考察范围扩展到中观层面,因为研究段落主题和段落群主题的构成,单凭微观结构层面的话题研究难以解释语篇主题的生成过程,还需要结合中观层面的研究。

第四节 小结

概念意义结构标记,指表示概念意义的语篇结构标记,本章重点探讨了汉语、韩国语(朝鲜语)的话题标记。

本章把话题和语境密切联系起来,根据不同的语篇类型考察了汉语、韩国语(朝鲜语)话题的特征、功能、类型、组织及相互对应形式。在本章中,"话题""화제"和"主位""주제부/테마"以及"主题""주제"是既有联系又有区别的术语。

(一) 指出了话题标记的语篇建构功能

本书所探讨的话题标记,是通常位于句首为语篇提供语义范围或框架,并通过控制两个或两个以上的句子以穿针引线的方式组织语篇的语言成分。

话题标记具有语篇建构功能。话题标记以反复或省略的形式对语篇形成语义上的管领力,这种管领力不仅体现在句子内部,也体现在跨句的语篇层面。话题标记以内部结构关系的一致性和语义关系的同一性,使各个述题围绕它形成扇状语义块,从而推进语篇的发展。读者或听者在理解语篇时,只要理解和把握具有结构标记功能的话题,就能以此为线索快速梳理语篇内容,进而提炼出语篇的主题。因此,识别了话题标记,抓住了话题的延伸和推进过程,也就基本把握了语篇的结构。

(二) 归纳了汉韩 (朝) 话题标记的共同特征

在汉语和韩国语(朝鲜语)中,话题标记通常具有如下特征:

A. 形式特征

a. 位于句首

b. 带有话题凸显手段

汉语：有语音停顿、逗号或"啊（呀）、呢、吧、嘛(么)"等语气助词

韩国语：有辅助助词"는/은"（nwn/wn）、语音停顿、逗号或"말이야（mariia）、있잖아（idzana）、야（ia）"等话语标记

B. 语义特征

a. 有指

b. 在话题链中控制代词回指或零形回指

C. 语用特征

已知信息或可及信息

根据以上的话题特征，汉语、韩国语(朝鲜语) 话题标记可分为典型话题和非典型话题，本章重点探讨了汉韩(朝) 典型话题。

（三）对比了汉韩（朝）话题标记的类型及表现形式

根据典型话题的构成特征，汉语、韩国语(朝鲜语) 语篇的话题标记分为指称性话题标记、介引性话题标记和命题性话题标记。

指称性话题标记，指在一句或一段话语中由指称某一个人或某一个事物的语言成分充当言谈起点的话题；介引性话题标记，指用"-에 대하여（对于），-에 관하여（关于）"等惯用形式或"关于、对于、在、就（……来说）"等框式介词引入的话题；命题性话题标记，则指以命题形式出现的语篇话题。本章重点对比了前两种话题标记。

1. 对比了汉韩(朝) 指称性话题标记的表现形式

（1）从语篇分析的角度，重新审视了韩国语(朝鲜语) 助词"-가/이（ka/i）"和"-는/은（nwn/wn）"的功能域，指出在韩国语(朝鲜语) 中，"-는/은（nwn/wn）"不仅是典型的话题助词，而且具有较强的主格标记功能。

（2）对比了汉韩(朝) 指称性话题标记中的定指话题、通指话题和不定指话题，其中着重对比了不定指话题。

首先，考察了韩国语(朝鲜语) 不定指话题的表现形式及其汉语对应形式。

①韩国语(朝鲜语) 不定指话题的表现形式有"冠形词+名词""(冠形

词）+名词+数词+（量词）""数词+의（wi）+量词"及其组合形式。

②表示韩国语（朝鲜语）不定指话题的助词是"가/이（ka/i）"及其零形式。

③韩国语（朝鲜语）不定指话题句对应于汉语的存现句，主要对应的形式有"有"字存在句、"动词+了"存在句、"动词+着"存在句以及表示出现的隐现句。

④韩国语（朝鲜语）不定指话题在大多数情况下以存现句的宾语形式出现，在极个别情况下以主语形式出现，但是不论是以宾语还是以主语形式出现，都是述谓动词的行为主体。

其次，考察了汉语不定指话题的表现形式及其韩国语（朝鲜语）对应形式。

①在现代汉语中，表示不定指话题的主要是"一+（量词）+名词性成分"。

②当汉语不定指话题以隐现句的主语形式出现时，"一+（量词）+名词性成分"结构的主语对应为韩国语（朝鲜语）的"冠形词+名词"结构的主语。

③当汉语不定指话题以隐现句的宾语形式出现时，"一+（量词）+名词性成分"结构的宾语转换为韩国语（朝鲜语）"冠形词+名词"结构的主语或偏正结构的主语。

④当不定指话题以汉语"有"字存在句的宾语形式出现时，宾语转换为韩国语（朝鲜语）的"NP1 에（는）（enwn）+NP2 가/이（ka/i）+있다（有）"句式中的主语"NP2 가/이（ka/i）"。

⑤当不定指话题以"有"字兼语句的兼语出现时，可以根据语境把"有"字兼语句处理为韩国语（朝鲜语）"NP1（의）（wi）+NP2 은（wn）+VP"或者"NP1 에（e）/에게（eke）/한테（는）（hanthenwn）+NP2 가/이（ka/i）있는데（有）[+NP2 는/은（nwn/wn）]+VP"。

最后，汉语、韩国语（朝鲜语）不定指话题的语篇功能主要体现为两种：一是引进新话题，二是淡化陈述对象。

2. 对比了汉韩（朝）介引性话题标记的表现形式

主要考察了汉语中由"关于""对于""至于""为了"等框式介词引入的话题标记和由"在……方面"介词短语引入的话题标记及其韩国语（朝鲜语）对应形式。

（1）汉语介引性话题对应于韩国语（朝鲜语）的介引性话题或指称性

话题。

首先,汉语介引性话题对应于韩国语(朝鲜语)的介引性话题。

①汉语的"对于+NP"对应于韩国语(朝鲜语)的"NP+에 대해서(도/만)(对于……也/只对于……)"

②汉语的"至于+VP"对应于韩国语(朝鲜语)的"NP+있어서"(在……方面)

③汉语的"至于+VP"对应于韩国语(朝鲜语)的"NP+에서는"(在……)

其次,汉语介引性话题对应于韩国语(朝鲜语)的指称性话题。

①汉语的"对于+NP"对应于韩国语(朝鲜语)的"NP+(이)라면"(只要是……)

②汉语的"关于+NP"对应于韩国语(朝鲜语)的"NP+는/은"(nwn/wn)

(2) 汉语介引性话题对应于韩国语(朝鲜语)的前置式句法成分。

首先,汉语介引性话题对应于韩国语(朝鲜语)的宾语。

①汉语的"对于+NP"对应于韩国语(朝鲜语)的"NP+를/을/도"(把……/……也)

②汉语的"至于+VP"对应于韩国语(朝鲜语)的"VP+(를/을)"(把……)

其次,汉语的介引性话题对应于韩国语(朝鲜语)的状语。

①汉语的"对于+NP"对应于韩国语(朝鲜语)的"NP+에게"(对……)

②汉语的"对于+NP"对应于韩国语(朝鲜语)的"NP+로서"(作为……)

根据以上对比,我们认为位于主语之前(多为句首)是汉语、韩国语(朝鲜语)介引性话题标记的常态位置。典型的汉语介引性话题是句法上的独立成分,它们往往直接对应于韩国语(朝鲜语)的介引性话题;那些**转换为韩国语(朝鲜语)句法成分的汉语介引性话题**也因为具有较为强烈的结构标记功能,其韩国语(朝鲜语)的转换形式也都居于句首的显著位置,以对比焦点的形式在语义上统摄后续句。

(四) 对比了汉韩(朝)话题标记的组织

1. 探讨了汉韩(朝)话题的信息类型

(1) 就信息的性质来看,汉语、韩国语(朝鲜语)话题都分为表示新信息的初始性话题标记、表示旧信息的回指性话题标记、表示可及信息的激活性话题标记。其中，回指性话题标记又分为代词回指性话题标记和名词回指性话题标记，而名词回指性话题标记又分为同形回指性、部分同形回指性、同义回指性、上下义回指性四种形式。

（2）从纵向来看，在汉语和韩国语（朝鲜语）中，代词回指性话题标记的使用比例高于名词性话题标记的使用比例；从横向来看，汉语代词性回指话题的使用比例又高于韩国语（朝鲜语）。

2. 对比了汉韩（朝）话题的推进模式

汉韩（朝）语篇的话题推进模式大体上可归纳为五种，如下表所示：

表 3.2　　　　　　　　汉韩（朝）话题推进模式对照表

话题推进模式		汉　语	韩国语（朝鲜语）
延续式推进模式	贯通延续式推进	○	○
	平行延续式推进	○	○
派生式推进模式	"上义词→下义词"派生推进	○	○
	"复数→单数"派生推进	○	○
集中式推进模式		○	○
交叉式推进模式	插入交叉式推进	○	○
	交替交叉式推进	○	○
链条式推进模式	长型链条式推进	○	○
	短型链条式推进	○	○

注："○"表示有此类型。

据此，我们认为：

第一，汉韩（朝）话题标记的推进模式具有很大的共性。这说明，汉韩（朝）话题推进模式主要受认知模式的影响，而较少受语言类型或文化模式的影响。

第二，在自然语篇中，除了微型语篇之外，很少有语篇只使用一种话题推进模式，在实际语篇中，以上几种话题推进模式往往结合起来形成复杂的综合性话题推进。

第三，汉韩（朝）语篇推进模式的差异集中体现在延续式推进模式上。韩国语（朝鲜语）语篇话题的管领力强于汉语，因此，韩国语（朝鲜语）贯通延续式推进的长度长于汉语；而汉语句子话题的管领力强于韩国语（朝鲜语），因此，汉语贯通延续式推进的长度又长于韩国语（朝鲜语)。汉语句子层面的贯通延续式推进模式则主要对应于韩国语(朝鲜语)语篇层面的贯通延续式推进模式;而韩国语(朝鲜语)语篇层面的贯通延续式推进模式经常对应于汉语语篇层面的平行延续式推进模式和句内贯通延续式推进模式相结合的复合形式。

第四章

汉韩（朝）逻辑意义结构标记

如前所述，汉语和韩国语（朝鲜语）语篇由表示命题内容的语言要素和表示命题内容之间关系的语言要素组成。对语篇而言，命题内容增加真值意义，但是，表示命题内容之间关系的语言要素则较少或不能表征概念意义，很少或完全不增加新的真值意义。那些着重体现语篇命题内容之间的逻辑衔接关系，且与命题内容一同建构语篇的语言要素，就是逻辑意义结构标记。

逻辑意义结构标记，是语篇衔接研究中的重要一环，也是语篇结构研究中非常重要的一个部分。因为依据自身所承载的表示时间顺序或逻辑框架等语义，逻辑意义结构标记在语篇中标示结构关系，起超越句子的衔接功能。

第一节 汉韩（朝）逻辑意义结构标记的特点及类型

本章所要讨论的汉语、韩国语（朝鲜语）逻辑意义结构标记，主要具有如下特点：

从功能上看，逻辑意义结构标记表示前后结构单位在语义上的转承关系，具有超句的连接功能。

从位置上看，逻辑意义结构标记主要位于句首。在汉语中，逻辑意义结构标记大都位于主语之前的句首位置（当逻辑意义结构标记同其他逻辑意义结构标记或人际意义结构标记连用时，有时不在句首位置）；而韩国语（朝鲜语）逻辑意义结构标记虽在大多数情况下也位于主语之前的句首位置，但是个别逻辑意义结构标记却位于句中或句末位置。

从形式上看，汉语和韩国语（朝鲜语）逻辑意义结构标记既有词语形式，也有惯用形式或词组形式，甚至还有小句形式。具体来说，汉语逻辑意义结构标记则包括"因为、但是、然而"等关联词语,"还、也"等关联副词,以及"与此相应、与此同时、除此之外"等超词形式。韩国语(朝鲜语)的逻辑意义结构标记除了接续词以外,还有体词及体词和助词的结合形式、谓词的活用形式、副词和谓词的结合形式、体词和谓词的结合形式,以及冠形词和体词的结合形式。

从来源上看,韩国语(朝鲜语)逻辑意义结构标记分为两种:一种是由指示谓词的活用形派生来的形式,如"그리고, 그래서, 그러나, 그런데, 그렇지만, 그러므로, 그럼에도 불구하고"等"그-"系列句子连接形接续词;另一种是与指示谓词的活用形无关的形式,如"따라서, 하지만, 왜냐하면, 설령, 첫째(로), 둘째(로), 셋째(로), 우선, 다음으로, 마지막으로"等句子连接形接续词以及"어쨌든, 오히려"等副词。

可以说,以上用功能、位置、形式及来源等标准来确定的逻辑意义结构标记,是一个庞大的集合体。有时,很难判断某一个语言形式到底是不是逻辑意义结构标记,也难以准确地判定其归属类型。因为有的逻辑意义结构标记既用于超句连接,也用于句内连接,而有的逻辑意义结构标记则在不同的语境中表示不同的意义。

我们本着语义和用法相接近的原则,在参考金峰洵(1996)、李恩义(1993)、廖秋忠(1986)、Halliday & hasan(1976)等学者的研究成果的基础上,根据语篇构成单位之间的逻辑语义关系,把汉韩(朝)逻辑意义结构标记分为"元素—元素"关系标记、"对应点—对应点"关系标记和"原因—结果"关系标记等三种。

由于篇幅所限,本书将重点考察经常用于超句层面的逻辑意义结构标记,那些很少用于超句层面的逻辑连接标记以及只在小句层面使用的逻辑连接标记则不在本章考察范围之内。

有一点需要指出,即,语篇的逻辑语义关系具有双重性,它以某种客观的逻辑事实为基础,但同时又体现出话者或作者的主观视点。因此,语篇逻辑衔接结构的形成虽在很大程度上取决于客观的逻辑关系,但是具体采用哪一种结构关系、是否使用结构标记以及选用哪一种结构标记,却取决于话者或作者的主观视点。

第二节 "元素—元素"关系标记

"元素—元素"关系,指两个语篇构成单位以上位结构的下属元素的形式连接形成的关系。也就是说,处于这种关系的两个语篇构成单位共同形成一个下位结构而被包含于一个上位结构,两个语篇构成单位在结构关系上处于同等地位,类似于系统中某一子系统或分系统中的两个元素。

"元素—元素"关系的基本特征,体现为作为元素的语篇构成单位之间具有线性的排列关系,它们在整个语篇结构中处于同一层次,而不是上下层次。这种关系可通过显性连接的方式体现,也可通过隐性连接的方式体现,而体现这种关系的逻辑意义结构标记则称为"元素—元素"关系标记。如图4.1所示:

图4.1 "元素—元素"关系图

"元素—元素"关系标记,可进一步分为罗列标记和序列标记。

一 罗列标记

汉语和韩国语(朝鲜语)语篇的罗列标记可再分为并列标记、连贯标记、递进标记、附加标记及选择标记等五种小类。

(一)并列标记

并列标记,表示所连接的前项和后项[①]在语义上并排平列,要么所表述的情状在逻辑上属于同一种情况,要么所表述的行为、事件在时间上具有同时性。并列标记所连接的前后项在结构上属于同一个层次,在语义上往往具有同等性而不分主次。

在汉语中,常见的并列标记有"(与此)同时、一方面、另一方面、同

---

① 为行文之便,本章将用"前项""后项"等术语指称逻辑意义结构标记所连接的前后语篇构成单位。下同。

样、同理、相应地"等。例如：

（1）硬件工具是由一定的物质材料构成的，其客观性不言而喻。[软件工具虽然是精神性的，但它要依赖于一定的物质外壳或载体作为存在形式，而外壳或载体是客观的。] 同时，[就它的思想内容来说，是不以人的主观意志为转移的，也是客观的]。

（齐振海主编《认识论探索》）

（2）1972年的全球天气异常，就与当年厄尔尼诺暖流特别强大有关。[这一年我国发生了新中国建国以来最严重的一次全国性干旱。] 与此同时，[有一些国家和地区却发生了严重洪水，非洲突尼斯出现了200年一遇的特大洪水，秘鲁出现了40年来最严重的水灾]。

（新华社2004年新闻稿）

在例（1）中，"同时"表示物质外壳的客观性和其思想内容的客观性是并存于软件工具中的属性，表示的是逻辑上的并列性；在例（2）中，"与此同时"表示"我国发生了新中国建国以来最严重的一次全国性干旱"与"有一些国家和地区却发生了严重洪水"都是在1972年发生的，表示的是时间上的同时性。但是，尽管同样表示并列关系，由于前一例表示的是一个事物所具有的两种性质之间的并列，所以倾向于静态的描述；而后一例所表示的则是两件不同的事情之间的并列，因此倾向于动态的叙述。

另外，我们发现"同时"和"与此同时"在语篇中的具体使用情况有较大的区别。在随机抽取的100个用例中，"同时"分别连接句子和句子、分句和分句，以及以"……的同时"形式出现的比例分别为22∶72∶6；而"与此同时"连接句子和句子、分句和分句的比例分别为94∶6。可见，尽管都表示并列，但是较之"同时"，"与此同时"更主要用于超句的连接。又如：

（3）方鸿渐到馆子，那两个客人已经先到。一个 [躬背高额，大眼睛，苍白脸，戴夹鼻金丝眼镜，穿的西装袖口遮没手指，光光的脸，没胡子也没皱纹，而看来像个幼稚的老太婆或者上了年纪的小孩子]。一个 [气概飞扬，鼻子直而高，侧望像脸上斜搁了一张梯，

颈下打的领结饱满齐整得使鸿渐绝望地企羡]。 （钱锺书《围城》）

（4）在他的身上，集中体现了魏晋时期思想家们的性格冲突。 一方面，[阮籍是一个骄傲狂妄的人，他自视甚高，本有济世之志，"尝登广武，观楚汉之战，叹曰：时无英雄，使竖子成名"！] 另一方面，[阮籍为人又十分谨慎，"口不臧否人物"，甚至与他内心鄙薄的司马氏集团也保持了长期的良好关系]。

（郭齐勇编著《中国哲学史》）

例（3）是一个总分段落，分述部分分别描写了两个"客人"，由于这两个"客人"对"方鸿渐"来说都是陌生的，因此作者用不分主次的"一个""一个"依次引出了两个人物；例（4）也是一个总分段落，分述部分所描述的"骄傲狂妄""十分谨慎"这种"性格冲突"是并存于阮籍身上的，是阮籍性格中的两个侧面，而在作者看来这两个特点同样重要，因此用并列标记"一方面""另一方面"分别引出。与其他并列标记不同的是，"一个"和"一方面"通常要和其他并列标记搭配使用，而"另一方面"则没有这样的限制。

常见的韩国语（朝鲜语）并列标记，有"그리고（그리구），또，또한，（그와/이와）동시에，한편（으로），다른 한편，그런가 하면"等。例如：

（5）[물론 프랑스인들도 센 강을 사랑했다.] 그리고 [독일 사람들은 그들의 라인 강을 신화했다]. 그러나 그러한 것들은 국토의 일부에 지나지 않는다. 우리처럼 나라 전체의 모습을 하나의 문장처럼 새겨왔거나 혹은 그것을 "금수강산 삼천리" 식으로 찬양하는 경우는 결코 흔치 않은 일이다.

（이어령<흙 속에 저 바람 속에>）

（6）[철학자들도 구체적인 상황에서 살아갈 수밖에 없는 존재이니까, 가정과 직장을 가지며 한 사람의 시민으로서 권리와 의무를 이행하기도 해야 할 것이다.] 또 [한 사람의 지식인으로서 자유와 평등을 부르짖고 비인간화 현상을 매도하며 독재를 규탄해야 할 경우도 있다].

（엄정식<철학의 과제: 자유와 필연>）

在例（5）中，"그리고"（同时）连接了法国人和德国人的情况，而这两个句子以同等的地位结合之后再与后面的两个句子形成对立转折的关系，这一点从第三句的转折标记"그러나"（然而）和总括成分"그러한 것들(那此)"中可以看出。在例（6）中，"또"（同时又）所连接的两个句子分别论述了哲学家作为一个普通市民的处境和作为一个知识分子的处境，而这两个句子是以同等的地位连接起来的，并无主次或轻重之分。再看下例：

（7）생명의 밥이란 생명력이 충실한 밥이다. [모든 생명체는 가장 적합한 환경조건 속에서만 충실하고 왕성한 자기 생명력의 유지가 가능하다.] 동시에 [충실한 생명만이 다른 생명에게 충실한 생명과 건강을 줄 수 있다]. 땅이 병들면, 물이, 대기가 병들면 생명 또한 병들지 않을 수 없다.

（이병철<살아남기, 근원으로 돌아가기>）

（8）[과거의 서양 철학은 자기 몸에서 나오는 거미줄로 모든 것을 엮어서 집을 짓듯이, 이성의 능력에 너무 의존하고 실제로 자연 안에서 일어나는 현상에 관해서는 주의를 기울이지 않았다.] 한편 [경험과학에 종사하는 사람들은 먹을 것을 부지런히 날라다가 쌓아놓기만 하는 개미처럼, 실험과 관찰에만 몰두하고 그것이 함축하는 의미를 찾아내지 못하였다]. 베이컨에 의하면, 학문의 참다운 방법은 벌꿀처럼 꽃가루를 날라다가 자신의 힘으로 변화시켜서 새로운 것을 창조하는 일이라고 한다.

（엄정식<철학의 과제: 자유와 필연>）

在例（7）中，"동시에"（同时）所连接的前项论述了适切的环境对生命体健康度的重要性，后项则论述了一个生命体的健康度对其他生命体健康度的重要性，两种论述以并列陈述的方式相连接；在例（8）中，"한편"（一方面）所连接的前后项分别论述以往的西方哲学重理论而轻实践的特点和经验科学重实践而轻理论总结的特点，这两种特点虽正好相反，但是都属于以往科学研究中存在的错误倾向，因此，作者用"한편"（一方面）把它们并列起来，使之成为用以引出正确论点的反面论据。再如：

(9) [이번 일본 대지진의 참사는 세계에서 그 유례를 찾아보기 어려울 정도로 최악의 재난이기도 했지만, 일본이 자랑하는 현대 문명과 근대화의 상징들이 일순간에 무너졌다는 사실에서, 그리고 찬란한 도시문명의 취약성이 송두리째 드러났다는 사실에서 우리에게 많은 교훈을 주고 있다.] 또한 [그같은 대재난 한가운데서 도사람들이 어떻게 위기를 극복해 나가야 하는지를 가르쳐 주고 있다].

(이병철<살아남기, 근원으로 돌아가기>)

(10) [백제나 신라에서는 긴 내리닫이 옷을 입었으나, 당나라의 세력이 이 땅을 휩쓸고부터는 당풍을 따라 상의와 하의로 구별되었다고 말하는 사람이 있다.] 또 [원나라의 압박 밑에 있던 고려 때의 의상은 "몽고 옷과 중국 옷을 본떠 남자의 바지 너비와 여자의 윗옷 소매가 각기 줄어들어 갔다"는 것이다.] [조선조에 들어서면 이번엔 또 명나라의 복장이 지배한다. (중략)] 그런가 하면 [중국 대륙의 바람이 서풍에 몰리기 시작하는 조선조 말기에 이르면, 조관의 복색이 양복으로 변하기 시작하고, 갑신정변 때 김옥균과 박영효가 일본으로 망명할 때는 벌써 일반인으로서도 양복을 입고 있었다].

(이어령<흙 속에 저 바람 속에>)

在例(9)中,"또한"(一方面)所连接的前后项分别表示日本大地震留给作者的两点感悟:一是城市文明在自然灾害面前的脆弱性,二是人类要面对和克服大灾难的正确态度。"또한"(一方面)所连接的前后项是并列的,而这种并列关系还体现在前一句的谓语"(-을)(-wl) 주고 있다"(给……)和后一句的谓语"(-를)(-rwl) 가르쳐 주고 있다"(教给……)所构成的同义反复结构中。例(10)则主要陈述了朝鲜传统服装受中国服装影响的情况,作者按照朝鲜和中国历史朝代的顺序叙述了唐朝、元朝、明朝及清朝末期的服装分别对朝鲜白帝及新罗、高丽、朝鲜朝前中期、朝鲜朝末期的服装所产生的影响,而"또"(同时)和"그런가 하면"(与此同时)的作用在于凸显这种罗列关系,使语篇的段落以"服装的变化"为主线,衔接得更加自然、顺畅。

我们发现,不论是在韩国语(朝鲜语)口语中还是书面语中,"그리

고"(同时) 是使用频率非常高的语篇结构标记, 它经常同其他并列标记连用, 强调后项与前项之间的并列关系。例如:

(11) [어린이는 그림을 좋아한다.] 그리고 또 [그리기를 좋아한다.] 조금도 기교가 없는 순진한 예술을 낳는다. 어른의 상투를 재미있게 보았을 때, 어린이는 몸뚱이보다 큰 상투를 그려 놓는다. 순사의 칼을 이상하게 보았을 때, 어린이는 순사보다 더 큰 칼을 그려 놓는다. 얼마나 솔직한 표현이냐? 얼마나 순진한 예술이냐?

(방정환<어린이 예찬>)

(12) 결국 시민들 속에서 먼저 깨어난 시민의 집단이 불이익을 감수하는 희생적 모범을 보임으로써 전환의 계기를 제시해야 할 것이다. [불타는 극장 속에서 돌연히 나타난 어느 한 사람의 침착하고 설득력 있는 지휘는 상황을 역전시킬 수 있는 것이다.] 그리고 또한 [그것은 대부분의 사람들의 이익에도 부합되는 방도이기에 더욱 호소력을 갖는다]. 바로 여기에 오늘날 우리 한국의 지성인들이 헌신해야 할 명분이 있다 할 것이다. (황경식<인간과 사회>)

在例(11)中,"그리고"(同时)和"또"(同时)结合使用,强调了"孩子喜欢看画"和"孩子喜欢画画"都属于孩子天真可爱的表现;在例(12)中,"그리고"(同时)和"또한"(同时)结合使用,强调了"在大火蔓延的剧场中,一个突然出现的、沉着冷静且具有说服力的人"所能发挥的巨大作用。事实上,从例(11)和(12)中可以看出,当两个并列标记连用时,它们所连接的前后项之间的关系已不再是单纯的罗列关系,而倾向于前轻后重的递进关系了。因为在例(11)中,作者重点展开的是"그리고 또"(同时又)所连接的后一句即"孩子喜欢画画",而末尾的"多么率真的表现,多么纯真的艺术"正是作者对孩子这一特点的赞叹。同样,在例(12)中,作者所要强调的是"그리고 또한"(同时又)所连接的后一项即"由于那个人的指挥符合大多数人的利益,因而更具有号召力",这一点由句中的程度副词"더욱"(更)表现得更加明显。

可见,并列标记在叠用时所表示的逻辑语义关系,有别于单用时所表

示的并列义,"그리고 또"(同时又)"그리고 또한"(同时又)等叠用并列标记所具有的语义功能相当于递进标记"뿐만 아니라"(不仅如此)。

(二) 连贯标记

连贯标记,表示所连接的前后项表示的行为、事件在时间上具有连续性,前后项在结构上属于同一个层次,在语义上也具有同等的重要性。

连贯标记所连接的前后项表示的是连贯的行为、动作或事件、事态,但是连贯标记本身却并不直接指称或指示时间,有别于后述的时间序列标记。在汉语中,这种连贯标记主要有"于是、接着、紧接着、跟着"等。例如:

(13) 魏鹤鸣坐下,把棉袄的扣子全解开了,喘着气。林震问:"他是谁?"[魏鹤鸣讽刺地说:"你不认识?他就是厂长王清泉。"] 于是 [魏鹤鸣向林震详细谈起了王清泉的情况]。王清泉原来在中央某部工作,因为在男女关系上犯错误受了处分,一九五一年调到这个厂子作副厂长,一九五三年厂长他调,他就被提拔作厂长。他一向是吃饱了转一转,躲在办公室批批文件下下棋,然后每月在工会大会、党支部大会、团支部大会、团总支大会上讲话,批评工人群众竞赛没搞好,对质量不关心,有经济主义思想……

(王蒙《组织部来了年轻人》)

(14) [22 时 30 分,突袭"上海滩"首战告捷,黑老大陆宝义和陆宝有被生擒,胡兆彬、胡锁义等罪犯同时被抓获。] 紧接着,[大规模的围歼战役开始]。特战队员乘坐 6 台装甲运兵车和 100 多台警车,顺着哈大高速公路,在夜色中疾驶。12 月 21 日凌晨 1 时 30 分,所有车辆和多名警力全部集结安达市,并将该市的 11 个路口迅速封锁。同时,陆氏集团成员的住处以及他们经营的桂林宫洗浴中心、九天歌厅等外围均被严密封控。凌晨 1 时 30 分,200 余名特战队员分成 6 个抓捕小组和一个封控小组,一举抓获陆宝成、陆宝林、陆志刚、代忠林、刘金玲、黄家军、陆阳刚、徐长志、沈长春、于海生等主要罪犯,至此,陆氏团伙的陆氏四兄弟和 55 名罪犯全部落网。　　(丛山《一个黑色家族的疯狂与覆灭》)

在例(13)中,"于是"表示"谈起了"这一行为是"魏鹤鸣"在"讽刺地说"之后紧接着进行的,是"林震"和"魏鹤鸣"的谈话逐渐深入的表现;在例(14)中,"紧接着"表示"突袭'上海滩'首战告捷"和"大规模的围歼战役"是连续发生的事件。可见,"于是"和"紧接着"都表示前后连贯的事件,是连贯标记。

与韩国语(朝鲜语)不同,汉语语篇中的连贯关系更多地体现为隐性连接的方式。尤其在叙事语篇中,当作者按照空间关系叙述事物的特征或按照时间关系叙述人物的动作行为以及事件、事态的发展时,由于其内在的逻辑语义关系比较明确,因而通常不使用结构标记而使用隐性连接的方式。例如:

(15) 雨住了一会儿,又下了一阵儿,比以前小了许多。祥子一气跑回了家。抱着火,烤了一阵,他哆嗦得象风雨中的树叶。虎妞给他冲了碗姜糖水,他傻子似的抱着碗一气喝完。喝完,他钻进了被窝,什么也不知道了,似睡非睡的,耳中刷刷的一片雨声。

(老舍《骆驼祥子》)

(16) 画家住在一个小角落里,门口鸡鸭转来转去,沿墙摆了一溜儿各类杂物,草就在杂物中间长出来。门前又被许多晒着的衣裤布单遮住。王一生领我们从衣裤中弯腰过去,叫那画家。马上乒乒乓乓出来一个人,见了王一生,说:"来了?都进来吧。"画家只是一间小屋,里面一张小木床,到处是书、杂志、颜色和纸笔。墙上钉满了画的画儿。大家顺序进去,画家就把东西挪来挪去腾地方,大家挤着坐下,不敢再动。画家又迈过大家出去,一会儿提来一个暖瓶,给大家倒水。大家传着各式的缸子、碗,都有了,捧着喝。画家也坐下来,问王一生:"参加运动会了吗?"王一生叹着将事情讲了一遍。画家说:"只好这样了。要待几天呢?"王一生就说:"正是为这事来找你。这些都是我的朋友。你看能不能找个地方,大家挤一挤睡?"画家沉吟半晌,说:"你每次来,在我这里挤还凑合。这么多人,嗯——让我看看。"他忽然两眼放出光来,说…… (阿城《棋王》)

常见的韩国语(朝鲜语)并列标记有"그러자, 그리고, 그리고는(그리곤), 그리고서, 그리고 나서, 그리고 나서야, 그리고 나니까, 그리고 나면, 그러고, 그러고는, 그러다가, 그러더니, 그러면서, 계

속해서"等。例如:

(17) 막딸네의 눈알이 불거진다. [평산은 부채든 팔을 천천히 내저으며 불그레한 얼굴에 웃음기마저 띠고 팔자걸음의 거만한 태도로 그 앞을 지나간다.] 그러자 [막딸네는 발딱 돌아서서 평산의 뒤통수에다 대고 다시 떠들기 시작했다].

(박경리<토지>1)

(18) [나는 그 애를 사뿐히 끌어다 무릎 위에 앉히고 사과를 하나 들려줬다.] 그리고 [아이의 정결하고 보드라운 머리털에 코를 살며시 묻었다]. 희미하게 고소한 냄새가 나고 아이는 열심히 사과를 사근댔다. 나는 점점 우울해졌다.

(박완서<나목>)

在例 (17) 中,"그러자"表示"막딸네는……떠들기 시작했다"(末女妈……开始嚷嚷)这一行为发生在"평산은……그 앞을 지나간다"(平山……踱步走过)之后,"지나간다"(走过)和"떠들기 시작했다"(开始嚷嚷)在时间上具有先后关系,是前后发生的连贯的行为动作。同样,在例 (18) 中,"그리고"(然后) 所连接的前后项表示的行为动作具有先后关系,即"끌어다……앉히고……들려줬다"(拉过来……让他坐在……给他拿了) 和"묻었다"(埋起来) 等一系列行为动作在一维的时间线上构成了连贯的行为动作链。因此,"그러자"(随即) 和"그리고"(然后) 都是罗列标记中的连贯标记。

我们认为,"그리고"(然后) 是比较特殊的语篇结构标记。我们在4.2.1.1 中论述韩国语(朝鲜语)并列标记时曾指出,"그리고"(同时) 是使用频率非常高的语篇结构标记。也就是说,"그리고"(同时,然后) 不仅具有凸显并列关系的语篇功能,而且还具有凸显连贯关系的语篇功能,可以说两种功能大体上平分秋色。我们发现,当"그리고"用于句首位置时,如果所连接的是两种情状,而这两种情状又属于同一个事物或同一种性质,那么"그리고"(又) 就通常体现为并列标记。当"그리고"所连接的是两个事件或事态时,如果它们在时间上具有同时性,那么"그리고"(同时) 仍体现为并列标记;但是,如果它们在时间上具有先后关系,那么"그리고"(然后) 则体现为连贯标记。不过,由连贯标记"그리고"(然

后）派生出来的"그리고는（그리곤），그리고서，그리고 나서，그리고 나서야，그리고 나니까，그리고 나면"等"그리고-"系列的结构标记却都是连贯标记。例如：

（19）가스 레인지를 켜 놓고 무언가를 끓이고 있던 중이어서 내 마음은 급하기 짝이 없었다．[급한 내 마음과는 달리 여자는 쉰 목소리로 또 한 번 나를 확인하고 나더니 잠깐 침묵을 지키기까지 하였다．] 그리고는 [대단히 자신 없는 목소리로 이렇게 말하였다．
"혹시 전주에서…… 철길 옆 동네에서 살지 않았나요?"]
（양귀자<한계령>）

（20）[처음 서울로 올라와 서울 국번의 전화를 그의 방에 매달았을 때 그는 동생 명희와 J 시의 부모에게 전화를 걸었다．] 그리고 나니까 [더 전화 걸 데가 없었다]．그리고 걸려오는 전화 역시 없었다．
（공지영<고등어>）

在例（19）和（20）中，"그리고는"（然后）和"그리고 나니까"（这样一来）后面的词尾"는(nwn)，나니까（nanikka）"具有明显的动态性和变化性，它们使"그리고는"（然后）和"그리고 나니까"（这样一来）所连接的前后事件或事态在具有连贯性的同时又具有了一定的层次性和间隔性。

在很多情况下，连贯标记"그리고"（然后）所连接的前后项可用谓词词尾"-고"（kɔ）来替换，而用表示连贯义的词尾"-고"（kɔ）来连接的小句也通常可用连贯标记"그리고"（然后）来替换，从而构成句群。例如：

（21）a. 철수는 시장에서 낙지 두 마리를 샀다． 그리고 집근처의 슈퍼에 와 또 맥주 한 병을 더 샀다．　　（만듦）
→철수는 시장에서 낙지 두 마리를 사 고 집근처의 슈퍼에 와 또 맥주 한 병을 더 샀다．

b. 영희는 오늘 월급을 탔다． 그리고 말한대로 동생한테 조금 부쳐 주었다．　　（만듦）
→영희는 오늘 월급을 타 고 말한대로 동생한테 조금 부

쳐 주었다.

(22) a. 철수는 숙제를 끝내고 그림을 그렸다. (만듦)

→철수는 숙제를 끝냈다. 그리고 그림을 그렸다.

b. 영희는 저녁을 맛있게 먹고 콧노래를 부르며 설거지를 했다. (만듦)

→영희는 저녁을 맛있게 먹었다. 그리고 콧노래를 부르며 설거지를 했다.

但是, 并不是所有表示连贯关系的"그리고"(然后) 和"-고"(kɔ)都可以互换。例如:

(23) a. 그는 창업해 보려는 희망을 품고 청도로 진출했다.
(만듦)

? 그는 창업해 보려는 희망을 품었다. 그리고 청도로 진출했다.

b. 그는 슬리퍼를 끌고 비 속을 첨벙첨벙 걸었다.
(만듦)

*그는 슬리퍼를 끌었다. 그리고 비 속을 첨벙첨벙 걸었다.

在例 (23) 中, a 和 b 中的"-고"(kɔ) 都不能用"그리고"(然后)来替换。这说明,"그리고"(然后) 和"-고"(kɔ) 虽然都能连接具有先后关系的行为、动作或事件、事态等, 但是其语义功能存在一定的区别。即,"그리고"(同时, 然后) 主要表示的是前后项之间的并列关系或连贯关系, 而"-고"(kɔ) 除了表示前后项之间的并列关系或连贯关系之外, 还可以表示前项是后项的某种方式、手段或维持的状态, 如例 (23a)、(23b); 也可以表示前项是后项的原因或理由, 例如"상한 음식을 먹고 배탈이 났다"(吃完馊的食物闹肚子); 还可以表示前项是后项的条件, 例如"그렇게 게으름을 피고 어찌 꾸중을 안 들었을까"(那么偷懒, 怎能不挨说呢?)。可见, 词尾"-고"(kɔ) 的连接功能主要体现为句内的语

法—语义功能，而接续词"그리고"（同时，然后）的连接功能则主要体现为超句的语篇衔接功能。

（三）递进标记

递进标记，表示所连接的前后项在语义上具有不同程度的重要性，通常来说后项比前项分量重，在语义上是强调的重点。

汉语递进标记，主要有"而且、并且、况且、何况、加上、加之、再加上、再加以、再、再说、再则、再者、再有、进一步、进而、不仅如此、何止如此、甚至、（就）连……也/都、就是……也"。例如：

（24）［由于各种工具具有存储信息的职能，因而它有助于主体回忆信息。例如，人们在学习中常会遇到这样的情况，一个问题有时似曾相识，但怎么也想不起在哪儿见过，因而无法解决。这时借助词典等工具书进行查阅，便可茅塞顿开，使问题迎刃而解。］ 而且 ，［由工具提供的信息一般比单凭主体回忆的信息准确，这就加强了主体记忆的精确性。］ （齐振海主编《认识论探索》）

（25）［但是英国的医生哈维经过亲自实验，发现盖伦所说的血液由右心室通过中膈流入左心室的说法是错误的。］ 并且 ［还证明，盖伦学说中血液流动有来潮和退潮的观点与实际不符。实际情况是，血液从右心室流入左心室不是经过中膈上的孔，而是经过肺脏作漫长而奇妙的迂回。］ （《中国儿童百科全书》）

在例（24）中，有助于主体回忆信息是工具的基本功能，而加强主体记忆精确性的功能则是在基本功能的基础上形成的深化功能，因此，作者使用递进标记"而且"表示前项和后项的关系属于基础与深化的关系。在例（25）中，哈维"发现盖伦所说的血液由右心室通过中膈流入左心室的说法是错误的"已经具有重要的意义，而证明与盖伦学说相反的、血液流动的真实情况则具有更为重要的意义，因此，作者把哈维所发现的内容作为递进标记"并且"的前项，而把哈维所证明的内容作为后项，表示证明比发现具有更重要的意义。

在语篇中，"而且"和"并且"所表示的逻辑关系都是递进义，但是它们的语篇衔接功能却不尽相同。就连接句子和句子、分句和分句、词语和词语的比例来看，"而且"依次为 16∶77∶7，"并且"为 3∶92∶5。可见，前者用于超句连接的功能略强于后者。又如：

(26) 祥子没了主意。[对于钱，他向来是不肯放松一个的。可是，在军队里这些日子，忽然听到老者这番诚恳而带有感情的话，他不好意思再争论了。] 况且，[可以拿到手的三十五块现洋似乎比希望中的一万块更可靠，虽然一条命只换来三十五块钱的确是少一些！就单说三条大活骆驼，也不能，绝不能，只值三十五块大洋！] 可是，有什么法儿呢！　　　　　　　　　　　（老舍《骆驼祥子》）

(27) [夏经平本来也是不想放过这个机会的，能亲眼一睹这一百年不遇的空前盛况也是人生一大快事。] 何况 [那票好几百块呢（当然不是夏经平自己掏腰包买的）]！但只有一张票，他那个到哪儿都要和他同出同入的老婆便不批准他去，非要他留下来陪她一起在电视上找闺女。他反抗过咆哮过最后终于低头了。为了不耽误票，他忍痛把票送给了马林生。　　　　　　　　　（王朔《我是你爸爸》）

(28) 大家都没的可说了，可是找不到个台阶走出去，立在那里又怪发僵；刘四爷的话使人人心中窝住一点气放不平。[虽然放一天车份是个便宜，可是谁肯白吃一顿，至少还不得出上四十铜子的礼；况且刘四的话是那么难听，仿佛他办寿，他们就得老鼠似的都藏起去。] 再说，[正日子二十七不准大家出车，正赶上年底有买卖的时候，刘四牺牲得起一天的收入，大家陪着"泡"一天可受不住呢]！大家敢怒而不敢言的在那里立着，心中并没有给刘四爷念着吉祥话儿。　　　　　　　　　　　　　　　（老舍《骆驼祥子》）

在例（26）中，"祥子没了主意"，首先是因为他不好意思再跟这位诚恳的老者争论，而在"祥子"看来，尽管三十五块大洋少一些，但是"可以拿到手的三十五块现洋似乎比希望中的一万块更可靠"，正因为这种考虑祥子才下决心按老者的要求低价出售骆驼，因此，"况且"表明祥子的这种考虑才是重要原因。在例（27）中，"何况"表示不想放弃这个机会的首要原因是"亲眼目睹百年不遇的空前盛况是人生一大快事"，而好几百元的票价又是舍不得放弃的另一个重要原因。在例（28）中，大家心中不平的首要原因是虽然刘四爷免了一天的车份，但车夫们还要送礼钱且还得躲起来,而"再说"则表明正日子二十七不出车所造成的经济损失是车夫们心中窝气的另一个重要原因。

我们发现,"而且""并且"同"况且""何况""再说"等递进标记在语义上存在一定的差别。就"而且""并且"来说,所连接的前项和后项之间存在较为明显的基础与深化的关系,后项的程度明显强于前项,其递进意义是积极的、明确的。但是就"况且""何况""再说"来说,所连接的前项和后项之间不具有明显的基础与深化的关系,而且它们在语义上所具有的重要性也是大体相等的,但是按照逻辑角度来说,前项所表示的语义内容往往在时间上先于后项所表示的语义内容,而最终起决定性作用的还是后项。此外,"况且"等递进标记所表示的递进义虽然也是积极的,但是更多的时候所表示的还是消极意义,且多用于表示让步、妥协、责怪、受骗等不利情景中的理由或原因。在翻译成韩国语(朝鲜语)时,"而且"和"并且"通常对应于"뿐만 아니라""또한"等递进标记,"况且""何况""再说"则对应于"게다가""더구나""더군다나"等递进标记。再如:

(29)"这个班历来是全年级纪律最差的班。[班干部软弱、涣散、起不到带头作用。] 甚至 [有时还对落后同学随声附和,不敢挺身而出同不良作风作斗争,造成歪风邪气占上风]。"刘桂珍肥大的胸部一起一伏,几星唾沫溅到了马林生脸上。她扫了眼旁头坐在一边的马锐,"就是有那么几个害群之马。" (王朔《我是你爸爸》)

(30)其实他并不像他自己吹嘘的那样能折腾会玩,也并非时时刻刻都在为具体的苦恼或巨大的忧患所困扰,他的悒郁更多地是来自无聊,无以排遣空闲的时间。[他根本不会玩也没有培养出任何别致的情趣,只对吃熟悉,只对吃有浓厚的兴趣,终生最大的嗜好就是吃上一顿对口味的好饭。除了吃还是吃!]

连 [玩] 都 [不会]! 连 [一份哪怕像打麻将这样的庸俗乐趣] 都 [不具备]! 他的寂寞可想而知。 (王朔《我是你爸爸》)

在例(29)中,"刘桂珍"认为班干部对落后同学随声附和、不敢斗争的行为比软弱、涣散、起不到带头作用的行为更为严重,因此使用"甚至"强调了后一事实比前一事实在程度上更甚。在例(30)中,作者认为玩是打发无聊时间、排遣空闲时间的最为普通的、最为基本的方式,而

"他"除了吃却没有任何别致的情趣,"玩"这种最为普通、最为基本的消遣方式也都不具有,因此使用了"连……都……"结构以示强调。同样,在作者看来,"打麻将"是很多成年人消遣的一种方式,而"他"作为成年人却不具备这种普通人都具有的"庸俗乐趣",因此用"连……都……"结构表示强调。在上述两例中,递进标记"甚至""连……都……"同表示"较典型的""预期的"语言成分相结合,通过否定这些具有极值的事项来达到强调的效果,在语义上都体现为消极意义。

常见的韩国语(朝鲜语)递进标记有"더구나, 더더구나, 더군다나, 더욱이, 게다가, 거기다가, 하물며, 나아가(서), 뿐만 아니라, -(뿐)만 아니다, 그뿐 아니다, 어디 그뿐인가"等。例如:

(31)[사실 연수라는 이름으로 이루어지는 짧은 일정의 외국방문이 대개 그렇듯이 주마산간 격으로 스쳐 지나면서 무엇을 보고 배운다는 것은 처음부터 한계가 있을 수밖에 없는 일이다.] 더구나 [문화적 차이에다 의사소통마저 충실치 못한 상태에서 낯선 문물을 보고 느낀다는 것이 대부분 자신의 선입관에 치우친 일방적 이해나 해석이기 십상인 까닭이다]. 그럼에도 이번 연수에서 내 나름의 욕심을 가졌던 것은 첫 번째 유럽연수 때(94년) 받았던 문화적 충격 때문이었다.

(이병철<살아남기, 근원으로 돌아가기>)

(32)[권하는 사람도 없고 사양하는 사람도 없는 그런 '파티' 야말로 한국인의 눈에는 무미건조하게 보인다.] 더더구나 ['각테일 파티' 는 '서로 이야기하는 맛' 이 핵심이 되어 있지만, 한국에서는 술자리에서 말만 지껄인다는 것은 큰 실례에 속한다. 잘난 체한다거나 '게걸' 거린다고 천대를 받는다.]

(이어령<흙 속에 저 바람 속에>)

在例(31)中,"더구나"(加上)所连接的前后项相结合,共同与后面的转折标记"그럼에도"(尽管如此)所连接的后项构成转折关系。作者在陈述短期的国外研修所具有的两种局限性时使用了递进标记"더구나"(加上),意在表明研修时间过于短暂是无法深入了解某一个国家的主要原因,而更重要的原因却是文化差异和语言障碍。例(32)阐述的是西

方的酒文化与韩国酒文化之间的差异。作者首先陈述"无人劝酒、无人让酒的西方人的聚会在韩国人看来是相当乏味的"之后,用强调型递进标记"더더구나"(再加上)指出"以聊天或谈话为主的交际酒会更不符合韩国人的饮酒习惯和饮酒礼节",因为在作者看来后一种情况在程度上更甚。可见,"더구나"(加上)和"더더구나"(再加上)都表示在所罗列的前后两个项目中后项更为重要,而"더더구나"(再加上)是"더구나"(加上)的强调形式。又如:

(33) 그런데 태평양 상공을 날고 있을 때 갑자기 기장의 기내 방송이 들렸다.
"대단히 죄송합니다. 비행기의 제2 엔진이 고장났으므로 부득이 하와이로 돌아가겠습니다."
[비행기 안의 승객들은 모두 불안에 가득찬 모습을 보였다.] 더욱이 [생일을 쉬러 가던 아이는 매우 안타까워했다]. 왜냐하면 하와이로 되돌아가려면 날짜 변경선을 지나야 하는데, 그러면 생일이 없어져 버리기 때문이다.

(한국 KAIST 말뭉치)

(34) [대화에 임해 설득력을 구사하려면 진실과 성실을 바탕으로 해야 한다. 그리고 품격과 교양을 지녀야 한다. 훈훈한 인간미가 풍겨야 한다.] 나아가 [대화의 매너와 에티켓을 몸에 지녀야 한다]. 이러한 여러 가지 덕목을 지녔을 때 비로소 뛰어난 화술이 발휘되는 것이다.

(한국 KAIST 말뭉치)

在例(33)中,当飞机由于故障要返回夏威夷时机内的乘客都显示出不安的样子,而作者使用递进标记"더욱이"(更加)表示要去过生日的那个孩子是更为焦急的,其焦急程度超过了其他乘客;在例(34)中,"나아가"(进而)所连接的前项是一个并列关系的句群,表示要想使谈话具有说服力就要真诚、诚实,还要有品格与修养以及浓厚的人情味,而作者使用"나아가"(进而)的用意在于表示前述的三个方面都是基础性的,而交际礼节则是在这基础上要具备的更高层次上的素质。

可见,"나아가"(进而)所连接的前后项之间存在基础与深化的关系。即,前项所表示的是相对基础性的命题,而后项所表示的是建立在基础性

命题之上的新命题，新旧命题都处于一个层次，属于总体上的罗列关系。"더구나"（加上）和"더욱이"（更加）则重在表明所连接的后项在程度上高于前项，但是两项之间并不一定存在基础与深化的关系。再如：

（35）그런데 친구끼리는 그렇게 다정한 한국인이지만, 낯선 사람들에게는 이외로 무뚝뚝하고 배타적이다.
［낯 모르는 사람에게는 절대로 인사를 하지 않는다.］
뿐만 아니라 ［면식이 없는 사람들끼리는 사소한 일을 가지고서도 양보를 하지 않는다. 곧잘 싸움을 한다. 염치가 없다. 호의를 받고서도 답례조차 없다.］　　　（이어령<흙 속에 저 바람 속에>）

在例（35）中，"뿐만 아니라"（不仅如此）所连接的前项是一个句子，指出韩国人对陌生人冷漠、排斥的态度首先体现在"他们从不与陌生人打招呼"的行为上；所连接的后项则是一个句群，指出这种冷漠与排他性还体现在"并不熟悉的人之间互不相让、经常吵架，没有顾忌，得到好处也不会答谢"的行为上。从递进标记"뿐만 아니라"（不仅如此）可以看出，在作者意识中"互不相让、经常吵架、没有顾忌、不会答谢"等行为比"不打招呼"更为冷漠、更具排他性。可知，此例中的"뿐만 아니라"（不仅如此）强调的是后项。

实际上，从构成形式来看，逻辑意义结构标记"뿐만 아니라"（不仅如此）是"NP 뿐만이 아니라"（不仅 NP 如此）这一句法结构的虚化形式。在韩国语（朝鲜语）中，依存名词不具有独立性，它同助词、词尾及词缀一样，必须要与定语（관형어）这一先行成分同现。但是，结构标记"뿐만 아니라"（不仅如此）中的叙述性依存名词"뿐"（仅）前面却没有出现任何定语，它直接位于句首连接了所在句及其前面的构成单位。我们认为，"뿐만 아니라"（不仅如此）的完整形式是"NP 뿐만이 아니라"（不仅 NP 如此），由于这一形式的频繁使用以及语言经济性原则所使然，"뿐만이 아니라"（不仅如此）前面的回指性成分 NP 逐渐省去，从而使"뿐만이 아니라"（不仅如此）获得独立的词汇性质，成为表示递进的连接标记。我们发现，在韩国语（朝鲜语）语料中，"NP 뿐만이 아니다"（不仅 NP 如此）"NP 만이 아니다"（不仅仅是 NP）以过渡句的形式进行超句连接的情况也比较多见。例如：

(36) 우리의 경우도 이와 같다. 고인돌은 옛날의 성인 (단군) 이 죽어서 묻힌 곳이다. ［고고학자들이 발굴한 보고서에도 고인돌 밑에는 사람의 뼈가 나온다고 되어 있다.］ 뼈뿐만이 아니다． ［때로는 금관, 옥대, 혹은 금으로 장식한 칼, 옥잔, 띠, 구슬들이 나오고 있다.］ 그것이 단순한 귀족의 생활유물이 아니라 성인들의 유물이었다는 것은 종교적인 풍습을 이해하는 사람에게는 분명한 것이다.

(박용숙＜한국의 미학사상＞)

(37) ［＂그래서 남매는 하늘로 올라가 하나는 달이 되고 하나는 해가 되었더란다……＂

이야기는 결국 지상에서 쫓기다 못해 먼 하늘로 올라가 버렸다는 것으로 끝나고 만다. 그것은 침략이 아니라 수난의 이야기며, 그것은 지상에서의 탈환이 아니라 천상에의 도피에 관한 이야기다. (중략)］

해와 달의 설화만이 아니다． ［여우한테 항상 속아 넘어가는 순진한 소금 장수의 수난이라든지, 관속에서 억울하게 죽은 원귀가 머리를 풀어헤치고 태수앞에 나타나는 '아랑녀'의 이야기라든지……모두가 그런 것이다.］ (이어령＜흙 속에 저 바람 속에＞)

在例（36）中，连接标记"-뿐만이 아니다"（不仅仅是……）和前面的名词"뼈"（骸骨）结合起来，在回指前句的核心成分"뼈"（骸骨）的同时，以否定前项的形式引出"金冠""玉带"等其他出土物，属于过渡句。由于"支石"（고인돌）下面通常可以挖掘出来的是人的骸骨，而能够挖掘出金冠、玉带等陪葬品实属罕见，因此作者把基本情况作为"-뿐만이 아니다"（不仅仅是……）所连接的前项，把特殊情况作为后项。同样，在例（37）中，连接标记"-만이 아니다"和偏正词组"해와 달의 설화"（日月神话）结合起来，以过渡句"해와 달의 설화만이 아니다"的形式既连接了前述部分，同时又引出了其他受难题材的传说故事。由于有关日月的传说是韩民族家喻户晓的古老传说，在作者看来也是最典型的受难题材的故事，而卖盐人的故事或阿郎女的故事相对来说没有日月传说那样深入人心，因此在写作时把典型的日月传说作为"-만이 아니다"（不仅是……）的前项，而把其他传说作为后项。有时，当递进标记"-뿐만이

아니다"(不仅仅是……)所连接的前项较为复杂时，NP 不采用小句回指的形式而采用代词回指的方式。例如：

(38) 먼저 젯상에 차려지는 음식의 배열법이나 음식의 가지수가 그 색상, 맛, 질료의 차이에 따라 일정한 법칙이 정해져 있고 또 절 삼배를 비롯한 의식절차가 모두 어떤 법칙이 정해져 있는 것이다. [이를테면 술과 불 (종이를 태우는 예) 을 비롯하여 삼색과일, 다섯 가지 맛을 지닌 음식이 갖춰지고 이들이 놓여지는 순서도 일정하다.] 그뿐만이 아니다. [절을 세 번씩 한다든가, 일정한 시간동안 침묵을 지킨다거나 하는 따위는 모두 우주자연의 법칙을 그대로 본따는 행위가 되기 때문이다.] (박용숙<한국의 미학사상>)

在例（38）中，"그뿐만이 아니다"（不仅如此）中的"그"（此）回指的是前一个句子所表示的内容，而"-뿐만이 아니다"（不仅）则以否定的形式指出祭祀规则的适用范围不限于"그"（此）所回指的内容。可见，连接标记"그뿐만이 아니다"（不仅如此）以代词回指的形式连接了前文，同时又以否定某一范围的形式引出了后文。在韩民族的祭祀文化中，准备所需祭品并按规定顺序依次摆放等行为属于祭祀的筹备过程，而磕头、默哀等行为则属于正式的祭祀仪式，因此作者把有关准备过程的内容作为"그뿐만이 아니다"（不仅如此）的前项处理，而把属于祭祀仪式的内容作为后项处理。在翻译时，"그뿐만이 아니다"通常对应于汉语的"不仅如此"。有时，表示这种递进意义的连接标记不以陈述句的形式出现，而以反问句的形式出现。例如：

(39) 맛을 먹으면 멋이 나온다고 했다. [좋은 술을 맛보면 흐뭇하고 흥겨워지고 신바람이 나는 것도 맛과 멋이 하나라는 증거다.] 어디 그뿐인가. [옛 무사들은 조국을 위해 목숨을 바치려 전장에 나갈 때에는 반드시 이 술 (이별주) 을 맛본다. 술의 맛에서 그들의 멋진 행동이 나오기 때문이다.]

(박용숙<한국의 미학사상>)

(40) 당산목인 서어나무는 이 숲의 어른으로서 손색이 없다. [오랜 연령에도 봄에 새순을 피워 낼 때면 그 투명하게 붉은 빛깔은

꽃보다 더 아름답게 숲을 장식한다.] 그뿐인가. [연두색 잎새의 싱그러움이며 가을 연노랗고 연붉은 단풍이며 하얀 눈밭에서 잎새를 모두 떨구어 내고 근육질 알몸을 드러낸 몸매는 모두를 반하게 하기에 충분하다.]　　　　　　(이병철<살아남기, 근원으로 돌아가기>)

  例（39）是一个"概括—具体"结构的段落，第一句"맛을 먹으면 멋이 나온다고 했다"（品味就有品位）是概述部分，后面的三个句子则属于详述部分。在作者看来，品尝好酒时所感受到的愉快和兴奋是品味与品位二者合一的表现，而古代的武士在赴疆场前饮下离别酒以求造就他们有品位的英雄业绩的行为，则是品味与品位二者合一的更高层次上的表现，因此，作者把基本表现和更高层次上的表现分别作为"어디 그뿐인가"（岂止如此）的前后项。从形式上来看，"어디 그뿐인가"（岂止如此）是"그뿐이 아니다"（不仅如此）的反问形式，这种反问形式较之陈述形式不仅加强了语气，而且能够更加吸引读者的注意力。例（40）则是"어디 그뿐인가"（岂止如此）省去指示副词①"어디"（何）而只以"그뿐인가"（岂止）的形式连接上下文的用法。在这里，作者把树木在春天里的景象和在其他季节里的景象分别作为前后项，因为人们通常都把春天视为四季之始，所以把树木在春天里的景象作为基本景象，可以很自然地引出树木在其他季节里的景象。

  从以上韩国语（朝鲜语）递进标记的使用情况中可以看出，几组递进标记都表示后项是从前项中引出的，但是这些递进标记之间又存在细微的语义差别。具体来说，递进标记"더구나"、"더더구나"、"더군다나"及"더욱이"重在表明所连接的后项在程度上高于前项，但是两项之间并不一定存在基础与深化的关系，它们通常对应于汉语的"而且""更为重要的是"；"나아가"所连接的两项之间存在基础与深化的关系，通常对应于汉语的"进而"；"뿐만 아니라""NP 뿐만이 아니다""（어디）그뿐인가"所连接的两项之间存在基本或典型情况与深度情况之间的关系，通常对应于汉语的"不仅如此"或"何止如此""岂止如此"。

---

  ①　指示副词（지시부사），是以话语现场为中心，指示处所、时间或前述内容的副词。"어디"原来是指示处所的疑问代词，如"어디에 가시겠어요?"（您去哪里?）"어디에 좀 가려고 합니다"（想去某个地方）分别表示未知与不定，但是如"어디 그뿐인가?"（岂止如此）那样"어디"（岂）后不出现助词时，"어디"（岂）则应视作副词。

(四) 附加标记

附加标记，表示所连接的两个项目在语义上所具有的重要性有所不同，通常前项分量重，而后项分量轻。

常见的汉语附加标记有"此外、另、另外、还有、除此之外"等；韩国语(朝鲜语)附加标记有"이외에도, 이/그밖에 (도), 아울러, 기타"等。例如：

(41) 在国际社会共同努力下，世界经济正在缓慢复苏，但复苏基础不牢固、进程不平衡，存在较大不确定性。[亚太地区总体经济发展势头较好，已成为世界经济可持续复苏和增长的主要推动力量。同时，本地区经济发展也面临一些难题和挑战，发达国家就业形势严峻，新兴市场国家面临资产价格泡沫和通胀压力，最不发达国家处境艰难，各成员经济结构调整任重道远。] 此外，[各种形式的保护主义明显增强，气候变化、粮食安全、能源资源安全、公共卫生安全、重大自然灾害等全球性挑战日益突出，维护经济发展成果仍需付出艰苦努力]。
(《人民日报》10/11/15)

(42) [典故的容量比较大，所以用典会使抒情话语简洁经济，内容丰富。典故又多涉及历史，所以用典可以使诗词的文化内涵更为深广]。另外，[用典也是一种替代的表达方式，可以使话语更为含蓄]。因此，诗人常常喜欢用典。不过，用典不宜过多，也不宜生僻。用典太多，就显得不自然，妨碍真性情的表现；用典生僻则令人费解，那不是含蓄，而是晦涩。 (童庆炳主编《文学理论教程》)

(43) 从腊月初一，人们就开始为过年而忙碌，准备煮腊八粥的各种原料，比如小豆、莲子、高汤等。腊八粥准备停当，老百姓将第一碗粥用来上供，然后分送给亲朋。[粥必须要在中午之前送完，这既是一种祝福的意愿，也是亲友间情感交流的乐趣。] 除此之外，[腊八粥的熬制也传达了一个信息，从这天开始，新年到了]。

(新华社 2004 年新闻稿)

在例(41)中，"此外"表示世界经济复苏具有不确定性的主要原因在于"发达国家就业形势严峻……最不发达国家处境艰难……"，而各种形式的保护主义明显增强、气候变化等全球性挑战日益突出等原因则是主要原因之外的次要原因。在例（42）中，"另外"表示在诗人常常喜欢用典的众多原因中"使抒情话语简洁经济、使诗词的文化内涵更为深广"是主要原因，而"使话语更为含蓄"则是次要原因。在例（43）中，"除此之外"表示把腊八粥分送给亲朋的首要含义是"亲友间情感交流的乐趣"，而传达新年信息则是附加的含义。可见，"此外"、"另外"及"除此之外"所连接的后项同前项形成罗列关系，在语义上则表现为对前述主要内容的附加或补充。

再看韩国语（朝鲜语）附加标记的用例：

（44）8시 뉴스에 보도된 뒤 이 씨를 돕겠다는 온정이 전국 각지에서 줄을 잇고 있습니다.

［경기도 농촌진흥원에서 운전기사로 근무하는 나채용씨는 박봉을 쪼개 모아 둔 3백만원을 오늘 오전 이 씨에게 전달했습니다.］

이밖에도 ［50명이 넘는 시민들이 격려의 뜻을 전해왔다고 이 씨는 밝혔습니다］.

（한국 KAIST 말뭉치）

（45）［한국기업들이 중국에 진출하는 중요한 동기는 우선 중국의 광대한 내수시장의 잠재력을 들수 있다.］ 이외에도 ［낮은 임금과 저렴한 지가, 섬세한 손재주, 그리고 노동조합이 아직 결성되지 않은것도 하나의 장점으로 인식되고 있다］.

（한국 KAIST 말뭉치）

在例（44）中，作者在叙述一名叫作"나채용"（罗采勇）的司机把省吃俭用的储蓄捐给李氏的事件之后，用"이밖에도"（此外）引出了近50名市民纷纷打电话慰问的事件。很显然，在作者看来用捐款的方式帮助李氏远比打电话慰问李氏的方式更为重要，因此把相对次要的内容作为"이밖에도"（此外）的后项。在例（45）中，韩国企业走向中国的首要原因在于中国有庞大的内需市场，而低廉的工资和土地价格以及出色的手工艺技术等因素则仅次于此，所以作者把重要因素安排为"이외에도"（此外）的前项，而把相对次要的因素安排为后项。其实，附加标记所表示的"前重后轻"之义，在与并列标记和递进标记的对比中体现得更为

明显:

(46) 그리고 50명이 넘는 시민들이 격려의 뜻을 전해왔다고 이씨는 밝혔습니다.

뿐만아니라 50명이 넘는 시민들이 격려의 뜻을 전해왔다고 이씨는 밝혔습니다.

이밖에도 50명이 넘는 시민들이 격려의 뜻을 전해왔다고 이씨는 밝혔습니다.

(47) 그리고 낮은 임금과 저렴한 지가, 섬세한 손재주, 그리고 노동조합이 아직 결성되지 않은것도 하나의 장점으로 인식되고 있다.

뿐만아니라 낮은 임금과 저렴한 지가, 섬세한 손재주, 그리고 노동조합이 아직 결성되지 않은것도 하나의 장점으로 인식되고 있다.

이외에도 낮은 임금과 저렴한 지가, 섬세한 손재주, 그리고 노동조합이 아직 결성되지 않은것도 하나의 장점으로 인식되고 있다.

可见,"이밖에도"(此外)和"이외에도"(此外)所连接的前后项都属于作者所要罗列的项目,且在结构上都处于同一层次;但是前一项往往是主要的、首要的、重要的项目,而后一项相对来说则属于补充性的次要项目,是作者在陈述主要语义内容之后附加的非核心内容。

(五) 选择标记

选择标记,表示所连接的两个项目属于可供选择的两种情况。汉语选择标记,主要有"或、或者(说/是)、其中、特别是、尤其是"等;在韩国语(朝鲜语)中,选择标记主要有"혹은,또는,아니면,특히,그중에,그가운데"等。

在客观现实中,做出选择具有多种情况。既可以是二者选一,也可以是多者选一;既可以是任意选择,也可以是特定选择;既可以是相容选择,也可以是不相容选择。根据汉语、韩国语(朝鲜语)语篇中的选择关系，选择标记可以分为两种：任选标记和特选标记。

1. 任选标记

任选标记，指在所列出的选项中符合事实或可供选择的可以是一个，也可以是多个。常见的汉语任选标记有"或、或者（说/是）"等，常见的韩国语（朝鲜语）任选标记有"혹은，또는，아니면"等。例如：

(48) 美国已有几位妇女用诺贝尔奖获得者志愿献出的精液进行人工授精而怀孕。人们正有兴趣地注意着这项优生实验的后果。[更有人设想将来用贮存有个人全部遗传基因的人的体细胞，通过无性繁殖来"复制"出与提供体细胞者一模一样的人。] 或者 [通过遗传工程的方法，按预期的方向"制造人"]。

(《中国儿童百科全书》)

(49) 일본어로 들은 이야기들은 한결같이 침략적이고 야심적인 것이었으며, 우리말로 들은 그것은 너무나도 슬프고 너무나도 수난에 찬 이야기였다. [복숭아에서 나온 아이는 칼과 경단을 들고 단신으로 도깨비성을 징벌하러 간다.] 혹은 [키가 한 치밖에 안된다는 난쟁이가 '자왕 [茶椀]'의 배를 타고 바늘을 칼삼아 휘두르면서 힘센 도깨비와 맞서 싸우기도 한다]. 이야기는 언제나 황금의 수레를 끌고 오거나 신기한 보물 막대기를 빼앗아 오는 것으로 끝나고 있다.

(이어령<흙 속에 저 바람 속에>)

在例(48)中，"更有人设想"的方法包括通过无性繁殖来"复制"人的方法和通过遗传工程"制造人"的方法，而"或者"表明这两种方法可能只实现一种，也可能同时实现。可以说，上述两例中的任选标记表示的是逻辑学中的相容选择关系。在例(49)中，作者指出日本的神话故事大都反映了日本人的侵略思想和野心，"혹은"（或）表示体现这种特点的神话既可以是桃太郎的故事也可以是小矮子的故事，还可以同时包括两者。与韩国语（朝鲜语）的"혹은"相对应的是汉语的"或者、或者说、或者是"。

上述两例的共同点在于，所列出的选项都是两个。就"选择"来说，如果选项不足两个，那么便无所谓选择，因此可供选择的项目至少要有两

个，它们之间既可以是相容的，也可以是不相容的。但是，当选项超过两个时，众多选项之间相容的可能性就相对变少，符合要求或最终被选择的可能只是一个或一部分选项。汉语中的多项选择连接标记有"是……还是……""要么……要么……""或者……或者……"，在韩国语（朝鲜语）中，用于多项选择的连接标记主要有"아니면"等。例如：

（50）那，那……那究竟是什么呢？是 [金鱼和田螺吗]？ 是 [荸荠和草莓吗]？ 是 [孵蛋的芦花鸡吗]？ 是 [山泉，榆钱，返了青的麦苗和成双的燕子吗]？他定了定神。那是春天，是生命，是青年时代。　　　　　　　　　　　　　　（王蒙《春之声》）

（51）[在报纸的头条标题吗？] 还是 [香港的谣言界里]？ 还是 [傅聪的黑键白键、马思聪的跳弓拨弦]？ 还是 [安东尼奥尼的镜底勒马州的望中]？ 还是 呢？故宫博物院里的壁头和玻璃橱内，京戏的锣鼓中、太白和东波的韵里？　（余光中《听听那冷雨》）

（52）당신이 자신에게 할 수 있는 가장 분명한 질문 가운데 하나는 바로 이것이다."지금 내 생활을 복잡하게 만드는 요인은 과연 무엇인가? [출세하고 싶다는 압박감인가?] 아니면 [사장 또는 동료들과의 관계인가? 일 하는데 너무 많은 시간을 보내고 있는가]? 아니면 [출퇴근하는데 걸리는 시간이 너무 많은가]? 그렇다면 이러한 것들을 어떻게 줄일 수 있을까?"　　（한국 KAIST 말뭉치）

在例（50）中，作者在提出"那究竟是什么"这一疑问之后用四个是非问句列出了一系列选项，这些选项之间的关系是不相容关系。同样，在例（51）中，作者所列出的五个选项之间也都是不相容关系，其中用"还是"列出的选项有四个。而与前三个"还是"选项不同，第四个选项"还是"后省略了名词性成分，直接以疑问句"还是呢"的形式出现。在例（52）中，作者在提出"使自己的生活变得复杂的因素是什么"这一疑问之后，列出了"想高升的压力""与社长或同事之间的关系问题""做事付出太多时间""上下班花费太多时间"等四个选项，其中第一个和第三个选项是无标记选项，而第二个和第四个选项则是带选择标记的选项。就读者看来，使自己疲劳的原因可能同时包括这四个选项，也可能只包括其中一个选项，还有可能不包括其中任何一项。

从以上三个例子中可以看出，用于多项选择的任选标记总是与疑问句同现，作者通常用疑问句的形式提出一个问题之后，再用一系列疑问句列出可供选择的项目，因此往往具有议论的性质。

2. 特选标记

特选标记，表示在可供选择的众多选项中作者只特定选择一项列出的标记，而特选标记的作用在于表明某一特定选项在作者看来是众多选项中最具代表性、最具典型性的一个。

常见的汉语特选标记有"尤其是、特别是、其中"等，常见的韩国语（朝鲜语）特选标记有"특히，그중에，그가운데"等。例如：

(53) 儿子高高兴兴骑着自行车时，不知是什么原因，神使鬼差地让我想起了那个十多年前被撞到水库里去的孩子。儿子骑车时的背影与那孩子几乎一模一样。尤其是那一头黑黑的头发，简直就是一个人。　　　　　　　　　　　　　　（余华《死亡叙述》）

(54) [한복이라고 좋은 특징만 있는 것이 아니다. 뒤집어 생각해보면 그만큼 또 변화 없는 옷이라고도 할 수 있다.] 특히 [남자들이 입는 바지를 보면 아무리 칭찬해 주고 싶어도 차마 용기가 생기지 않는다].

핫바지를 입고 싸우던 옛 조상들의 모습을 생각하면 좀 실례가 되는 말이긴 하지만 절로 웃음이 터져나온다. 그런 헐렁한 옷을 입고 날쌘 외적과 어떻게 싸움을 (그것도 한두 번이 아닌) 할 수 있었는지 궁금하다.

（이어령<흙 속에 저 바람 속에>）

在例（53）中，作者在叙述儿子的背影与"那个十多年前被撞到水库里去的孩子"一模一样的感觉之后，用"尤其是"指出在"我"看来最相似的是"那一头黑黑的头发"。在例（54）中，作者在提出"韩服是缺乏灵活性的服装"这一观点之后，用"특히"（尤其）进一步引出了"怎么看韩服男裤也难生赞美之心"的想法，而"특히"的作用在于表明韩服缺乏灵活性的地方不止一处，男裤则是最为突出的代表，这一点在下文对男裤的

进一步评价中可以看出。与韩国语(朝鲜语)"특히"相对应的是"尤其"、"尤其是"和"特别是"。

从表面上来看,特选标记与用于举例的"例如"很接近,但是两者却属于不同的类型。举例标记所连接的前后项之间是"事理—事实"的关系,而特选标记所连接的前后项之间是"事实—事实"的关系,不仅如此,特选标记所引出的事物或事实往往包含于前项所概述的事物或事实中,形成"包含与被包含"的关系。如例(53)中"尤其是"所引出的"头发"则包含于"背影"中,例(54)中的"특히"(尤其)所引出的"男裤"包含于前项中的"韩服"。这些都表明,特选标记所表示的是特定的选择义。

(55) [关于名人之死,笔者读过一些各式各样的文章。] 其中 [描写得最多的,大抵是一些这样的话:"进入大地母亲的怀抱"啦,"平静而安详地沉入了永久的睡眠"啦,"毅然朝着幽深广阔的大海游去"啦之类]。　　　　　　　　　　(残雪《名人之死》)

(56) [민우의 친구들은 여러 계층이었다. 책만 파고드는 학구파가 있는가 하면, 사교계를 주름잡거나 주먹세계에서 노는 친구까지 있었다.] 그중에 [진정으로 우정을 느낄 수 있는 친구는 몇 안 되었다]. 부유한 여건에서 만난 친구는 참된 우정을 가늠하기 힘든 법이다. 그들 가운데, [가식이 없고 진솔한 철호는 그의 가장 절친한 친구였다.] 　　　　　　　　(한국 KAIST 말뭉치)

在例(55)中,"其中"所连接的前项是关于名人之死的文章,后项则是描写得最多的一些话;例(56)中,"그중에"(其中)所连接的前项表示"민우"(敏雨)有各类朋友,后项则引出了"真正称得上朋友的人",紧接着又用"그들 가운데"(在他们中间)引出了"不虚假且最率直的挚友"철호"(哲浩)。与例(53)、例(54)相同,这些特选标记所连接的两个事物或事实之间存在"包含与被包含"的关系,即"一些话"包含于"各式各样的文章","真正的朋友"包含于"朋友",而"哲浩"则包含于"真正的朋友"。

可见,"其中""그중에""그가운데"都具有从某一集合中指定选示的

功能,但是就强调的语气来说,它们比前述的"特别是""尤其是""특히"等特选标记轻一些。

二 序列标记

上述的并列标记、连贯标记、递进标记、附加标记及选择标记所具有的共同点是它们所连接的通常是邻近的两个句子,这些句子所表示的语义内容一般不构成一个序列。序列标记则有些不同,它虽然也连接前后两个句子,但是通常两个或两个以上序列标记结合使用,使所连接的语篇构成单位形成一个序列结构。序列标记通常由一系列基数词或序数词组成,而这些数词所罗列的项目在语义上存在主次或轻重之别,其顺序不可随意调换,通常情况是从前至后重要性递减。在汉语和韩国语(朝鲜语)中,序列标记又可分为时间序列标记和逻辑序列标记。

(一) 时间序列标记

汉语的时间序列标记非常丰富,有"最先、最初、首先、起先、开始、原先、本来、此前、之前、在此之前、然后、而后、尔后、最后、后来、以后、此后、其后、事后、随即"等。由于叙事语篇大多是按照时间顺序来展开的,因此这些时间序列标记在叙事语篇中较为常见。例如:

(57) 马锐和另一个男生被揪到老师办公室的|最初|,[其他老师并没有介入,争论基本上局限于刘桂珍老师与马锐之间。连教导主任那时也不过是扮演一个略带倾向性的仲裁人的角色,主要是听取双方陈述。]|后来|,[争执愈来愈激烈,双方各不相让]。

(王朔《我是你爸爸》)

(58) |开始|哼哼的佳佳,哭喊着妈妈的佳佳,还在她脑子里转。|后来|,一双双病人的眼睛取代了佳佳的位置,直到把所有的病人都看完了,陆文婷才急急忙忙赶到托儿所去。

(谌容《人到中年》)

(59) |现在|,[他似乎看出来,一月只挣那么些钱,而把所有的苦处都得受过来,连个小水筒也不许冻上,而必得在胸前抱着,自己的胸脯多么宽,仿佛还没有个小水筒儿值钱。]|原先|,[他以为拉车

是他最理想的事,由拉车他可以成家立业]。

(老舍《骆驼祥子》)

在例(57)中,"最初"和"后来"形成一个时间序列,表示马锐和刘桂珍老师之间的冲突由一般性的对话变成激烈的争辩,再发展到互相推搡,以至于办公室里的其他女教师一同制服马锐,这些事件是按照时间顺序发展的。同样,在例(58)中,"开始—后来"形成一个时间序列,表示"陆文婷"惦记孩子的心理活动在前,专心给患者看病的行为在后。在例(59)中,"原先"表示"以为拉车是他最理想的事,由拉车他可以成家立业"的想法发生在说话时之前,而"他似乎看出来,……仿佛还没有个小水筒儿值钱"的觉悟是发生在说话时的"现在","现在"和"原先"构成了"现在—原先"这一时间序列。从以上三例中可以看出,"最初—后来""开始—后来""现在—原先"都是具备初始时间和结束时间的封闭型时间序列,有时,时间序列还可以是一种开放型序列,也可以是由无标记先时时间和后时标记形成的半开放序列。例如:

(60)[支委会上,房萍第一个发言,认为刘海瑶军政素质过硬,多次在上级组织的比武中夺冠,其他条件也符合,是最佳人选。房萍的公心,坚定了全体支委的信心,她们一起顶住压力把提干的机会给了小刘。]

事后,[小刘感动得热泪盈眶,战士们也纷纷拍手叫好]。

(《人民日报》10/11/15)

(61)[童庆炳于1981年就发表文章,对别林斯基的"形象特征"论提出批评,认为这种理论导致思想加形象的简单公式,使文学陷入"为一般找特殊"和"席勒式"的图解政策条文的公式化、图解化的泥潭。他强调文学应反映整体的人的、美的、个性化的生活,而"审美"是文学区别于一般意识形态的特征。] 其后 [童庆炳又于1982年、1984年提出"文学审美特征论""审美反映论"]。

(童庆炳主编《文学理论教程》)

在例(60)中,"事后"表示"小刘感动得热泪盈眶,战士们也纷纷拍手叫好"在时间上发生在支委会召集之后;在例(61)中,"其后"表示童庆炳"于1982年、1984年提出'文学审美特征论''审美反映论'"的事实是在他"1981年就发表文章,对别林斯基的'形象特征'论提出批评"的事实之后。可见,虽然没有相应的先时标记与之组配,但是"事后"或"其后"与表示先时的命题分别构成了"φ—事后"与"φ—其后"的时间序列。

韩国语(朝鲜语)的时间序列标记有"우선, 먼저, 처음(에는), (그) 다음(으로), 그런 후, 그 뒤, 나중에는, 마지막으로, 종국에는"等,例如:

(62) 사실 나는 전에 이 방법을 들어 본 적이 없었지만 지금은 늘 그렇게 한다. 우선 [다림질을 할 때는 옷의 주름이 없어질 정도까지만 다려라]. 다리는 옷감이나 다리미의 종류나 설정에 따라서 10에서 20분 정도만 다리면 충분하다. 그런 다음 [주름이 펴진 옷들을 거실에 있는 옷걸이에 널어서 완전히 건조시켜라].

(한국 KAIST 말뭉치)

(63) 차를 만들려면 먼저 [이 창을 뜯어서 햇볕과 응달에서 골고루 말린 후에 찧어서 가루를 만든다]. 그런 후 [다시 그림에서 보는 것처럼 8, 9월에 활짝 핀 잎사귀를 따서 똑같이 말린 후 가루를 만든다]. 다도의 용어로는 8, 9월의 잎사귀를 기(旗)라고 일컫는다. 잎사귀가 활짝 피어서 마치 깃발처럼 보이기 때문이다.

(박용숙<한국의 미학사상>)

在例(62)中,"우선"(首先)和"그런 다음"(其次)表示熨衣服时先熨后晾的程序,形成了"우선—그런 다음"(首先—其次)的时间序列。在例(63)中,"먼저"(先)和"그런 후"(然后)表示制作茶叶的工作形成了"먼저—그런 후"(先—然后)这一程序。程序是由一系列行为和动作组成的,而这些行为和动作之间必然有时间上的先后关系,因此也就构成了时间序列。有时,在这种时间序列中并不出现先时标记,而只出现后时标记。例如:

(64) 노란색이 주술(呪術)이나 연금술과 관련된다는 주장은

결코 비약된 논리가 아니다. 칼 융과 같은 사람도 그렇게 보았지만, [실제로 고대 그리이스 사람들은 황금색을 영혼의 상징으로 보았다]. 그 뒤 [그런 습관은 기독교문화에도 답습되어 소위 그들의 성화(聖畵)에서는 황금색이 곧 성령으로 인식되어 예수와 같은 성인을 그릴 때는 온통 황금색으로 범벅을 하다시피 한다].

(박용숙<한국의 미학사상>)

在例（64）中，"古希腊人把黄金色视为灵魂的象征"的行为先于"在基督教徒的圣画中黄金色被视为神圣的颜色"的行为，但是表示先时的"우선"（首先）"먼저"（先）等时间序列标记没有出现在语篇中，只出现了表示后时的"그 뒤"（其次）。

从逻辑上来讲，后时时间或结束时间是以先时时间或初始时间为前提的，只要后时标记一出现，读者就会自然地把之前的事件归为先时事件，而且比较先时所表示的前提事件和后时所表示的结果而言，人们更关注的是结果，因此汉语、韩国语（朝鲜语）中的后时标记的使用频率往往高于先时标记。

（二）逻辑序列标记

汉语中常用的逻辑序列标记有三种：第一种是由基数词加上"是"或"其"构成的"一是、二是、三是……"或"其一、其二、其三……"等形式，第二种是由序数词"第一、第二、第三……"以及加上"步"构成的"第一步、第二步、第三步……"等形式，第三种是由"首先、其次、再次……最后"或"甲、乙、丙"等表示时间或顺序的词语构成的形式。先看第一种形式：

(65) 当前，部分干部作风中存在"五浮"问题，需要高度重视、认真解决。一是 [思考问题"浮浅"。认识事物有偏颇，分析问题不周密，思考事情不深入；只看表象不看实质，只看现状不看趋势，只看显绩不看隐忧；看不到主要矛盾在哪里，更看不到事物的内在联系和发展规律。] 二是 [行为方式"浮躁"。做事情静不下心，耐不住寂寞，稍不如意就轻易放弃，付出一点努力就想得到回报；抓工作头脑发热，东一榔头西一棒槌；促发展急于求成，甚至热衷于搞

"政绩工程"。] 三是 [工作方式"浮漂"。调研蜻蜓点水,工作粗枝大叶;唱功好、做功差,不讲实际效果。] 四是 [工作作风"浮滑"。工作责任心不强,或是推诿扯皮、敷衍塞责,或是不思进取、得过且过,"手抓一把泥,脚踩西瓜皮,能和稀泥和稀泥,滑到哪里算哪里"。] 五是 [总结工作"浮夸"。做一说十,虚报浮夸,对问题遮遮掩掩、避重就轻或避而不谈。]"五浮"的表现形式虽然多样,但基本可以归结为不真抓、不实干。 (《人民日报》10/11/15)

在例(65)中,作者在第一句首先提出了所要论述的"'五浮'问题",而数词"五"预示作者将从五个方面谈论作风问题。在文中,作者使用"一是""二是""三是""四是""五是"等逻辑序列标记使五个方面的问题形成"一是……二是……三是……四是……五是……"这一严整的序列结构,最后再对"五浮"问题的实质进行了总结。当这种逻辑序列标记位于段首时,其显性连接的功能就更加突出了。例如:

(66)人力资源和社会保障部副部长胡晓义日前在人力资源社会保障公共服务专题研讨班上表示,"十二五"期间,我国将全面建设多层次社会保障体系。

胡晓义表示,"十二五"期间,我国社会保障工作总体走向体现三个特征:

一是 [增强公平性。以人人享有基本社会保障为目标,全面解决制度缺失问题,进一步扩大覆盖范围。]

二是 [适应流动性。注重统筹城乡和区域协调发展。提高社保基金统筹层次;完善社会保险关系转移接续政策,增强可携带性;加快各类社保制度整合与衔接。]

三是 [保证可持续性。进一步加大公共财政的社会保障投入,健全多渠道筹资机制;全面建设多层次社会保障体系,为应对人口老龄化高峰的风险提供制度和资金保障。]

(《人民日报》10/11/15)

在例（66）中，作者同样先用总说句指出所要论述的核心"我国社会保障工作总体走向体现三个特征"之后，依次使用连接标记"一是""二是""三是"引出了三个方面的特征。由于这三个方面的特征分别构成三个段落，且逻辑标记均位于段落首位，显著地标示了三个段落之间的逻辑序列关系，因此该语篇中心突出、层次分明、脉络清晰，作者的思路也一目了然。与韩国语（朝鲜语）相比，汉语中的基数词系列的逻辑连接标记还有以下几种：

（67）以加快转变经济发展方式为主线，是推动科学发展的必由之路，符合我国基本国情和发展阶段性新特征。我国已经进入只有加快转变经济发展方式才能实现可持续发展的关键时期。其一，[这是贯彻落实科学发展观的战略举措。只有转变经济发展方式，才能解决不平衡、不协调、不可持续的问题，使发展走上科学发展的轨道。] 其二，[这是我国发展实践的深化和经验的总结。早在"九五"时期，中央就提出要实现经济增长方式从粗放型增长向集约型增长的根本性转变。党的十七大又提出了经济发展方式转变的战略任务，强调从需求结构、产业结构、要素投入结构三个方面加以转变。] 其三，[这是适应发展新阶段、解决现实问题的迫切要求。世界经济结构调整、发展模式转型所形成的"倒逼机制"，化解国内经济社会发展中各种矛盾的现实需要，对推动经济发展方式转变形成外在压力和内在动力。尤其需要指出的是，加快转变经济发展方式是全面建设小康社会的客观要求。] （《人民日报》10/11/15）

（68）他来自乡间，虽然一向没有想到娶亲的事，可是心中并非没有个算计；假若他有了自己的车，生活舒服了一些，而且愿意娶亲的话，他必定到乡下娶个年轻力壮，吃得苦，能洗能作的姑娘。象他那个岁数的小伙子们，即使有人管着，哪个不偷偷的跑"白房子"？祥子始终不肯随和，一来 [他自居为要强的人，不能把钱花在娘儿们身上]；二来 [他亲眼得见那些花冤枉钱的傻子们——有的才十八九岁——在厕所里头顶着墙还撒不出尿来]。最后，[他必须规规矩矩，才能对得起将来的老婆，因为一旦要娶，就必娶个一清二白的

姑娘，所以自己也得象那么回事儿]。　　　（老舍《骆驼祥子》）

在例（67）中，作者先提出一个观点之后再从三个方面进行了论证，并用三个逻辑连接标记引出了三个方面的原因。但是与"一是""二是""三是"等逻辑连接标记不同，"其一""其二""其三"等逻辑连接标记具有较浓郁的书面语色彩，同时还富有古汉语色彩。相比之下，在例（68）中，作者在陈述"祥子"不同于那些跑"白房子"的小伙子时，采用了"一来……二来……最后……"这一序列结构，但是与前例相比，这些逻辑连接标记带有较浓郁的口语色彩，在一定程度上能够减少话者与听者之间的心理距离。以上是第一种逻辑连接标记的用法，再看第二种形式和第三种形式。例如：

（69）科学假说不仅在社会实践中检验，而且在社会实践中发展。它在社会实践中的发展大致有这样几种情况：

第一，[用新的科学事实和规律来论证假说，从中排除某些虚假的成分，使它更为精确和具体，但它仍然还是假说]。

第二，[发现某些否定假说的重要事实和规律，假说被推翻，另建立一个新的假说]。

第三，[科学假说在实践中被证实，成为科学理论]。

（齐振海主编《认识论探索》）

（70）因此，综合绝对不是拼凑单词碎片，而是围绕某种中心意念，以心智的功能加工、改造许多旧材料，使之糅合成一个能够体现自己意图的完整而又有机的艺术形象的构思过程。首先，综合有定向性。在艺术构思中，作家的想象虽可以天马行空般四处遨游，但它总有中心意念，这意念就是由一个个想象串联起来的线索。作家的思绪飞翔得再远，也可以循此返回现实。其次，综合有选择性。艺术构思时，大脑的材料可能像一窝受惊的蜜蜂，黑压压一团倏忽卷过来，又倏忽卷过去，飘忽不定。但经综合之后，这些凌乱的材料已被中心意念作了筛选，留下来的大多是用得着的。最后，综合有刷新性。作家构思时从记忆中所调出的材料可能是个别的、陈旧的，但经综合之后，它们却被刷新，成为一个新形象。托尔斯泰说得好："我拿过达尼雅来，把她同苏妮亚一同捣碎，于是就出现了娜塔莎。"

（童庆炳主编《文学理论教程》）

在例（69）中，作者先从总说的角度指出科学假说"在社会实践中的发展大致有这样几种情况"之后，从三个方面依次进行了说明。就科学假说的发展过程来看，"仍然是假说—建立新的假说—成为科学理论"是依次深化的过程，因此作者使用了"第一""第二""第三"等由序数词构成的连接标记，而没有使用基数词连接标记。在例（70）中，"首先"是表示时间的词语，"其次"和"最后"则是表示次序的词语，作者正是用"首先""其次""最后"等逻辑序列标记连接了"综合"作为构思过程所具有的三个特征。

我们发现，在实际语篇中经常出现由第二种形式和第三种形式的逻辑连接标记结合使用的复合形式。例如：

(71) 第一句原文有两个主要毛病。第一，[一方面要说明企业与工厂分工和定员定额制何以是实行经济核算制的基本条件，一方面要叙述旅大的实施经过，这说明的部分和叙述的部分夹杂在一起，没划分清楚]。其次，[也许是更重要的，实行定员定额制必须以一定的政治水平和技术水平为基础，这是另一个意思，要另作一句，不应该插在中间说，增加混乱]。（吕叔湘、朱德熙《语法修辞讲话》）

在例（71）中，作者在指出原文毛病时所使用的逻辑连接标记分别属于第二种和第三种形式，即，"第一"是由序数词构成的逻辑连接标记，而"其次"是由表示位置的词语所构成的逻辑连接标记。有时，表示第一个顺序的逻辑连接标记可以省略不提。例如：

(72) 从方式看，文学的审美意识形态属性表现在，文学处处以形象感人，但也含有某种理性。形象，这里是指审美形象，即由文学的文本结构所呈现的富于意义的审美感性形态，它是文学的特有存在方式。与人们认识活动中的感性形象不同，审美形象既具有感性特征，同时又渗透想象、虚构或情感等精神过程，如黑格尔所说，"在艺术里，感性的东西是经过心灵化了，而心灵的东西也借感性而呈现出来了"。其次，［与科学活动中的理性概念不同，文学中的审美形象总是假定的、不确定的或模糊的，而概念则是抽象的，要求确证、确定或明晰。如别林斯基所说，"在真正诗的作品里，思想不是以教条方式表现出来的抽象概念，而是构成充溢在作品里的灵魂，像光充溢在水晶体里一般"。］总之，文学是以形象（或称审美形象）这一形态存在的。

（童庆炳主编《文学理论教程》）

例（72）是总分总结构的语篇段落，前两个句子是总起句，第三句是分述一，第四句和第五句是分述二，第六句是总结句。可以看出，第四句和前面的第三句连接的方式是显性连接的方式，即用了逻辑序列标记"其次"；但是，第三句和前面的第二句连接的方式是隐形连接的方式，作者并没有使用"首先""第一"等表示初始的逻辑序列标记。

韩国语（朝鲜语）的逻辑序列标记，主要由两种手段构成：一种是由序数词或基数词构成的序列标记，如"첫째（로），둘째（로），셋째（로）"和"하나，다른（또）하나"；另一种是由表示时间或方位的名词或副词及其组合方式构成的序列标记，如"우선，먼저，또，또한，（그）다음으로，끝으로，마지막으로"等。例如：

(73) 신뢰의 사회적 기능은 크게 세 가지로 나누어 볼 수 있을 것이다. 첫째, ［신뢰는 사회적 질서 유지의 기능을 갖는다. 신뢰는 구성원들 상호 관계에 있어서 기대의 지도를 형성하며, 따라서 안정된 사회 생활의 영위를 가능하게 한다. 신뢰가 없을 경우, 사회적 관계는 불확실성과 취약성을 관리하기 위해 지나친 비용을 치러야 하고, 사회 체제는 구조적 불안정성을 내포하게 된다.］ 둘째, ［신뢰는 사회 통합의 기능을 갖는다. 신뢰는 구성원이 공유하는 가치와 규범을 유지하게 함으로써 구성원간의 사회적 유대를 강화시켜 준다. 신뢰가 무너지면 공동체는 분열적 속성을 노정시키고, 종국에는 파멸의 위기에 당면하게 된다.］ 셋째, ［신뢰는 사회 통제의 기능도 수행하게 된다. 신뢰에 의한 유대는 보이지 않는 견제력을

형성하므로써 기대에 부응하는 상대에게는 신뢰를, 그렇지 못한 상대에게는 불신의 표명을 통해 상호간의 견제와 감시를 가능하게 한다.]　　　　　　　　　　　　　　　（황경식<인간과 사회>）

在例(73)中，逻辑序列标记由序数词"첫째，둘째，셋째"（第一、第二、第三）构成，它们同第一句"信赖的社会功能主要分为三种"中的"三种功能"遥相呼应，形成总分结构。在文中，这些逻辑序列标记的作用在于分别引出"信赖"所具有的三大社会功能，从而使语义表达更具条例、迥然有序。有时，这种序数词可以加上格助词"로"（rɔ）或特殊助词"는"（nɯn），形成"첫째로……둘째로……셋째로……""첫째는……둘째는……셋째는……"等逻辑序列结构。

我们发现，带助词的逻辑序列标记与不带助词的逻辑序列标记存在一定的区别，这种区别不在于语义上，而在于语气上。也就是说，不带助词的逻辑序列标记与后续成分之间会有语音上的较长停顿，体现为书面语中的逗号；但是带助词的逻辑序列标记与后续成分之间的停顿则属于短暂的停顿，在书面语中可以体现为逗号，但是也可以不体现为标点符号。再如：

(74) 그렇다면 이같은 위중한 상황 속에서 환경·생태농업을 어떻게 성공적으로 실현해 나갈 것인가. 이를 위해선 먼저 두 가지 문제가 선행되어야 한다. 그것은 우선 [환경농·생태농의 필요성과 이 농업이 기존의 관행농업과 어떻게 다른가 하는 차별성을 분명히 인식하는 일이고], 그 다음으로 [이 농업을 담당해 나갈 주체를 더욱 확실하게 세우는 일이다].

　　　　　　　　　　　　　　（이병철<살아남기, 근원으로 돌아가기>）

在例(74)中，"우선"和"그 다음"都是表示次序的词语，可译为"首先"和"其次"。"우선"（首先）表示正确认识生态农业以及生态农业和现有农业的区别是成功实现生态农业的首要举措，而明确树立实施农业的主体，则是下一个举措。因此，"우선"（首先）和"그 다음으로"（其次）这两个连接标记使各自的后续句分别成为总说句"为此要解决两个问题"的分述内容，使语义内容由主及次、层次分明。如果删去这些连接

标记，语义内容的序列性将受到影响，读者也难以快速、准确地把握相关的语义内容。有时，表示次序的词语还可以同序数词结合起来形成逻辑结构序列。例如：

（75）그렇다면 그 세 개의 물건은 어디에 어떻게 쓰는 물건인가를 알아야 할 필요가 있다．(중략 3 개 문장)

먼저 ［거울부터 살펴보자．거울은 문자 그대로 사람이 자기의 모습을 비춰보는 물건이다．따라서 중요한 것은 보는 일이다．자기의 모습이 바른가 바르지 않은가，혹은 모든 사물이나 세상의 일들이 바른가 바르지 않은가를 눈으로 확인해야 한다．눈이 없으면 우리는 자기 자신의 모습은 물론 세상의 일을 볼 수 가 없다．］

두번째로 ［방울이다．방울은 흔들면 소리가 난다．소리가 나도 귀가 없으면 듣지 못한다．그러니까 방울은 듣거나 듣게 만드는 일을 상징한다．］

세번째로는 ［칼이다．칼은 물건을 베거나 자르는 데 쓰인다．물건을 자른다는 것은 하나의 물건을 둘이나 여럿으로 나눈다는 뜻이다．만일 한나의 물건을 여러 사람이 나눠 가지려면 칼로 베어서 여럿으로 나누지 않으면 안된다．또 칼은 사람을 베기도 한다．사람을 벤다는 것은 나쁜 죄를 저질렀거나 자기를 죽이려고 덤비는 사람을 응징하는 것이다．그러므로 칼은 집단행활에 있어서는 반드시 있어야 하며，칼을 잘 써야 적으로부터 살아 남을 수 있다．］

（박용숙<한국의 미학사상>）

在例（75）中，表示时间的"먼저"（首先）同序数词"두번째"（第二）和"세번째"（第三）加上助词"로"（rɔ）的"두번째로"和"세번째로"结合起来形成了"먼저—두번째로—세번째로"这一逻辑序列，可译为"首先—第二—第三"，表示作者是按照镜子、铃铛、刀的顺序依次介绍巫术中的"三宝"。

第三节 "对应点—对应点"关系标记

"对应点—对应点"关系，指两个语篇构成单位在语义上构成相比较或相对照的对应关系,即语篇构成单位所表示的命题之间存在对应关系。与"元素—元素"关系相同,"对应点—对应点"关系也属于线性排列,处于这种关系的语篇构成单位在语篇中处于同一层次,而不是上下层次。不同的是,"对应点—对应点"关系通常存在于两个命题之间,而且具有方向性。如下图所示:

图 4.2 "对应点—对应点"关系图

在语篇中,表示这种对应关系的语言结构标记可称为"对应点—对应点"关系标记,它进一步分为比较标记、对立标记、转折标记等三种。

一 比较标记

比较标记,表示所连接的两个语篇构成单位在语义上形成相互比较的对应关系。

在汉语中,常见的比较标记有"同样、同理、相应地……也、比较而言、相比之下、与此相比、与之相比、对比之下、相形之下、同……相比"等。例如:

(76)［众所周知,没有客体,人就什么感觉也没有;而没有人对客体的感觉,客体就不能现实地成为人所占有的客体。］同样,［当某种生活不与作家发生关系,作家没去体验它,即感受、体味、思索它,并与之发生情感交流时,它就不会成为作家描写和表现的对象。］ (童庆炳主编《文学理论教程》)

(77) 文学创作中为了达到化悲为美的目的,形式美的"过滤"作用至为重要。车尔尼雪夫斯基说,美丽地描绘一副面孔和描绘一副美丽的面孔,是全然不同的事。同理,美丽地描写悲哀与客观地展览悲哀是全然不同的事。(童庆炳主编《文学理论教程》)

在例（76）中，"同样"以比较的方式连接了两个相似的道理，但是前项所表示的客体与人之间的相互作用属于相对抽象的理论阐述，而后项所表示的是生活和作家之间的相互作用，则属于相对具体的理论阐述，"同样"的作用在于由深奥的道理引出相对浅显的道理。在例（77）中，"同理"所连接的前项是车尔尼雪夫斯基的一句著名的论断，后项则是作者仿拟的一句话，可见，"同理"的作用在于由名人的原话引出作者仿拟的话语。从上述两例可以看出，"同样"和"同理"等比较标记是以两个比较项之间的共同性为基础的，都可译为"마찬가지로"，但是，有的比较标记则是以两个比较项之间的差异性作为基础的。例如：

（78）[新郎官风度翩翩，长长的头发包着一张白净脸儿，不太显眼的衣裳套着一副令人羡慕的身躯，显得高雅大方。他的肩上挎着一个直筒包，手里拿着一大把兰花草，鼻子老在上面嗅着。] 相比之下 ，[新娘子的皮肤要黑一些，但长得很美]。

（映泉《同船过渡》）

（79）文学作为反映，是再现与表现的统一。一方面，它应在其话语系统中，真实地再现现实矛盾与规律；另一方面，文学应在认识基础上，显示出对现实矛盾和规律的情感评价。 比较而言 ，[理想型文学突出情感表现，而现实型文学突出现实再现]。

（童庆炳主编《文学理论教程》）

（80）描写人物，是小说的显著特点。诗和散文可以写人物也可以不写人物，而小说则必须写人物。着重刻画人物形象是小说走向成熟的标志。"人物是小说的原动力。""我们看一部小说主要看小说中对人物性格的揭示，这也就是构成小说的魅力和教育意义的因素"。 同 [其他文学样式] 相比 ，[小说在人物刻画上拥有更丰富的表现手段，可以从各个方面深入细致地塑造性格复杂的人物形象]。它不像剧本那样受舞台时空的限制，主要以人物台词展示性格；也不像报告文学那样受真人真事的约束。

（童庆炳主编《文学理论教程》）

在例（78）中，有关新郎和新娘的描写作为两个比较项分别处于比较标记的前后，可以说，这里的比较标记是双向性的。而例（79）中的两个比较项即理想型文学的特点和现实型文学的特点，例（80）中的两个比较项即其他文学样式和小说，都出现在比较标记之后，因此这些比较标记都是单向性的。

我们发现，不论是双向性的还是单向性的比较标记，"比较而言、相比之下、与此相比，与之相比、对比之下、相形之下、同……相比"等比较标记较之"同样、同理、相应地……也"等比较标记更侧重于两个比较项之间的差异，它们都是从某一个角度比较两个事物或一个事物的两个方面，但是其差异性并不是很大。如果某一个连接标记所连接的前后项之间存在较大差异，大到完全对立的程度，那么这一连接标记便是下文所要论述的对立标记。

常见的韩国语（朝鲜语）比较标记有"이에 비하여, 이/그와 비교하면, 여기에 견주면, 여기에 비기면, (이와) 마찬가지로"等。例如：

(81) [결국 홉스 (T. Hobbes) 에 의하면, 도덕 법칙으로서 자연법이 존재하기는 하나, 그것이 당위로서 구속력을 갖기 위해서는 언제나 그것을 시행할 강제 장치가 있어야 하며, 따라서 인간은 자연 상태에 있어서와 마찬가지로 시민 사회에 있어서도 영원한 이기주의자로 남게 된다는 것이다.] 이에 비해서 [흄 (D. Hume) 은 도덕을 위한 제2의 본능이라 부를 만한 능력 계발 가능성을 말하고, 그와 상관하는 사회적 전통에 대해서도 언급하였다]. 홉스가 말한 사회가 각 장이 서로 다른 것에 의지해서 성립하는 카드집처럼 여차하면 와르르 무너질 불안정한 것이라면, 흄의 그것은 도덕감과 사회적 관행이 상호 강화하는 바 굳건한 전통의 토대 위에 세워진 축조물인 것이다.　　　　　　　　　　（황경식<인간과 사회>）

(82) 결정론에 의하면, 원인이 없으면 아무 일도 일어나지 않는다. [예를 들어 사과가 떨어질 때에는 사과의 질량과 중력이라는 원인이 있으며, 태양이 떠오를 때에는 태양의 존재와 지구의 회전이라는 원인이 있다.] 마찬가지로 [우리가 화를 내는 현상에는 친구가 약속을 지키지 않았다든가, 잘못한 일도 없는데 야단을 맞았다든지 하는 원인이 있다].　　　（엄정식<철학의 과제: 자유와 필연>）

在例（81）中，"이에 비하여"（与此相比）以回指的方式连接了前项和后项，同时，又以比较的方式连接了解决人类困境的两种主要模型即 Hobbes 的模型和 Hume 的模型，而且所连接的前项和后项在重要性上是平等的，并无主次之别。而在例（82）中，"마찬가지로"（同样）所连接的前项是对自然现象中存在的因果规律的分析，后项则是对社会生活中存在的因果规律的解释。从自然界中的客观现象到生活中的实例，作者是以连接标记"마찬가지로"（同样）来连接的，它以比较的方式从前项引出了后项，表明前项是"引子"，而后项才是作者要着重陈述的内容。这种强调后项的比较连接标记还有"（마치）-처럼""（마치）-듯이"，但是它们所连接的前后项往往出现在同一个句子中。例如：

（83）분석윤리학의 두번째 과제는 도덕적 추론의 논리에 대한 분석이라 할 수 있다. 여기서 철학자의 임무는 사람들이 어떤 행위에 관한 찬반 양론에 대해서 도덕적 근거를 제시하거나, 또는 어떤 도덕 판단을 받아들이거나 거부하는 데 대해서 정당화하고자 할 경우 따르게 될 논리적 규칙을 밝히려는 것이다. 마치 [과학철학이 과학적 방법의 기초에 놓여 있는 논리적 구조를 밝히려고 노력하는 것] 처럼, [분석윤리학도 도덕적 신념이 어떻게 참 또는 거짓으로 확증될 수 있으며, 또 어떤 근거에서 참 또는 거짓인 것을 안다고 주장할 수 있는가를 밝히려고 한다]. （황경식<인간과 사회>）

（84）옛날의 할머니들이 메주를 장독에다 담고 그 앞에서 맑은 물을 떠놓고 빌었던 것을 보면 틀림없이 메주는 신앙의 대상이었음을 알 수 있게 된다. 기독교인이 십자가를 앞에 놓고 기도하 듯이 그와 똑같은 일을 옛 할머니들이 행했음을 알 수 있다.

（박용숙 한국의 미학사상）

在例（83）中，"-처럼"（似的）所连接的前项"科学哲学力求揭示科学方法基础之上的逻辑结构"相对来说比后项"分析伦理学也力求揭示道德信念如何被确定为真假，又以何根据主张真假"较容易理解；在例（84）中，读者对"-듯이"（似的）所连接的前项"基督教徒在十字架前祈祷"的熟知度也高于后项"以前的奶奶们也同样如此"即"在酱引子前摆放一碗清水进

行祷告",因此,这两例中的"-처럼"(似的)和"-듯이"(似的)的功能是以比较的方式连接两个相似的现象,在两个现象中,前一现象往往熟知度较高,后一现象则熟知度较低,而作者要着重阐述的是后一现象。另外,"-마치……처럼"(好像……似的)和"-듯이"(似的)结构往往以比较的方式连接两种事物或两种事实,从而构成对前述内容的解释。

二 对立标记

对立标记,表示它所连接的前后项所表示的情况相反,或者前后项属于同一个事物或事件的两个对立面。

常见的汉语对立标记,有"(与此/与之/和这)相反、相反的/地、反之、反过来(说/讲)、恰恰相反、(所)不同的是"等。例如:

(85) 就全球范围的气候变迁来看,自地球形成以来,地球上的气候也曾发生过几次大的变迁。科学家研究表明:[现在的热带地区,在几亿或几十亿年前,曾出现过寒冷的气候。那时整个地球大部分为冰雪覆盖,被称为大冰期时代]。相反,[现在极为寒冷的地区,也曾有过很温暖的气候,那时是温暖的间冰期时代]。整个地球都经历过大冰期与间冰期交替的巨大变化。最近一次大冰期约在6000多年前结束。当前的地球正处在间冰期气候中。

(《中国儿童百科全书》)

(86) 盛装舞步赛也被称为"马术芭蕾",要求骑手驾驭马匹做出指定动作及随音乐走出自编舞步,展示骑手与马匹的配合能力。比赛的理念是强调在爱马、尊重马、以马为友的前提下,充分调动马的积极性,发挥马的潜力,与人协调配合完成科目。因此,[能让马匹积极高兴地完成比赛的骑手得分通常较高]。反之,[强迫马匹完成比赛的骑手得分较低]。 (《人民日报》10/11/15)

在例(85)中,在几亿或几十亿年前,包括现在的热带地区在内的大部分地区曾处于寒冷的大冰期时代,而这一事实和现在极为寒冷的地区曾处于很温暖的间冰期时代的事实是对立的;在例(86)中,"能让马匹积极高兴地完成比赛的骑手得分通常较高"的情况和"强迫马匹完成比赛的骑手得分较低"的情况也是相对的。可以看出,"相反、反之"所引出的两个对立项分别位于对立标记的前后，因此，这些对立标记属于双向性对立标记。此外，汉语中的"反过来（说/讲）"也属于双向性对立标记。例如：

（87）能力可分为基本能力和专门能力。基本能力是指在许多活动中表现出来的能力，如观察力、记忆力、思考力、想象力、抽象概括的能力等，也就是我们通常所说的智力。专门能力是指表现在某些专业活动中的能力，如数学能力、音乐能力等。这两种能力是有机联系的。[基本能力越发展，就越能为专门能力的发展创造更好的内部条件。] 反过来，[专门能力的发展，在一定的条件下又会影响基本能力的发展]。

（《中国儿童百科全书》）

（88）[细柱构成的文字和图像可转换为普通的计算机文档或图形数据，被存储和发送。] 反过来，[计算机文件也可转换成细柱排列方式的数据，在"画面"上显示出来。这样，盲人就可通过触摸来阅读别人传给自己的文字和图画]。 （新华社2004年新闻稿）

从形式上来看，例（87）、（88）中的对立标记"反过来"所对比的两个对比项分别位于对立标记的前后。从语义的角度来看，若把例（87）中前一个对立项中的"基本能力的发展"视为A，把"专门能力的发展"视为B，那么，对立标记"反过来"所形成的逻辑框架则可描写为"A→B，反过来，B→A"。同样，若把例（88）中的"细柱构成的文字和图像"视为A，把"普通的计算机文档或图形数据"视为B，那么，例（88）中的对立标记"反过来"所形成的逻辑框架也可以描写为"A→B，反过来，B→A"。然而，有些对立项所形成的逻辑框架却有所不同。

（89）在整个生态系统中，一切食物的循环都是通过一系列"吃"与"被吃"来完成的。图中表示各种动物之间的关系，可以清楚地看出动物彼此既相克又相关。[狐狸是令人讨厌的动物，但倘若没有狐狸，兔子、田鼠、刺猬的数量必然剧增；而这些动物所食用的田间植物和果实必然大量减少，甚至有被吃光的可能。这样，整个生态环境就被破坏了。] 反过来，[如果狐狸的数量增加到一定程度，

第四章　汉韩（朝）逻辑意义结构标记

兔子、田鼠、刺猬就会减少，而那些田间植物等就会越来越茂盛，生态平衡也难以维持]。　　　　　　　　　　（《中国儿童百科全书》）

（90）他认为，过去中国一些教练员老是强调"用脑子打球"，而忽视身体训练，这种观念是不对的。他说："篮球是一项对抗剧烈的运动，而体能是基础。[体能差，影响技术，这毫无疑问。比如，当你七拐八绕好不容易地得到一个投篮机会，可你早就没劲了，那你还怎么投篮？还怎么保证你的命中率？] 反过来，[如果体能出色，即使技术稍差，往往也不要紧，也能被好的体能所弥补，打出好球来]。"　　　　　　　　　　　　　　　　（新华社2004年新闻稿）

从语义的角度来看，若把例（89）前一个对立项中的"没有狐狸"视为A，把"兔子、田鼠、刺猬的数量剧增"视为B，那么对立标记"反过来"所形成的逻辑框架则可以描写为"A→B，反过来，-A→-B"；同样，若把例（90）前一个对立项中的"体能差"视为A，把"影响技术"视为B，那么，对立标记"反过来"所形成的逻辑框架也可以描写为"A→B，反过来，-A→-B"。可见，"反过来"所形成的逻辑框架有两种形式：一是逆向推理，一是否定推理。①

与上述对立标记不同，"（所）不同的是"既可以充当双向性对立标记，也可以充当单向性对立标记。例如：

（91）同样是在芳菲苑大宴会厅，同样是在六边形会谈桌前，同样的六方。不同的是，朝核问题和平进程又迈出了新的一步。钓鱼台国宾馆又一次见证了这一切。　　　　（新华社2004年新闻稿）

（92）还有一种自然风电风扇，采用电子计算机模拟，也称智能电扇。它的微电脑中存贮着许多程序，这些程序像音乐信号一样，使风扇的速度档数与时间都产生不规划的变化，产生"自然风"。所不同的是，智能模拟还可产生几种不同的"自然风"。

（《中国儿童百科全书》）

---

① 李秀明（2006）把"反过来说"视为元话语标记，认为它所形成的话语框架有两种形式，一是进行负命题推理，二是顶针式表述。参见《汉语元话语标记研究》第99页。

在例（91）中，该六方会谈的结果和上次大不相同；在例（92）中，智能电扇可以产生的"自然风"同普通电扇产生的自然风完全不同。因此，两例都使用了对立标记"不同的是"进行了对比，而且"不同的是"所连接的对比项分别出现在标记的前后，其管领力同时指向前后方，属于双向性对立标记。有时，这种管领力可以单独指向对立标记的后方，例如：

（93）其次，理想实验也具有同一般实验相类似的过程。它一般也是基于某种假说，设想以某种方式干预实验对象，得出实验结果，并对假说进行判断。不同的是，[一般实验是客观的物质过程，而理想实验只是在思维中进行的]。

（齐振海主编《认识论探索》）

（94）鉴真是唐代的一位高僧，他和玄奘很有相似之处，他们对佛教发展和中外文化交流都作过重大贡献。不同的是，玄奘去"西天"取经，鉴真却东渡日本，传播佛典，成为日本佛教律宗的大师。

（《中国儿童百科全书》）

例（93）中的两个对立项分别是"一般实验是客观的物质过程"和"理想实验只是在思维中进行的"，例（94）中的两个对立项分别是"玄奘去'西天'取经"和"鉴真却东渡日本，传播佛典，成为日本佛教律宗的大师"，都位于对立标记后面的同一个句子中，因此，这两例中的对立标记"不同的是"的管界是它所在的句子，即，其管领力是向后的。

可见，"不同的是"既可以用作双向性对立标记，也可以用作单向性对立标记。但是，不论哪一种情况，都是先叙述两个对立项所具有的共同点之后再叙述两个对立项所具有的不同点，而且在叙述共同点时，通常使用表示总括的范围副词"都"、表示同样的关联副词"也"以及"同样、跟……一样、同……相似、和……相同、差不多……也"等表示相同或相似的结构标记。此外，在叙述不同点时，通常使用表示语义相反的转折连词"而"或表示转折的关联副词"却"。但是，"不同的是"作为单向性标记和双向性标记时的语义功能却存在一定的区别，具体如下：

第一，单向性对立标记"不同的是"所对比的对立项都位于它所在的句子内，通常以转折复句分句的形式出现；而双向性对立标记"不同的是"所对比的两个对立项分别位于对立标记的前后，后项通常以肯定句或并列复句、承接复句的形式出现。第二，单向性对立标记"不同的是"所对比的两个对立项具有同等的地位，而双向性对立标记"不同的是"则凸显所连接的后一项。第三，单向性对立标记"不同的是"所对比的通常是两个完全不同的事物或事件，而双向性对立标记"不同的是"所对比的两个对立项既可以是两个完全不同的事物或事件，也可以是一个事物的两个不同侧面。

常见的韩国语(朝鲜语)对立标记，有"반면（에），대신（에），-와（는）반대로，-반하여，-와 대조적으로，-와（는）달리，도리어，오히려"等。例如：

(95) [동아시아 3국 가운데 먼저 후진의 족쇄를 끊고 선진을 향해 내달린 것은 1868년 메이지（明治）유신으로 국가 개조에 성공한 일본이었다.] 반면 [조선은 1884년 갑신정변을 비롯한 자주국가 건설 시도가 잇따라 좌절하고, 중국 역시 1898년 변법자강（變法自彊）혁명이 미완성으로 주저앉고 말았다]. 조선·중국과 일본 사이의 이런 개화（開化）의 시간 격차가 조선과 중국을 일본의 식민지와 반（半）식민지로 굴러 떨어지게 한 원인이었다.

(<조선일보>10/01/01)

(96) "자업자득이지. 다른 동물들에게도 질투는 있지만 인간처럼 집요하지는 않아. 적어도 질투 때문에 미치는 수컷은 없으니까. 성（性）을 너무 남용한 결과야. 감동할 필요 없다."

아연해 있는 아우의 어깨를 치며 형이 하는 말이었다. [방금의 그 끔찍한 사건도 형에게는 그리 큰 충격이 되지 못하는 모양이었다.] 대신 [그 총중에도 기지를 발휘해 당면한 자기들의 곤궁을 해결하는 여유까지 보였다].

(이문열<서늘한 여름>)

在例(95)中，作者首先叙述日本冲破落后国家的枷锁迈向现代化的情况之后，再以"반면"(相反)为连接标记，引出了朝鲜和中国分别沦落为殖民地和半殖民地国家的情况；同样，在例(96)中，作者在叙述

"哥哥"对刚刚发生的可怕的殴打事件无动于衷的表现之后,以"대신"(相反)为连接标记引出了"哥哥"悠闲地解决路费问题的态度。可以说,这两个例文中的连接标记所连接的是相互对立的两个项目,都属于双向性的对立标记。再如:

(97) [한국(동양) 여인의 역사는 그대로 순종과 굴욕의 역사였다. 유교의 삼종지도(三從之道)나 칠거지악(七去之惡)을 보면 그대로 알 수 있을 것이다. "어렸을 때에는 부모를 따르고, 출가해서는 남편을 따르고, 늙어서는 자식을 따르라"고 했다. 그리고 여인들이 출가해서 시부모에게 공경을 잘하지 못하면, 자식을 낳지 못하면, 음란하면, 질투가 심하면, 병이 있으면 그리고 말이 많거나 도둑질을 하면…… 지체없이 쫓겨나도록 되어 있었다.]

│이와는 달리│[로마에는 서른한 개 항목에 달하는 연애 재판소의 법전이 있었다. 거기에는 우리 사회에서 칠거지악의 하나로 되어 있는 '질투'가 도리어 권장되고 있으며, "참된 질투는 사랑의 값을 올린다", "결혼은 하등 연애를 배제하는 이유로 되지 않는다"고 명시되어 있다. 말하자면 여자에게 '사랑할 권리'를 인정한 그 법전은 문자 그대로 '사랑의 법전'이었던 것이다. 더구나 여자는 남편이 죽은 뒤에 2년이 지나면 결혼를 해도 좋다는 대목도 있다.]

(이어령<흙 속에 저 바람 속에>)

(98) [서양의 문화, 그 문명이란 무엇이던가. 그것은 신과 인간을 나누고 자연과 인간을 나누고 쪼갠, 이른바 이원론적 사상의 반영이 아니던가. 그 결과 산업혁명 이래 기계 중심의 서구 산업문명은 인간의 편리와 욕망 충족을 위해 유한한 자연자원을 소모, 고갈시키고 자연생태계를 파괴시켜 급기야 하나밖에 없는 지구생명계를 파괴시켜 급기야 하나밖에 없는 지구생명계를 재앙 속으로 몰아넣은 원흉이 아니었던가.] │그에 반하여│[우리가 자랑하는 동양사상은 얼마나 자연친화적이고 공생적 사상이던가]. 천지만물, 우주 삼라만상이 곧 나의 생명이요 분신이라고 여긴 동양사상이 서양의 물질문명, 그 삭막하고 반생명적인 산업문명의 위기를 극복할 수 있다는 우월의식과 자만심이 내가 가진 서구문명-유럽문명과 문화에 대한 생각이었다. (이병철<살아남기, 근원으로 돌아가기>)

在例（97）中，作者把在东方伦理思想中束缚女性的"三从之道""七去之恶"同古罗马法庭"恋爱法典"中关注女性婚姻自由和爱情权利的条目进行了对比，认为它们在本质上是完全不同的；在例（98）中，作者指出西方文化的核心思想是把神和人、自然和人一分为二的二元对立思想，而在东方文化中占主导地位的则是天地人三者合一的和谐、共生思想，因此，作者认为东西方文化的核心思想是完全对立的。由于"이와는 달리"（与此不同）"그에 반하여"（相比之下）中的指示代词"이(这)，그(那)"具有回指功能，这些对立标记也是以回指方式进行连接的，属于双向性对立标记。有时，接续词"도리어"（反而）和副词"오히려"（反而）也具有这种双向性对立标记的功能。

在韩国语辞典中，"도리어"（反而）和"오히려"（反而）通常被解释为"同预料的相反"的意思，例如《新国语辞典》（李基文，1999：591，1637）中对它们的注释分别如下：

도리어 [부] ['오히려·반대로·차라리' 등의 뜻을 가진 접속부사.] ①당초에는 바람직한 행동（사실）이 아니었던 것이，결과적으로 잘된 것임을 나타냄. 늦게 온 것이— 잘 됐군. ②일이，정상적인 것과는 반대로 되어 있음을 나타냄. 방귀 뀐 놈이— 성낸다니까. ③목적（의도）한 것과는 반대의 결과가 되었음을 나타냄. 돕는다는 것이— 폐를 끼친 꼴이 되었다. ④비교하는 뜻의 '보다' 다음에 쓰이어，'더'·'더욱'의 뜻을 나타냄. 그 일은 나보다는— 자네가 잘 해낼걸.

오히려 [부] ①생각한 바와는 달리 도리어. 몸이 둔해 보이는 이가— 빨리 달린다. ②아직도 좀. 그래도 좀. 빚을 다 갚고도— 돈이 남았다.

我们发现，辞典中所出示的义项是编者在考察"도리어"（反而）和"오히려"（反而）连接两个词语和词语、小句和小句的用例之后得出的结论，而当这些对立标记跨越句子范围连接句子和句子、句子和句群时，则难以用辞典中所出示的义项来解释它们所表示的语义。例如：

（99）［둘째로 나폴레옹은 자기를 죽이려던 자객이 나타났을

때, 그를 사로잡고도 참（斬）하지 않았다.] 도리어 [그에게 무기를 주고 한번 자기를 죽여보라고 했다]. 감히 그들은 손대지 못하고 스스로 달아나고 말았다. 서양의 기사도가 그대로 반영된 한 토막 에피소드다.　　　　　　　　　　（이어령<흙 속에 저 바람 속에>）

　　（100）우리는 지금 불교와 도교, 유학사상과 동학사상, 그리고 천주교와 기독교에 이르는 수많은 종교를 믿고 있다. 그리고 우리는 이러한 종교들이 한국인에게 고유한 종교의식이 아니라는 사실을 너무나 분명하게 알고 있다. [그렇다고 해서 지금까지 습합전승되고 있는 이상의 종교들이 우리의 생각이나 믿음과 아무런 관계가 없다고 일축할 수도 없다.] 오히려 [우리의 고유한 사상은 외래종교의 외피를 이용하여 더욱 알차게 발전되고 계승되고 있는 것이다.]
　　　　　　　　　　　　　　　　　　（김진<생활속의 철학>）

　　我们发现，在超句层面上"도리어"（反而）和"오히려"（反而）所连接的前一项通常是否定句或者具有否定、消极意义的句子，而后一项则通常是肯定句。可以说，"도리어"（反而）和"오히려"（反而）所连接的前一项已经以否定形式表现出"与预料相反"或"出乎意料"的意思，而后一项只是在这一基础上进一步引出更加令人"与预料相反"或"出乎意料"的事件。比如，在例（99）中，"도리어"（反而）所连接的前一项是"当拿破仑俘获刺客后并没有杀死他"本身就是一件出乎意料的事件，而"给刺客以武器让他试着杀拿破仑"这一做法更是令人不可思议的。同样，在例（100）中，"오히려"（反而）所连接的前一项是"传承至今的各种宗教并不与我们的思想或信仰毫无联系"已经道出了一个较新的观点，而"各种思想在外来宗教的外衣下发展得更加生机蓬勃"则是更加新颖的观点，可见，"도리어"（反而）和"오히려"（反而）所连接的前后项在语义上具有递进关系。这一点在下列转换句中表现得尤为突出。

　　（101）둘째로 나폴레옹은 자기를 죽이려던 자객이 나타났을 때, 그를 사로잡고도 참（斬）하지 않았 을 뿐만아니라 그에게 무기를 주고 한번 자기를 죽여보라고 했다.
　　（102）그렇다고 해서 지금까지 습합전승되고 있는 이상의 종교

들이 우리의 생각이나 믿음과 아무런 관계가 없다고 일축할 수도 없 을 뿐만아니라 우리의 고유한 사상은 외래종교의 외피를 이용하여 더욱 알차게 발전되고 계승되고 있다고 할 수 있다.

可见,"도리어"(反而)和"오히려"(反而)所连接的前、后两项在语义上具有明显的递进关系,但是从作者的潜意识或普通人的常理的话,"도리어"(反而)和"오히려"(反而)所连接的前、后两项又都具有"与预料的相反"的意思,而"도리어"和"오히려"则重在凸显这种相反义,因此,我们把"도리어"(反而)和"오히려"(反而)归入对立标记而非递进标记。

三 转折标记

转折标记,表示所连接的事物或事件之间存在对立性或逆转性,或者表示两种情况不协调。转折标记的使用,一方面取决于所表述内容在客观上存在的这样或那样的转折关系,但是另一方面,具体选用何种转折标记,却是由话者或作者的主观视点和语言习惯所决定的。

在汉语语篇中,常见的转折标记有"但(是)、可(是)、然而、而、尽管如此、只是、不过"等。

韩国语(朝鲜语)的转折标记非常发达,不仅数量多,而且语义分工也十分细化。常见的转折标记有"그러나,그런데,하지만,다만,그래도,그렇지만,그럼에도(불구하고),그런데도,그러면서도,허나,헌데"等。根据我们对韩国 KAIST 语料库的统计,这些韩国语(朝鲜语)转折标记在语料库中出现的数量及频率有一定的差别,如下表所示:

表 4.1　　　　韩国语（朝鲜语）常用转折标记统计表

序号	转折标记	数量	频率	序号	转折标记	数量	频率
1	그러나	118135	0.002312	6	그럼에도（불구하고）	2975	0.000058
2	하지만	23439	0.000459	7	그런데도	2111	0.000041
3	다만	11497	0.000225	8	그러면서도	1423	0.000028
4	그래도	7527	0.000147	9	허나	452	0.000009
5	그렇지만	6037	0.000118	10	헌데	303	0.000006

在语篇中,转折关系的成立取决于事物或事件之间在逻辑上存在的对

立性、违逆性、差异性等转折意义,并且取决于所用句式和逻辑基础之间的对应性,① 因此,尽管一部分转折标记在不同的语境中表示不同的转折意义,但是可以根据它们所表示的具体语义及核心意义,把它们归入一定的类型。汉语、韩国语(朝鲜语)语篇中的转折关系可以分为五种:对立性转折关系、违逆性转折关系、限制性转折关系、转换性转折关系及解释性转折关系。

(一)对立性转折标记

对立性转折标记,表示所连接的前、后两项在语义上是对立的。

汉语语篇中的对立性转折关系,主要由"但(是)、可(是)、然而、而"等结构标记来表示,例如:

(103)[秦波的目光是严厉的。] 但是 ,[在乔副部长住进医院的那天上午,她把陆文婷叫去的时候,目光却是亲切的,温和的]。

(谌容《人到中年》)

(104)不知道什么工夫,小福子进来了,立在外间屋的菜案前,呆呆的看着他。

他猛一抬头,看见了她,泪极快的又流下来。此时,就是他看见只狗,他也会流泪;满心的委屈,遇见个活的东西才想发泄;[他想跟她说说,想得到一些同情]。 可是 ,[话太多,他的嘴反倒张不开了]。

(老舍《骆驼祥子》)

(105)阮进武之妻已经丧失了昔日的俏丽,白发像杂草一样在她的头颅上茁壮成长。[经过十五年的风吹雨打,手持一把天下无敌梅花剑的阮进武,飘荡在武林中的威风如其妻子的俏丽一样荡然无存了。] 然而 [在当今一代叱咤江湖的少年英雄里,有关梅花剑的传说却经久不衰]。

(余华《鲜血梅花》)

在例(103)中,"她把陆文婷叫去的时候,目光却是亲切的,温和的"中的"亲切、温和"和她平时"目光是严厉的"中的"严厉"是相对立的两种神态;在例(104)中,"话太多,他的嘴反倒张不开了"的实际

---

① 参见邢福义(2003):《汉语复句研究》第482页,商务印书馆。

表现同他"想跟她说说，想得到一些同情"的意图相对立；在（105）中，"手持一把天下无敌梅花剑的阮进武的威风已荡然无存"的事实和"有关梅花剑的传说却经久不衰"的事实相互对立，因此，这三个例文中的"但是、可是、然而"都是对立性转折标记。有时，话者或作者出于语体的风格、韵律上的和谐或话语习惯等考虑，会使用"但是、可是、然而"的简单形式即"但、可、而"。例如：

（106）马林生听到这里暗自窃笑。[他有强烈的冲动想出去加入他们的谈话，弄清他们说的是哪本书作者是谁，评价书那是马林生的强项啊。] 但 [他克制住了]。他毕竟不是那种喜欢表现自己炫耀自己的毛头小伙子，他是那种具有真才实学茶壶般肚大嘴小的老成持重者，真正的专家风韵。　　　　　　　　　（王朔《我是你爸爸》）

（107）[星期天，马林生本来是打算在家看完女排的比赛，掐着吃饭的时间再到齐怀远家去的。] 可 [马锐一早就催促他，非让他到那边去看电视，大家一起说说笑笑多热闹，并大大嘲笑了一番他的运动兴趣]。　　　　　　　　　　　　（王朔《我是你爸爸》）

（108）当然，选手的状态总会有起伏，不可能始终保持在一个高点上。[去年是张琳的丰收之年，罗马世锦赛上他打破800米自由泳世界纪录，为中国男选手夺得了第一个游泳世界冠军。] 而 [对朴泰桓而言，2009年则不堪回首。罗马世锦赛上，200米、400米和1500米自由泳比赛，他竟无一项进入决赛]。

（《人民日报》10/11/15）

在例（106）的实际行动中，"马林生"想出去加入"他们的谈话"的强烈冲动和"他克制住了"是相互对立的；在例（107）中，"马林生本来是打算在家看完女排的比赛，掐着吃饭的时间再到齐怀远家去的"打算和"马锐一早就催促他，非让他到那边去看电视"的做法是相互对立的；在例（108）中，"去年是张琳的丰收之年"和"对朴泰桓而言，2009年则不堪回首"是相对立的两种情况。但是，由于例（106）—（108）都是倾向于口语风格的书面语，因此分别使用过了简化形式的对立性转折标记"但、可、而"。

在韩国语(朝鲜语)中，表示对立性转折关系的结构标记主要有"그러나, 하지만, 하건만, 그렇지만, 그렇건만, 허나"等。例如：

(109) [인도를 내놓을지언정 셰익스피어를 잃지 않겠다는 것은 영국인들의 말이다.] 그러나 [우리에게는 이런 비유가 성립될 수 없다. 비록 셰익스피어처럼 위대한 작가가 우리에게 있었다 할지라도 우리는 그를 내놓을지언정 인도를 잃지는 않겠다고 했을 것이다.] 예술과 문화를 사랑하지 않기 때문에 그런 것이 아니라, 역사 그것이 그런 여유를 주지 않았던 탓이다.

(이어령<흙 속에 저 바람 속에>)

(110) 지나가면서 얼핏 보니 남자의 두 다리가 피투성이였다. 피투성이가 된 옷을 작은 가위로 찢으며 의사들이 남자를 빙 둘러싸고 있었다. 남자는 고개를 뒤로 젖힌 채 있는 힘을 다해 비명을 지르고 있었다. [오직 비명만이 지금 그가 의지할 수 있는 단 하나의 구원의 통로인 듯했다.] 하지만 [듣는 이들에게 그건 지옥에서 들려오는 듯한 비명소리였다.]　　　　(공지영<고등어>)

(111) "……지금은 괜찮지만 사오십이 넘고 여자로서의 매력이 없어지면 그때 자식도 남자도 없이 어떻게 하나, 하는 생각. 만일 그때쯤이라도 날 아내로서 정중히 대접할 사람이라면 모를까. [그러니 언젠가 하긴 해야겠지.] 그렇지만 [빨리는 싫어]. 일찍 결혼해서 애 키우고 남편 와이셔츠 다리는 애들 생각하면 끔찍해. ……"

(공지영<고등어>)

在例(109)中，英国人"宁可放弃印度，也不愿失去莎士比亚"的态度和韩国人"如果可能的话，宁可放弃像莎士比亚那样的伟大作家，也不愿失去印度"的态度是相互对立的，所以作者使用了对立性转折标记"그러나"。在例(110)中，"对伤者来说，好像只有声嘶力竭的喊叫声才是唯一的求生之路"和"对听者来说，那仿佛是从地狱中传来的嘶喊声"是相互对立的感受，因此也使用了对立性转折标记"하지만"。在例(111)中，"婚是早晚要结的"和"不想太早结婚"的想法在一定程度上相互抵触，因此使用了对立性转折标记"그렇지만"。上述这些对立性转

折标记所表示的转折关系是突转性的,它所连接的前一项中没有出现预示性的语言成分,是一种突然的、直接的转折,因此,可以说是最为典型的转折标记。

(二) 限制性转折标记

限制性转折标记,表示所连接的后项在语义上是对前一项的带有限制性的转折。

在汉语中,表示限制性转折关系的结构标记主要有"只是"。例如:

(112) 罗马共和国时代,元首是指元老名单中的第一名,即首席元老。[元首虽然享有很高的声望,但不担任行政长官。] 只是 [当执政官征询意见时,元首有权第一个发言]。元首一般都由监察官根据财产、声望等,从元老院的成员中挑选出来的。

(《中国儿童百科全书》)

(113) [那媳妇倒也勤快,家里活地里活都抢着干,而且有劲,担水挑粪,都可以和瞎爷比试。] 只是 [有一个毛病,不温柔、不驯顺,动不动就要陈述自己的意见,敢和公公婆婆尤其是婆婆顶撞]。

(周大新《无疾而终》)

在例(112)中,"元首不能担任行政长官"和"元首有权第一个发言"是并不十分协调的,作者用"只是"委婉地表明这种情况仅在"当执政官征询意见时"的有限的条件下才是可能的。同样,在例(113)中,"家里活地里活都抢着干,而且有劲,担水挑粪,都可以和瞎爷比试"表明媳妇勤快、能干的优点是主要的,而"不温柔、不驯顺,动不动就要陈述自己的意见,敢和公公婆婆尤其是婆婆顶撞"的不足点是这个媳妇的一点毛病而已,"只是"表明作者对此持有宽容态度。如果把例(112)和例(113)中的"只是"用"但是"替换,那么,它所表示的基本逻辑关系是不变的,但是语势却发生了变化,即"只是"语气偏轻、偏松、偏柔,"但是"语气偏重、偏严、偏硬。如:

(114) 元首虽然享有很高的声望,但不担任行政长官。但是 当执政官征询意见时,元首有权第一个发言。

(115) 那媳妇倒也勤快，家里活地里活都抢着干，而且有劲，担水挑粪，都可以和瞎爷比试。但是有一个毛病，不温柔、不驯顺，动不动就要陈述自己的意见，敢和公公婆婆尤其是婆婆顶撞。

比较例（112）、（113）和（114）和（115）就可以看出，在例（112）、（113）中，作者有意淡化"只是"所连接的后一项，而在例（114）和（115）中，作者刻意强调"但是"所连接的后一项，分别强调执政官征询意见时元首所具有的发言权和媳妇身上不温柔、不驯顺的毛病。可见，在"只是"所连接的两个连接项中，语义重心往往落在前一项上，后一项则是在前一项的基础上进行的补充；而在"但是"所连接的两个连接项中，语义重心往往落在后一项上，后一项是作者所要凸显的焦点信息。究其原因，"但是"所强调的是事物或事件之间所具有的转折性，而"只是"则着重表明事物或事件之间的转折性的同时又表明这种转折性是有限制的，是有条件的转折。

邢福义（2003：489）指出，在使用"只是"的复句中，后分句都可以带上表示有限语气的"罢了"或"就是了"。我们认为，这种观点也适用于"只是"出现的语篇中，在语篇中，"只是"所连接的后一项也都可以带上表示限制语气的"罢了"或"就是了"。例如，"只是当执政官征询意见时，元首有权第一个发言罢了""只是有一个毛病罢了，不温柔、不驯顺，动不动就要陈述自己的意见，敢和公公婆婆尤其是婆婆顶撞"。

在韩国语（朝鲜语）中，限制性转折关系主要由接续副词"다만"和副词"단지"来表示。例如：

(116) [울고불고, 행패를 부린다고 읍내행을 중지할 용이는 아니었다.] 다만 [그는 여자의 눈물이 싫은 것이다. 아니 여자의 눈물이 두려웠던 것이다].

(박경리〈토지〉1)

(117) 다음날 아침, 판매과 직원이 전원 출석한 자리에서 또 지난밤의 만화책을 손에 들고 엄한 훈시를 했다. "[이런 것을 읽지 말라는 것이 아니야. 읽는 것은 여러분들의 자유지.] 단지 [내가 말하고 싶은 것은 퇴근 시에는 책상 위를 깨끗이 정리하고 가라는 거야. 만약 이게 전문 서적이라 할지라도 얘기는 마찬가지야.

……]"　　　　　　　　　　　　　　　（한국 KAIST 말뭉치）

在例（116）、（117）中，"다만"（只是）和"단지"（只是）均可以用"그러나"（但是）替换，但是替换后转折关系所表示的语气是有所区别的。

(118) [울고불고, 행패를 부린다고 읍내행을 중지할 용의는 아니었다.] 그러나 [그는 여자의 눈물이 싫은 것이다. 아니 여자의 눈물이 두려웠던 것이다].

(119) [이런 것을 읽지 말라는 것이 아니야. 읽는 것은 여러분들의 자유지.] 그러나 [내가 말하고 싶은 것은 퇴근 시에는 책상 위를 깨끗이 정리하고 가라는 거야].

在例（116）、（117）中，"다만"（只是）和"단지"（只是）所表示的语气相对委婉而缓和；而在例（118）和（119）中，"그러나"（但是）所表示的语气则较为直接而强烈。我们认为，"그러나"（但是）所表示的是两个事物之间或者一个事物的两个方面之间存在的对立性的转折关系，而"다만"（只是）和"단지"（只是）所表示的则是一种限制性的转折关系，即"다만"（只是）和"단지"（只是）所连接的后一项从某一个角度、某一个侧面或在某种程度上对所连接的前一项进行有限的补充和修正。可以看出，限制性转折标记和对立性转折标记的构成基础是相同的，都属于逻辑上的转折关系，但是它们所表示的话语意义却是有区别的。

（三）违逆性转折标记

违逆性转折标记，表示所连接的前后项在语义上是转折的，但是与前两种转折关系相比，违逆性转折标记所表示的转折关系是具有预示性的。

在汉语中，违逆性转折标记主要有"尽管如此"。例如：

(120) 希腊政府上个月宣布，雅典奥运会的举办费用高达约 90 亿欧元。雅典奥运会因此成为历史上最昂贵的奥运会。尽管如此，北京奥组委仍然认为雅典在节俭办奥运方面有许多做法是值得学习和借鉴的。　　　　　　　　　　　　（新华社 2004 年新闻稿）

(121) 主场作战的云南红河队外援李·本森依旧是场上表现最抢眼的球员，40分、17个篮板是最好的证明。尽管如此，在比赛最后13秒钟，主队却进攻失误，断送球权，只得吞下两分惜败广东宏远队的苦果。
（新华社2004年新闻稿）

在例（120）中，"尽管如此"所连接的前一项"雅典奥运会因此成为历史上最昂贵的奥运会"表明，雅典奥运会在财政管理方面可能是失败的，但是"北京奥组委仍然认为雅典在节俭办奥运方面有许多做法是值得学习和借鉴的"却是与此相悖的；在例（121）中，"尽管如此"所连接的前一项"云南红河队外援李·本森依旧是场上表现最抢眼的球员，40分、17个篮板是最好的证明"预示云南红河队有望战胜广东宏远队，但是所连接的后一项"在比赛最后13秒钟，主队却进攻失误，断送球权，只得吞下两分惜败广东宏远队的苦果"是出乎意料的，因此上述两例都使用了违逆性转折标记"尽管如此"。

我们发现，"尽管如此"所连接的后一项中通常会出现表示情况继续存在或发展、持续的副词"仍然、仍、亦然、还是、还、又"等，如例（120），有时"尽管如此"的前后也会出现同样表示转折关系的连词"但"或关联副词"却"，以强调这种违逆性转折关系，如例（121）。

在韩国语(朝鲜语)中，违逆性转折关系通常由"그럼에도（불구하고），그랬음에도，그런데도，그러면서도，그렇다하여도，그래도（그래두）"等结构标记来表示。例如：

(122) 불필요한 옷을 걸치지 말아야 나무에 높이 올라갈 수 있고 물속에 깊이 들어갈 수 있듯이, 우리가 참으로 철학적인 것이 무엇인지 이해하려면 일단 온갖 종류의 선입견으로부터 해방되어 있지 않으면 안 된다. [물론 우리는 어느 특정한 사회에서 태어나 어느 특정한 시대를 살아야 하므로, 이러한 구체적 상황으로부터 완전히 탈피하기는 불가능한 일일 것이다.] 그럼에도 불구하고 [그렇게 되어 보려고 최선을 다하는 것이 철학적인 태도이다].
（엄정식<철학의 과제: 자유와 필연>）

(123) [장날이면 어떤 일이 있어도 읍내에 나가서 월선의 주막에 들렀고, 술 한잔을 사먹고 돌아오는 그 짓을 일년이 넘게 계속했

으니 누구보다 강청댁 자신이 남편의 고집을 잘 알고 있었다.]
그럼에도 [여느때와 달리 눈물까지 짜는 것은 오광대놀이로 설레이는 밤, 그 밤이라는 게 탈이었고 아이들을 데리고 가니만큼 하룻밤을 묵고 올 수밖에 없는 형편이 불안했던 것이다].
(박경리<토지>1)

在例（122）中，"그럼에도 불구하고"所连接的前一项"我们出生在特定的社会，生活在特定的时代，因此完全从某一具体处境中摆脱出来是不太可能的"所预示的道理是，"人们不应该试图摆脱某一具体处境"。但是，这种预示正好与作者所要论述的观点相互违逆，即"尽全力摆脱某一具体处境才是哲学的态度"。同样，在例（123）中，"그럼에도"所连接的前一项"江清媳妇比谁都知道自己男人的执拗"预示的是，"江清媳妇无法阻拦龙伊上邑里去"，但是，由于"龙伊"要到邑里"月仙"那儿住一宿，所以"江清媳妇"无法抑制强烈的妒火，和往常不一样又哭又闹。可见，违逆性转折标记所连接的前一项通常具有预示性，而预示的语义内容与转折标记所连接的后一项形成违逆的转折关系。又如：

(124) 1천 5백여 명이나 파면, 해임시킨 결과를 가져온 전교조 결성의 역사적 의의는 무엇인가? 나는 제일 먼저 '우리 교사들의 자각'을 든다. [교사들은 출신 계층별로 본다면 노동자나 농민, 소시민 계층이 대부분이다.] 그런데도 [지배 계층들이 교육을 지배하고 그렇게 함으로써 민중을 지배하기 위해서 허위 의식을 심어준 결과로 교사들의 노동자 의식은 대단히 낮다].
(한국 KAIST 말뭉치)

(125)「괜찮다. 서희는 밥 잘 먹고 감기는 안 들었느냐?」
갈기갈기 갈라진 여러 개의 쇠가 서로 부딪칠 때 나는 것 같은 목소리는 여전히 음산했다. [그는 서희의 공포심을 충분히 알고 있는 것 같았다.] 그러면서도 [그것을 풀어 주려는 노력이 없는 싸늘하고 비정한 눈이 서희를 응시하고 있는 것이다]. 서희는 아버지의 눈을 피하기만 하면 당장에 천둥이 치고 벼락이 떨어질 것처럼 애처롭게 그를 마주본 채 고개를 저었다. (박경리<토지>1)

(126)"내 동생 전문대 나와서 여태까지 한번도 취직 한 번 안했어요. 갠 나보다 겨우 두 살 아랜데, 난 지 나이보다 어릴 때부터 지하고 엄마를 먹여 살렸는데 게다가 결혼을 하자는 그 남자녀석은 무슨 그룹 사운드를 조직했다나. 그래서 난 돈 없으니까 니들끼리 알아서 하랬더니 [사흘 동안 밥도 안먹고 있어요]. 그래도 [무서워 할 이 문여경인가]? ……"

(공지영〈고등어〉)

在例（124）中，"그런데도"所连接的前一项"教师多出身于工人、农民或小市民阶层"预示"教师的劳动者意识应该比较高"，而作者认为现实中教师的劳动者意识很低；在例（125）中，"그러면서도"所连接的前一项"他似乎充分了解西姬的恐惧"预示"他作为父亲应该努力减少女儿对他的恐惧感"，而"崔致修"却违背常理，"丝毫不做此方面的关怀，用冰冷而无情的眼睛凝视着西姬"；同样，在例（126）中，"妹妹赌气连续三天不吃不喝"预示"当姐姐的可能会心软"，但是姐姐"文如晶"却是丝毫不妥协的。可见，例（124）—（126）中的"그런데도""그러면서도"及"그래도"所表示的转折关系也都是违逆性的转折关系，但是同"그럼에도 불구하고"和"그럼에도"相比，其语气具有相对缓和的特点。可以说，以上四个违逆性转折标记所体现的语气呈现出"그럼에도 불구하고>그럼에도>그런데도>그러면서도>그래도"的递减状。

（四）转换性转折标记

转换性转折标记，表示所连接的前后项在语义上的转变或转换，即从某一种情况转到另一个不同的情况或从某一个话题转到另一个话题。与对立性转折标记和违逆性转折标记相比，转换性转折标记所连接的前后项的逻辑语义关系并不紧密，而且语气比较轻。

在汉语中，常见的转换性转折标记有"不过"。例如：

(127)[自从一到城里来，他就是"祥子"，仿佛根本没有个姓；如今，"骆驼"摆在"祥子"之上，就更没有人关心他到底姓什么了。有姓无姓，他自己也并不在乎。] 不过，[三条牲口才换了那么几块钱，而自己倒落了个外号，他觉得有点不大上算]。

(老舍《骆驼祥子》)

（128）［我坐在桑拿室里，浑身汗流如注，非常舒服。］ 不过 ，［我还是想歪桑拿浴一句，我总觉得经常洗桑拿浴的人，比那些不洗桑拿浴的人，衰老的速度要快一些］。

（阿成《戒台寺》）

在例（127）中，"不过"的后述内容在语义上补充说明了"祥子并不在乎"是主要的，但同时表明"祥子"也"觉得有点不大上算"，即，"不过"的后述内容委婉地补充说明了与前述内容相反或相对立的语义内容；在例（128）中，作者在叙述洗桑拿所带来的舒服感之后，用"不过"引出了对桑拿浴的否定性评价，表示后述内容是从另一个角度委婉地补充的相反的观点。如果把（127）、（128）中的"不过"用"但是""可是""然而"等对立性转折标记替换，尽管在语义上并不产生变化，但是原本委婉的语气变得强硬，语势会发生变化。

常见的韩国语（朝鲜语）转换标记有"그런데（근데），헌데，한데"等。例如：

（129）이런 일도 있었다.［서울대 사대 학장을 역임한 이원순 교수는 중학교 때 역사 선생님이셨다. 훌쩍 벗겨진 대머리와 작고 땅땅한 체구 때문에 그의 별명은 나폴레옹이었다.］ 그런데 ［이 선생님이 오전에 친 시험을 오후에 다시 시험을 치게 하는 것이었다. 같은 문제도 있고 다른 문제도 있었다］. 학생들은 의아하게 생각하면서도 다시 시험을 쳤다.

（한국 KAIST 말뭉치）

（130）물잔을 비운 석두 스님은, 잔을 내려놓으면서 잠자코 앉아 있던 학눌에게 말했다.

"내가 이 물을 마셨느니라……"

"예, 스님."

"［물이 시원하고 맛있었느니라.］…… 헌데 ［내가 마신 물맛을 네가 그대로 알 수 있겠느냐］?"

학눌에게는 달리 대답할 말이 떠오르지 않았다.

（한국 KAIST 말뭉치）

在例（129）中，"그런데"所连接的前项介绍了人物的外貌、身材等基本情况，后项则叙述了围绕这个人物所发生的事情，前后项在逻辑上并不是严格的对立关系，在语义上也不是顺承的连贯关系，所以无法替换为表示对立性转折关系的"그러나, 하지만"或"그리고, 그러자, 그러고 나서"等表示连贯关系的结构标记，因此使用了转换性转折标记"그런데"。在韩国语（朝鲜语）日常口语中，"그런데"经常缩略为"근데"。同样，在例（130）中，"헌데"所连接的前一项"此水清爽而甘甜啊"是僧人在喝完杯里的水之后对水味道的称赞，而所连接的后一项"你能知晓我刚刚喝下去的这一水味？"在语义上并不与前一项存在连贯关系，在逻辑上也不存在对立关系，因此也无法用"그리고, 그래서, 그러고 나서, 그러나, 하지만"等标记来替换，它只表示转换语义内容或话题。可见，"그런데"和"헌데"所表示的不是对立性的转折关系，而是语义上的转换关系，表明后述内容将转到与前述内容相关或并不十分相关的其他内容上。

可见，汉语的"不过"和韩国语（朝鲜语）的"그런데, 헌데, 한데"所表示的转折语气是比较轻的。也因为这一点，在汉语和韩国语（朝鲜语）口语中，当话者提出与对方相反或不一致的观点时，出于礼貌原则，经常会选用"不过"和"그런데, 헌데, 한데"，而不是"但是、可是"和"그러나, 그렇지만"。

（五）解释性转折标记

解释性转折标记所表示的也是前后项之间的转折关系，但是重在表示后项是对前项的解释。这里的解释性转折标记，在范围上包括廖秋忠（1986）所指的实情连接成分和让步连接成分。

汉语和韩国语（朝鲜语）中的解释性转折标记，可以再分为实情标记和让步标记。

1. 实情标记

实情标记，表示前项所指的事件是似是而非的，后项所指的事件才是真相，也就是说，后一项是从本质上或者从相反的角度对前一项进行的解释。

常见的汉语实情标记，则有"其实、事实上、实际上"等，常见的韩国语（朝鲜语）实情标记，有"기실, 사실, 실은, 실상, 사실상, 실제로"等。这些实情标记在语篇中的语义功能，可以归纳为修正性解释、

阐述性解释及转换性解释等三种。

(1) 实情标记的修正性解释功能

修正性解释功能，指实情标记所连接的前一项是作者或话者认为的某种错误的或并不全面的观点，后一项则是作者或话者对这一观点的否定及修正。修正，在某种角度来说是对前一信息的否定，因此，具有这种修正功能的实情标记所连接的后一项往往是否定句。例如：

(131) 孩子病了，没钱买药；一场雨，催高了田中的老玉米与高粱，可是也能浇死不少城里的贫苦儿女。大人们病了，就更了不得；雨后，诗人们吟咏着荷珠与双虹；穷人家，大人病了，便全家挨了饿。一场雨，也许多添几个妓女或小贼，多有些人下到监狱去；大人病了，儿女们作贼作娼也比饿着强！[雨下给富人，也下给穷人；下给义人，也下给不义的人。] 其实，[雨并不公道，因为下落在一个没有公道的世界上]。

(老舍《骆驼祥子》)

(132) 水晶像纯净的水一样透亮明洁。我国古代有"水精"、"水玉"、"千年冰"和"火齐"等名称。[神话故事里把龙王在海底居住的宫殿称为"水晶宫"。] 实际上，[水晶不是生在水下龙宫，而是生于山上的岩洞中]。　　(《儿童百科全书》)

在例(131)中，作者指出"雨下给富人，也下给穷人；下给义人，也下给不义的人"，好像在向读者表明"雨是公道的"，但是作者紧接着用"其实"进行否定及修正，指出"雨并不公道，因为下落在一个没有公道的世界上"。在例(132)中，作者首先指出"神话故事里把龙王在海底居住的宫殿称为'水晶宫'"，然后再用"实际上"进行否定及修正，指出"水晶不是生在水下龙宫，而是生于山上的岩洞中"。

再看韩国语(朝鲜语)的例文：

(133) 자 이제 얘기를 시작해 보자, [소설이란 어차피 기록은 아니니까. 기록은 역사의 벽돌이라고 말할 수가 있다. 그러나 그 역사적 기록의 한 마디, 한 줄 사이에는 엄청나게 많은 이야기가 숨어 있다. 그래서 소설을 역사의 보충작업이라고 하는지 모른다.] 그

러나 기실 [나는 한 작가로서 소설 쓰는 일을 역사의 보완작업이라고 생각하는 편은 아니다]. 오히려 그 반대다.

(한국 KAIST 말뭉치)

(134) "네 에미를 기억하느냐?"

그가 이렇게 묻자, 추수가 놀란 듯한 눈길로 그를 올려다보았다. [마지막으로 데리고 살던 할멈이 죽은 후 칠년이나 줄곧 그 곁에서 시중을 들어 왔지만 한 번도 듣지 못한 물음이었기 때문인것 같았다.] 사실 [그는 그보다 더 긴 세월을 매향의 이름조차 입에 담지 않았었다].

(이문열<금시조>)

在例(133)中，作者首先指出"历史记录的每一行每一句中都藏有众多的故事，所以，都说小说是历史的补充工作"这一观点，使读者误以为这一观点也是作者的观点，但是作者紧接着用"기실"（其实）引出了否定性的观点，即"作为一个作者，我并不认为写小说是对历史的补充工作，反而正好相反"。在例（134）中，作者首先叙述"古竹先生"同女儿生活近七年却从未提起过女儿的生母，然后再用"사실"（实际上）引出"他在比那段岁月更久远的日子里也从未提起过梅香（女儿的生母）的名字"。可以看出，在例（133）、（134）中，"기실"（其实）和"사실"（实际上）所连接的前一句都是肯定句，而后一句都是否定句，也就是说，前一项先指出某一种观点或事实，后一项再对此进行否定及修正。因此，在例（133）中，作者的真正观点是"小说不是历史的补充工作"；在例（134）中，作者暗示古竹已有近三十年没有提起过"梅香"这一名字。

我们发现，汉语和韩国语（朝鲜语）实情标记在实际语篇中经常与对立性转折标记同现。在汉语中，具有修正性解释功能的实情标记所连接的后一项，经常与"但是、可是、然而"等转折标记连用；在韩国语（朝鲜语）中，具有修正性解释功能的实情标记所连接的前一项，通常带有表示对立转折的"-(으)나，-지만，-면서도，-도"等词尾，所连接的后一项则经常与"그러나，하지만，그런데"等转折标记连用。

可见，在把握汉语和韩国语（朝鲜语）实情标记的修正性解释功能时，需要着重把握实情标记所连接的后一项，这样就能准确理解话者或作者的真实意图。

（2）实情标记的阐述性解释功能

阐述性解释功能，指实情标记所连接的前一项是话者或作者的某种观点，而后一项则是从本质上对这一观点所做的进一步阐释。例如：

（135）爹隔三岔五地去会会她。累了，去松快松快；高兴了，去乐嘀乐嘀。儿子、媳妇睁一只眼闭一只眼，只当没看见。爹口袋从不多装钱，卖肉的钱都交给儿媳妇保管；去买羊就向儿媳妇要，逢年过节他就给相好的送几斤羊肉，再就是平时送点羊下水什么的。[有时儿媳妇还主动替公公拿了肉和下水送过去。公公也就很高兴。] 其实 [儿媳妇也有她的主意，她是故意叫这小寡妇看看，你若是错打主意嫁给我公公，你就别想分我们一份家业，那家业不是好分的。我们两口子不管你们偷鸡摸狗的事儿就很不错了。你心里明白就是了。]
（郭洪才《梦羊》）

（136）鸿渐说："你从前常对我称赞你这位高老师头脑很好，我这次来了，看他所作所为，并不高明。"辛楣说："也许那时候我年纪轻，阅历浅，没看清人。不过我想这几年来高松年地位高了，[一个人地位高了，会变得糊涂的]。" 事实上，[一个人的缺点正像猴子的尾巴，猴子蹲在地面的时候，尾巴是看不见的，直到他向树上爬，就把后部供大家瞻仰，可是这红臀长尾巴本来就有，并非地位爬高了的新标识]。
（钱钟书《围城》）

在例（135）中，"其实"所连接的后一项"儿媳妇也有她的主意……你心里明白就是了"是对前一项"有时儿媳妇还主动替公公拿了肉和下水送过去"的真正原因的阐述；在例（136）中，"事实上"所连接的后一项"一个人的缺点正像猴子的尾巴……并非地位爬高了的新标识"这一段议论，是对前一项"一个人地位高了，会变得糊涂"这一观点的间接否定。

再看韩国语(朝鲜语)的例文：

（137）어머니의 정신활동이나 정서변화는 태아에게 영향을 주죠. 태아가 태어난 다음에도 혈연관계로서의 연계는 계속되 영향을 주죠. [아무것도 모른다고 생각하면 잘못이예요.] 기실 [갓난애

들도 사유가 있어요.] 다만 이런 사유를 언어로 표현하지 못할 뿐이에요. (한국 KAICT 말뭉치)

(138) [그러나 뫼가 정신적이었다는 이유는 단순히 내려다보는 체험에 있는 것 만은 아니다.] 실제로 [심산유곡에는 암석에서 내뿜는 정기(精氣) 라는 것이 있다. 낮에 태양에서 빨아들인 열기와 대지에서 빨아들인 수기(水氣) 를 산(암석) 은 간직하고 있다. 그것이 산의 독특한 정기이다. 그 뫼의 정기를 쐬면 자연히 사람은 정신이 맑아지고 잡념이 없어지며 속세(대지) 에 있을 때와는 비교도 안될 만큼 특별한 힘이 솟아난다].

(박용숙 한국의 미학사상)

在例(137)中,作者在否认胎儿不具有意识的错误观点之后,用"기실"引出了作者认为准确的观点即"胎儿也具有思维";同样,在例(138)中,作者在否认"山仿佛具有灵魂,仅仅是因为它能给人以俯瞰的感受"的观点之后,用"실제로"(实际上) 引出"深山辟谷中的岩石所散发的精气",进而揭示"这种精气可使人精神焕发、去除杂念,从而获得特殊力量"的道理。从例(137)和例(138)中可以看出,"기실"(其实) 和"실제로"(实际上) 所连接的前一句都是否定句,而后一句则是肯定句。也就是说,这种实情标记的共同点是所连接的前一项都是对某种错误观点的反驳,而后一项则是作者所认可的正确观点。

那么,例(135)—(138) 中的"其实""实际上" 和"기실""실제로"等实情标记所连接的前后项之间,是否真的存在语义上的对立关系或否定关系?

我们认为,在上述四例中,实情标记所连接的前后项之间并不存在明显的对立或否定关系,实情标记所连接的后一项只是对前一项的进一步解释和说明,即在语义上的一种阐述或深化。在这些例文中,作者往往以万能的叙事者的身份参与话语建构,以无所不在、无所不知的形式对某些观点进行评论或揭穿真相,从而使这种阐述性解释带上话者或作者强烈的评价态度。另外,在话者或作者看来,他或她所要进一步阐述的观点对大多数听者或读者来说并不是十分了解的或者十分认可的,因此,作者首先把一些错误观点或不全面的观点展示给读者,然后再以微弱否定的形式用委婉的语气进行解释。因此,对于话听者或读者来说,这种实情标记所连接的后一项是更为深入、更为详细的信息，也是准确了解话者或作者意图的重要信息。

（3）实情标记的引申性解释功能

引申性解释功能，指实情标记所连接的后一项在语义上与前一项有一定的关联，但是所连接的后一项的话题已经引申、转换到另一种事物或现象上，后一项主要围绕这一新话题进行解释。例如：

（139）［他离去的背影让我深深地感到，现在，他的确是独自一个人了。］ 其实 ［我们谁又不是这样呢？我们白天里嘻嘻哈哈、打打闹闹、忙忙碌碌，夜里睡得又沉又死。假如我们当中有一个人在半夜里突然醒来，再也睡不着了，一夜又一夜，难道他就不会产生做试验的念头吗？关键是，我们白天太累了，一倒下去就睡得那么香，所以谁也不会有失眠的经验。］　　　　　　（残雪《名人之死》）

在例（139）中，"其实"所连接的前一项以名人"他"为话题，而后一项则以"我们"为话题，可见，话题也发生了变化。

（140）［한편 돼지에 관한 속신도 많다. 예컨대 임산부가 돼지고기를 먹으면 아이의 피부가 거칠고 부스럼이 많다고 하며, 산모가 돼지발을 삶아먹으면 젖이 많이 난다고 한다. 뿐만 아니라 돼지꼬리를 먹으면 글씨를 잘 쓰게 되고 꿈에 돼지를 보면 복이 오고 재수가 좋다고 한다. 돼지꿈을 꾸면 재물이 생기는데 이것은 돼지를 지칭하는 한자의 음이 돈（豚）이기때문이라고 주장하는 사람도 있다.］ 기실 ［돼지는 야생하던 멧돼지를 잡아다 사육한 것이다］. 그리고 그 사육의 역사는 중국, 이집트, 메소포타미아 등지에서 시작되었다고 한다. 그러나 우리나라 돼지 사육의 역사는 정확한 기록을 찾아볼 수가 없다. 다만 중국의 옛 문헌에서 우리 나라와 관련된 기록을 통해 추측할 수 있을 뿐이다.　　　　（한국 KAIST 말뭉치）

（141）오늘날의 차는 거의 일상 음식처럼 되어서 누구나 집에서 또는 거리의 다방 같은 데서 마신다.

　　［그러나 옛사람들은 결코 차를 음식처럼 마신 것이 아니다. 신라시대의 충담이 차를 달여서 삼화령의 미륵세존에게 바쳤다는 것은

그것이 곧 수도의 방편으로 쓰여졌음을 보여 주는 것이다.]
  사실상 [차를 마시는 모임, 이른바 다도라는 것은 그 뒤에 불교의 세력이 쇠퇴하면서 일본으로 건너나 그쪽에서 성행하게 된다. 일본에서 유명해진 다도라는 것도 사실 삼국시대의 다도가 건너간 것이다.]

(박용숙<한국의 미학사상>)

在例（140）和（141）中可以看出，以实情标记"기실"（其实）和"사실상"（事实上）为界，前后项的话题已发生明显的转换。在例（140）中，"기실"（其实）所连接的前一项主要以民间有关猪的种种说法为话题，包括对吃猪肉的禁忌、偏方食法以及对梦见猪的解释等，而所连接的后一项则以饲养猪的历史为主要话题；在例（141）中，"사실상"（事实上）所连接的前一项以古人对喝茶行为的虔诚态度为话题，而所连接的后一项则以茶道东渡日本的过程为主要话题。

从上述三个例文中可以看出，这些汉语、韩国语(朝鲜语) 实情标记所连接的后一项并不是对前一项的否定及修正，也不是对前一项语义内容的进一步阐述或深化，而是由前一项引申出的新的话题。由于这些实情标记引进的是新话题，所以，上述三例均可用转换标记"不过"以及"그런데, 헌데, 한데"来替换，但是较之"其实"以及"기실（其实）, 사실상（事实上）"等实情标记，它们在语气上显得有些生硬，不够委婉。

另外，我们认为金峰洵（1996：72）视为原因性标记的"따지고 보면"也属于此类实情标记。因为，语篇中的"따지고 보면"几乎都可以用"사실, 사실상, 실제로"等实情标记替换，而且也具有修正、注释、转换话题等语义功能，且常与"그러나, 하지만, 그런데"等转折标记连用，有时还可以与其他实情标记连用。

通过以上对汉语、韩国语(朝鲜语) 实情标记的分析可以得知，当话者或作者在否定对方观点或否定前述信息后再引出自己的看法或主张时，若使用实情标记可使语气变得委婉，进而可以缓冲单刀直入的否定或肯定所造成的负面效应。尤其在日常交际中，这些实情标记的恰当运用，不仅能使交谈变得更加顺畅、和谐，有时还可以补救尴尬的话语气氛，保证交际顺利进行。也就是说，与"究竟、到底、偏偏、索性、简直、反正、居然、明明""도대체, 어쨌든, 아무튼, 꼭, 차라리"等语气副词不同，

"其实"以及"기실""사실상"的语用功能是减弱语气强度,缓冲语言的撞击力,从而婉转地表达话者的意图。

2. 让步标记

让步标记,主要是为了增强说服力而使用的语篇结构标记,表示前项所表达的内容在语气上过重或存在不全面的地方,而后项则是对前项所做的让步性的解释。

常见的汉语让步标记有"当然、自然、诚然、固然",常见的韩国语(朝鲜语)让步标记有"물론"等。

在汉语中,让步标记除了"当然""自然"以外,还有"固然""诚然"等。这些让步标记也同韩国语(朝鲜语)让步标记一样,往往同转折标记所出现的句子构成转折句群,然后再从整体上对前述内容进行解释。例如:

(142) 第三,形象思维以情感作为媒介,使形象彼此联系起来。特别是在艺术活动中,情感直接渗入思维活动之中,作为形象思维中的一个活跃因素在起作用。离开情感的想象,必然是没有生命力的图式。这也是形象思维同逻辑思维的不同之处。固然,[人的一切活动都要有情感。"没有'人的情感',就从来没有也不可能有人对于真理的追求。"] 但是,在逻辑思维活动中,更为需要的是冷静的分析和严格的推理,情感只能通过间接的方式给认识主体以极大的热情,去推动它去探索,而并不直接构成逻辑思维的组成部分。

(齐振海主编《认识论探索》)

(143) 价值在人类活动中的作用还表现在认识价值是活动过程的基本环节。诚然,[理论是行动的指南,实践是在理论认识的指导下进行的]。但是,仅仅反映了事物属性和规律的事实认识并不能引起实践者的多大兴趣,从而也难以发挥指导实践的作用。这也就是说,事实认识是通过对事物的价值的认识,对实践活动发挥指导作用的。

(齐振海主编《认识论探索》)

在例(142)中,作者先提出"形象思维以情感作为媒介,使形象彼此联系起来"的观点之后,退一步承认"人的一切活动都要有情感"的事实,再以否定的方式提出"在逻辑思维活动中,更为需要的是冷静的分析和严格的推理"这一核心观点。同样,在例(143)中,作者先提出某一观点,然后退一步承认某一事实,再以否定的方式引出对立的观点,从而完成主要观点的阐述。在汉语中,经常出现在让步句后面的转折标记有"但是、可是、然而、不过、只是"等。

在韩国语(朝鲜语)中,"물론"经常位于句首或小句的开头,表示所述内容"无须说出、理所当然"。

(144) 어느 해인지 잘 기억나지 않지만 갑자기 2학년과 3학년 담임이 사라졌다는 것이다. 연애를 해서 붙어 도망갔다고 야단이었다. 이 문제에 대해 [학교는] 물론 [온동네] 가 떠들썩했다.

(한국 KAIST 말뭉치)

(145) 회사가 이처럼 직원들의 해외 배낭여행을 지원하고 있는 것은 해외 시장조사라는 업무상 필요성과 함께 직원들의 도전정신을 북돋아주고 국제화감각을 기르기 위한 것으로 알려지고 있다. 물론 [이들이 제출한 보고서는 마케팅전략수립에 활용되고 있다]. 이랜드는 지난 해 이미 20여명이 중국을 다녀왔고 금년 내에 약 백여명이 중국 배낭여행을 계획하고 있다. 앞으로는 해외 배낭여행 계획을 미국으로 확대 실시할 예정이다. (한국 KAIST 말뭉치)

在例(144)中,"물론"(当然)连接了词语和词语,表示由于两个老师的私奔事件学校一片哗然是不必说的,整个村子也都闹得沸沸扬扬;在例(145)中,"물론"(当然)连接了句子和句子,表示公司支持职员到海外旅行是为了培养职员的挑战精神和国际化意识,而公司职员所提出的报告书将用于公司的销售战略计划则是不必说的。

可见,当"물론"(当然)用于连接词语和词语时,所连接的前一项往往是程度较低的信息或听者、读者容易预料到的事物或现象,而后一项则是程度相对较高的信息或听者、读者较难预料到的事物或现象;但是当"물론"(当然)连接句子和句子时,所连接的后一项往往包含于前一项或者是由前一项自然而然产生的结果,但是在话者或作者看来,它是听者、读者可以预料到的。其中,我们更关注的是"물론"(当然)的后一种用法。我们发现,当汉韩(朝)让步标记位于句首连接句子和句子时,其管

领力总是向后的。例如:

(146) 그런데 그 때 많은 사람들이 좌익 활동에 동참하여 활동하거나 또는 피해를 입고 죽었지만 지금 아무리 생각해 보아도 아이들과 학생들 사이에 그로 인해서 눈에 보이는 갈등이 있었는지는 기억할 수가 없다. 물론 [어른들 사회가 어떠했는지 우리가 잘 알지는 못했] 지만 우리 아이들은 어른들의 사상 성향에 관계없이 정말 인간적으로 사귀며 평화롭게 지냈다고 생각한다.

(한국 KAIST 말뭉치)

(147) 对于车,他不再那么爱惜了。买车的心既已冷淡,对别人家的车就漠不关心。车只是辆车,拉着它呢,可以挣出嚼谷与车份便算完结了一切;不拉着它呢,便不用交车份,那么只要手里有够吃一天的钱,就无需往外拉它。人与车的关系不过如此。自然,[他还不肯故意的损伤了人家的车],可是也不便分外用心的给保护着。有时候无心中的被别个车夫给碰伤了一块,他决不急里蹦跳地和人家吵闹,而极冷静的拉回厂子去,该陪五毛的,他拿出两毛来,完事。厂主不答应呢,那好办!最后的解决总出不去起打;假如厂主愿意打呢,祥子陪着!

(老舍《骆驼祥子》)

在例(146)中,"물론"(当然)的管界是所在句的前一分句,而所在句是一个使用连接词尾"-지만"(-tʃiman)的对立复句,整个复句是对"물론"(当然)的前述内容"并不记得小孩儿和学生之间由此引发了冲突"的进一步解释。在例(147)中,"自然"的管界也是转折复句中的前一分句,整个复句是对前面的"对于车,他不再那么爱惜了"的进一步解释。可见,上述两例中的"물론"(当然)和"当然"都用于引出对前述内容的进一步解释,但是这一解释是在先承认某一事实之后再否定的方式即让步解释的方式进行的,因此可称为让步标记。与上述让步标记的管界只限于一个分句的情况不同,下列让步标记的管界则是一个句子。例如:

(148) 미국 식품 회사 캘로그는 외국경쟁사가 견학자를 가장해서 회사의 기밀자료를 빼내간 사건이 발생하자 미시건에 있는 배틀

클리크 공장의 개방을 중단하였다. 물론 [이 경우 보안상 부득이한 조치라고 할 수 있을 것이다]. 그러나 요즈음 많은 기업들이 회사개방프로그램을 도입하고 있는 실정이다. 회사를 외부에 개방하는 것이 종업원에게는 자부심을 느끼게 하고 고객들에게는 신뢰감을 높여주는 효과가 있기 때문이다.　　　　　　　　（한국 KAIST 말뭉치）

（149）우리 나라에는 산이 많다. 그 산들은 험한 것 같으면서도 부드럽고 또 빽빽한 느낌을 준다. 만일 산을 대지의 주름살이라 한다면 우리나라의 주름살은 그 간격이 매우 밀접해 있다는 느낌이다.

물론 [금강산과 같이 가파른 기암절벽이 없는 것도 아니다]. 그러나 전반적으로 보아서 우리의 산은 그 높낮이의 윤곽이 밋밋하여 산세에서 받는 느낌이 고원지대의 산들처럼 거칠지 않다.

　　　　　　　　　　　　　　　（박용숙<한국의 미학사상>）

在例（148）中，作者用让步标记"물론"（当然），以退一步叙述的方式表示"公司中断密西根工厂的开放制度是出于商业安全的不得已的措施"，然后紧接着用转折标记"그러나"表示"现在有越来越多的公司正在实施开放制度"，并对其进行了阐述。在例（149）中，作者先指出韩国的山脉之间相隔非常密集，然后用让步标记"물론"（当然）承认"韩国并不是没有像金刚山那样的险山峻岭"，紧接着再用对立标记"그러나"（但是）否定这一观点，指出从整体上来看，韩国的山势多显平平，并无十分陡峭之感。在上述两例中，作者用"물론"先承认某一事实之后再对此进行了否定或申辩。可见，在韩国语（朝鲜语）语篇中，让步标记所出现的句子往往与转折标记"그러나, 하지만, 다만"所出现的句子形成一个转折句群，从而以让步的方式对前述内容进行解释。

第四节　"原因—结果"关系标记

"原因—结果"关系，指两个语篇构成单位以原因和结果的关系连接而成。与前述的"元素—元素"关系不同，在"原因—结果"关系中，两个构成单位的地位是不相同的。需要指出的是，本书所说的汉语、韩国语

(朝鲜语)"原因—结果"关系是广义的,既包括狭义的因果关系①,也包括条件关系和目的关系,因为从逻辑上来讲,条件和措施都可看作促成某一结果的原因。从形式上来看,"原因—结果"关系包括"原因—结果"关系和"结果—原因"关系。如下图所示:

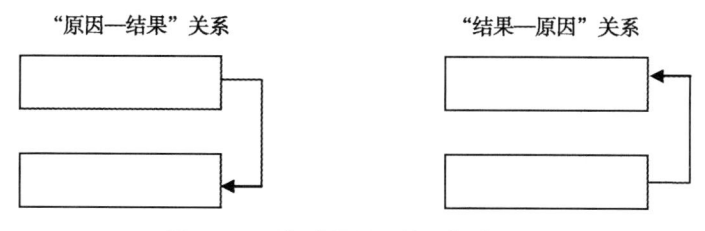

图 4.3 两种"原因—结果"关系图

在汉语和韩国语(朝鲜语)语篇中,表示"原因—结果"关系的结构标记可称为"原因—结果"关系标记。根据内部的语义差异,它可以进一步分为因果标记、条件标记和目的标记。

一 因果标记

汉语和韩国语(朝鲜语)的因果标记,又分为缘由标记和结果标记。

(一) 缘由标记

缘由标记,主要指表示原因或理由的语言标记,它所连接的前一项往往是某种现象或结论,而后一项则是这一现象产生的原因或者理由。

在汉语中,常用的原因标记有"因为"和"究其原因"("由于"只用于表示句子内部的因果关系)。例如:

(150) 太阳平西了,河上的老柳歪歪着,梢头挂着点金光。河

---

① 在汉语学界,并不严格区分表示原因的连词和表示理由的连词,但是在韩国语(朝鲜语)学界,大多数学者倾向于区分因果关系中表示原因的词尾和表示理由的词尾。例如,"-아서,-느라고"表示原因,"-니까,-므로"则表示理由。事实上,在语言现象中"原因"和"理由"的界限并不是泾渭分明的,我们只能笼统地界定"原因"是决定某种结果且在时间上先于那一结果的状态,而"理由"则是在推理的层面上成为某一结论或归纳的前提的状态。也就是说,"原因"是先于结果的、泛指的、普遍的概念,而"理由"则是伴随逻辑思维的判断过程。此外,"原因"与"结果"相对,而"理由"则与"归纳"相对。尹平贤(윤평현,1989)指出,"原因"包括伴随推理过程的原因和不伴随推理过程的原因,而"理由"则一定伴随推理过程,因此"理由"也属于"原因",是它的部分集合。由于我们主要考察语篇中的因果关系,而在超句层面上,"原因"和"理由"的区分并不十分明确,因此,本书将在必要时区分"理由"和"原因",而在大多数情况下则以"原因"统称二者。

里没有多少水,可是长着不少的绿藻,象一条油腻的长绿的带子,窄长,深绿,发出些微腥的潮味。河岸北的麦子已吐了芒,矮小枯干,叶子落了一层灰土。河南的荷塘的绿叶细小无力的浮在水面上,叶子左右时时冒起些细碎的小水泡。东边的桥上,来往的人与车过来过去,在斜阳中特别显着匆忙,仿佛都感到暮色将近的一种不安。[这些,在祥子的眼中耳中都非常的有趣与可爱。只有这样的小河仿佛才能算是河;这样的树,麦子,荷叶,桥梁,才能算是树,麦子,荷叶,与桥梁。] 因为 [它们都属于北平]。

(老舍《骆驼祥子》)

(151) 最让老艺人们头疼的事情还不是这些。[目前,愿意学习这个有着百年历史老手艺的人越来越少了。] 究其原因,[主要是学这门手艺耗时长,效率低]。丁金保老人的侄孙子丁先辉曾经学了17年的脱胎漆器,如今自己在外面搞上了装修。他说:"我爷爷做了一辈子脱胎漆器,做一件很细致的产品要用一辈子。这个周期对我们来讲太长了。"

(新华社 2004 年新闻稿)

在例(150)中,"因为"表明之所以说在"祥子"看来"只有这样的……才能算是树、麦子、荷叶与桥梁",其原因在于"它们都属于北平";在例(151)中,作者指出最让老艺人们头疼的事情是"愿意学习这个有着百年历史老手艺的人越来越少了",然后使用"究其原因"指出其根源在于"主要是学这门手艺耗时长,效率低"。

比较而言,原因标记"因为"和"究其原因"具有如下区别。首先,"因为"不仅用于书面语,而且广泛用于口语;而"究其原因"则具有强烈的书面语色彩,除了报告、总结、动员等书面语性质较强的口语之外,很少用于日常对话。其次,"因为"所引出的原因往往可用一个句子表示;但是"究其原因"所连接的后项往往倾向于议论性质,通常先引出某一观点或道理之后,再对此进行较为深入、详细的分析或解释,多为复杂单句或复句。因此,"因为"的使用频率远远超过"究其原因",是最为重要的原因标记。

在韩国语（朝鲜语）中，表示原因的语言标记非常有限①，常用的独立型缘由标记只有"왜냐하면"，它经常位于句首，引出对前述内容的理由或根据。另外，还有黏着型原因标记"-기 때문이다"，它总是位于句末，引出产生某种结果的原因。例如：

（152）실제로 한자（漢字）의 산（山）자는 그 원뜻을 알려주는 그림문자를 보면, 이집트의 피라밋을 연상케 하는 세 개의 삼각형이 나란히 있는 모습이다. [그러므로 참다운 뫼의 멋은 삼각형이라고 해도 과언이 아니다.] 왜냐하면 [암석처럼 강한 것은 모두 각（角）을 지니고 있기 때문이다.] 금강산이 명산（名山）으로 불려온 까닭도 일만 이천 봉의 산봉우리가 모두 삼각의 뿔처럼 삐죽삐죽 돋아나 있기 때문이다.　　（박용숙<한국의 미학사상>）

（153）무슨 까닭이 있는지 요즘 구천이는 한밤이 되기만 하면 당산 숲속을 헤매다 돌아오곤 했다. 어떤 때는 멀리 고소성을 거쳐 신성봉을 넘나들며 아주 깊은 산속까지 다녀오는 일도 있었다. [지리산에서 기어내려온 산짐승들의 울부짖음이 숲속을 흔드는 그런 험한 골짜기를 미친 듯이 헤매다가 새벽녘에 지쳐서 돌아오는 구천이를, 그러나 머슴방에서는 아무도 그가 산을 쏘다녔다고 생각하질 않았다.] [실성한 사람이 아니고서는 야밤에 짐승들이 우글거리는 산속을 헤매어 다닐 까닭이 없] 기 때문이다.　（박경리<토지>1）

在例（152）中，"왜냐하면"（因为）所连接的前一项"山的美在于其三角的外形"是作者的一种观点，所连接的后一项"像岩石那样具有刚性的事物都具有棱角"则是支撑作者观点的理由。在例（153）中，"-기 때문이다"（是因为）表示之所以"男佣房间里的人谁也没有怀疑他是在山上转悠的"，是因为"除非是精神失常，谁也不会深夜在野兽出没的山上乱窜"。例（153）中表示原由的名词"까닭"（理由）与黏着型原因标记"-기 때문이다"（是因为）结合，更突出了这种原因和结果的关系。

---

① 在韩国语（朝鲜语）中，用于语篇层面的原因标记非常有限，但是在句子层面上表示原因或理由的语言标记非常丰富，如"-（아/어）서, -므로, -니까, -길래, -에 의하여, -로 인하여, -탓에, -때문에"等。

实际上，在韩国语(朝鲜语)中，黏着型原因标记比独立型原因标记使用得更为活跃，因为"왜냐하면"尽管在形式上具有独立的词汇特点，属于接续副词，但是它必须与黏着型原因标记构成"왜냐하면……기 때문이다"(在极个别的情况下也可以与"-니까"构成"왜냐하면……니까"结构)才能表示原因。相比之下，"-기 때문이다"的使用较为自由，因为同"왜냐하면"或"그것은"组配使用，只是它众多用法中的一部分。

(二) 结果标记

结果标记，主要指表示结果或结论的语言标记，它所连接的前一项往往是某种现象，所连接的后一项则是由这一现象产生的结果或由此得出的结论。

在汉语中，常用的结果标记有"所以、因此、因而、于是、结果、为此、正因为(如)此"等。例如：

(154) [虽然物价总体依靠市场调节，但是政府给予必要的干预和控制，既有利于健全市场的公平规则，也有利于保障居民尤其是中低收入群体的生活水平。] 所以 , [在市场化水平逐步提高的今天，政府也要用调节与指导市场的那只"有形之手"，在物价这个关键点上发力]。比如，增强食品等生活必需品的储备与供给，对能源市场建立相应机制，保持产品供应和公共服务价格平稳，等等。

(《人民日报》10/11/15)

(155) [不拉刘四爷的车，而能住在人和厂，据别的车夫看，是件少有的事。] 因此 , [甚至有人猜测，祥子必和刘老头子是亲戚；更有人说，刘老头子大概是看上了祥子，而想给虎妞弄个招门纳婿的"小人"]。这种猜想里虽然怀着点妒羡，可是万一要真是这回事呢，将来刘四爷一死，人和厂就一定归了祥子。这个，教他们只敢胡猜，而不敢在祥子面前说什么不受听的。 (老舍《骆驼祥子》)

在例(154)中，"政府给予必要的干预和控制，既有利于……也有利于……"是原因或理由，"政府也要用调节与指导市场的那只'有形之手'，在物价这个关键点上发力"则是由此得出的结论，结果标记"所以"使语义重心落在表示结果的后一项上。在例(155)中，"不拉刘四爷的车，而能住在人和厂，据别的车夫看，是件少有的事"是原因或理由，"因此"

表明其他车夫的种种猜想是由此引起的。我们发现,在汉语超句层面的因果关系中,原因标记和结果标记很少同现,而在句子层面的因果关系中,原因标记和结果标记既可以同现,也可以分别单用。再如:

(156) [个别的解决,祥子没那么聪明。全盘的清算,他没那个魄力。] 于是 ,[一点儿办法没有,整天际圈着满肚子委屈。正和一切的生命同样,受了损害之后,无可如何的只想由自己去收拾残局。那斗落了大腿的蟋蟀,还想用那些小腿儿爬。祥子没有一定的主意,只想慢慢的一天天,一件件的挨过去,爬到哪儿算哪儿,根本不想往起跳了。]

(老舍《骆驼祥子》)

(157) 当时,朝鲜战争的炮火虽然已经停止,但是远东的紧张局势并没有真正缓和下来。[美国没有放弃从朝鲜、印度支那、台湾三个方向威胁中国的部署,继续坚持它反对新中国的立场;而它的盟国却越来越有所顾虑,所以,英国和法国都倾向于同意苏联的提议。] 结果 ,美国被迫改变原来的反对态度,提议得到了通过。

(力平《周恩来传》)

在例(156)中,"于是"表明祥子"一点儿办法没有"是由于他既"没那么聪明"又"没那个魄力"所造成的结果;在例(157)中,"结果"突出地表明"美国被迫改变原来的反对态度,提议得到了通过"是由"英国和法国都倾向于同意苏联的提议"直接导致的。相比之下,"于是"更重在指出由某些现象自然而然地引发的结果,而"结果"则重在直接、干脆地指出由某些现象所引发的最终结果。

除了以上结果标记之外,汉语中还有表示预期结果的"果然、果不其然、果真"等结果标记以及表示对结果可理解的"难怪、怪不得、无怪乎"等。

韩国语(朝鲜语)结果标记比较发达,不仅数量多,而且语义分工比较细密。常用的结果标记有"그래서, 그러므로, 그러니까, 그러니, 그랬더니, 그리하여, 이리하여, 하여, 그러기에, 그러길래, (그)때문에, 그렇기 때문에, 따라서, 결국, (그) 결과"等,此外,还有小句形式的"-까닭은/이유는 바로……때문이다, 까닭이 여기에 있다, 이유가 바로 여기에 있다"등。可以看出，在韩国语(朝鲜语) 结果标记中，"그-"(kw-) 系列接续词占据很大比重。根据我们对韩国 KAIST 语料库的统计，常用的韩国语(朝鲜语)"그-"(kw-) 系列结果标记的数量及频率如下表所示：

表 4.2　　　　　韩国语（朝鲜语）常用结果标记统计表

序号	结果标记	数量	频率	序号	结果标记	数量	频率
1	그래서	27823	0.000544	5	그러니	4402	0.000086
2	그러므로	11678	0.000229	6	그러기에	710	0.000014
3	그리하여	5809	0.000114	7	그렇기때문에	32	0.000001
4	그러니까	4954	0.000097				

我们认为，从语法化的角度来说，"그-"系列的接续词都是谓词的连接形式词汇化的结果，尽管这些接续词或多或少地保留了指代的语义功能，但是指示谓词"그리하다，그러하다"原有的语义已经十分虚化，只残留了谓词的范畴意义。但是有一点需要指出，即，出现在句首且具有连接作用的"그-"(kw-) 系列的语言形式并不都是接续词。例如：

(158) a. 나는 물에는 잘 가지 않았다. 그래서 우리 형제들 중 수영을 가장 못 했다.　　　　（한국 KAIST 말뭉치）

　　b. 스케이트를 타기 위해 동네의 큰 아이들은 가을걷이를 하고 나면 논에 물을 댄다. 그래서 빙판을 만들었다.　　　　（한국 KAIST 말뭉치）

在例(158a)和(158b)中，"그래서"同样位于句首，具有连接前后句的作用，但是前一个"그래서"是表示结果的接续词，可译为"因此"，而后一个则是指示谓词"그리하다"的连接形"그리하다+(아)서"，指代了前一句中的"논에 물을 대다"这一小句，可译为"那样"。本节将重点考察接续词"그래서"等结果标记的语篇衔接功能。例如：

(159) [다이아몬드는 순수한 탄소로 이루어져 있으며, 보통 8면체의 결정으로 되어 있어 광물 가운데 제일 단단하고 광택이 유난

히 아름다우며 광선의 굴절률이 강해 어두운 곳에서도 빛을 발한다.] 그래서 [다이아몬드는 보석 중의 여왕으로 군림하고 있는 것이다].　　　　　　　　　　　　　　　　　（한국 KAIST 말뭉치）

（160）인절미의 고물에는 콩가루와 팥이 쓰인다. [콩가루는 콩을 볶아서 가루를 낸 것이요, 팥고물은 팥을 삶아서 해체시킨 것이다. 즉 콩고물은 주로 불을 가해서 만든 것이지만, 팥고물은 물과 불을 적절히 배합해서 만든 고물이다.] 따라서 [그 맛의 차이도 특이하다. 콩고물은 철저히 부성（플러스）의 맛이요, 팥고물은 모성（마이너스）의 맛이다].　　　（박용숙<한국의 미학사상>）

（161）[치수의 침묵에 대항할 힘이 없었고 준구는 내심 치수를 몹시 겁내고 있었다. 자기 속셈을 다 드러내 보인 약점과 치수의 강인한 성격 그 두 가지가 합하여 준구를 위축케 했던 것이다.] 때문에 [치수 이마빼기에 푸른 줄이 솟을 지경이면 그는 허둥지둥 치수를 피하여 마을로 내려가군 했었다].　　　　（박경리<토지>1）

在例（159）中，钻石所具有的"坚固、有光泽、美丽、在暗处也散发光彩"的特点，是它能够"成为宝石中的皇后"的原因，而结果标记"그래서"（因此）则使语义中心落在它所连接的后项上，突出由钻石的特点形成的结果。在例（160）中，根据主要加热制成还是注水后加热制成，黄豆馅儿和红豆馅儿的制作方法是不同的，而根据不同的制作方法，馅儿的味道也是不同的，作者使用"따라서"（据此）重在突出由不同的加工过程产生的不同结果即"味道具有较大区别"。同样，在例（161）中，作者用"때문에"（所以）凸显了由于畏惧心理，"赵俊九"在"崔致修"发怒之前慌忙逃离的怯懦行为。

在韩国语（朝鲜语）中，可以说"그래서"是最为活跃的结果标记，不仅常用于书面语，也广泛用于口语中，而"때문에"虽也同时用于书面语和口语中，但其使用频率远没有前者高。相比之下，结果标记"따라서"则具有较强的书面语性质，较少用于口语。上述结果标记具有一个共同点：前项是原因，后项是由原因引起的结果。但是下列结果标记却有所不同，例如：

(162) [풍문에 의하면 우리 나라에 수입되었거나 밀수된 웅담이 곰 몇 만마리 분이나 되는데 실제 전세계의 곰 숫자가 그렇게 되지 않는다는 것이다.] 그러니까 [우리 나라에 있는 웅담의 수효가 전세계의 곰을 모두 씨 말리고서야 존재해야 하는 것이다]. 정통한 전문가의 애기로는 우리 나라 웅담의 대부분이 돼지 쓸개에 창호지를 붙여서 기묘한 수법으로 말린 가짜라고 했다.

(한국 KAIST 말뭉치)

(163) [황진이가 벽계수의 말고삐를 잡은 것도 그러한 달밤이었으며, 춘향이가 옥중서 눈물을 말리던 것도 그러한 밤이었다.] 그러기에 [한국의 연가는 모두가 기나긴 밤의 노래다. 대낮이 아니라 밤을 아쉬워하고 밤의 정을 그리는 마음이었다].

(이어령<흙 속에 저 바람 속에>)

在例（162）中，"进口的熊胆数量之多除非是捕杀全世界的熊之后才可得到"的观点是根据前述的"熊胆数量和熊的数量并不匹配"的事实得出的结论；在例（163）中，作者所提出的"韩国的情歌都是长夜之歌"的观点是从前面所列举的事实中得出的。可见，结果标记"그러니까"和"그러기에"也都重在突出某一结果，但是这一结果不是由某种客观原因引起的，而是作者或话者根据某种理由或根据得出的结论。在日常口语中，"그러니까"的变体是"그니까, 근까"，而"그러기에"的变体则是"그러길래, 그길래"。

与以上的结果标记相比，由名词充当的结果标记"결국"和"결과"则更鲜明地凸显某种结果或结论。例如：

(164) [농촌에 활력과 생기를 불어넣고 우리의 농업을 환경친화적인 생태농업으로 다시 일으켜 세우기 위해서는 농촌·농업의 가치를 새롭게 자각하고 근본적인 삶의 전환을 꿈꾸는 더욱 많은 젊은이들이 농촌·농업으로 돌아와야 한다.] 결국 [우리 농업의 성패는 우리와 후손을 위한 새롭지만 오래된 지혜인 생태농업, 환경농업에 얼마만큼 많은 젊은이들을 주체로 참여시키느냐에 달려 있다.]

(이병철<살아남기, 근원으로 돌아가기>)

(165) [이 대통령은 이날 오전부터 업무 오찬까지 하면서 7시간 동안 이어진 마라톤 회의를 내내 주재했다. 길어지는 발언은 자르고, 신흥개발국 정상에게는 적극적으로 발언을 권유했다고 한다.] 그 결과 [예정된 시간에 합의문을 도출해 낼 수 있었다].

(<조선일보>10/11/14)

二 条件标记

条件，指影响事物发生、存在或发展的因素。语篇中的条件标记，是连接表示条件的语篇构成单位和表示结果的语篇构成单位的语言标记。

根据条件标记所表示的具体的语义特点，汉语、韩国语(朝鲜语)条件标记可分为顺向条件标记、逆向条件标记和自由条件标记等三种。为行文之便，我们把表示条件和结果的语篇构成单位分别称为条件项和结果项。

(一) 顺向条件标记

顺向条件标记，指条件标记所连接的结果项是顺着条件项推导出来的。汉语顺向条件标记则主要有"那么"，韩国语(朝鲜语)顺向条件标记主要有"그러면, 그럼, 그렇다면, 그랬다면, 그래야, 그래야만"。例如：

(166) 有半个月的时间，没有完整睡眠。今天可以，但却失眠了。那么，做清扫吧。 (安妮宝贝《清扫》)

(167) [자신이 말할 차례가 다가오면 가슴이 뛰고 긴장감으로 몸이 굳어지는 것을 느낄 것이다. 그럴 때 즉시 주변 사람들이 눈치채지 못하도록 심호흡을 몇 번 해 보자.] 그러면 [두근거리던 가슴이 진정될 것이다.]

(한국 KAIST 말뭉치)

在例(166)中，"那么"表示"做清扫"这一行为是在"失眠"的条件下进行的。在例(167)中，"그러면"表示在由于紧张而心跳加速、全身麻木时，"做几次深呼吸"会使"原来怦怦直跳的心慢慢平静下来"，即"그러면"所连接的前项是条件，后项是由此条件引发的结果，而这一结

果项是由条件项顺势推导出来的。

在汉语和韩国语(朝鲜语)中,顺向条件标记有下列共同点:第一,条件项和结果项往往是未然句,因此,其结果通常具有推论的性质;第二,结果项可以是陈述句或疑问句,也可以是感叹句或祈使句。不同点是,汉语顺向条件标记的虚化程度较之韩国语(朝鲜语)条件标记更高,经常用作话语标记。

(二) 逆向条件标记

逆向条件标记,指条件标记所连接的结果项是在与前述条件相反的逆向条件下产生的。汉语逆向条件标记比较丰富,有"否则、(要)不然(的话)、要不是(的话)"等,韩国语(朝鲜语)逆向条件标记主要有"그렇지 않으면、안그러면"。例如:

(168) 他自觉进入了起跑线,与他争时间、斗智力的是他熟悉的对手——一个敢说敢为的莽撞青年农民赵号子。[他要在最短的时间里证实并制止这场由赵号子为首的聚众哄抢。] 不然 [就是渎职,一个共产党员的渎职——虽然只有上帝才会揭发他]。

(楚良《抢劫即将发生》)

(169) 洪加威打破了人们的传统观念,提出了别具一格的"例证法"。[人们只要找出一个具体的例子和一个误差范围,用计算机检查一下,如果这个例子在误差范围内正确,这个几何定理就被证明了。] 否则 [定理不成立]。这是对初等数学的一大贡献。

(《中国儿童百科全书》)

在例(168)中,"不然"表示"渎职"是在不能"制止这场由赵号子为首的聚众哄抢"时出现的结果,在例(169)中,"否则"表示"定理不成立"是在"这个例子在误差范围内正确"这一条件没有得到满足的情况下会产生的结果。

(170) 기포는 유리뱃치의 성분들 사이의 화학반응에 의하여 생기거나 뱃치분말이 용융됨에 따라 그 속에 있는 공기가 빠져나가지 못해 생긴다. [거의 대부분의기포는 유리 용융중에 제거되어야 한

다.] 그렇지 않으면 [유리는 만족할만한 품질을 가지지 못한다].

(한국 KAIST 말뭉치)

(171)"……잘못한 학생일수록 학교에 붙잡아 두고 더욱 바로잡아 주려고 노력해야 한다고 생각합니다. 학교 밖으로 내쫓는 처사야말로 문제아를 만드는 지름길이라고 생각합니다."

"여보시오 김선생! 미꾸라지 한마리가 우물을 흐리는 거요. [그런 미꾸라지는 빨리 우물 밖으로 추방해야 우물을 맑게 유지시킬 수 있는 거요.] 안그러면 [우물 전체가 오염된단 말이오]."

(한국 KAIST 말뭉치)

在例(170)中,"그렇지 않으면"表示"将无法生产出高质量的玻璃"这一结果是在"大部分气泡要在熔融之前提前去除"这一条件没有得到满足的情况下出现的;同样,在例(171)中,"안그러면"表示"马群会遭受影响"是在"赶出害群之马"这一条件没有得到满足的情况下发生的。

可见,汉语、韩国语(朝鲜语)逆向条件标记,表示其结果是在前述条件没能实现的情况或在出现相反条件的情况下发生的。

(三) 自由条件标记

有时,某一结果的出现不受任何条件的影响,即不论是有利条件还是不利条件,也不论是确定条件还是不确定条件,其结果都会实现。表示这种自由条件或结果的结构标记,就是自由条件标记。廖秋忠(1986)把汉语中的"不管、不论、不管如何、无论、不论、不管怎(么)样、反正"等这些条件标记称为"毋论条件的连接成分"。我们认为,在廖秋忠(1986)所列出的这些标记中常用于超句连接的主要有"不管""不管怎么说""无论如何""反正"等。例如：

(172) 福突然清醒地意识到,[他是一个贼了]。不管 [他偷没偷到东西]。他很害怕,祈求女主人说,我什么也没拿你的,你不能这么说啊。 (毕淑敏《墙上不可挂刀》)

(173) 老柯用双手轮流揉摸着他的灰呢绒鸭舌帽,手指动作温柔而娴熟,这顶帽子有时令他惶惑,但他深知自己是爱惜这顶帽子的。不管怎么说，[老柯已经离不开他的帽子了]。

（苏童《灰呢绒鸭舌帽》）

（174）他从地上爬起来就警觉地把大家审视了一遍。然而他面前是一张张激动、亲热、欣喜的面孔。无论如何 [也找不出一丝怨恨的表情]。他那深陷的眼窝里出现了一滴亮晶晶的东西。

（孙少山《八百米深处》）

在例（172）中，"不管"表示"他是一个贼了"这一事实不受他"偷没偷东西"的限制，即偷也好没偷也好，他已经被认为是一个贼了；在例（173）中，"不管怎么说"表示"老柯已经离不开他的帽子了"是不会因任何说法或现实而改变的；在例（174）中，"无论如何"表示他再怎么"警觉地把大家审视了一遍"或再采取什么识别方法，大家的面孔中"找不出一丝怨恨的表情"，也就是说，文中的"无论如何"表示没有什么样的条件可以影响这个结果。

比较而言，"不管""不管怎么说""无论如何"三个条件标记的虚化程度是并不相同的。"不管"的后面通常会出现表示条件的语言成分，可以是像"来还是不来"这样的正反句、可以是像"多少""对错"这样的正反义词、可以是像"什么人""哪里来的人"这样由表示任指的疑问词组成的偏正词组。但是，"不管怎么说"本身含有表示条件的语言成分"怎么说"，因此往往不会再出现其他条件项，而只出现结果项。可见，"不管怎么说"中的"说"还保留着"用话来表达意思"这一词汇意义。相比之下，"无论如何"中的"如何"所包括的是所有的条件，因此也只出现结果项。这三个条件标记的虚化程度可以依次排列为：无论如何>不管怎么说>不管。

然而，在韩国语（朝鲜语）中却没有与汉语相对应的形式化的语言标记，自由条件通常由副词"어쨌든，어쨌거나（간에），아무튼（암튼），하여간，하여튼"等来表示。例如：

（175）한국에서라면 어느 정도 이상 좋은 학교 아니면 혹 맘에 안 들지 모르지만 [그녀가 나온 학교의 수준까지 측정해 볼 이유는 없다]. 어쨌든 [영어에 능통하지 않은가]. 그녀의 키는 일미터 육

십오센티 정도 되는 것 같았는데 참 적당했다. 한국에서 내가 어쩌다 가까이 접할 수 있게 된 대학졸업의 여자들은 얼굴이 안예쁜건 둘째치고 왜 그리들 키가 작은지. （한국 KAIST 말뭉치）

（176）"프랑스에 가지 않겠어요. 난요, 아빠가 중요해요. 새아빠는 필요없어요." 엄마도 마찬가지구요. 마지막 말은 꾹 참았죠. ［그쯤이면 엄마도 내 생각을 알아차렸을 거예요.］

하여튼 ［이식센터에 입원한 그날 엄마는 프랑스로 돌아갔고］, 일주일이 흘렀어요. 엄마는 곧 다시 오게 될 거라고 말했어요, 하지만 전화 한통 없는 엄마예요.

（조창인<가시고기>）

在例（175）中，"어쨌든"表示"她"毕业哪一所学校是次要的，因为她"精通英语"，即她"是否名校出身"这一条件并不影响她"精通英语"这一结果。在例（176）中，"하여튼"表示不论"妈妈"是否明白了"我"的想法，就结果而言"她"还是回到法国去了。

根据具体语境，韩国语（朝鲜语）的"어쨌든""아무튼""하여간""하여튼"等副词通常对应于的汉语副词"反正"或"不管怎么说"等。而汉语自由条件标记中的"不管"则通常对应于"아무리……도""-를 막론하고/불문하고""-나……지않으나"以及"어떻게……든지"等语言形式；"不管怎么说"则经常对应于"어쨌든""어쨌거나 간에""뭐라고(말) 하든""뭐라고 해도""뭐니뭐니 해도"等语言形式；"无论如何"则通常对应于"어쨌든"；"反正"经常对应于"어쨌든""아무튼""하여간""하여튼"等副词。

三 目的标记

目的标记，主要表示目的和相关措施之间的语义关系，它所连接的前一项往往是所要达到的目的，后一项则是为实现这一目的所采取的手段或措施。从广义上来看，目的是所要达到的结果，为目的采取的措施则是目的得以实现的原因，因此，我们也把目的标记也看作"原因—结果"关系标记的一类。

相对于其他类型的结构标记，汉语和韩国语（朝鲜语）的目的标记并不发达，只有"为此""그러기 위해서, 이를 위해서는"等有限的语言形

式。例如：

(177) [主体接收客体信息，开始只是把握事物的现象。但是人的认识不能停留在现象上，应该透过现象把握事物的本质和规律。] 为此，[必须由经验认识上升到理论认识。从信息角度看，就是大脑对于感官接收来的初始信息进行加工的过程]。

(齐振海主编《认识论探索》)

(178) [中国响应世界卫生组织和联合国儿童基金会的倡议，大力开展促进母乳喂养、创建爱婴医院的活动，将2000年实现以省为单位母乳喂养达到80%作为《九十年代中国儿童发展规划纲要》的一项主要目标，并承诺到1995年创建1000所爱婴医院。] 为此，[中国卫生部于1992年5月向全国发出了《关于加强母乳喂养工作的通知》，并制定有关法规，加强对母乳代用品的销售管理，限制母乳代用品的销售活动。在各级政府的领导下，中国开展了大规模的以创建爱婴医院为主的爱婴行动。] (《中国的儿童状况》)

在例(177)中，"为此"所连接的前一项"应该透过现象把握事物的本质和规律"是要达到的目的，而"必须由经验认识上升到理论认识"是为达到这一目的所要具备的条件；同样，在例(178)中，"为此"的前项是目标，后项则是具体的措施。从以上两例中可以看出，目的标记"为此"所连接的后项往往是一个动态句，且动词往往是行为动词，因为要实现某一目的，就要采取一定的措施，而措施是通过一系列行为或动作来完成的。但是有一点必须指出，那就是并非所有用于句首的"为此"都是目的标记。例如：

(179) 外层空间属于全人类，应完全用于和平目的，造福于人类。为此，中国主张全面禁止和彻底销毁外空武器。反对发展反卫星武器。 (《中国政府白皮书·中国的国防》)

(180) 随着江西修水县抱子石电站工程库区蓄水日期的临近，闻名中外的文物景观黄庭坚书法石刻群正面临被淹没的危险。为此，文物保护部门呼吁，应尽快采取措施，挽救千年文物的命运。

(新华社 2004 年新闻稿)

（181）长期以来，由于台湾方面不开放两岸直航，致使在祖国大陆投资兴业的广大台商春节返乡一票难求，费时耗力。为此，广大台商提出春节包机直航的正当要求。　　（新华社 2004 年新闻稿）

在例（179）—（181）中，"为此"所连接的前项是原因，后项是由此产生的结果，前后项构成了因果关系。在这三个例文中，"为此"指"因为此"，是表示因果关系的结果标记，而非表示"目的—措施"关系的目的标记。

（182）나폴레옹은 코르시아의 몰락한 귀족으로 그리고 일개 포병 장교의 몸으로 황제의 자리에까지 오른 사람이다. 그는 현실에 자기를 적응시킨 사람이 아니라 현실을 자기에게 적응시킨 역풍의 영웅이었다.
　　그러나 [김유신은 현실에 자기를 순응시키려 했다]. 그러기 위해서는 [거의 범인과 다름없는 행동을 취했다]. 틀 안에서의 성취였다.

(이어령<흙 속에 저 바람 속에>)

（183）[새로운 선택을 위해서는 다른 한편의 것을 놓아야 하듯이 삶의 전환에는 필연적으로 고통이 따르고 적응할 때까지는 시간이 필요하다는 사실을 인식해야 한다. 꿈을 갖되 현실의 어려움을 직시하고 새로운 삶을 시작하기 위한 마음다짐과 준비를 철저히 해야 하는 것이다.] 이를 위해선 [우엇보다 먼저 욕심을 줄이고 철저히 배우는 자세가 필요하다]. 농업이란 생명을 가꾸고 돌보는 일인 까닭에 생명에 대한 외경심과 꾸준한 정성, 그리고 섬세한 손길을 필요로 하며, 이 모든 것이 마음자세에 달려 있는 것이다.

(이병철<살아남기, 근원으로 돌아가기>)

在例（182）中，"그러기 위해서"（为此）所连接的前一项"金庾信力求顺应现实"是一个目的句，而后一项"采取了像囚犯一样的行动"则是为达到这一目的所采取的措施；在例（183）中，"이를 위해선"（为此）

所连接的前一项"改变人生必然伴随痛苦，它需要一定的时间慢慢适应"是作者要求回归农田的人们所认识到的，而"减少贪念，从零开始学"则是达到这种认识的条件。可见，"그러기 위해서"和"이를 위해서는"所连接的前一项是目的，后一项则是为实现这一目的而采取的措施或要具备的条件，因此，二者都是目的标记。

第五节　小结

（一）提出了"逻辑意义结构标记"这一概念

所谓逻辑意义结构标记，指表示语篇命题内容之间的逻辑衔接关系，并与命题内容一同形成语篇结构的语言要素。其特点是，很少或完全不增加新的真正意义，依据自身所承载的表示时间顺序或逻辑框架等语义功能，在语篇中标示结构关系，起超越句子的衔接功能。

（二）指出汉韩（朝）逻辑意义结构标记的特点，并归纳了主要类型

1）特点

主要具有如下三个方面的特点：从功能上看，逻辑意义结构标记表示前后构成单位在语义上的转承关系，具有超句的连接功能；从位置上看，逻辑意义结构标记主要位于句首；从形式上来讲，逻辑意义结构标记既有词语，也有词组或惯用形式，甚至还有小句形式。此外，从来源上看，韩国语（朝鲜语）逻辑意义结构标记中的一部分是由指示谓词的活用形派生而来的，一部分则是与指示谓词的活用形无关的接续词或副词。

2）类型

本着语义和用法相接近的原则，同时根据语篇构成单位之间的逻辑语义关系，本书把汉韩（朝）逻辑意义结构标记分为"元素—元素"关系标记、"对应点—对应点"关系标记及"原因—结果"关系标记等三种类型。

在语篇中，逻辑衔接结构的形成在很大程度上取决于客观的逻辑语义关系，但是具体采用哪一种结构关系、是否使用结构标记以及选用哪一种结构标记，则取决于话者或作者的主观视点。

（三）全面描写了汉韩（朝）逻辑意义结构标记的共同点和不同点

1）根据语料，确定了汉韩（朝）逻辑意义结构标记的主要成员，我们按照汉语和韩国语（朝鲜语）逻辑意义结构标记的三个主要类型依次

进行了对比，在描写时，先对每一种逻辑关系类型进行阐述之后，用图式显示了其结构关系特点，再根据其次类逐一进行了描写。

在汉语和韩国语（朝鲜语）语篇中，经常使用或较常使用的逻辑意义结构标记如下表所示：

表 4.3　　　　　　汉韩（朝）逻辑意义结构标记分类表

逻辑意义结构标记类型				汉　语	韩国语（朝鲜语）
"元素—元素"关系标记	罗列标记	并列标记		（与此）同时、一方面、另一方面、同样、同理、相应地	그리고（그리구），또，또한，（그와/이와）동시에，한편（으로），다른 한편，그런가 하면
		连贯标记		于是、接着、紧接着、跟着	그러자, 그리고, 그리고는（그리곤），그리고서，그리고 나서，그리고 나서야，그리고 나니까，그리고 나면，그러고，그러고는，그러다가，그러더니，그러면서，계속해서
"元素—元素"关系标记	罗列标记	递进标记		而且、并且、况且、何况、加上、加之、再加上、再加以、再、再说、再则、再者、再有、进一步、进而、不仅如此、何止如此、甚至、（就）连……也/都、就是……也	더구나，더더구나，더군다나，더욱이，게다가，거기다가，하물며（……에랴），나아가（서），뿐만 아니라，-（뿐）만 아니다，그뿐 아니다，어디 그뿐인가
		附加标记		此外、另、另外、还有、除此之外	이 외에도, 이/그 밖에（도），아울러，기타
	选择标记	任选		或、或者（说/是）	혹은, 또는, 아니면
		特选		尤其是、特别是、其中	특히, 그중에, 그가운데
	序列标记	时间序列标记	先时	最先、最初、首先、起先、开始、原先、本来、此前、之前、在此之前	우선, 먼저, 처음（에는）
			后时	然后、而后、尔后、最后、后来、以后、此后、其后、事后、随即	（그）다음（으로），그런 후，그 뒤，나중에는，마지막으로，종국에는
		逻辑序列标记		一是、二是、三是、其一、其二、其三、第一、第二、第三、第一步、第二步、第三步、首先、其次、再次、最、甲、乙、丙	첫째（로/는），둘째（로/는），셋째（로/는），하나，다른(또) 하나，우선/먼저，또/또한，（그）다음으로，끝으로/마지막으로

续表

逻辑意义结构标记类型			汉语	韩国语（朝鲜语）
"对应点—对应点"关系标记	比较标记		同样、同理、相应地……也、比较而言、相比之下、与此/之相比、对之下、相形之下、同……相比	이에 비하여, 이/그와 비교하면, 여기에 견주면, 여기에 비기면, (이와) 마찬가지로
	对立标记		(与此/与之/和这) 相反、相反的/地、反之、反过来(说/讲)、恰恰相反、(所) 不同的是	반면 (에), 대신 (에), -와 (는) 반대로, -반하여, -와 대조적으로, -와 (는) 달리, 도리어, 오히려
	转折标记	对立性转折标记	但（是）、可（是）、然而、而	그러나, 하지만, 하건만, 그렇지만, 그렇건만, 허나
		限制性转折标记	只是	다만, 단지
"对应点—对应点"关系标记	转折标记	违逆性转折标记	尽管如此	그럼에도(불구하고), 그랬음에도, 그런데도, 그러면서도, 그렇다 하여도, 그래도 (그래두)
		转换性转折标记	不过	그런데 (근데), 헌데, 한데
		解释性转折标记 实情	其实、事实上、实际上	기실, 사실, 실은, 실상, 사실상, 실제로
		解释性转折标记 让步	当然、自然、诚然、固然	물론
"原因—结果"关系标记	因果标记	缘由标记	因为、究其原因	왜냐하면 (-기 때문이다)
		结果标记	所以、因此、因而、于是、结果、为此、正因为(如)此	그래서, 그러므로, 그러니까, 그러니, 그랬더니, 그리하여, 이리하여, 하여, 그러기에, 그러길래, (그) 때문에, 그렇기 때문에, 따라서, 결국, (그) 결과
	条件标记	顺向条件标记	那么	그러면, 그럼, 그렇다면, 그랬다면, 그래야, 그래야만
		逆向条件标记	否则、（要）不然（的话）、要不是（的话）	그렇지 않으면, 안그러면
		自由条件标记	不管、不管怎么说、无论如何、反正	어쨌든, 아무튼 (암튼), 하여간, 하여튼, 어쨌거나 (간에)
	目的标记		为此	그러기 위해서, 이를 위해서는

2) 汉韩（朝）逻辑意义结构标记的共同点和不同点

（1）共同点

①汉韩（朝）语篇都是语篇构成单位按照一定的逻辑语义关系连接起来形成的，都具有逻辑意义结构标记系统。

②汉韩（朝）语篇都具有共同的逻辑语义关系类型，包括并列、连贯、递进、选择、对比、因果、目的、条件等结构关系。韩国语（朝鲜语）所具有的逻辑语义关系，汉语也都具有；汉语所具有的逻辑语义关系，韩国语（朝鲜语）也同样具有。

③在汉韩（朝）超句层面的逻辑语义关系中，根据是否使用逻辑意义结构标记，逻辑意义结构连接分为隐性连接和显性连接，而作为显性连接手段，逻辑意义结构标记的使用和选用以一定的客观事实为基础，但也带有一定的主观性。

（2）不同点

①在"元素—元素"关系标记中，就连贯标记而言，韩国语（朝鲜语）比汉语发达；就时间序列标记而言，汉语比韩国语（朝鲜语）发达。

②在"对应点—对应点"关系标记中，韩国语（朝鲜语）转折标记总体上比汉语发达，尤其是对立性转折标记和违逆性转折标记非常发达。

③在"原因—结果"关系标记中，韩国语（朝鲜语）缘由标记细分为原因标记和理由标记，但是汉语中却没有表示理由的形式化的语言形式。此外，韩国语（朝鲜语）结果标记比汉语发达。

第五章

汉韩（朝）人际意义结构标记

在语篇中，人际功能主要指话者通过表明自己的身份、地位、态度、评价、动机等信息的方式建构话语，从而参与社会活动并建立社会关系的语言功能。在语篇中具有这种功能的结构标记，我们称之为人际意义结构标记。

第一节　人际意义结构标记的特点

人际意义结构标记不同于概念意义结构标记，它对语篇的命题内容不增加任何真正意义；同时，也与逻辑意义结构标记不同，不表征语篇构成单位之间的逻辑语义关系。但是，人际意义结构标记并不是语篇中可有可无的冗余性成分，而是语篇结构的一个组成部分。

在语篇中，人际意义结构标记具有如下特点：

第一，主观性

在交际中，话者或作者在陈述某一件事情或表明某种观点时，总是要流露出自己的立场、态度或情感，即带上"自我"的表现成分（沈家煊，2001）。这种"自我"的表现成分反映在语篇中，就是语篇结构的主观性。例如，"说实话、平心而论""솔직히 말하면, 감히 말하건대"等人际意义结构标记是以话者或作者为中心的语言成分，对语篇或话语中的命题不产生任何影响，所承载的信息只是话者的主观态度。相比之下，"同时、因为、但是""동시에, 왜냐하면, 그러나"等逻辑意义结构标记虽然也不影响命题的真正意义，但是它们表征命题之间的逻辑意义，而且是以一定的客观事实为基础的。可见，主观性是人际意义结构标记最显著的特征，也是它区别于其他类型结构标记的重要特征。

第二，程序性

在交际中，话者或作者通常对两种基本意义进行编码：一是概念意义,一是程序意义。概念意义所表征的是概念,具有逻辑性。在汉语和韩国语(朝鲜语)中,大多数实词,如动词、名词、形容词及一部分副词所具有的词汇意义都是概念意义,用陈述句形式描述事态的句子也是具有真正意义的,因此,它们所表示的都是概念意义。而程序意义,则指话者或作者为了更好地表达自己的交际意图,在编码的程序上加以制约或引导,使听者或读者在付出较少努力而达到最大的语境关联。可以说,人际意义结构标记所体现的正是这种程序性意义。

第三,句法上的独立性

本书所探讨的人际意义结构标记,主要包括"嗯、我说、你看""아, 저기요, 말이야, 뭐냐 하면"等话语标记和"坦白地说、如前所述、总而言之""환언하면, 예를 들어, 총적으로 말하면"等元话语标记。这些人际意义结构标记在传统语法中被称为"插入语"和"독립성분(独立成分)/홀로말(独立语)/외딴성분(单独成分)"。人际意义结构标记,虽然是从语篇分析的角度按照语篇功能分出来的类型,但是其句法上的特点同前述的概念意义结构标记和逻辑意义结构标记具有明显的区别,具体来说:

首先,它们通常不影响所在句的合法性,从所在句表示的概念意义来说,它们是可有可无的随意性成分,即不增加任何真正意义。其次,它们在句中的位置比较灵活,可以出现在句首,也可以出现在句中或句末。

由于本书主要考察的是在语篇结构中用于超句连接的语言标记,因此,本章将着重探讨人际意义结构标记位于句首的情况。在汉语和韩国语(朝鲜语)中,人际意义结构标记主要由话语标记和元话语标记两种形式组成,它们所表示的都是人际意义,而且经常位于句首,起语篇连接或话语连贯的功能。下面,我们将依次对比汉韩(朝)人际意义结构标记中的话语标记和元话语标记。

第二节　话语标记

从话语分析的角度来看,汉语和韩国语(朝鲜语)具有共同的话轮转换系统和转换机制,而且话语结构一般都由开头、过程、结尾等三个部分组成,话语过程又包括问答、重复、打断、修正等言语行为。此外,从话语使用的角度来看,在汉语和韩国语(朝鲜语)会话中,都频繁地使用话语标记。

在中国,话语标记的研究首先始于英语学界,如何自然、冉永平(1999)、冉永平(2002,2004)、莫爱屏(2002,2004)、吴亚欣、于国栋(2003)、李佐文(2001,2003)、李勇忠(2003)、冯光武(2004,2005)等学者考察了英语话语标记在话语层面的语用功能和语用制约,或者从连贯和关联的角度探讨了其认知特点。在汉语学界,率先把话语标记理论应用于汉语的学者是方梅(2000,2002,2005,2007)。她根据自然语料,对汉语中的具体语言现象进行了研究,探讨了话语标记的产生原因和存在理据。此外,对个体话语标记的研究有张谊生(2002)、董秀芳(2004)、高增霞(2004)、王伟(2004)、曾立英(2005)、史金生(2005)、刘丽艳(2006)、李宗江(2006,2009)、郭凤岚(2009)、李咸菊(2009)等。

在韩国,话语标记在传统语法中被称为"의지감탄사"(意志叹词)(최현배,1971)、"군말"(冗余语)(김종택,1982)、"머뭇거림(踌躇现象),입버릇(口头禅)"(남기심,고영근,1985)"머뭇말(踌躇语),덧말(附加语)"(노대규,1989)等,可以说并没有被大多数学者所重视。到了20世纪80年代后期,随着话语分析和语篇分析逐渐兴起,部分学者开始关注实际交际中的话语现象,话语标记也以"간투사"(叹词)、"담화대용표지"(话语替代标记)、"담화표지어"(话语标记语)、"화용표지"(语用标记)等名称得到了较为深入的研究。其中,安周浩(안주호,1992)、金善姬(김선희,1995)、李贞爱(이정애,1999)、金泰烨(김태엽,2000)、全英玉(전영옥,2002)、金香花(김향화,2002)等学者从整体上对话语标记进行了分类,并考察了话语标记的语用功能;任圭洪(임규홍,1995,1997,2002,2006)、李汉奎(이한규,1996)、具宗男(구종남,1997,1998,1999,2004)、李元彪(이원표,2001)、闵炳宇(문병우,2002)等学者则考察了个别话语标记的话语功能及语法化历程。

在汲取以上研究成果的基础上,根据我们对语料的分析,我们发现汉韩(朝)话语标记具有如下共同点:

第一,都主要用于口语,在音节上可以是双音节也可以是多音节,并且具有一定的语气,通常伴有短暂的停顿。

第二,在形式上,都具有一定的稳固性。既可以是词、词组,也可以是小句或惯用形式。

第三,在句法上,不与其他成分发生任何句法关系。

第四，在语义上，其原本具有的基本词汇意义已经虚化，主要表示话语的程序意义，而且具有很强的主观性。

第五，从成员来看，有接续词/连词、副词、代词、叹词、词尾/助词，还有部分词组及惯用形式。

据此可以确认，汉语、韩国语(朝鲜语)话语标记是主要用于口语交际的一种功能成分，是句法上相对独立、语义基本虚化、主要表示话语程序意义的语用成分。根据这一定义，我们可以确定汉语和韩国语(朝鲜语)话语标记的大体范围。

  词汇形式：叹词：아，어，야，음，응，예，네，글쎄；啊、嗯、哎、呃
      代词：이거，저기，저，거기，거，그거；这、这个、那、那个、这样(子)
      副词：정말，참，이제(인제，인자) 좀，막，어디，그래；真的
    接续词/连词：그래서(그래갖구)，그러니까(그니까，근까)；
         然后、所以(说)
      助词：-요，-그래；的话、吧、呢、啊/呀
  谓词形式：뭐지，뭐야，뭐냐면，뭐랄까，있잖아/아요/습니까，있지(요)，말이야/이지/에요/입니다；是吧、对吧、不是、完了、回头
  小句形式：거 뭐야/뭐더라，뭔가 하면，아니 근데，아 참，그건 그렇고，그래 가지고，글쎄말이야，그거 있잖아/아요/습니까；是不是、你看、你说、你看你、我告诉你、我跟你说、啊/噢对了

不过，由于话语标记对口语交际信道具有很强的依赖性，具有动态性、随意性、主观性的特点，往往根据不同的语境表示不同的话语意义，其功能多体现为复合型的话语功能，因此，很难统一归入某一类型。但是，根据汉语和韩国语(朝鲜语)话轮结构的阶段性特点和话语标记所具有的核心话语功能，可以把汉韩(朝)话语标记大体分为起始功能话语标

记、延续功能话语标记、切换功能话语标记、抢夺功能话语标记及结束功能话语标记等五种类型。

本章将着重考察在汉韩(朝)话语标记中具有结构标记功能的话语标记。

一 起始功能话语标记

起始功能话语标记,是指话者在话轮的起始阶段,为引出一个话题而使用的话语标记。话者使用这种话语标记意在更好地引出谈话内容,有时,当话者觉得话题较难启齿时也会使用这种话语标记。

具有起始功能的汉语话语标记有"嗯、啊、这个、那个、那什么、怎么说呢、就是吧"等;韩国语(朝鲜语)话语标记,有"저, 저기, 어, 에, 말이야, 말이오, 말입니다, 있잖아 (요), 있지요, 다른게 아니라, 사실 (은), 어떻게 말해야 할지 (잘 모르겠는데요), 이렇게 말해도 될런지 모르겠지만"等。

(1) 语境:权某是金某的同学,正在给金某打电话。
权:喂,是我!
金:啊——是大姐啊!
权:哈哈,怎么样,忙吗?
金:还行吧,大姐……你怎么样?挺好的?
权:啊……还那样。那个——,××,求你点事儿呗?(JLN个人语料库-电话录音)

(2) 语境:大家正在看电视,傅明手拿小本子走进来。
傅明:这个——咱们先开个会啊。
志国:唉,爸,我说您主持工作才一星期,可都开三回会了。
傅明:怎么了?
园园:唉,爷爷,可以请假吗?我的功课还没做完呢。
傅明:不许请假,开短会很快嘛,啊,我先说几句啊。啊——自从我主持家庭工作以来,……

(《我爱我家》,引自刘丽艳(2005))

在例（1）中，权谋和金某是好朋友，但是俩人有一段时间没有联系，所以当权某在给金某打电话求她办事时，为了拉近彼此间的距离，也为更自然地引出话题，使用了话语标记"那个"。在例（2）中，大家正在看电视时"傅明"突然进来要求开会，为了把大家的注意力从电视上引到自己身上，他使用了话语标记"这个"；而当他要正式介绍自己的报告内容时则使用了"啊"，试图再次引起大家的注意。两例中的"那个""这个"和"啊"都不具有实际的词汇意义，而且尾音拉得较长，可见，它们都是话者为了引出下一个话题而使用的标记语。

例如：

(3) 문맥①: 학생 김모가 선생님인 갑에게 전화를 건다.

김: 선생님, 제 xx 입니다.

갑: 양.

김: 저 선생님요, 저요 이제 금방 논문을 선생님께 메일로 보냈습니다. 그래서 시간이 되시면 한번 좀 봐주시겠습니까?

갑: 아-그랬소? 그럼 그러기오.

(KRN 개인 말뭉치-전화녹음)

(4) "일어날까, 그만?"

그가 시계를 들여다보자 명우가 말했다.

"아니야, 그런 건 아니구. 저기, 우리 자리를 좀 옮길까?"

경식이 조심스레 그에게 물었다.

"그러지 뭐."

명우가 흔쾌히 대답을 하고 나자 경식이 남은 소주를 들어 잔에 따랐다.

"실은 말이야. 은림이를 오라고 했었어."

경식은 말을 꺼내 놓고 조심스레 명우의 눈치를 살폈다. 혹시나 그의 마음을 상 하게 할까 봐 겁이 나는 듯한 경식의

---

① 本章部分例文前标示的"语境""문맥"指的是本书作者采集的口语语料以及电视录音语料中的会话语境。由于书面语篇中的对话部分都有相关叙述，因此不另出示语境。

태도 때문에 명우의 얼굴은 정말 어색하게 굳어져 버렸다.
(공지영<고등어>)

在例（3）中，金某是甲的学生，金某觉得老师一直很忙，让老师审阅论文稿就是给老师添麻烦，觉得有些不好意思说出来，因此在会话的开头使用了话语标记"저"（那个）。在例（4）中，当"敬植"谨慎地提议换个地方喝酒时使用了话语标记"저기"（那个）；而当他紧接着又说出自己已叫了"恩林"一同来喝酒时又使用了"실은 말이야"（其实呢）。因为"恩林"是"明雨"的旧情人，"敬植"想让"恩林"同席但又怕"明雨"不快，所以，两次发话都使用了引出话题的话语标记。可以看出，上述两例中的"저"（那个）"저기"（那个）作为代词所具有的指示义已完全虚化，"실은 말이야"（其实呢）也并不表示对前述话语的否定或修正，它们都是话者在小心地引出某一话题时所使用的标记语。

二 延续功能话语标记

延续功能话语标记，是指话者在会话过程中围绕某一个话题进行陈述时，为了使话语更加连贯或避免话题中断而使用的话语标记。在会话中，延续功能分为两种情况：一种是当前话者的话语在话轮内延续，另一种是当前话者的话语是对前一个话轮中的言语行为的延续。

常见的汉语延续功能话语标记有"然后(吧)、后来吧、完了(吧)、所以(啊)、这个、那个、唉、啊、嗯"等；常用的韩国语(朝鲜语)延续功能话语标记有"그래서（말이야），그래갖구，그담에(어쨌는지 알아?)，그 있잖니，그러니까（그니까），그리고（그리구，글구），예/어/응"等。

在汉语中，话者经常用于话语延续的话语标记有叹词"啊"、连词"然后、完了"以及小句形式的"你看你、我跟你说"等。例如：

(5) 语境，保险公司业务员李某是金某的嫂子，正在讲述一件理赔案。

李：这个人吧，也巧，前一段时间吧，刚买了意外险，结果吧，没过几天儿人家就受伤了。啊，不小心把手指上这个筋啊（做手势）给割断了，还三根呐！怎么整啊，就得住院呐，你说这一住院吧，人就花了三千多块钱，三千多呢！

金：是吗，有这回事啊？

李：(喷) 你看你，真的！不过不是我的客户。然后你猜吧，人最后拿了多少理赔金？

金：嗯……几百块？

李：啥呀！除了挂号费什么的，好像就除了六十多块钱吧，我跟你说，人我们公司全赔了！啊！

(JLN个人语料库-现场录音)

(6) 语境：傅明在历数家人的种种不是之后，让志国夫妇做自我检讨。

志国：家有长子，国有大臣，问题发展到今天，我们深感到我们的表率作用起得很不够。啊，这个，平时吧，他们在背后议论您，尤其是志新，我们非但不予以制止，反而推波助澜，实在是不应该啊。

傅明：不要避重就轻。

(《我爱我家》，引自刘丽艳(2005))

在例(5)中，李某的话语中出现了"吧、啊、你看你、然后、我跟你说"等大量的话语标记。其中，"你看你"是承接对方话语而使用的延续功能话语标记，带有责备之义，而"啊、然后、我跟你说"等话语标记则是话者为了使自己的话语继续下去而使用的延续功能话语标记。同样，在例(6)中，话语标记"啊、这个"是话者为了引出更加深刻的自我检讨，使话语进一步深入而使用的延续功能话语标记。

(7) 문맥: 김모가 리모에게 전화로 자문한다.

김: 무슨 일인가 하면양, 거 예를 들어 "총적으로 보면 어떻어떻다" 라든가 "앞에서 얘기한 바와 같이 뭐 어떠어떠하다" 라든가 이런데서 그 "총적으로 보면" "앞에서 말한 바와 같이" 이런거 제 생각에는 무슨 성분 같소?

리: 그거 아마——예 독립성분으로 봐야 될껩다.

김: 그렇소? 이거양 한어에서는 다 삽입어로 보는데……
그러믄 제 인상에 어 느 문법책에서 이런 거 좀 상세히
다뤘습데?

리: 그거 예 조선에 문법책 아니믄 우리 중국 조선어 문법
책을 보면 될껨다. 그 있잖습까 최윤갑 선생님꺼라
든지 그 예 김광수 선생님꺼라든지 그 예 아마 그런데
있을껨다.　　　　　　　　　(KRN 개인 말뭉치-전화녹음)

(8) "아직 뭐라고 단정 내릴 수는 없지만, S. G. O. T. 가 천을 훨씬 넘었어요. 그러니까 간 효소의 수치가 위험한 거지. 이건 좀 드문 일이긴 한데." "그게 무슨 소리야. 문자 쓰지 말고 좀 시원시원 그냥 말해 봐, 임마." 의사는 잠시 망설이는 듯했다. 말해 버려도 될까 하는 망설임이 잠시 그의 얼굴을 스치고 지나가더니 이윽고 그는 결심을 한 듯했다. 하지만 명우의 시선과 잠시 부딪치자 그는 얼른 시선을 내리깔았는데 그때 명우의 심장도 쿵 하고 내리깔렸다.

"그러니까 결핵약을 잘못 먹으면 간이 심하게 약해지는 수가 있는데. 우리 말로는 그러니까…… 전격성 간염이라고 하지. 초음파 검사를 하니까 간의 크기가 벌써 많이 줄어들었어. 이런 경우 앞날은 누구도 예측할 수가……"

(공지영<고등어>)

在例(7)中,李某在第二次发话中先指出朝鲜和中国的语法论著之后,用"그 있잖습까"("그 있지 않습니까"的缩略形式)引出了具体语法学家的论著。这里的"그"(那个)和"있다"(有)已经失去了表示远称和存在的实际意义,而组合成在话轮结构中体现话语延续的话语标记。另外,金某与李某的发话中都出现了"양""예"等话语标记,由于金某较之李某年长,因此金某使用了表示对下称的"양",而李某则使用了表示对上称的"예"以及"그거 예"和"그 예"。但是这里的"양""예"只是发话过程中使用的一般性话语标记,而不是具有结构标记功能的话语标记。在例(8)中,第一个"그러니까"表示由某种原因推导出的结果,属于逻辑意义结构标记;但是第二个加字符边框的"그러니까"的语义有些虚化,其功能主要是引出下面的话语,即在话轮结构中延续话者的上一次的发话。第三个"그러니까"则已完全虚化,只表示话者为了找到确切的言

辞而进行短暂的思考,但是其功能是小句内的延续功能,而非结构上的延续功能。

口语的动态性,显著地体现在日常对话的即兴特点上,因此,不同于书面语,实际口语中较多地出现重复性的或随意性的语言成分。例如,不少汉语、韩国语(朝鲜语)话者在跟特定对象交际时经常使用一些近乎程式化的习惯性用语,而有的话者不论什么场合或什么内容,会频繁地使用某一个特定的语言成分即口头禅,这种口头禅,有词语、词组形式,也有小句形式。但是,并非所有的口头禅都具有结构标记功能,有的只具有小句内的延续功能。

三 切换功能话语标记

切换功能话语标记,是指话者在会话过程中为了切换话题而使用的话语标记。这种切换功能有两种情况:一是话者在话轮中对自己前述话题的切换,二是话者对对方话题的切换。

常见的汉语切换功能话语标记有"不是、这个、那个、啊、对了"等;具有切换功能的韩国语(朝鲜语)话语标记,有"그건 그렇고(구),아,진짜,정말,참"等。例如:

(9) 语境:甲、乙两个人在通话。
甲:啊,是我。
乙:嗯。
甲:怎么样,这两天家里都挺好的?
乙:还行——吧。
甲:啊——是吗。
乙:嗯。……
甲:你——单位那边儿也没啥事儿?
乙:不是,你到底啥事儿吧!
甲:啊,没啥事儿,就呆着没意思,给你打个电话……
(JLN个人语料库-现场录音)
(10) 语境:傅明一家要去参加卡拉OK大赛。
志新:爸,明天就比赛了,您看是不是给我们作个赛前动员啊。
傅明:等到我们明天参加比赛的时候,啊对了,志新啊,这次参加比赛的名单上没有你啊。

(《我爱我家》，引自刘丽艳（2005）)

在例（9）中，"不是"并不是以否定判断的形式来使用的，而是话者用来引出与对方话语相反或相对的话题时所使用的，带有一定的不满之义，可看作切换功能话语标记。同样，在例（10）中，"啊"和"对了"合用表示话者进入与前述话语相对、相反或不和谐的话题，也是表示切换的话语标记，但是，此时的"啊对了"还具有"猛然想起"之义。

(11) 문맥: 선생님 갑이 김모에게 전화를 건다.
갑: 아, 내요.
김: 예예! 압니다.
갑: 그래 지금 그냥 쓰고 있소?
김: 예! 이제 한 사나흘 쯤이믄 제1장이 대충 나올 것 같습니다. 예, 그래 한 며칠후에 갖다드릴려구 지금 부지런히 그냥 씁니다. ……
갑: 양, 그건 그렇구, 거, 무슨 일인가 하면, 저기 한국에서 제앞으로 책이 왔더구만. 그래서 오늘 시간 되믄 와서 찾아가오. (KRN 개인 말뭉치-전화녹음)

(12) "뭐하는데냐?"
"구멍가게다. 컴퓨터 판매업소야. 용산 전자상가 안에 있어. 재작년에 감옥에서 나와서 차렸지. 어려운 일 있거든 한 번 와. 컴퓨터 싸게 좋은 걸로 맞추어 줄게. 돈은 좀 벌고 있거든. 내가 돈 벌고 요즘은 대신 마누라가 유가협에 나가. 내가 현장 가고 빵에 가고 하는 동안 출판사를 다니면서 나 뒷바라지 해 줬으니 늦었지만 요즘은 내가 돈 벌고 지 하고 싶은 일 하라고 하는 거지. 참 마누라 자랑은 팔불출이라고 했지만, 내가 뭐 대학원에라도 다니라니까 싫다는 거야. 하기는 연애 시절부터 우리 경운이가 유난히 제 형수 될 사람을 따르기는 했지."

(공지영<고등어>)

在例（11）中，"그건 그렇구"（那个先那样吧）不是表示判断的小

句,而是具有切换话题功能的话语标记。在这里,话者并没有顺承对方的话题继续谈论有关撰写论文的事情,而是把话题转到从韩国寄来的包裹上,因此,"그건 그렇구"是在话轮结构中表示切换话题的话语标记。在例(12)中,话者在叙述自己的事业及自己与妻子的近况后用"참"(真的)引出了对自己妻子的夸赞,因此,这里的"참"(真的)也是在话轮结构中表示切换话题的话语标记。但是与例(11)不同,这里所切换的是自己前述的话题,而不是对方的话题。

四 抢夺功能话语标记

抢夺功能话语标记,是指在会话过程中话者为了抢夺话语权而使用的话语标记。具有这种功能的汉语则有"不是、行了(吧)、算了(吧)、得了(吧)"等;韩国语(朝鲜语)话语标记有"됐다,됐어"。例如:

(13) 语境:甲、乙两个人正在谈论孩子的教育问题。
甲:你吧,教育方法绝对有问题。
乙:我有问题?不是,你说,我是在生活上怎么说呢,是有点惯着孩子,可我觉得吧,女孩子嘛,宠着点没毛病。可在学习方面,你看我,该咋样就咋样。还挺严呢!比方……
甲:$\boxed{得了吧}$,那还叫严啊,你可真有意思!

(JLN 个人语料库-现场录音)

(14) "그리고, 난 말이야……"
원숭이도 이에 질세라 울상을 지어 가며 한 마디 꺼내려고 하였습니다.
"아, $\boxed{됐어}$, $\boxed{됐어}$! 원숭이 네 말은 아까도 들었잖니?"
왕거북 도현민 군은 또다시 뭔가 하소연하려고 드는 원숭이를 한 손으로 살짝 제지하면서, 잠시 심각한 표정을 지었습니다.

(한국 KAIST 말뭉치)

在例(13)中,"得了吧"是话者在否定对方话语的同时抢夺话语权的话语标记;在例(14)中,"됐어"并不是表示"形成"之义的动词,而是表示"都贤民"在打断"瘦猴"言语的同时试图把话语权抢过来占为己有的话语标记。

五　结束功能话语标记

结束功能话语标记，是指话者在会话过程中试图结束发话而使用的话语标记。

具有这种功能的常见的汉语话语标记，则有"（那）就这样（吧）、好吧、好、好好"等；常用韩国语（朝鲜语）话语标记，有"그래（요），이만"等。例如：

(15) 语境：老师在给几个研究生上课。
老师：……所以说，这个语言学呢，我认为也应该吸收新闻学或者文学方面的理论，那个，尤其是西方文论的一些成果。你比如说，巴赫金啦罗兰·巴特啦，还有一些很多的学者，那，都在这理论方面取得了很大的成就，是吧。嗯，今天，我主要讲的是新闻语体的"叙事性"这一方面，这部分内容非常重要，啊，大家回去呢，有时间好好再翻一翻。嗯，大家——还有什么问题吗？
众学生：（摇头）没有。
老师：好吧，我们今天就上到这儿吧！

（JLN 个人语料库-现场录音）

(16) 문맥: 선생님 갑이 김모의 논문을 지도하고 있다.
김: 선생님, 그리구 내용상에서는 또 어떤 다른 부족점이라든지 그리구 또 보충해야 할 점이 있는지 예.
갑: 글쎄 다른 거는 크게 뭐 있는 것 같지 않소. 그래서 먼저 내 이제 말한 부분만 한 번 잘 고려해보오. 그래 좌우간 먼저 이러기오.
김: 아, 예! 선생님, 참 수고 많으셨습니다. 그러며는 제 먼저 가보겠습니다.
갑: 예! ―

（KRN 개인 말뭉치-현장녹음）

在例（15）中，老师在讲授课堂内容之后，使用话语标记"好吧"明示要结束这一堂课，所以也是结束功能话语标记。在例（16）中，甲使用的"그래"（那么）是话者在试图结束谈话时使用的语言标记，所表示的

不是前后语句之间的逻辑意义关系,而只是话语之间的连贯意义,因此是具有结束功能的话语标记。

可见,出于会话中的礼貌原则,话者在试图结束话语时往往不会戛然而止,而是通过使用某些话语标记使会话逐渐过渡到结束阶段,或者直接暗示听者他或她想结束谈话。

安周浩(안주호,1992)把韩国语中的"아무튼,어쨌든,좌우간"也看作具有这种结束功能的话语标记。下面是他所出示的例文:

(17) (ㄱ) A: 야 너까지 오해하면 섭섭하다. 이번엔 시각과 각도가 다른거야.
B: <u>아무튼</u> 고맙습니다. 태워다 줘서.
(ㄴ) <u>아무튼</u> 앞뒤 잘 가려서 후회없도록 처신해.
(ㄷ) A: <u>어쨌든</u> 고마워요. 당신이 저 생각해 주시는거. 이 돈은 빌리는 걸로 할께요.
B: 그래도 좋구 <u>아무튼</u> 가져가.
(ㄹ) <u>좌우간</u> 좋으시겠어요.

(안주호(1992)에서 인용)

我们承认,例(17)中的"아무튼,어쨌든,좌우간"的确具有结束话轮的话语功能,但是它们作为副词所具有的"不管怎么说、反正"之义在上述例文中都没有发生变化,也就是说,它们的词汇意义并没有虚化。据此,我们不把"아무튼,어쨌든,좌우간"看作话语标记,认为它们仍然是副词,表示的是话者的主观情态义。

根据对汉语和韩国语(朝鲜语)口语语料的分析,我们发现:

第一,汉语、韩国语(朝鲜语)话语标记都是在口语中使用的、语义相对虚化的语言要素,体现的是语言的程序性意义。话语标记的这种程序性话语功能主要体现在话轮中的起始功能、延续功能、切换功能、抢夺功能及结束功能,总括起来,就是话语结构中的连贯功能。因此,从这种话语功能来看,汉韩(朝)话语标记具有很强的一致性。

第二,在汉韩(朝)话语标记中,就话语标记的连贯功能来说,并不是一成不变的。即,话语标记根据不同的语境可以表示起始功能,也可以表示延续、切换功能或其他功能。而且从话语标记的语义功能来说,也并不表示单一的语义,而是根据语境体现为不同的语义。可以说,汉韩(朝)话语标记都具有复合语义特点。

第三,在汉韩(朝)各类话语标记中,词汇形式的话语标记的使用频率高于小句形式的话语标记。词汇形式的话语标记,主要是从叹词、代词、副词、助词等词类虚化而来的,但是,冠形词"이,그,저,이런,그런,무슨"及其组合形式的话语标记是韩国语(朝鲜语)的特点,而主谓宾形式的话语标记则是汉语的特点,在韩国语(朝鲜语)中则很少出现。

第四,在汉韩(朝)话语标记中,由代词虚化而来的话语标记都是使用频率相当高的。相对而言,韩国语(朝鲜语)[-近指]系列的"저기,저,거기,거,그"的使用频率比[+近指]系列的"여기"高,而在汉语中则正好相反,[+近指]系列"这个"比[-近指]系列的"那个"高。

可见,汉韩(朝)话语标记是具有复合功能的人际意义结构标记,体现了语言的主观性和动态性。

第三节 元话语标记

一 相关研究概况

在汉语学界,"说实话、总的来说、据说"等语言成分也在传统语法研究中被称为"插入语"。但是,较之韩国语(朝鲜语)学界,汉语学界的部分学者从研究句法成分或传信范畴的角度,对插入语的表意作用进行了较为细致的研究①,如叶难薰、张中行(1985)、黄伯荣、廖序东(1985)、张静(1987)、邢红兵(1997)、胡裕树(2003)、司红霞(2009)、陈颖(2009)等;还有一些学者结合语篇分析理论从篇章连接或元话语标记、组块标记等角度进行了探讨,如廖秋忠(1989)、李秀明(2006)、马国彦(2010)等。李秀明(2006)对汉语元话语标记的类型、功能及语体特征进行了较为深入的分析,但是所界定的元话语标记是一个相对宽泛的概念,既包括"同时、无论、为此"等表示逻辑语义关系的关联词语,还包括完整的句子和一个语段(话语段落)。马国彦(2010)从语篇结构组块研

---

① 有关插入语语义分类的研究概况,可参见司红霞《现代汉语插入语研究》(2009),东北师范大学出版社。

究的角度出发,把"说实话、总的来说"等语言成分视为元话语标记语,并把其范围限定在由言说动词组成的语言成分上。但遗憾的是,作者把"直观地看""仔细想来""据报道"等由"看"类动词、"想"类动词组成的语言成分和表示消息来源的语言成分都排除在外。

在韩国语(朝鲜语)学界,对"솔직히 말하면, 총적으로 보면, 소식에 따르면"等语言现象的研究,主要停留于句法研究的层面。多数论著如《조선문화어》(-,1979)、《조선어 어학강좌》(-,1986)、《조선어문법》(김용구,1989)、《문법론》(렴종률,김영황,1990)以及一些学者如崔允甲(최윤갑,1980)、徐永燮(서영섭,1981)等,都从句法分析的角度把这些语言成分归入"独立成分",称之为"끼움말/삽입어"(插入语)。学者们普遍认为这些成分多是由动词、形容词的连接形或惯用形式组成,表示话者的立场、态度、评价及信息的来源。但是所谓"끼움말/삽입어"(插入语)是一个宽泛的类型,既包括"솔직히 말하면, 총적으로 보면, 소식에 따르면"等语言形式,还包括"감히, 꼭, 확실히, 제발, 도무지, 절대로, 아무쪼록"等副词,"우선, 끝으로, 마지막으로"等接续词,"지성이면 돌에도 꽃이 핀다더니"等谚语、俗语,还包括在书面语篇中用括号或破折号加以注释的语言成分。可见,句法研究中的"끼움말/삽입어"(插入语)是一个庞杂的类别,学者们仅仅就这些语言成分的所在句来分析其式特点,并没有联系具体语境探讨其丰富的语篇功能或话语功能。

综上我们可以看出,就目前的汉语、韩国语(朝鲜语)学界的语法研究和语篇研究来看,有关"说实话、总的来说、据说""솔직히 말하면, 총적으로 보면, 소식에 따르면"等语言现象的研究存在研究范围不确定、内部成员异质化等问题。不仅如此,目前在韩国语(朝鲜语)学界,元话语及元话语标记并没有引起学者们的关注,而在汉语学界,有关元话语及元话语标记的少量研究也都限于本体研究,缺乏从对比的角度对这类语言现象进行探讨的研究成果。

二 汉韩(朝)元话语标记的界定、范围及特点

如前所述,人际意义结构标记不同于概念意义结构标记,对语篇的命题内容不增加任何真值意义;同时,又区别于逻辑意义结构标记,不表征语篇构成单位之间的逻辑语义关系。因此,本书所说的元话语标记,不包

括表示逻辑语义关系的接续词或关联词语,也不包括主要用于口语且基本语义已经非常虚化的话语标记。

刘大为(2007)指出,元话语是关于话语的话语,包括所有不涉及话题内容的话语部分。但是有一点需要阐明,即元话语标记是表示元话语的语言标记;但是,相反观之,表示元话语的语言成分却不一定都是元话语标记。例如:

(18) <u>你们比我清楚</u>,多少笨蛋在大学里混,什么大一大二大三大四,叫他上的,就是高四高五高六高七。<u>这个话题有点说跑了,关于大学怎么使一个聪明人更聪明,怎么使一个笨蛋更笨的奇妙教学方法改天另文再谈。剪断截说</u>,我是一个什么呢?我和那帮文盲是"精神无产阶级"。（王朔《无知者无畏》）

(19) ……通过《美学语言学》(下称《美》)的读者,会发现第一章前三节的基本事实是您已经熟悉的东西。那么,我为什么要重复呢?《美》书里提出了一个问题——语言结构与宇宙有某种看似神秘的契合,却没有回答。这本书是对此的回答,那么,交代出原来的来龙去脉,既是读者的要求(不如此不知眼下的讨论缘何而生),也是我的责任,更是学术规范(学术史上一个人的学术思想从来都是一脉相承的)。而且舍弃这些事实我就不能引出本书的新结论。正如胡适所言:"凡能著书立说成一家言的人,他的思想学说,总有一个系统可循,决不至于有大相矛盾冲突之处。"对于没有读过《美》的读者,这一章可能非常有趣。（钱冠连《语言全息论》）

李秀明(2006)把例(18)中加下划线的部分和例(19)中的全部内容都看作元话语标记,称为篇章形式的元话语标记。我们认为,复句、句群及段落等语篇构成单位,不宜看作元话语标记。因为,作为"标记"就应该具备相对稳固且易于区别的形式特征,而上述部分却不具有这种形式化的特征,无规律可循。另外,当元话语以独立的复句、句群及段落的形式出现时,已经构成了逻辑学上所说的"断言",而"断言"是具有真值意义的,表示的是概念意义,这就无法同"元话语"之外的基本话语区分开来,也在一定程度上否定了元话语标记的存在基础和使用价值。因此,例(18)中的"你们比我清楚""剪断截说"和例(19)中的"正如"属于元话语标记,而其他部分尽管强烈地体现了作者的主观态度,但只能说是属于元话语的语言形式,而非元话语标记。

据此我们认为,元话语标记是话者或作者在基本话语层之外对自己的话语行为进行主观调控和评述的语言成分,通常含有言说动词、意向动词或言说名词,在形式上多以谓词性词组或小句的形式出现。

从功能上来看,元话语标记具有语言"自反性"的特点。所谓自反性,指话者或作者对自己的话语内容、话语思路、话语形式、表现手法等具有清醒的认识,并且通过一些语言要素使之表现出来。在语篇中,尤其在独白式的语篇中,话语权是由话者或作者控制的,选取什么样的主题、用什么方式叙述,用什么语气叙述等都是由话者或作者来控制的。为了达到说服的目的,作者一方面不时采用一些措施,例如提供叙述线索、暗示语义框架、评价自己的叙述行为、调整读者的注意力等,以便更好地组织话语;另一方面,还不时地表明自己的各种态度,表示他或她在积极地和读者互动、交流,以便使读者更好地接受自己的观点。

根据以上我们对元话语标记的界定,我们把元话语标记的范围限定在由"说"类言说动词、"看"类意向动词、"想"类意向动词以及部分言说名词组成的词组、小句及部分惯用形式上,大体范围如下所示:

  词组(단어결합)形式:
  "说"类言说动词:从这个意义上说、相对而言、从根本上讲
        솔직하게 말하면,엄밀하게 말한다면,지적한 바와 같이
  "看"类意向动词:总体上来看、相对来看、由此可见
        이러한 관점에서 볼 때,그런 뜻에서 보면
  "想"类意向动词:试想、仔细想来
        뒤집어 생각해보면,가만히 생각해 보면
  "知"类意向动词:众所周知、我们知道、殊不知
        주지하다싶이,다 아는바와 같이,이미 알려진 바와 같이
  "例"类言说名词:例如、举例来说、以……为例
        예컨대,예를 들면,예시하면
  惯用形式:

"……的是"：必须指出的是、需要强调的是
"……것/일은"：특히 유의할 것은, 꼭 알아두어야 할 일은
"据……"：据报道、据可靠消息、据统计
"–에……면"：보도에 따르면, 소문에 의하면
词汇形式：
关联词语：即、总之
接续词：즉
副词：的确、确实
形容词（或形容词形式）：没错，그렇다
动词（或动词形式）：是的，그랬다

根据以上对元话语标记的定义、功能及范围的认识，结合功能为主形式为辅的原则，我们把汉语、韩国语(朝鲜语) 元话语标记分为话语态度标记、话语组织标记以及话语信息标记等三种类型。

下面，我们以搜集到的语料为基础，按照元话语标记的三种类型，依次对比汉韩(朝) 元话语标记的使用特点。

三 话语态度标记

话语态度标记，指体现话者主观态度的元话语标记。这里所说的主观态度，主要包括话者言说的视角、言说的情感或断言的态度，体现这种视角和态度的元话语标记可分别称为视点标记和态度标记。

（一）视点标记

视点标记，表示前述话语行为所提出的概念、标准、观点或事实，为即将进行的话语行为提供言说的角度。

视点(point of view)，原本是修辞学和文学中的常用术语，在修辞学中指观察事物的角度。文学批评中的视点，主要指叙述方法，包括叙事的视觉角度，也包括叙事者通过叙述文字所表露出的立场、观点等。[①] 熊沐清(2001) 指出，视点是制约语篇深层结构(即语义) 的一种图式（schema），反映让人们看待对象世界的角度和态度，支配着对象的选择与组

[①] 申丹(2001)：《叙述学与小说文体研究》第 175 页，北京大学出版社；熊沐清(2001)："论语篇视点"，《外语教学与研究》第 1 期；王卫新(2004)："语篇视点与翻译策略"，《外语学刊》第 5 期。

合，从而影响语篇表层结构（即形式句法）的组织，并把视点分为时空视点、观念视点、叙述视点及直觉视点。以上学者所考察的视点主要是基本话语层面的视点，未涉及元话语层面的视点。

我们认为，时空视点、叙述视点及直觉视点是通过概念意义或逻辑意义反映出来的，观念视点则既可以用概念意义来表示，也可以用人际意义来表示。在元话语层面体现这种观念视点的语言标记，我们称之为视点标记。视点标记中经常含有指示成分，并通过回指的形式标示前述话语是建立后述话语的观念基础或观察角度。因此，视点标记的出现往往预示前述话语的存在，它同时管领前后语篇构成单位，具有双向的管领力。其结构标记功能可显示为：

［话语视角］—— 视点标记 ——［话语观点］

在汉语中，经常使用的视点标记有"从这个（层）意义上说、在这个意义上不妨说、从这个方面来讲、从这个侧面上说"等。例如：

(20) ［凡是历史上出现过和现实中存在的一切事物与现象，都是生活真实。生活真实为文学创造提供了原型启示，是取之不尽用之不竭的源泉，然而艺术真实是对生活真实的超越，它在假定性情景之中，揭示社会生活的本质及其必然性，以此作为自己的目标。］从这个侧面上说，［艺术真实是内蕴的真实、假定的真实］。

（童庆炳主编《文学理论教程》）

(21) ［一切正常的人都会有失落的时候，失落中很容易滋长嫉妒情绪，一听到某个得意者有什么问题，心理立即获得了某种窃窃自喜的平衡，也不管起码的常识和逻辑，也不做任何调查和印证，立即一哄而起，形成围啄。更有一些人，平时一直遗憾自己在名望和道义上的欠缺，一旦小人提供一个机会能在攻击别人过程中获得这种补充，也会在犹豫再三之后探头探脑地出来，成为小人的同伙。如果仅止于内心的些微需要试图满足，这样的陷落也是有限度的，良知的警觉会使他们挺身而走；但也有一些人，开始只是说不清道不明内心对立而已，而一旦与小人合伴成事后又自恃自傲，良知麻木，越沉越深,那他们也就成了地地道道的小人而难以救药了。]从这层意义上说,[小人最隐秘的土壤,其实是在我们每个人的内心],即便是吃够了小人苦头的人,一不留神也会在自己的某个精神角落为小人挪出空地。　　　　　　　（余秋雨《历史的暗角》）

在例（20）中,"从这个侧面上说"表示它引出的后述部分即"艺术真实是内蕴的真实、假定的真实"是从前述部分即对艺术真实与生活真实相辅相成的关系的论述中得出的结论。而元话语标记"从这个侧面上说"中的"侧面",则表明前述内容只是有关艺术真实的一部分阐述,而非全部。的确,作者在全文所谈的艺术真实具有三个方面的特征,而它与生活真实的关系只是其中的一个侧面。同样,在例（21）中,元话语标记"从这层意义上说"表示后面部分所得出的结论即"小人最隐秘的土壤,其实是在我们每个人的内心"是依据前述话语中对"一切正常的人……更有一些人……但也有一些人"等三类人进行剖析后,以此为据得出的结论。可见,上述两例中的元话语标记,都是视点标记。

在韩国语(朝鲜语)中,经常使用的视点标记有"이런 점에서, 이러한 관점에서 볼 때, 이런 점에 비추어 볼 때, 그런 점에서, 그런 의미에서, 그런 면에서 말하면, 그런 뜻에서 보면, 그렇게 볼 때"等。例如：

(22) 흔히들 한국 사회에 시민 윤리가 확립되지 못함을 염려하고 시민 정신의 부재를 개탄하곤 한다. [한 나라의 시민 윤리를 평가할 수 있는 지표로서는 여러 가지 형태를 들 수 있을 것이나, 그 가장 대표적인 본보기 중의 하나는 바로 '줄 서기'가 아닌가 한다. 줄서기는 질서 의식을 함축하고 있고, 모든 사람이 동등하다는 평등 의식도 내포하고 있다. 그래서 그것은 민주적인 삶의 방식이기도 한 페어 플레이의 정신과도 상통한다.] 서구인들만큼 줄서기의 명수는 없을 것이다. 경우에 따라서는 우리가 보아 멍청하다고 생각할 정도로 줄서기를 잘 한다. 이러한 관점에서 볼 때, [우리 사회에 가장 두드러진 한 가지 현상은 아직도 줄 서기 관행이 체질화되어 있지 못하다는 점이다]. 이는 은행이나 병원 혹은 동사무소의 민원 창구를 비롯해서 정류장에서 차를 타거나 자동차의 차선 지키기에 이르기까지 한국인의 시

민 윤리 수준을 나타내는 전형적인 경우이다. 차선을 바꾸는 곡예를 밥 먹듯이 하며, 다리와 같은 좁은 통로를 지나게 될 때는 으례 병목현상을 현출한다. 빨리 가고자 하는 모두의 욕심 때문에, 결국 우리 모두는 더 느리게 갈 수밖에 없는 비능률적이고 비경제적인 바보들의 행진을 매일같이 목격하게 된다. （황경식<인간과 사회>）

(23) 1차 유럽연수에서 이러한 문화적 충격을 경험한 나는 이번 연수에선 인간과 자연이 조화를 이룬 생태적 삶의 모습을 더욱 구체적으로 보고 느끼고 싶었다. [아직 개발되지 않는, 이른바 산업화의 마수가 채 뻗지 않은 곳의 삶과 문화형태를 보고 배우는 것도 중요하지만 우리처럼 이미 걷잡을 수 없을 정도로 훼손되어 버린 상황 속에서 어떻게 다시 인간과 자연이 조화공존할 수 있는 삶과 그 문명을 회복할 수 있는지는 매우 중요한 문제이기 때문이다.] 그런 점에서 [산업문명의 발상지인 유럽에서 새로운 대안으로서의 생태문명을 회복하고 있는 실험을 주의 깊게 관찰하고 배울 필요가 있는 것이다]. 이번 연수가 새로운 천년의 준비라는 거창한 명분을 내건 것도 결국 유럽이 어떻게 생태적 대안을 준비하고 있는가를 살펴보기 위한 것이다. （이병철<살아남기, 근원으로 돌아가기>）

在例（22）中，"이러한 관점에서 볼 때"（从这一点来看）表示后述部分对韩国社会的"排队意识"进行的具体分析，是依据前述观点展开的，即"'排队意识'是衡量一个国家市民伦理道德水平的重要指标，它既是人们秩序意识的体现，也是平等意识的反映"。在例（23）中，"그런 점에서"（就这一点来说）表示前述部分中的"在严重被毁的生存空间如何恢复人与自然和谐共存的生活方式与文明"这一观点，是作者认为"有必要认真观察工业文明的发源地——欧洲正在进行的恢复生态文明的新实验"的依据，也是出发点。可见，上述例文中的两个元话语标记都表示后述部分所依据的道理或观点是承接前述部分提出的，因此都属于视点标记。

有趣的是，在我们所搜集到的韩国语（朝鲜语）视点标记中，核心动词都是"보다"（看），但是汉语视点标记中的动词则是"说、讲"。当然，从我们的语感上来说，韩国语（朝鲜语）视点标记也可以有"이러한 점에서 말하면, 그런 관점에서 말하면"这种形式，汉语也可以有"从这一点

来看,从这个侧面来看"这种语言形式,但是它们的出现概率非常低。我们认为,韩国语(朝鲜语)视点标记所突出的是视点的视觉性,即观点是通过观察获得的,而观察则首先依赖于视觉,因此在韩国语(朝鲜语)中,倾向于把作者的话语行为看作视觉行为的转移,由此使用了视觉动词"보다"(看)。相对而言,汉语关注的是即将发生的话语行为,也就是说,形成的观点最终是要通过具体的话语表述出来的,视点是一种表述角度的体现,因此更加突出了"说"的行为。

(二) 态度标记

态度标记,表示话者对自己即将进行的话语行为所持的主观态度。同视点标记不同,态度标记通常是单向的。也就是说,它的管领力一般指向后面的语篇构成单位,其结构标记功能可显示为:

| 态度标记 |——[叙述话语]

汉韩(朝)语篇中的态度标记,又可分为言说态度标记、情感态度标记和言说评价标记。

1. 言说态度标记

言说态度标记,是表示话者言说态度的语言标记,表示话者真诚与否、礼貌与否、确认与否等态度。

元话语标记所表示的言说态度,体现了话者对交际行为的合作态度。Grice(1967)指出,为了保证会话等言语交际的顺利进行,话者、听者双方必须共同遵守一些基本原则,特别是"合作原则"①。他所说的合作原则包括以下四个范畴及其相关准则:

  A. 量准则:所提供的信息应是交际所需的,且不多不少。
   (a) 所提供的话语应包含交际目的所需要的信息;
   (b) 所提供的话语不应超出所需要的信息。
  B. 质准则:所提供的信息应该是真实的。
   (a) 不要说自知是虚假的话;

---

① 有关 Grice"合作原则"的详细介绍以及合作原则的不足点,可参见何自然、冉永平《新编语用学概论》,北京大学出版社 2009 年版,第 66—90 页。

(b) 不要说缺乏足够证据的话。
C. 关系准则：所提供的信息要关联或相关。
D. 方式准则：提供信息时要清楚明白。
　　(a) 避免晦涩；(b) 避免歧义；(c) 要简练（避免啰唆）；(d) 要井井有条

我们认为，言说态度标记体现了合作原则中的量原则和质原则。也就是说，话者使用这些语言标记，意在表明自己愿意向读者提供合乎交际要求的信息，愿意向读者提供真实、可信的信息。

在汉语和韩国语（朝鲜语）中，常用的言说态度标记有"老实说、说实话、说句实在的、实事求是地说、平心而论"和"솔직히 말해, 솔직하게 말하면, 솔직한 말씀을 드리면, 사실대로 말하면"等，通常都包含表示坦诚义的形容词"老实、实在"和"솔직하다"。例如：

(24)"胡说！夏天里哪里有杏花水仙花，你是纸上谈兵。好，你既然内行，你自己——将来这样送人结婚罢。我那天去的用意，就是试验我有没有勇气，去看十几年心爱的女人跟旁人结婚。咦！去了之后，我并不触目伤心。我没有见过曹元朗，最初以为苏小姐赏识他，一定比我强；我给比下去了，心上很难过。那天看见这样一个怪东西，苏小姐竟会看中他！ 老实说 ，[眼光如此的女人就不配嫁我赵辛楣，我也不稀罕她。]"

(钱钟书《围城》)

(25) 급히 먹는 음식의 맛을 제대로 느끼지 못하듯이 주마간산(走馬看山) 격으로 언뜻 스쳐 지나면서 본 유럽 (여기서는 내가 가본 북유럽 5개국을 편의상 유럽이라 표현하기로 한다) 의 농업에 대해 무어라 이야기한다는 것 자체가 주제넘다는 생각이 든다. 그러나 비록 짧은 기간이었지만 그 동안 보고, 느낀 것은 상당한 충격으로 와 닿았다. 그것은 농업 자체보다는 유럽문화에서 오는 충격이었다.

솔직히 말해 [출발하기 전부터 유럽농업 자체보다는 오히려 문화에 대한 관심이 컸던 것은 숨길 수 없는 사실이다.] 동서양으로 대별되는 양대 문명과 그 문화적 차이를 느끼고 확인할 수 있다는 것은 나에게 매우 소중한 체험일 수밖에 없기 때문이다.

(이병철<살아남기, 근원으로 돌아가기>)

在例（24）中，"老实说"表示作者后述的"眼光如此的女人就不配嫁我赵辛楣，我也不稀罕她"这一句话是他向对方提供的真实信息，并不虚假，因此是言说态度标记。同样，在例（25）中，"솔직히 말해"（坦率地说）表示作者在说出"对欧洲文化的好奇心超过了对欧洲农业的关心"这一话语是出于向读者负责的真诚态度，话者试图表明他是采取了合作态度。

以上两例中的情感态度标记，都重在表明话者的真诚态度，可概括为"坦言类"情感态度标记。除了这一类，汉语和韩国语（朝鲜语）中还有以下情感态度标记，例如"毫不客气地说、我敢说""감히 말하건대"等，可概括为"敢言"类情感态度标记。

在汉语和韩国语（朝鲜语）中，还有表示话者对后述内容的确认和肯定态度的元话语标记。而汉语常见的确认态度标记比较多，有"是的、是啊（呀）、真的、的确、确实、不错"等，韩国语（朝鲜语）常见的确认态度标记主要有"（분명히）그렇다""그랬다"。例如：

（26）他想好，破出块儿八毛的，得给刘四爷买点礼物送去。礼轻人意重，他必须拿着点东西去，一来为是道歉，他这些日子没能去看老头儿，因为宅里很忙；二来可以就手要出那三十多块来。[破费一块来钱而要回那一笔款，是上算的事。这么想好，他轻轻的摇了摇那个扑满，想象着再加进三十多块去应当响得多么沉重好听。] 是的，[只要一索回那笔款来，他就没有不放心的事了！]

（老舍《骆驼祥子》）

（27）那夫人盯着她，笑了笑，又问道：

"陆大夫，对于白内障手术，你有把握吗？"

[把握？又是一个叫人难以回答的问题。] 的确，[在她做过的多少次白内障摘除手术中，还从来没有发生过意外的事故。可是，不怕一万，就怕万一，任何意外的情况都是可能发生的。如果病人配合得不好，或者麻醉的大意，都可能使眼内溶物脱出。]

（谌容《人到中年》）

在例（26）中，"是的"是由判断动词"是"加上结构助词"的"组成的形式，表示了"祥子"对自己想法的肯定态度。在例（27）中，"的确"是评注性副词①，具有述谓性、灵活性等特点，因此，"的确"独立于句首，强调了"陆大夫"对"手术也可能出现问题"这一判断的肯定态度。

(28) [이 지구상에 꽃보다 더 아름답고 사랑스러운 것이 있는가. 한송이 꽃은 고귀한 영혼의 표현이기 때문이다.] 그렇다 . [식물은 단순히 살아 숨쉴 뿐만 아니라 서로 교감을 나눌 수 있는 존재, 혼과 개성을 부여받은 거룩한 창조물인 것이다.]
（이병철＜살아남기, 근원으로 돌아가기＞）

(29) 인기척을 느꼈는지 여자가 무심히 그를 올려다보았다. 여자의 얼굴은 몹시 참담해 보였다. [사람을 잘못 본 모양이라고 생각하는 그 순간 은림이 얼굴을 펴고 그를 알아보는 시늉을 했다. 한 0.1초의 사이였을까, 갑자기 다른 여자의 영상을 뚫고 정말 예전의 그녀가 나타나는 것만 같았다. 검은 눈동자가 둥그렇게 치떠지면서 은림은 환하게 웃었다.] 그랬다 . [은림이었다.] 어깨 위까지 아무렇게나 내려온 머리카락, 그리고 깃에 수놓인 바느질 자국이 다 뭉그러진 낡은 베이지색 점퍼, 조금 야위었다는 것이 변화라면 변화일까.
（공지영＜고등어＞）

在例（28）中，"그렇다"（是的）是指示形容词"그러하다"的缩略形式；在例（29）中，"그랬다"（的确）则是动词"그리하다"加上过去时制词尾"-었"（-ət）和终结词尾"-다"（-ta）的组合形式"그리하였다"的缩略形式。也就是说，"그렇다"（是的）"그랬다"（的确）都是谓词性的语言成分，都具有叙述性，它们分别从作者和文中主人公的角度对后述命题"植物不仅是有生命的，而且是可以互递感应的、被赋予灵魂和个性的伟大的存在"和"是恩林"表示了确认的态度。

2. 言说情态标记

言说情态标记，表示话者所后述的言说内容是出于对读者的义务而说

---

① 张谊生(2000)："评注性副词的功能琐议"，《语法研究和探索》（十）第 224 页，商务印书馆。

的，或者是围绕后述内容所具有的现实性来说的，这种标记表示的是一种情态义。

情态，指语句中的非现实性成分。情态往往与假定信息相联系，表达与现实性存在距离的某种事件，也就是说，这件事可能发生也可能不发生。假定信息包括对未来事件的预测、意图、愿望、希望或目的。Lyons（1977）把情态分为真值情态、认知情态和道义情态。① 我们认为，元话语标记所体现的主要是认识情态和道义情态。我们发现，表示这种情态义的元话语标记，汉语多于韩国语（朝鲜语），其使用频率也高于韩国语（朝鲜语），所以下面主要考察汉语的情况。

首先，表示认识情态的元话语标记，通常含有表示不确定性的"某种、一般"等词语。例如：

（30）说起乒乓球，可是不折不扣的亚洲优势项目，世界级的强队众多，亚运会自然成为强队的舞台。但 从某种意义上说，[这里却也是弱队的"福地"。]参加亚运会乒乓球团体赛的男女球队分别达到了 15 支和 16 支，国家和地区遍及全亚洲，不少乒乓球队来自项目开展的欠发达地区。（《人民日报 10/11/15》）

（31）第一，就认识过程来说，在不同阶段和环节上，模糊认识和明晰认识或发生转化。一般来说，[在认识的初始阶段，认识是模糊的；随着实践和认识活动的深入，认识便会逐渐由模糊走向明晰。]当然，明晰认识也不是一成不变的，随着实践和认识活动的进一步深化，原来认为是明晰认识，可能又暴露出一些不确定因素，成为模糊性占主导地位的认识。（齐振海主编《认识论探索》）

在例（30）、（31）中，元话语标记"从某种意义上说"和"一般来说"表示话者对后述命题为真的可能性和必然性的态度并不是绝对和全面的。可以说，这种认识情态反映了话者的心理状态，即话者对有关情境的事实性信念的确定性。（彭利贞，2005：24）在汉语中，这类元话语标记比较多，如"一般来说、一般地说、一般而言、某种程度上、相对而言、相对来说、表面看来、直观地看、客观地说、从主观上来看、总体上

---

① 彭利贞(2005):《现代汉语情态研究》第 21 页，复旦大学博士学位论文。

看、从根本/根子上讲"等。与汉语相对应的韩国语(朝鲜语) 言说情态标记,主要有"일반적으로(보면), 어떤 의미에서 말하면, 상대적으로, 겉으로 보면, 객관적으로 말하면, 주관적으로 말하면, 총체적으로, 근본상"等。

其次,表示道义情态的元话语标记,普遍含有表示义务的"必须""应当"等副词或动词,表明话者后述的话语内容是他出于事实上或情理上的必要而说出的。例如

(32) 应该承认,[蔡仪是企图从正确的地方出发的。]我们也一向说蔡仪是抽象地"坚持了美在客观……艺术美是生活美的反映这一唯物主义的反映论的基本原则"(《关于当前美学问题的争论》)。例如,蔡仪说:"美在于客观的现实事物……因为正确的美学的途径是由现实事物去考察美,去把握美的本质。"

(李泽厚《美学旧作集》)

在例(32)中,"应该承认"表示后述话语是话者出于一种义务而说出的。表示这种道义情态的元话语标记并不多,只有"必须指出""应当看到"等几个。与之相对应的韩国语(朝鲜语) 道义情态标记,主要有"꼭/반드시 알아야 할 점은, 응당히 지적해야 할 것은"等。

此外,汉语中的"遗憾的是、幸运的是、令人兴奋的是、有趣的是、有意思的是"等"……的是"词组和韩国语(朝鲜语) 中的"다행히도, 섭섭하게도, 확실히, 제발, 도대체, 미안하지만, 기껏해야, 자기딴에는"等副词或谓词的偏正结构尽管也表示情态义,但都属于基本话语,因此本书不列入考察范围之内。

3. 言说评价标记

言说评价标记,表示话者对即将发生的言说行为的评价态度。

评价,可以是对人物或事物的评价,也可以是对事件或行为的评价。元话语标记所表示的评价,是话者对自己言说行为的评价。在汉语和韩国语(朝鲜语) 中,有的言说评价标记带有褒义色彩,如"准确地说、严格地说""정확하게 말하자면, 더 정확히 말한다면, 엄밀하게 말한다면, 엄격한 의미에서";还有的带有中性色彩,如"可以毫不夸张地说";还有的带有贬义色彩,如"说句不好听的""극단적으로 말하면, 극단적인

비유이긴 하지만, 혹평하여" 등。例如：

（33）按照马克思的看法，文学创造是一种意识形态的生产（或者如前第四章所说，文学是具有话语蕴藉的审美意识形态），因而，文学创造的材料在性质上必然与一般物质生产的材料有所不同。也就是说，文学材料不是独立于生产者（作家）之外的物质，而是储备在他内心的精神现象，或者说是存在于他记忆中的表象材料。准确地说，[文学材料是指作家有生以来从社会生活中有意接受或无意获得，因而具有主体性的一切生动、丰富但却相对粗糙的刺激或信息。]

（童庆炳主编《文学理论教程》）

（34）실제로 술은 겉보기에는 물과 같이 보이지만, 술에다 불을 켜대면 옮는다. 정확하게 말하자면 [물과 불이 함께 존재하는 상태가 곧 술이다.] 어떻게 보면 물이요, 어떻게 보면 불이니까, 술이야말로 모순이 공존하는 신비스런 물질일 수밖에 없다.

（박용숙<한국의 미학사상>）

在例（33）、（34）中，作者用元话语标记"准确地说""정확하게 말하자면"（准确地说）对后述内容进行了评价，指出后述内容都是准确的说法。

在我们的语料中，具有中性色彩的元话语标记只出现在汉语中，而具有贬义色彩的元话语标记则出主要现在韩国语（朝鲜语）中。例如：

（35）每天中午，不论酷暑和严寒，陆文婷往返奔波在医院和家庭之间，放下手术刀拿起切菜刀，脱下白大褂系上蓝围裙。可以毫不夸张地说，[这是分秒必争的战斗。]从捅开炉子，到饭菜上桌，这一切必须在五十分钟内完成。这样，圆圆才能按时上学，家杰才能蹬车赶回研究所，她也才能准时到医院，穿上白大褂坐在诊室里，迎接第一个病人。　　　　　　（谌容《人到中年》）

（36）같은 충신이라도 할지라도 '생육신'보다는 '사육신' 쪽이 더 훌륭한 것으로 되어 있다. 극단적으로 말하면 [산 사람은 모두가 죄인이며 죽은 자만이 영웅이라는 편견도 없지 않다.]

이준李儁 열사가 만약 헤이그에서 병사하지 않고 살아 돌아왔더라면 아무도 그의 이름을 기억하지 않았을 것이다. 유관순도 민 충정공도 마찬가지이다.

(이어령<흙 속에 저 바람 속에>)

在例（35）中，作者用"毫不夸张地说"评论"这是分秒必争的战斗"是客观的说法，并非夸张。但是这种客观性有别于"准确地说、客观地说"等元话语标记所表示的客观性，并非直接、正面地指出的客观性，而是用否定的形式说出的，因此我们把它列入中性色彩的元话语标记。在例（36）中，"극단적으로 말하면"（极端地说）表示后述的"人们多少有'活人都是罪人，死人才是英雄'的偏见"是对"殉职的忠臣比活着的忠臣显得更优秀"这一说法的最高程度的说明。

可见，以上的话语态度标记都表示话者对所述内容的态度，包括话语视点、言说情态和言说评价等态度。但是，有一点需要明确，表示这种主观话语态度的"声音"① 是分级的。即这种主观态度可能通过叙述者的声音来体现，也可能通过语篇中人物的声音来体现，听者和读者若抓住这些语言标记，就能更好地了解话者的主观态度或评价，从而掌握更全面、翔实的信息。

四　话语组织标记

如前所述，语篇中的两个构成单位之间的连接方式可以是隐性连接，也可以是显性连接，逻辑意义结构标记显示或强化语篇构成单位之间的逻辑关系，其实现基础是客观现实世界的逻辑语义。有时，作者在组织语篇时，会站在基本话语之外审视和组织语篇的结构，不时对语篇结构进行调整、修正和补充，同时会在语篇中留下组织、加工语篇的印记。话语组织标记，正是体现这种印记，并表明话语组织方式，同时预示前后构成单位之间关联性的元话语标记。对于读者来说，抓住这种话语组织标记，就能容易把握作者组织话语的思路和方法，能够快速地厘清前后语篇构成单位

---

① "声音"是叙事学的概念。故事中叙事者的存在不仅表现于叙述的内容以及叙述话语本身，而且表现于叙述的动作，即用什么口气或什么态度叙述，这就是叙述者的"声音"。与叙述者的声音相对，作品中还存在着其他的声音，这就是故事中人物的声音，即发出人物对话、独白、心理活动等人物语言的声音。童庆炳(2008):《文学理论教程》第252—253页，高等教育出版社。

之间的关系。

根据组织、加工的不同方式,话语组织标记可进一步分为换述、简述、详述、插述、重述、推述、总述、举例、回述等九种类型。①

(一) 换述标记

换述标记,表示后述话语是换一种方式陈述前述话语的。

话者从听者的角度来考虑,有时会发现前述话语有些抽象或过于晦涩难懂,从而觉得需要换一种浅显易懂的方式重新表述;有时则根据表达的需要变更话语角度,或采用不同的话语方式对前述内容进行阐述。因此,换述标记也具有双向的性质,其管领力同时指向前后语篇构成单位,可显示为:

[前述话语] —— 换述标记 —— [换述话语]

在汉语中,常见的换述标记有"即、亦即,也就是说、(这/那)就是说、即是说、换言之、换句话说"等。例如:

(37) 1929年,天文学家哈勃公布了一个震惊科学界的发现。这个发现在很大程度上导致这样的结论:[所有的河外星系都在离我们远去。] 即 [宇宙在高速地膨胀着。] 这一发现促使一些天文学家想到:既然宇宙在膨胀,那么就可能有一个膨胀的起点。

(《中国儿童百科全书》)

(38) 你开始意识到带枪来是个错误,你起身把枪塞进一处岩缝,那处岩缝远离你藏身处。它不想与人为敌,这是显而易见的。那又为什么袭击与人相依而存的牲畜呢?只有一种解释。它无法理解牲畜对人的从属关系。你不懂生物链原理,但你知道只有人才拥有草场,拥有牛羊;你也知道这些它是不懂的。它袭击牲畜和袭击野兽一样,都是为着它自身生存的需要。它分不出野兽和家畜,它不知道它因此成了人类的敌人。[它是不愿意与人为敌的。] 也就是说 [它无意中对人造成了损害]。

(马原《冈底斯的诱惑》)

---

① 这些类型是在廖秋忠(1986)、李胜梅(2006)、马国彦(2010)的基础上对比汉语和韩国语(朝鲜语)的语料而归纳出来的。

(39) ［类比中所罗列的对象属性和产生的结论之间应该存在着有机的、本质的甚至是必然的联系。］换句话说，［作为类比的对象属性应当是类比所产生的结论的成分必要条件。］只有这样，通过类比提出的结论，才会具有较大的可靠性。

(齐振海主编《认识论探索》)

在例（37）中，"即"的前述话语对于一般读者来说是较为抽象的，所以作者用更为通俗的后述话语进行阐述；在例（38）中，作者在得出"它是不愿意与人为敌的"这一结论之后，用"也就是说"从另一个角度引出了"它无意中对人造成了损害"这一结论，从而让读者更清楚地了解到事实的真相。在例（39）中，作者采用"换句话说"的方式，用更简练易懂的道理解释了前述话语。

在韩国语(朝鲜语)中，常见的换述标记有"즉, 곧, 말하자면, 다시 말해서, 말을 바꾸면, 환언하면, 바꿔 말하면, 되풀이 하지만, 뒤집어서 보면(생각하면), 요즈음 식으로 말하자면, 그런 식으로 말한다면"等。例如：

(40) 서구의 위인들은 가정을 꾸미는 데에도 성공한 사람들이지만, 우리의 경우에는 대부분이 그렇지 못했다. ［가정을 버려야 애국자요, 충신이 되는 경우가 지배적이었던 것이다.］ 즉, ［한국은 하나가 아니라 가정과 사회로 분리된 두 개의 고도孤島다.］

(이어령<흙 속에 저 바람 속에>)

(41) 눈동자가 크고 아주 검어서 사람들이 러시아의 눈동자라고 부르기도 했던 여자. 자신을 매혹하는 일이 있으면 영원히 잠들지 않을 수도 있다고 말하던 여자. ［나는 그 여자랑 떠나기로 했어.］ 말하자면 ［도망을 가기로 약속을 했었］는데 아침이 되자 갑자기 그 모든 게 치욕으로 느껴졌었고. 그래서 난 그럴 수 없었소.

(공지영<고등어>)

(42) 누구나 알고 있듯이<토정비결>의 신수 가운데 가장 빈번히 등장하는 것은 첫째 구설수에 관한 것이다.

［"이달에는 구설수가 있으니 입을 병처럼 지켜라","비록 재수

는 있으나 구설을 조심하라", "사소한 일로 구설이 분분하다" - 대개 어떤 패든 반드시 이러한 구설수가 끼어 있기 마련이다.]

이것을 뒤집어보면 [그만큼 우리 사회에는 말썽이 많았다는 이야기가 된다.] 말로써 입는 손해가 많았기에 말을 두려워하고 의심하는 습속이 생겨났고, 그러한 습속이<토정비결>의 점괘에 중요한 위치를 차지하게 되었다고 볼 수 있다.

(이어령<흙 속에 저 바람 속에>)

在例（40）中，作者用"즉"（即）所连接的前述话语"在绝大多数情况下，舍弃了家庭才是爱国者、才是忠臣"和后述话语"韩国并不是家庭和社会的统一体，而是分割为家庭和社会这两个孤岛"所表述的核心意思是一致的，而后述话语则是换一种方式即上升到理论的高度说出来的。在例（41）中，"我打算和那个女人离开这里"和"说好一起私奔"所表达的语义也是一致的，但是作者认为"떠나다"（离开）的语义不够明确，所以用"말하자면"（也就是说）引出更通俗的"도망가다"（私奔）取而代之，进行了换言陈述。同样，在例（42）中，作者先指出"每一种签里都有'口舌引来是非'之说"这一观点后，用"이것을 뒤집어보면"（从另一个角度来说）预示后述话语是换一个角度从本质上来说的。

（二）简述标记

简述标记，表示后述话语是对前述话语的简要陈述。

话者在叙述时，有时觉得自己将要陈述的话语对读者来说可能具有理解上的难度，因此有必要选择更为简单概括的方式把要点陈述出来；或者觉得自己前述的话语对读者来说可能过于具体复杂，有必要用更为简要的话把它概括出来，好让读者更好地理解话语中心。同换述标记一样，简述标记也是双向的语篇结构标记，其功能可显示为：

[前述话语]——简述标记——[简述话语]

在汉语中，常见的简述标记有"简言之、简而言之、简单说来、简单地说、概括地说、概而言之"等。例如：

（43）马林生穿行而过，目不斜视状颇麻木。[他长年累月在这里辛苦工作却不属于这繁华景象中人。他根本没有仅为愉悦在这里挥霍一番的能力,而为了某种目的在这里谨慎开销一次的理由,他也丝毫不具备——他需要的一切都可以在他家附近那些不那么奢华、普通的商店买到。] 简言之 ,[他没有理由在这里一个人晃荡——如果不是他上下班必经之地的话。] (王朔《我是你爸爸》)

(44)[到底什么是思维结构呢? 概括地说 ,[思维结构就是人凭借外部活动逐步建立起来并不断完善着的基本的概念框架、概念网络。它反映了主体能动地反映客体的一种符号性能力,是主体改造客体的某种规则。]思维结构是实践结构的内化,是客体结构的反映,并以主体的知识结构为基础。"多种多样的自然合规律性的结构、形式,首先是保持、积累在这种实践活动之中,然后才转化为语言、符号和文化的信息体系,最终内化、凝聚和积淀为人的心理结构。"

(齐振海主编《认识论探索》)

在例(43)中,作者在用三个句子叙述马林生虽每日经过繁华商业区却不属于这里的情况之后,再用一句话简明扼要地指出了最终结论,即"他没有理由在这里一个人晃荡";在例(44)中,作者在提出有关思维结构的问题之后,用简单的一句话给思维结构下了定义,然后再围绕这个定义展开了具体的陈述。可见,"简言之"和"简单地说"预示了话者的话语方式。

在韩国语(朝鲜语)中,常见的简述标记有"간단히 말해,단적으로 말하여,쉽게 말해,쉽게 말하자면,나의 생각을 잘라 말한다면"等。例如:

(45)[생태가치,생태주의란 환경 문제에 대한 단순한 이슈의 문제가 아니다.] 그것은 간단히 말해 [생태적 존재로서의 인간,우주적(영적) 존재로서의 인간에 대한 자각이다]. 사회적 존재로서의 인간,그리고 그 사회를 움직이는 동력으로서 생산력,즉 경제를 중심가치로 여겼던 근대적 개발,성장,개조의 논리만으로는 행복한 삶을 살 수 없다는 인식이다. 이른바 패러다임 쉬프트,즉 사고의 틀이 바뀌지 않고서는 지구적 차원의 인류의 미래도,개인의

삶도 보장받을 수 없다는 것이다. 또한 그러한 관점에서 사회 시스템을 바꾸지 않고서는 생존할 수 없다는 것이다.

(이병철<살아남기, 근원으로 돌아가기>)

(46)"간암의 가장 좋은 치료 방법은 근치적 절제 수술입니다. 쉽게 말해 [종양이 있는 부분을 수술로 도려내는 겁니다]. 간의 조직 중 이십 퍼센트만 남기고 잘라내도 환자의 생명을 유지시킬 수 있어요. 일테면……"

(조창인<가시고기>)

在例（45）中，作者认为"生态价值、生态主义并不是有关环境问题的简单辩题"，因此先用"간단히 말해"（简单地说）引出"它是对作为生态性存在的人、对宇宙性存在的人的一种自觉"这一简要的陈述，再用三个句子展开了详细的论述。在例（46）中，话者先提出"治疗肝癌的最好方法是进行根治性切除手术"这一方案后，觉得"根治性切除手术"这一医学术语不够明晰晓畅，因此用更通俗易懂的话语重新解释，而预示这种话语行为的则是简述标记"쉽게 말해"（简单来说）。

（三）详述标记

详述标记，表示后述话语是对前述话语详细、具体的解释。

人们认识客观事物是有一定的规律可循的：从陌生到熟悉，从整体到局部，从一般到个别，从现象到本质，如此等等。详述标记体现的则是由浅入深、由简到繁的话语组织规律。也就是说，话者为了使读者更好地接受自己的观点，往往先用一句简单概括的话语提出主要观点或核心命题之后，再对此进行详细的论述，尤其在先论述较为抽象的话语之后，通常再用具体的话语对此进行说明或解释。详述标记的双向管领功能可显示为：

[前述话语] —— 详述标记 —— [详述话语]

在汉语中，常见的详述标记主要是"具体来说""具体地说"等。例如：

(47) [美国总统布什于当地时间14日在美国宇航局华盛顿总部发表演讲，提议争取最早在2015年让美国宇航员重返月球，并在月

球上长期停留，为下一步进行载人火星探测等做准备。］ 具体来说 ，
［布什的太空计划内容包括完成空间站建设、停飞航天飞机、宇航员
重返月球、人类登上火星。］　　　　　　（新华社 2004 年新闻稿）

　　（48）［据维前扎冷介绍，可持续旅游包括对遗产的利用、保存
和维护以及在世界遗产景点内划定相应区域，进行分区管理。］
具体来说 ，［一是只供管理、维护需要的管理区，不对游人开放；
二是允许游客游览的旅游区；三是用以建造厕所、餐馆、游客中心等
设施的便利区，特别是在自然遗产地，便利区应该和其他两区明确
分开。］

（新华社 2004 年新闻稿）

　　在例（47）中，作者在叙述布什所发表的宇航计划之后，再一一列
出了这一计划所包括的一系列具体内容，"具体来说"则明示这种具体阐
述的话语行为。在例（48）中，作者在叙述"可持续旅游"所包括的内容
之后，再从三个方面分别介绍了具体内容。我们发现，"具体来说"这一
元话语标记通常与"有以下三个方面""有这样几个方面"等具有总起功能
的小句同现，而具体阐述的话语又常常构成"第一……第二……第
三……"或"首先……其次……再次……"等逻辑序列结构，从而能够具
体、全面地解释"具体来说"的前述话语。

　　在韩国语(朝鲜语)中，常见的详述标记主要有"구체적으로 말하면,
상세하게 말한다면, 풀어서 말한다면, 풀어서 얘기한다면"等。例如：

　　（49）［벌린 (I. Berlin) 등이 자세히 설명하고 있듯이 룻소에
의하면 인간이 이기적인 이해관계를 극대화해서는 (저차원적 자
아) 자유롭지 못하다는 것이다. 공동의 이해관계를 증진시키는 법
에 예속될 경우 (고차원적 자아) 비로소 인간은 자유롭다는 것이
다.］ 구체적으로 말한다면 ［경제적 평등과 사회적 평등을 실현시
키는 법 (이를 도덕법이라고 부른다) 에 예속될 경우 비로소 인간
은 자유롭다는 것이다.］　　　　　　　　（한국 KAIST 말뭉치）

　　（50）［생산력은 사회가 자연에 영향을 미치고 그것을 변화시키
는 힘이다.］ 풀어서 말하면 ［생산과정 속에서 인간이 자연에 작용

을 가하는 양식과 수단, 그리고 이러한 작용 속에서 인간이 발전시키는 능력을 생산력이라고 부른다.]

(한국 KAIST 말뭉치)

在例（49）中，作者先把卢梭有关自由与约束关系的论述用概括的一句话归纳出来，但是由于这种归纳十分抽象，话者便用相对通俗的话语进行了说明，因此，预示这种话语行为的元话语标记"구체적으로 말하면"（具体来说）则属于详述标记。在例（50）中，作者先指出"生产力是征服、改造自然的能力"这一概括性论述之后，再结合生产方式、生产资料及人等相关因素进行了具体的解释，因此"풀어서 말하면"（具体来说）也是详述标记。

（四）插述标记

插述标记，表示后述话语不是顺承前述话语说出来的，而是中途插入进去的话语。

在叙述时，话者有时觉得有必要叙述与当前话题并无直接关联但是有一定关联性的一段话语，或临时想到与当前话题相关的一些话语内容需要临时加以补充，这时，话者通常会采用插述标记予以提示。由于插述是在基本话题之外开启的另一个叙述，因此，插述标记是单向的语篇结构标记，其管领力向后支配一个语篇构成单位，可显示为：

|插述标记|——［插述话语］

刘大为(2008)把这种插述结构称为"链接结构"，并从修辞学的角度出发解释了链接结构的特征。从语篇生成的动态性特点来看，语篇的建构过程是话者用元认知不断进行监控、调节的过程。监控是为了调节，但调节如果是在话语行为之前就已经开始的，那么实际观察到的话语则是调节后的结果。不过，调节本身在话语中是无痕迹的，如果一段话语行为已经开始后话者才觉得有调节的必要，那么，调节将会导致一段话语挂在被调节话语后面的结果，从而形成链接结构。①

---

① 刘大为(2008):《自然语言中的链接结构及其修辞动因》，首届"望道修辞学论坛"：复旦大学。特此感谢刘大为先生热心地提供论文原稿以及相关论文。

可见，插述标记的使用不仅体现了话者的修辞意图，同时还体现了话者的元认知。

汉语常见的插述标记有"顺便说一句、捎带说一句、顺便提一下"等，在韩国语（朝鲜语）中，常见的插述标记主要有"짚고 넘어가야 할 것(점은), 여기서 한마디 짚고 넘어갈 문제는, 한마디 보충할 점은"等。

(51) 那一天天气阴沉。我不记得那天在路上和舅舅说了些什么，大概对他能进去表示了羡慕吧。那座大门的背后，是一座水泥墙的大院，铁门紧关着，只开着一扇小门，每个人都要躬着腰才能进去，门前站了一大群学员，听唱名鱼贯而入。顺便说一句，[我可不是自愿来送我舅舅，如果是这样，非被小舅摔散了架不可。领导上要求每个学员都要有亲属来送，否则不肯接受。] 轮到我们时，发生了一件事，可以说明我舅舅当年的品行。　　（王晓波《万寿寺》）

(52) 말하자면 나도 그 20 만 명 중의 하나인데 내가 소위 학도병으로 끌려갔기 때문에 조선인 학도병이 왜 생기게 되었는가, 그 배경을 우선 살펴 본 것이다. 그런데 짚고넘어가야 할 점은 [<半島人學徒 特別志願兵制>라고 하는 '특별지원' 의 뜻이다.]

（한국 KAIST 말뭉치）

在例 (51) 中，作者在叙述"他"陪同"舅舅"报到的情景时，插入了有关自己是否自愿来送"舅舅"的话题，之后再续接原来的叙述主线叙述了当天报到时发生的事情。在例 (52) 中，作者在叙述有关自己"被拉到日本，充当学徒兵"时的时代背景后，用"짚고 넘어가야 할 점은"（有一点需要指出）提示读者后述话语是他插入的分叉性话语。可见，上述两例中的"顺便说一句""짚고 넘어가야 할 점은"都是预示插述行为的语言标记，是插述标记。有所不同的是，汉语的"顺便说一句"多用于叙事语段，而韩国语（朝鲜语）的"짚고 넘어가야 할 점은"多用于议论语段，而且汉语插述标记的形式也多于韩国语（朝鲜语），其用法也更加丰富。例如：

(53) 第二天, 阿宝给已经进她们厂子业余文工团的阿芳打个电话 (顺便说一句, [她已搬到单身宿舍去住了]), 让她回来一趟。

(李国文《危楼记事》)

(54) "如果给我一定权力。"我以男强人叱咤风云的姿态侃侃而谈, "那我当然也顺我者昌逆我者亡! 什么表现形式什么思想内容那一概不重要。只要哥儿们就扶持, 实在不得不打, 也是高高举起, 轻轻落下, 跟我不和的对我不敬的再好也狠狠打击绝不留情——顺便说一句, [您这第五个问题和第四个问题有点重复, 表达的是一种情绪一种精神。]"

(王朔《一点正经没有》)

在例 (53) 和 (54) 中, "顺便说一句" 及后述小句分别用括号和破折号标示出来, 而括号和破折号的功能分别是 "用于行文中注释性的部分" 和 "用于行文中解释说明的部分", 从而更凸显了 "顺便说一句" 提示插说行为的话语功能。

(五) 重述标记

重述标记, 表示后述话语是重复性叙述。

话者在叙述一段话语时, 尤其在叙述一段较长的话语时, 有时需要重新提及先前叙述过的话语内容, 并由此引申相关的观点, 这时使用重述标记, 则是在提示读者下列话语或话语中的有关信息是在前述话语中曾提及过的, 或是将在后面的话语中重新要提及的重复性信息。重述标记属于单向的语篇结构标记, 可显示为:

重述标记——[重述话语]

根据元话语标记中的回指成分或下指成分, 重述标记可分为指上重述标记和指下重述标记。

1. 指上重述标记

指上重述标记, 指元话语标记所引出的话语信息是话者在前文中已经涉及过的, 通常包含指上的 "上、前" "앞, 이상" 等方位名词。

在汉语中, 常见的指上重述标记, 有 "如前所述、如上所说、准上所说、上面已经说过、我们已经指出" 等。例如:

(55) 第一，国家主权不可分割。领土是国家行使主权的空间。在一个国家的领土上，只能有一个代表国家行使主权的中央政府。如前所述，[台湾是中国领土不可分割的一部分，一九四九年中华人民共和国政府取代中华民国政府成为全中国的唯一合法政府，已经享有和行使包括台湾在内的全中国的主权]。虽然海峡两岸尚未统一，但是台湾是中国领土一部分的地位从未改变，由此，中国拥有对台湾的主权也从未改变。

(《中国政府白皮书》"一个中国的原则与台湾问题")

(56) 凡是读过亚子先生诗文的人，谁都知道他是一个热情的革命文学家，虽然他今年是五十岁了，但他的思想还像创办南社时代一般前进。上面已经说过，[他是一个不善于说话的人]，但他的文章却特别写得短小精悍而有力，自然，有时他也写洋洋大篇，一泻千里的文章，然而究竟没有短的写得多而精彩。

(谢冰莹《我认识的亚子先生》)

在例 (55) 和 (56) 中，话者用"如前所述"和"上面已经说过"表明后述内容是在前文中提及过的，不同的是，前一例重述标记的管界是后面的整个复句，而后一例中的重述标记的管界则是是后面一个分句。

常见的韩国语（朝鲜语）指上重述标记，有"이미 지적된(한) 바와 같이, 이미 앞에서 말(이야기) 한 것처럼, 앞서도 말했듯이, 이미 살펴본 것처럼, 앞서 논의된 바와 같이, 이상과 같이 살필 때, 이상에 나타난 바와 같이, 상술한 바와 같이" 등。例如:

(57) 그러므로 우리는 장독대가 무엇이 대단해서 그토록 신성한 것으로 모셔야 하는 가고 묻지 않을 수 없게 된다. 앞에서 말한 것처럼 [장은 우리들이 먹는 음식에서 맛을 내는 기본이 되는 것이다. 장이 없이는 우리들의 누구도 맛있는 음식을 먹을 수가 없다.] 그렇다면 장에는 맛의 비결이 들어 있다고 보아야 옳다. 말하자면 장 속에 멋의 표본이 되는 맛의 원리가 들어 있다는 사실이다.

(박용숙<한국의 미학사상>)

(58) 이상에서 우리는 윤리학의 세 가지 유형을 살펴보았다. 이미 지적된 바와 같이, [서술윤리학은 철학자의 고유한 영역이 될 수 없으며, 특히 최근의 많은 도덕철학자들이 윤리학이나 도덕철학을 분석윤리학 일변도로 생각하는 것이 사실이기는 하나], 우리는 윤리학의 가장 일차적인 관심은 여전히 규범윤리학에 있다고 생각하고 앞으로의 논의도 주로 규범윤리학적 관점에서 진행해 가고자 한다.

(황경식<인간과 사회>)

在例（57）中，"앞에서 말한 것처럼"（如前所述）中的"앞"（前）提示读者，作者将要后述的话语是在前文中已经叙述过的；同样，在例（58）中，"이미 지적된바와 같이"（如同我们在前文中指出的那样）中的"이미"（已）表示后述话语是在前文中涉及过的重复性叙述。但是，例（57）和（58）的区别在于，前一例重述标记的管界是超句的，而后一例重述标记的管界则是所在句的两个分句。

可见，指上重复标记的管界可以是一个小句，也可以是一个单句或复句，还可以是句群。

2. 指下重述标记

指下重述标记，指元话语标记所引出的话语信息是话者将在后文中谈到的，即这种重述标记所要引出的话语内容属于提前介绍将要后述的内容或结论。

在我们搜集到的语料中，这种指下重述标记只出现在韩国语（朝鲜语）中，通常包含指下的方位名词"뒤"（后面）或表示结论的"결론"（结论），常见的有"뒤에서 설명되지만，결론적으로 말하면，결론부터 말하면"等。例如：

(59) 그러나 콩으로 메주를 쑤건, 젓갈로 메주를 쑤건 간에 중요한 것은 왜 장을 그토록 중요하게 여겼던가라는 점이다. 물론 거기에는 생활과 깊은 관련이 있을 것이지만, 보다 더 중요한 이유에는 <콩>이라는 물질 속에 우주의 어떤 오묘한 형상이 숨어 있기 때문이다. 뒤에서 설명되지만 [그 <콩>속의 오묘한 형상이란 곧 음양오행의 법칙이고, 또 그것이 맛이나 멋의 원리와 통하게 된다는 점

이다.]

(박용숙<한국의 미학사상>)

(60) 과연 농적 생산과 생활양식이 생태적 대안이 될 수 있는가. 결론부터 말하면 [농촌, 농업적 생산과 생활양식의 회복이야말로 산업문명의 한계로 인한 생태 위기에 대한 유일한 실천적 대안이라는 사실이다.] 자연과 조화되면서 자연이 허용하는 범위 안에서 생태순환 시스템을 통해 지속적인 생산과 생활을 실천할 수 있는 문명과 그 삶의 양식이 농적 생산과 그 생활양식 이외에는 없기 때문이다.

농촌, 농업생태계는 인간과 자연이 공생할 수 있는 마지막 보루인 것이다. 그런 점에서 농촌, 농업은 인류생존의 터전이자 새로운 문명을 잉태하고 있는 어머니인 것이다.

(이병철<살아남기, 근원으로 돌아가기>)

在例 (59) 中,"뒤에서 설명되지만"(如后文将要叙述的那样) 提前引出了将在后文叙述的话语内容；在例 (60) 中,"결론부터 말하면"(先说结论) 则在论证过程中提前引出了结论, 对结论进行了简要的介绍。

例 (59) 和 (60) 都属于论证语篇, 而论证是由论点、论据及论证过程等三个部分组成的。Brinker (1985, 2004：103) 指出, 论点和论据构成论证语篇的基本框架, 因为如果话者不出示材料性的事实, 不出具能够作为证据的论据, 那么就无从构成论证。他借用英国哲学家 Toulmin (1958) 的实践性论证行为理论出示了如下论证结构图：

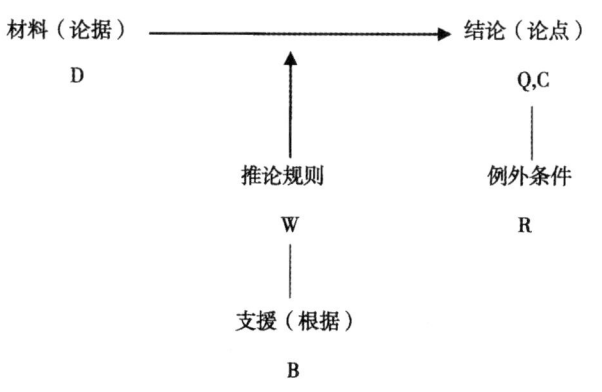

```
材料（论据） ──────────────→ 结论（论点）
    D                          Q,C
                ↑                │
            推论规则           例外条件
                W                R
                │
            支援（根据）
                B
```

图 5.1　论证语篇的主题展开模式图

按照 Brinker 的论证结构模式，结论应该出现在论据之后。可是，为何会出现提前预示结论的指下重述现象？我们认为，这与话者的修辞意图有关。对于话者来说，要论证什么，最终的结论是什么，他/她自己是非常清楚的。话者之所以不遵守"论据——论点"或"问题——解决"图式，是因为想通过提前预示结论的方式唤起读者的注意，想让读者提前了解作者的结论，明确话者的观点和态度，进而有意识地理解并接受话者的观点。有时，也会因为前后话语内容之间的关联性比较密切，话者只有提前引出本打算在后述内容中论述的观点才能更好地解释当前问题，因此也就产生了这种指下表述行为。

（六）推述标记

推述标记，表示前述话语是某种现象或事实，而后述话语则是根据这一现象或事实推导出来的结论。推述标记所连接的是表示事实和结论的两个话语单元，因此，它是双向的语篇结构标记，其管领力同时指向前后话语，可显示为：

[前述话语]——推述标记——[推述话语]

汉语中的推论标记非常丰富，主要有"可见、看来、由此（这样）看来、这样说来、由上可见、如此看来、由此观之、可想而知、由此可以看出、由此可推知、如此说来、显然、很明显、显而易见"等。例如：

(61) [当人觉悟自身所本有的良知良能之心或仁心后，他认为"须存习此心"，如何来"存习此心"？依程颢之见，须以"诚敬"的功夫来存习此良知良能之心或仁心。何谓"诚"？真实无妄谓之诚，当人真切地体认到自身所本有的良知良能之心或仁心的真实无妄时，此即"诚"。诚敬连言，此"敬"亦显然是对人所体认到的真实无妄之良知良能之心或仁心的确信，又要求人"存习"此良知良能之心或仁心并真正做到实有诸己。] 可见，[程颢的"诚""敬"不仅有着功夫论上的意义，同时还具本体论上的地位。]

（郭启勇编著《中国哲学史》）

(62) [宋人蒋捷的《虞美人·听雨》写道:"少年听雨歌楼上,红烛昏罗帐。壮年听雨客舟中,江阔云低,断雁叫西风。而今听雨僧庐下,鬓已星星也。悲欢离合总无情,一任阶前点滴到天明。"每个人都可能有听雨的经历,但这里的听雨却有丰富而多样的文化寓意:它似乎是人生所经历的错综复杂的文化风云的高度凝缩。少年时在歌楼的灯红酒绿中消磨时光、壮年漂泊于客舟旅舍、老年时孤居于僧庐下,这些形象化描绘生动地勾勒出个人生活的文化曲线,不亚于一篇富于修辞效果的人生劝导书,显示了诗人的博学多才和文采。] 如此看来,[文学不正是一种文化形态吗?]

(童庆炳主编《文学理论教程》)

在例(61)中,"可见"表示"程颢的'诚''敬'不仅有着功夫论上的意义,同时还具本体论上的地位"这一结论是根据前文对程颢的种种观点所做的分析得出来的;同样,在例(62)中,"如此看来"表示"文学正是一种文化形态"的结论是根据前文中引用的蒋捷的《虞美人·听雨》及其赏析中推断出来的。再如:

(63) [办公室的气氛就像公安局的预审室,七八个老师表情严厉地胡乱坐在自己桌前,几个女的鬓发凌乱如同刚进行过一场撕打,脸色在如此强烈的阳光下仍然显得灰暗。] 可想而知 [这里曾经发生过一场什么样的混乱]。 (王朔《我是你爸爸》)

(64) [出于实际目的的人,自然关心森林如何带来物质财富;出于理论探究的人,为森林的科学研究价值所吸引;而处于文学观察的人(如诗人),则以"审美的或艺术的观点"深深地沉浸于森林外观的美景之中。] 显然,[商人由此激发财富欲,科学家升起探索欲,这两种都是功利的;文学家则获得审美体验,这是无功利的]。

(童庆炳主编《文学理论教程》)

在例(63)中,"可想而知"表明"马林生"认为"这里曾经发生过一场什么样的混乱"是根据办公室里的种种情况推断出来的;在(64)中,"显然"表明后述话语中所得出的结论是前述现象中隐藏的道理,是显而易见的。从上述推论标记的使用中可以看出,"可想而知"和"显然"所预示的确信性强于"可见"和"如此看来",而"显然"的确信性又强于"可想而知"。据此我们可以说,汉语推论标记所表示的的确信性依次为:"显然"类推论标记>"知"类推论标记>"看"类推论标记>"说"类推论标记。

在韩国语(朝鲜语)中,较常见的推述标记有"이렇게 보면,이런 점으로 미루어 볼 때,이로부터 알 수 있는 바,그러고 보면,미루어 추측하건대,짐작하는 바와 같이"等。例如:

(65) 궁중요리의 하나인<전골>은 많은 재료와 양념으로 이루어지지만 우리가 한여름 먹는<쌈>은 지극히 간단한 재료로 이루어진다. [배추와 된장과 밥이 구성 요소의 전부이지만, 분명히<쌈>의 맛은 독자적으로 존재한다.] 이렇게 보면 [맛의 본질은 단순히 재료나 맛을 보는 사람 감각에만 존재하는 것이 아님이 드러나게 된다.] 이를테면<맛>은 저 플라톤의<이데아>처럼 제 3 의 어떤 자리에 신기루처럼 존재하는 것이라고 볼 수 있다.

(박용숙<한국의 미학사상>)

(66) [중국삼국시대 동선 (동봉) 이란 소문난 명의가 있었다. 환자를 보고 치료비를 받는 대신 병의 경중에 따라 살구나무를 한그루 내지 다섯그루씩을 심게 했다. 그러기를 수년하니 10 만그루의 울창한 살구나무숲이 이룩된것이다. 그 행림속에 창고들을 지어 살구씨를 저장해두고 약재로 파는데 많이 사고 적게 사고에 따라 곡식을 받아 가난한 사람에게 고루 나누어 줌으로써 구빈을 한것이다.] 그러고 보면 [행림은 의료정신까지도 구현하고 있는 것이 된다. 살구가 의약을 대변하리 만큼 만병통치요약재로서 불가결의 위치를 차지해내린것이된다.]

(한국 KAIST 말뭉치)

在例 (65) 中,"이렇게 보면"(如此看来) 表明所连接的后一项"味道的本质并非仅仅存在于材料或品尝者的感觉中"是一种推论,所连接的前一项"'包饭'的构成材料仅是白菜、大酱及米饭,但是其味道却俨然存在"是作者得以推理的根据所在。同样,在例 (66) 中,"그러고 보

面"（这样看来）表示所连接的后一项"杏树林甚至体现了一种医道，杏成为近乎象征医药的包治百病之药材"是作者的观点，而这一观点是根据前项所讲的故事得出来的。

我们之所以把推述标记列为独立的元话语标记类型，是因为它们具有区别于其他类型元话语标记的特征。与逻辑意义结构标记中的结果标记相同，推论标记所表示的也是结果，但是，结果标记表示的是由某种现象或事实所引发的必然结果或合情合理的结果，它并不依赖或者很少依赖推理而产生。而推论标记所连接的前后话语之间并不存在必然的因果规律，其结果也不是普遍意义上合情合理的结果，而在很大程度上依赖的是话者或作者的推理，具有较强的主观性，因此，我们把它们列为元话语标记中的独立类型——推论标记。推论标记所表示的这种推断义可从例（65）和（66）中与推论标记共现且同样表示推理性结果的"-게 된다""-고 볼 수 있다"和"-것이 된다"看出来。再如：

（67）넷째로 우리나라 (동양) 에는 '팬티' 나 '언더셔츠' 란 것이 없었다. 의상에 있어 내의가 발달하지 못했다는 것은 중대한 문제다. [저고리 위에 조끼를 입고 조끼 위에 두루마기를 입듯 外衣外衣는 그래도 격식을 갖추며 발전해 갔지만, 여전히 알몸뚱이에다 바지를 입고 윗저고리를 직접 입는 풍습은 오늘날에도 다를 것이 없다.

물론 여성의 의상에 있어서 한국에서는 '단속곳', 그리고 일본에서는 '고시마키' 가 있었지만 이것은 모두 '팬티' 와는 개념이 다르다.] 이런 점으로 미루어볼 때 [한국 (동양) 에서는 옷을 外飾物外飾物로만 생각한 것이 아닌가 하는 이다.] 내의가 없었다는 것은 곧 실속을 차리지 않았다는 말과 통한다.

（이어령<흙 속에 저 바람 속에>）

在例（67）中，"이런 점으로 미루어 볼 때"（从这一点可以看出）表明所连接的后一项"韩国人是不是把衣服只当作了修饰物"是作者根据前述内容推理出来的结果，而前述内容则是这一推理得以形成的根据，这种推理陈述的性质在后面的"-것이 아닌가 하는 점이다"体现得更为明显。同"그렇다면""그러면"等结果标记相比，"이렇게 보면, 이런 점으로 미

루어 볼 때, 이로부터 알수 있는 바, 그러고 보면"등 추론 표기의 판단성
질이 약하고, 어기도 비교적 가벼워진다.

(七) 总述标记

总述标记，表示后述话语是对前述话语的总结、概括性叙述。

话者在罗列一系列事实或现象之后，往往用明示的方式对这些话语内容进行梳理和总结，因此，总述标记通常包含表示总括义的语言成分。在语篇中，读者把握了这种总述标记，就能掌握前文与后文之间的话语组织关系，可以快速地把握语篇的核心信息。总述标记也是双向的语篇结构标记，其管领力可显示为：

[具体叙述] —— 总述标记 —— [总述话语]

与韩国语（朝鲜语）相比，汉语中的总述标记较为丰富，常见的有"总而言之、总之、总的说来、总起来说、综上所述、总括上面、一句话、一言以蔽之"等。例如：

(68) [唐小姐妩媚端正的圆脸，有两个浅酒窝。天生着一般女人要花钱费时、调脂和粉来仿造的好脸色，新鲜得使人见了忘掉口渴而又觉嘴馋，仿佛是好水果。她眼睛并不顶大，可是灵活温柔，反衬得许多女人的大眼睛只像政治家讲的大话，大而无当。古典学者看她说笑时露出的好牙齿，会诧异为什么古今中外诗人，都甘心变成女人头插的钗，腰束的带，身体睡的席，甚至脚下践踏的鞋袜，可是从没想到化作她的牙刷。她头发没烫，眉毛不镊，口红也没有擦，似乎安心遵守天生的限止，不要弥补造化的缺陷。] 总而言之，[唐小姐是摩登文明社会里那桩罕物——一个真正的女孩子。]

（钱钟书《围城》）

(69) 供方的责任就是在许可证合同（协议）的实施中，供方的义务。义务的多少一般取决于权利的大小。[这种权利比较集中地反映在技术价格上，即要价越高，需要承担的义务也就越要多。例如，一项完整技术的全部转让应包括技术的各种原始的试验资料、技术报告、工程的初步设计与施工设计、调试中各种技术问题的处理、人员培训直至稳定生产。] 一句话, [一直到需方能全面掌握这种技术为止。]
(《人民日报》2010/11/15)

在例(68)中,作者借"方鸿渐"的视角来观察了"唐小姐"的外貌,描写了脸、脸色、眼睛、牙齿及外在气质等,最后用"总而言之"引出了对人物的总的评价。在例(69)中,作者在叙述供方的责任时举出一项完整技术的转让所包括的技术内容之后,用"一句话"总结了供方义务的范围。有时,在一个篇幅较长的语篇中,作者在叙述一段较长的话语之后,通常采用"综上所述、总而言之、总之"等总述标记进行总结。

在韩国语(朝鲜语)中,常用的总述标记有"한마디로(말하여/말해), 요약하면, 요컨대, 총적으로 보면"等。例如:

(70) 내가 성장하던 그 시기는 다른 대륙들에서도 식민지재분할을 위한 제국주의자들의 각축전이 치렬하게 벌어지고있던 때였다. [내가 태여난 그해에도 세계의 여러 지역에서는 복잡한 사건들이 련달아 일어났다. 바로 그해에 미해병대가 온두라스에 상륙하였다. 프랑스는 마로끄를 자기의 보호국으로 만들었고 이딸리아는 토이기의 로토스섬을 점령하였다.

국내에서는《토지조사령》이 발표되여 민심을 뒤숭숭하게 하였다.]

한마디로 말하여 [나는 어수선한 동란의 시대에 태여나 불우하게 어린시절을 보냈다]. 이러한 시대상은 나의 성장에 영향을 미치지 않을수 없었다.

(김일성<세기와 더불어>제1부)

(71) [우리에게 노크의 훈련이 되어 있지 않았다는 것은 엄격히 따지고 보면 '사생활'에 대한 인식이 없었음을 의미한다. 서양에서는 사생활을 생명과 같이 존중시한다. 우리는 주거 침입이나 사실私室 침범 쯤은 예사로 안다.

전기 조사원들이 남의 집 안방에까지 기웃거리는 것은 요즈음에도 얼마든지 있는 일이다. 발자크는 빚쟁이에 몰려 노크가 아니라 암호까지 써서 실내 통화를 제한한다. 우리의 경우 같으면 빚 받으로 온 사람은 안방에 마구 침입하여 드러눕는것이 보통이다.]

요컨대 [노크라고 하는 것은 서구적인 철저한 개인주의의 산물이다.] 우리 사회에 있어 '너'와 '나'의 한계를 내세운다는 것은 '정'이 없음을 뜻하는 것이어서, 속된 말로 친한 사람끼리는 '내 것', '네 것'이 없이 지내는 것을 이상으로 알고 있다.

(이어령＜흙 속에 저 바람 속에＞)

在例（70）中，作者先用四个句子叙述了他出生的那一年世界各地所发生的一系列重大的政治事件，然后用"한마디로 말하여"（一句话）对这些内容进行了总结，指出"我出生在一个杂乱纷扰的动乱时代，度过了不幸的幼年时节"。在例（71）中，作者在对比分析西方人和韩国人对"敲门"这一礼节的认识之后，用"요컨대"（总之）进行总结，指出"'敲门'是西方彻底的个人主义的产物"。

（八）举例标记

举例标记，是在前述话语相对概括、抽象时，用于表明后述话语是对前述话语的例证性论据。举例标记也具有双向的管领力，其结构标记功能可显示为：

［概述话语］──── 举例标记 ────［例证话语］

汉语中的举例标记相当丰富，常见的有"如、例如、（你）比如（说）、正如（所……的那样）、又如、再如、诚如、（你）比方（说）、就说、譬如、拿……来讲（说）、以……为例、不妨借用……的话"等。例如：

　　（72）[在上节批判旧唯物主义时，我强调了这些自然属性本身并不就是美；现在，就要公正指出，它们本身虽然并不就是美，却是构成美的重要或是必要的条件。] 例如，[高山大海的巨大体积，月亮星星的黯然光亮，就常成为壮美或优美的必要条件。]

（李泽厚《美学旧作集》）

　　（73）[我们中华民族不仅以自己的智慧和才能创造了灿烂的古代文化，对世界文学的发展做出了巨大的贡献，同时在自己的文学活动中也很善于批判地吸取和借鉴一切外来的有益成分。] 比如，[印度的佛教文化、欧洲的启蒙主义文学、积极浪漫主义、批判现实主义和苏联的社会主义现实主义文学，都对中国文学的发展产生过深刻的影响]。

（童庆炳主编《文学理论教程》）

（74）[那么，经验思维和理论思维、创造性思维和再现性思维同逻辑思维、形象思维、直觉思维是什么关系呢？它们都是逻辑思维、形象思维和直觉思维在不同方面的表现。] 例如，[经验思维和理论思维，既可能是逻辑思维，也可能是形象思维。] 又如，[逻辑思维和形象思维，既可能是创造性的，也可能是再现性的。] 它们是不同层次的概念，不能把它们混淆起来。

（齐振海主编《认识论探索》）

在例（72）中，作者在提出观点之后，用"例如"举出自然属性构成美的具体例子；在例（73）中，作者用"比如"举了中国善于批判地吸取和借鉴一切外来有益成分的例子；在例（74）中，作者在提出形象思维和逻辑思维的共同点之后，用"例如"举了其中的一个共同点，但是，当再次举例时则使用了"又如"，表示后一例是和前一例并列的，是论证同一个观点的。如果还要再次举例，通常会使用"再如"，而不使用"例如"或"又如"。

在韩国语（朝鲜语）中，常用的举例标记有"예컨대, 예를 들면, 이를테면 (일테면), 가령①, 보기를 들면, 예시하면, 구체적인 예로서, 예를 들어 설명하면"等。例如：

（75）넷째, [생활 중심의 프로그램을 준비해야 한다. 기존의 농활은 강도 높은 노동이 중심이었으나 생태농활은 새로운 가치와 생활문화를 배운다는 점에서 가능한 생활을 함께 나누는 방식으로 프로그램이 준비되어야 한다.] 예컨대 [식사도 농민들과 함께 준

---

① 在韩国语中，"가령"有"가정하여 말한다면"（假如/即使）和"예컨대"（例如）两种解释。作为举例标记，它所体现的是后一种意思。参见＜동아 새국어사전＞（新国语词典）（두산 출판 BG, 1999），第11页。

비하고 함께 하도록 해야 할 것이다.] 노동도 생활의 한 부분이라는 관점이 필요하다.　　　(이병철<살아남기, 근원으로 돌아가기>)

(76) [만주지방의 무당 풍속 (샤먼神歌) 에는 메주가 무당에게 있어서 아주 귀한 보물이 되어 있다.] 이를테면 [금은보화와 같은 재물을 주어야 겨우 통과할 수 있는 천계 (天界) 를 메주 한 덩어리만 주고서도 들어갈 수가 있기 때문이다.] 이것은 메주가 곧 큰 것이라고 했던 우리들의 풍속과도 같음을 뜻한다. 큰 것을 한문자로 태 (太), 금 (金), 대 (大) 라고 쓰기 때문이다.

(박용숙<한국의 미학사상>)

(77) 지혜는 경험과학에서 탐구하는 사물의 본질이나 현상의 구조에 관한 객관적인 지식이 아니다. [물론 이러한 지식은 지혜를 낳게 하는 조건이 될 수 있지만, 그러한 지식을 많이 가지고 있다고 해서 반드시 지혜로운 사람이 되는 것도 아니고, 지혜로운 사람이라고 해서 또 그러한 종류의 지식을 많이 갖추고 있는 것도 아니다.] 가령 [의사라고 해서 항상 건강한 상태를 유지하는 것이 아닌 것과 마찬가지로, 심리학이나 물리학 혹은 생물학의 전문가라고 해서 반드시 재혜로운 사람이 되는 것이 아니다.]

(엄정식<철학의 과제: 자유와 필연>)

在例 (75) 中, 作者在提出大学生要到农村体验生活、要融入农民当中的观点时, 用"예컨대"(例如) 举了一日三餐的问题。在例 (76) 和 (77) 中, 作者分别用"이를테면"(比如) 和"가령"(例如) 引出具体的事实论证了前述观点。

可见, 举例标记引出的通常是相对典型的事实, 是作者用以证明自己论点的事实根据。在语篇结构中, 听者或读者掌握了这种标记, 就可以比较容易地把握话者或作者的言说思路, 也可以迅速地判断前后话语内容之间是"事理—论据"或"观点—事实"的关系。

(九) 回述标记

以上, 我们所考察的八种话语组织标记, 是汉语和韩国语 (朝鲜语) 共有的类型。除此之外, 汉语中还有一种如"话说回来"这种元话语标记, 李胜梅 (2006) 称之为"回说自述短语", 我们则称为回述标记。例如:

(78)"［好小子！比你爹强！论家底儿，我没给你留下一根毛儿，你这开发公司也真地闯开了局面，家大业大啦。］ 话说回来 ，［你爷爷他也没给我留下根毛儿呀！我拉扯你也不容易。两手攥空拳啊，穷困潦倒，社会上什么黑心肝的事情没见过？世态炎凉……亲戚朋友谁肯认我？谁接济过我一升米，一斤面？］"

(陈建功《皇城根》)

(79)"［你是一时痛快了，气象万千了，闹得我们孩子也不服管了。我一说她，她就回嘴：你瞧人家马锐的爸爸。净拿你来压我们，搞得我们两口子暴君似的。我早对你有意见了。这么干不行。一家之内要没个规矩，不分尊卑长幼，那还不乱了套？怎么样，你现在也尝到苦头了吧？孩子真跟你没大没小的拿你当他的小朋友一样对待你也感到不舒服了吧？你这叫咎由自取——］ 话说回来 ，［你们到底为什么吵得这么厉害我还没闹清呢？］" (王朔《我是你爸爸》)

从例 (78) 和 (79) 中可以看出，"话说回来"所连接的前后话语在语义上并不是围绕一个统一的主线展开的，前后话语所叙述的也不是相同或相关的话题。在例 (78) 中，从儿子白手起家、家大业大的事实到过去自己在穷困潦倒的情况下含辛茹苦地把儿子养大的事实，前后话题不是统一的，而"话说回来"及时把话题从他人身上拉回话者身上，并引发了话者的评论。在例 (79) 中，从批评"马林生"民主式的教育方法再到询问马林生父子闹矛盾的原因，作者用"话说回来"把节外生枝的话题拉回话者关心的主要话题上面。我们认为，回述标记的功能在于把话题从他人处拉回自己处、从偏离状态拉回主线、从客观叙述拉回话者的主观评论，从而使前后话语连接成一个相对完整的叙述结构。因此，回述标记的管领力是双向的，同时指向前后话语单元，可显示为：

［前述话语］—— 回述标记 ——［回述话语］

李胜梅 (2006：43) 指出，"话说回来"引出的是与前项相对或相反的后项，起补充作用，语义重点则在于前项而非后项。但是我们认为，回述标记"话说回来"经常与转折标记构成"可话说回来>可是话说回来>不过话说回来",其语义与"其实"相近,属于弱势转折义,而语义重点落在后项则是大部分转折关系结构的共同特点。因此我们认为,"话说回来"所凸显的是"说回来"之后的当前话语状态,其凸显的话语关系不是前后话语之间的相对或相反义,而是话题的相关性以及话语态度的相关性。

在韩国语(朝鲜语)中,没有与"话说回来"相对应的元话语标记,"话说回来"所表示的语义及话语功能多由转换性转折标记"그런데(근데)"来表示。

五 话语信息标记

话语信息标记,是表明后述话语的来源或话者、作者对听者、读者信息状况了解程度的元话语标记,可分为信息来源标记和信息状况标记。由于话语信息标记为后述话语提供信息来源或信息状况,因此,其管领力属于向后的单向管领力,可显示为:

话语信息标记────[具体信息]

(一)信息来源标记

在现实中,信息来源是多种多样的,话者或作者可以直接从现实中感知,也可以间接从其他信源获取。信息的可信度也是有区别的,可以是以客观事实为基础的相对真实的信息,也可以是道听途说的传闻。而表示这种信息来源及其可信度的元话语标记,就是信息来源标记,它所编码的是话者对信息来源及可靠性的认知状态。

汉语、韩国语(朝鲜语)信息来源标记根据后述话语信息的具体来源,可分为直接信息标记和间接信息标记。

1. 直接信息标记

直接信息标记,表示后述的信息是话者通过亲身感受或思考得出来的,是直接获得的信息。

在汉语中,常用的直接信息标记有"我看、我认为、我觉得、在我看来、我们认为、在我们看来"等。例如:

(80)厦门特区不叫自由港,但可以实行自由港的某些政策,这在国际上是有先例的。只要资金可以自由出入,外商就会来投资。

我看，[这不会失败，肯定益处很大。]

(对小平《邓小平文选·第三卷》)

（81）他朝马哲狡猾地笑笑。"我知道你们始终没有放弃对我的怀疑。我觉得[你们真正怀疑的不是疯子，而是我]。你们那么做无非是想让我放松警惕。"

(余华《河边的错误》)

（82）但蔡仪把原因归结于因为"自然界事物的美，条件比较简单，性质易于观察，说明也就较为方便"等图简便的方法问题（同上）。实际原因恐怕并没有这么简单。我们认为，[更深刻的原因在于：这是由他的整个体系的缺乏生活实践——社会性的特点性质所决定的，理论决定了方法。]

(李泽厚《美学旧作集》)

在（80）中，"我看"和表示确定义的"肯定"同现；在例（81）中，"我觉得"和表示判断的"……不是……而是"句式同现；在例（82）中，"我们认为"和"……在于……"同现，都表示了肯定的判断。可见，汉语中的直接信息标记通常表示的是话者的主观判断，表示的多是确定性的信息，这一点和韩国语(朝鲜语) 直接信息标记有所不同。

韩国语(朝鲜语) 的直接信息标记并不发达，主要有"내 보기에는, 내 생각에는, 나의 생각으로는"等。这些直接信息标记通常要和表示"-(은/는) 것 같다""-ㄹ (을/를) 것 같다""-ㄹ (을/를) 것이다"结构同现，表示作者的推测。例如：

（83）그러나 이 새 회사가 성공하면 대우는 한국의 기업이 아닌 세계의 기업으로 성공할 것은 분명하다. 이번에 내 일생을 걸고 승부를 걸 작정이다. 내가 보기에는[빠른 시일 안에 정상화될 것으로 본다.]　　　　　　　　　　　　(한국 KAIST 말뭉치)

（84）"아버지가 편찮으세요. 제 생각에는[그전부터 안 좋았던 심장병이 재발된것 같아요.] 오늘 진찰 받으러 가셨는데 의사가 4주일 동안 운전대를 잡는 건 위험하다고 하셨대요.……"

(한국 KAIST 말뭉치)

在例（83）中，"내가 보기에는"（我看）和表示推测义的"-ㄹ 것으로 본다"同现，表示"会在较快的时间内恢复正常"这一信息出自"我"的推断；在例（84）中，"제 생각에는"（我想）与表示推测义的"-것 같다"同现，表示"老毛病心脏病复发了"这一信息是出自"我"的推测。当然，这些元话语标记也可以表示确定性的信息，例如"내 보기에는 그 애가 참 불쌍하다""내 생각에는 이 소식이 확실하다"等，但是在多数情况下表示的是不确定性信息。

有一点需要指出，即由于韩国语（朝鲜语）代词受阶称的限制，因此元话语标记中的第一人称单数代词"나"要根据话者与听者之间的社会关系使用表示对等称、对下称的"내"，或者表示对上称的"저""제"。

2. 间接信息标记

间接信息标记，表示元话语标记所引出的信息是由话者从他处听来或看来的，是间接获得的信息，并非话者亲眼所见或亲历的信息。

在汉语中，常见的间接信息标记有"据、听说、据说、据我所知、按照……的说法、在……看来"等。例如：

（85）内蒙古乌兰察布草原有一座海拔1783米的巍峨高山，历代传说那里有无穷的神力。据说，[成吉思汗有一次率轻骑上山，可是往日的千里马到山顶时，马蹄居然不能动弹。武士们奋力推马，直到铁马掌脱落，骏马才恢复行动自由。] 1927年7月，28岁的地质学家丁道衡到这里考察，终于揭开了这个千古之谜。原来，这是一座铁矿山，吸住马掌铁的不是神力而是磁铁矿的强磁性。

（《中国儿童百科全书》）

（86）据报道，[这种禽流感的变种病毒是在飞到巴西北部马瑙斯市的燕子身上和飞到东北部北里奥格兰德州的水鸟身上发现的。巴西农业部、卫生部和环保局已经采取紧急措施，组织专门队伍监控候鸟的飞行路线和栖息地，防止候鸟接近养鸡场。]

（新华社2004年新闻稿）

在例（85）中，"据说"表示后述信息并不是话者亲眼目睹的，而是传闻；在例（86）中，"据报道"表示后述信息来源于新闻报道，也并非作者自己亲自考察的。

常用的韩国语(朝鲜语)间接信息标记比较多,有"듣건대,듣자니,들은 바에 의하면,들리는 이야기로는,소문에 의하면,-에 의하면,-가 지적한 바와 같이,-가 말한 바와 같이,-에 따르면"等。例如:

(87) 건강보험심사평가원에 의하면 [고혈압, 뇌혈관 질환, 당뇨, 동맥경화, 심장질환 등 5대 성인병으로 진료받은 환자는 지난해 923만여명에 달한다. 2005년에 비해 4년 새 25.3% 증가했다. 전체 진료 환자의 약 90%가 50세 이상이지만 30—40대의 비중이 높아지고 10세 이하 어린이들이 성인병에 걸리는 사례도 증가하고 있다. 전문가들은 "성인병 예방을 위한 식습관 개선이 필요하다"고 지적한다.] (<조선일보>10/07/20)

(88) 세계은행의 16일 발표에 따르면 [지난 1년 사이에 밀 가격은 69%가 뛰었다. 작년 6월 t당 157달러에 불과했던 국제 거래 가격은 지난 15일 현재 346달러를 기록했다.]
(<조선일보>11/02/19)

在例(87)中,"건강보험심사평가원에 의하면"表示后述信息来自"健康保险审查评估院";在例(87)中,"세계은행의 16일 발표에 따르면"表示后述信息的来源是"世界银行16日公布的消息"。

可见,间接信息标记所表示的都是第二手的信息,并不是话者亲自感受、经历的。但是相比之下,信息来源于新闻报道或公共机构的"据报道、据新华社消息,据该县政府有关人员称""연구에 의하면,최근 조선일보 보도에 따르면,31일 인천시 교육청에 따르면"等元话语标记所表示的可信度,高于"听说、据说""듣건대,소문에 의하면"等一般传闻型信息的可信度。

(二)信息状况标记

信息状况属于心理认知范畴,包括知识状况与信息的组织及运用状况。语篇的建构过程是一个互动的过程,为了更好地让读者理解和接受自己的观点、意图,作者在组织话语时会表露出作者对读者的了解和信任态度,并会努力拉近和读者的距离。反映这种意图的元话语标记,就是信息状况标记。换言之,信息状况标记是表示作者了解读者大体的知识程度和认知水平的元话语标记。

在汉语中，常见的信息状况标记有"众所周知、我们知道、大家都知道、大家清楚、你知道"等；在韩国语(朝鲜语)中，常见的信息状况标记有"다 아는 바와 같이, 잘 알려진대로, 누구나 알고 있듯이, 누구에게나 분명한 일이지만, 보는 바와 같이, 알다시피, 주지하다 시피, 주지하는 바와 같이"等。例如：

(89) 一方面，价值离不开人和人的需要。一个没有人的世界也就是一个没有价值的世界。众所周知，[在人类出现之前地球早已存在了]。但是它作为一种"'自在之物'，同人尚无联系，本身并无美丑、真假、好坏、有用无用之分。

（齐振海主编《认识论探索》）

(90) 适应性维护是要使运行的软件能适应外部环境的变动。我们知道，[计算机技术近年来发展得越来越快，几乎每三年就要出现一代新的计算机硬件]。另一方面，新的操作系统和原来操作系统的新版本不断涌现。建立在硬件和操作系统上的应用软件，其实用年限常常不止三年，长者超过十年。　（郑人杰《实用软件工程》）

(91) 그렇다면 누룩은 무엇 때문에 넣는가. 잘 알려진대로 [누룩은 발효시키는 역할을 한다.] 밀과 쌀이 각기 자기의 고유한 개체성을 빨리 잃게 함으로써 보다 큰 목적 (술) 에 도달하도록 촉진하는 것이다.　（박용숙<한국의 미학사상>）

(92) 누구나 알고 있듯이 《토정비결》의 1년 신수 가운데 가장 빈번히 등장하는 것은 첫째 구설수에 관한 것이다.]
"이달에는 구설수가 있으니 입을 병처럼 지켜라","비록 재수는 있으나 구설을 조심하라","사소한 일로 구설이 분분하다"—대개 어떤 괘든 반드시 이러한 구설수가 끼어 있기 마련이다.

（이어령<흙 속에 저 바람 속에>）

在例 (89) 和 (90) 中，"众所周知"和"我们知道"表示话者相信读者是了解这一信息的；同样，在例 (91) 和 (92) 中，"잘 알려진대로"(大家都知道) 和"누구나 알고 있듯이"(众所周知) 表示后述信息是一般人都了解的普遍信息，表明话者相信读者是对此了解的。

在实际语篇中，话者或作者经常在话语中表示自己对听者或读者知识水平的认识，同时还会常常对听者或读者的知识水平给予积极的评价，以表达对听者或读者的尊重和信任。但是，一些否定形式的信息状况标记则更多地用于汉语。例如：

（93）相对真理和绝对真理是认识论的基本概念，它们不应该被取消，或者以其他概念如真理的相对性、绝对性来替代。 毫无疑问，[相对真理、绝对真理同真理的相对性、绝对性是有联系的]。但是，联系并不意味着等同。它们是两对意义不同的范畴。 　　　　　　　　　　　　　　　　（齐振海主编《认识论探索》）

（94）当地媒体则说，在以色列的非法劳工，最怕的不是自杀式爆炸，而是警察，因此每次爆炸发生后，受伤者中总有一些人自己挣扎着离开现场，而不愿意被送到医院。 毋庸讳言，[这当中就包括一些中国非法劳工]。 　　　　　　　　　　　（新华社2004年新闻稿）

（95）是私立学校，必然就有高于普通学校的收费。这种教育与市场的结合，吸引了一部分"商人"想靠此来赚钱。 毋庸置疑，[办得好的私立学校必赢利]，但仅以赢利为目的学校必办不好。
　　　　　　　　　　　　　　　　　　　（1994年报刊精选）

在例（93）—（95）中"毫无疑问""毋庸讳言""毋庸置疑"是主要用于书面语的信息状况标记，表示话者相信后述信息对听者来是明确的，但同时又以强烈的语气禁止听者对此信息产生怀疑。在韩国语（朝鲜语）中，这种语言形式通常用"두말할 것(나위) 도없이""（조금도/추호도）의심할 바(나위) 없이"等否定型的惯用结构来表示，但其语气相对来说弱于汉语的否定型信息状况标记。

语言是具有主观性的。这种主观性通常反映在话语中话者的立场、态度及情感上，但有时也表现在话者对听者或读者认知状态及情感态度的关照上。沈家煊（2005）指出，话者或作者用明确的语言形式表达对听者或读者"自我"的关注，是交互主观性的体现，而话者或作者对听者、读者的关注可以体现在认识意义上，即关注听者、读者对命题内容的态度；但更多的是体现在社会意义上，即关注听者、读者的面子或形象需要。我们认为，上述的信息状况标记主要体现的是话者或作者对听者、读者认知水平及认知态度的关注，而汉语信息状况标记所体现的交互主观性较之韩国语(朝鲜语) 更加明显。

第四节 小结

（一）界定了"人际意义结构标记"的概念，指出了其特点

参与语篇的建构过程并体现其结构特点的语言要素，除了概念意义结构标记和逻辑意义结构标记之外，还有表示人际功能的结构标记，我们称之为人际意义结构标记。

汉语、韩国语(朝鲜语) 人际意义结构标记的共同特点是：主观性、程序性以及句法上的独立性。人际意义结构标记与概念意义结构标记、逻辑意义结构标记的区别点在于，不增加真正意义、位置相对灵活。

（二）考察了汉韩（朝）话语标记的特点及功能

1）从总体上考察了话语标记的特点

首先，简单考察了汉韩(朝) 话语标记的研究现状。

其次，指出了汉韩(朝) 话语标记的共同点：

a. 语类特征：主要用于口语；

b. 音节特征：可以是单音节或双音节，也可以是多音节；

c. 音律特征：具有一定的语气，有停顿；

d. 形态特征：具有稳固性；

e. 语形特征：可以是词、词组，也可以是小句形式；

f. 句法特征：不充当句法成分，不与其他成分发生句法关系，位置相对灵活；

g. 语义特征：原来所表示的命题意义已经虚化，不表示概念意义；

h. 语用特征：具有很强的主观性，表示话语的程序义；

i. 成员特征：可以是接续词/关联词语、副词、代词、叹词、词尾/助词，也可以是动词词组、主谓句以及惯用形式。

2）对比了汉韩(朝) 话语标记在会话结构中的连贯功能

根据汉韩(朝) 话语标记的共同点和汉韩(朝) 会话结构的共性，以话语标记在话轮结构中的连贯功能作为划分依据，把汉韩(朝) 话语标记分为五种类型。如下表所示：

表 5.1　　　　　　　汉韩（朝）话语标记分类表

类　型	汉　语	韩国语（朝鲜语）
起始功能话语标记	嗯、啊、这个、那个、那什么、怎么说呢、就是吧	저기, 저, 어, 에, 말이야, 말이오, 말입니다, 있잖아 (요), 있지요, 다른 게 아니라, 사실 (은), 어떻게 말해야 할지 (잘 모르겠는데요), 이렇게 말해도 될런지 모르겠지만
延续功能话语标记	然后（吧）、后来吧、完了（吧）、所以（啊）、这个、那个、唉、啊、嗯	그래서 (말이야), 그래갖구, 그담에(어쨌는지 알아?), 그래 있잖니, 그러니까 (그니까), 그리고 (그리구, 글구), 예/어/응
切换功能话语标记	不是、那个、这个、啊、对了	그러니까, 그건그렇구, 그건, 그만, 아, 정말, 맞다
抢夺功能话语标记	不是、行了（吧）、算了（吧）、得了（吧）	됐다, 됐어
结束功能话语标记	那、就这样（吧）、好吧、好、好好、啊、嗯	그래, 그럼, 그러면, 이만

根据对汉韩（朝）结构标记功能话语标记的考察，我们得出了如下结论：

第一，汉韩（朝）话语标记在会话结构中的话语功能主要体现为连贯功能，具体分为：起始功能、延续功能、切换功能、抢夺功能及结束功能。

第二，汉韩（朝）话语标记在语义及话语功能上都具有复合性的特点。即，一个话语标记往往具有多种话语功能，根据不同的语境，突显不同的话语意图。

第三，词汇形式或词组形式的话语标记的使用频率高于小句形式的话语标记。在词汇形式的话语标记中，汉语、韩国语（朝鲜语）都有由叹词、代词、副词、助词构成的话语标记，但是冠形词"이，그，저，이런，그런，무슨"及其组合形式的话语标记是韩国语（朝鲜语）独有的，而主谓宾形式的话语标记则是汉语的常见形式，在韩国语（朝鲜语）中很少出现。

第四，在汉韩（朝）话语标记中，由代词虚化而来的话语标记都是使用频率相当高的。在汉语中［＋近指］系列的"这个"的使用频率更高，

而在韩国语(朝鲜语)中，[-近指]系列的"저기，저，거기，거，그"的使用频率较高。

（三）考察了汉韩（朝）元话语标记的特点及功能

1）考察了相关研究现状，并指出了存在的问题

从目前汉语和韩国语(朝鲜语)学界的语法研究和语篇研究来看，相关研究存在研究范围不确定、内部成员异质化等问题，尤其在韩国语(朝鲜语)学界，缺乏更深入的研究，更缺乏语篇角度的研究。此外，以往的研究都限于本体研究，缺乏从语言对比的角度进行的研究成果。

2）界定了汉韩(朝)元话语标记的范围，并指出了共同点

第一，界定了元话语标记的概念及范围。

元话语标记，是话者或作者在基本话语层之外对自己的话语行为进行主观调控和评述的语言成分，通常含有言说动词或言说名词，在形式上多以谓词性词组或小句形式出现。元话语标记在语篇结构中的功能主要是话语衔接功能，这种功能体现了话者的元认知。汉语、韩国语(朝鲜语)元话语标记主要由"说"类言说动词、"看"和"想"类意向动词以及部分言说名词组成，可以是词组、小句，还可以是由部分句法结构形成的惯用形式。

第二，指出了汉韩(朝)元话语标记的共同点：

a. 语类特征：口语和书面语中都使用，但更多地用于书面语；

b. 音节特征：单音节或双音节形式很少，大部分都是多音节；

c. 形态特征：具有相对的稳固性；

d. 语形特征：以词组形式和小句形式为主；

e. 句法特征：不充当句法成分，不与其他成分发生句法关系，首选位置是句首；

f. 语用特征：具有很强的主观性，表示话语的程序义；

g. 成分特征：大部分是谓词性的，尤其以言说动词和意向动词为主。

第三，划分了汉韩(朝)元话语标记的类型。

以搜集到的语料为基础，依照功能为主形式为辅的原则，把汉语和韩国语(朝鲜语)元话语标记分为话语态度标记、话语组织标记、话语信息标记等三种类型。

3）全面对比了汉韩(朝)元话语标记的具体类型及衔接功能

按照内部成员所具有的功能差异，归纳了汉韩(朝)元话语标记的下

位类型,并依次进行了对比。

汉韩(朝)元话语标记大体上可分为三种类型:话语态度标记、话语组织标记和话语信息标记。其中,话语态度标记又分为视点标记和态度标记两个次类;话语组织标记又分为换述标记、简述标记、详述标记、插述标记、重述标记、推述标记、总述标记、举例标记、回述标记等九个次类;话语信息标记则再分为信息来源标记和信息状况标记两个次类。如下表所示:

表 5.2　　　　　　　汉韩（朝）元话语标记的分类表

类　型				汉　语	韩国语（朝鲜语）
话语态度标记		视点标记		从这个侧面上说、从某种意义上说、从这个/层意义上说、从一定意义上说、在这个意义上不妨说、从这个方面来讲	이런 점에서, 이러한 관점에서 볼 때, 이런 점에 비추어 볼 때, 그런 점에서, 그런 의미에서, 그런 면에서 말하면, 그런 뜻에서 보면, 그렇게 볼 때
	态度标记	言说态度标记	情感态度标记	坦言标记	老实说、说实话、说句实在的、实事求是地说、平心而论、不瞒你说	솔직히 말해, 솔직하게 말하면, 솔직한 말씀을 드리면, 사실대로 말하면, 제대로 말하면
				敢言标记	毫不客气地说、我敢说	감히 말하건대
			确认态度标记		是的、是啊/呀、真的、的确、确实、不错	(분명히) 그렇다, 그랬다
		言说情态标记	认识情态标记		一般来说、一般地说、一般而言、某种程度上、相对而言、相对来说、表面看来、直观地看、客观地说、从主观上来说/讲、总体上看、从根本/根子上讲	일반적으로 말하면, 어떤 의미에서 말하면, 상대적으로, 겉으로 보면, 객관적으로 말하면, 주관적으로 말하면, 총체적으로, 근본상
			道义情态标记		应该承认、应当看到、必须指出	반드시 지적해야 할 바는, 응당 보아내야 할 점은
		言说评价标记	褒义评价标记		准确地说、严格来说	정확하게 말하자면, 더 정확히 말한다면, 엄밀하게 말한다면, 엄격한 의미에서
			中性评价标记		可以毫不夸张地说	——
			贬义评价标记		说句不好听的	극단적으로 말하면, 극단적인 비유이긴 하지만, 혹평하여

续表

类型			汉语	韩国语（朝鲜语）
话语组织标记		换述标记	即、也就是说、（这/那）就是说、即是说、换言之、换句话说	즉, 곧, 말하자면, 다시 해서, 말을 바꾸면, 환언하면, 바꿔 말하면, 되풀이하지만, 뒤집어서 보면/생각하면, 요즈음 식으로 말하자면, 그런 식으로 말한다면
		简述标记	简言之、简单说来、简单地说、简而言之、概括地说、概而言之	간단히 말해, 단적으로 말하여, 쉽게 말해, 쉽게 말하자면, 나의 생각을 잘라 말한다면
话语组织标记		详述标记	具体来说、具体地说	구체적으로 말하면, 풀어서 말한다면, 풀어서 얘기한다면
		插述标记	顺便说一句、顺便提一下、捎带说一句	짚고 넘어가야 할 것/점은, 여기서 한마디 짚고 넘어갈 문제는, 한마디 보충할 점은
	重述标记	指上重述标记	如前所述、如上所说、准上所说、上面已经说过、我们已经指出	이미 지적된/한 바와 같이, 이미 앞에서 말/이야기한 것처럼, 이미 살펴본 것처럼, 앞서 논의된 바와 같이, 이상과 같이 살필 때, 이상에 나타난바와 같이, 상술한 바와 같이, -에서 본 바와 같이
		指下重述标记	—	뒤에서 설명되지만, 결론적으로 말하면, 결론부터 말하면
		推述标记	可见、看来、由此/这样看来、这样说来、由此可以看出、由上可见、由此可见、如此看来、由此可推知、如此说来、由此观之、可想而知、显然、很明显、显而易见	이렇게 보면, 이런 점으로 미루어 볼 때, 이로부터 알 수 있는 바, 그러고 보면, 미루어 추측하건대, 짐작하는 바와 같이
		总述标记	总而言之、总之、总的说来、总起来说、综上所述、总括上面、一句话、一言以蔽之	한마디로 말해, 요약하면, 총적으로 보면, 요컨대
		举例标记	如、例如、（你）比如、正如(……所)、又如、再如、诚如、(你)比方(说)、就说、譬如、拿……来讲/说、以……为例、不妨借用……的话	예컨대, 예를 들면, 이를테면 (일테면), 가령, 보기를 들면, 예시하면, 구체적인 예로서, 예를 들어 설명하면
		回述标记	—	话说回来

续表

类 型			汉 语	韩国语（朝鲜语）
话语信息标记	信息来源标记	直接信息标记	我看、我认为、我觉得、在我看来、我们认为、在我们看来	내 보기에는, 내 생각에는, 나의 생각으로는
		间接信息标记	据、听说、据说、据我所知、按照……的说法、在……看来	듣건대, 듣자니, 들은 바에 의하면, 소문에 의하면, -에 의하면, -가 지적한 바와 같이, -가 말한 바와 같이, -에 따르면
	信息状况标记		众所周知、我们知道、大家知道、大家清楚、你知道、毫无疑问、毋庸讳言、毋庸置疑	다 아는 바와 같이, 잘 알려진 대로, 누구나 알고 있듯이, 누구에게나 분명한 일이지만, 보는 바와 같이, 알다시피, 주지하다시피, 주지하는 바와 같이

注："—"表示在我们所搜集到的语料中无此类型。

4) 指出了汉韩(朝)元话语标记的不同点

第一，在韩国语(朝鲜语)中，构成视点标记和认识情态标记的核心成分是视觉动词"보다"(看)；而在汉语中则是言说动词"说"。韩国语(朝鲜语)视点标记和认识情态标记所突出的是观察事物的视觉行为，而汉语更突出了是观察之后所要进行的表述行为。

第二，在韩国语(朝鲜语)中，指下重述标记具有相对稳定的形式特点及话语功能；但在汉语中，则没有形式化的指下重述标记。

第三，在韩国语(朝鲜语)中，推论标记和总述标记并不发达；而在汉语中，这两种标记都有较为丰富的表现形式。

第四，在韩国语(朝鲜语)中，表示信息来源的直接信息标记非常不发达，而在汉语中，直接信息标记和间接信息标记都很发达；在韩国语(朝鲜语)中，直接信息标记经常表示不确定性信息，而在汉语中，直接信息标记经常表示确定性信息。

第五，在韩国语(朝鲜语)中，根据不同的话语对象，元话语标记中的指示代词或名词受对上称、对等称、对下称等阶称体系的影响，有时词尾还要选用尊称词尾或谦恭词尾，动词也要选择尊敬义或一般义动词。

第六，汉语中有回述标记"话说回来"，而在韩国语(朝鲜语)中则没有这种回述标记，相近的语义由逻辑意义结构标记中的转换性转折标记"근데"来承担。

第七，元话语标记是表示话者主观性的语言标记，但是汉语比韩国语（朝鲜语）更强烈地体现了话者的主体意识，而在韩国语（朝鲜语）中，主体意识相对淡化，更多的是以零形式出现。

第八，在汉语中，元话语标记更多地体现了交互主观性，主要体现在元话语标记中出现的听者角色"你"。

第九，在汉语元话语标记中，有体现道义情态的道义情态标记，但是在韩国语（朝鲜语）相应的表达形式中，道义情态却体现得并不十分明显。

第十，在汉语元话语标记中，否定形式的信息状况标记是比较常用的，但是在韩国语（朝鲜语）中，相应的表达形式却不具有形式化的标记形态。

第六章

结 语

本书以语篇分析理论和系统功能语言学理论为框架,综合运用语言类型学等多种研究方法,依据功能为主形式为辅的原则,采用从共性基础到个性差异的对比思路,对汉韩(朝)语篇结构标记进行了深入、细致的对比研究。下面,对本书的主要内容和主要发现作一简要归纳。

第一节 本书的主要内容

(一)梳理了汉韩(朝)语篇结构的研究现状

汉语、韩国语(朝鲜语)语篇研究的理论和方法大都由西方引进,而目前对汉语和韩国语(朝鲜语)语篇结构的研究现状缺乏明确的认识。本书先将语篇结构研究分为语法、语义、语用/交际等三种取向,而每一种研究取向又按照从西方语言学界到汉语学界和韩国语(朝鲜语)学界回顾的顺序,结合纵向和横向,进行了全面梳理。

(二)归纳了汉韩(朝)语篇结构的特征

结合系统的内部结构和外部功能,考察了汉语、韩国语(朝鲜语)语篇系统、语篇结构及语篇结构标记的特征。在讨论语篇结构的特征时,结合语篇的构成单位和结构属性,重点探讨了语篇的四级构成单位和三元层级结构。在此基础上,提出了"语篇结构标记"这一概念,并讨论了语篇结构标记的功能特征、分类依据及标准。以语言的三元功能为依据,以基本话语和元话语的分层为标准,汉语和韩国语(朝鲜语)语篇结构标记可分为三种类型:概念意义结构标记、逻辑意义结构标记和人际意义结构标记。

(三)对比了汉韩(朝)概念意义结构标记

本书重点对比了概念意义结构标记中的话题标记。首先,提出了概念意义结构标记的概念、特征及类型，并指出目前汉韩（朝）话题研究中存在的不足点。在此基础上，指出汉韩（朝）话题标记在形式、语义及语用方面的共同特征，并根据典型话题的构成特征，把汉韩（朝）话题标记分为指称性话题标记、介引性话题标记和命题性话题标记。

在对比指称性话题标记时，首先讨论了韩国语（朝鲜语）助词"-가（-ka）/이（-i）"和"-는（-nwn）/은（-wn）"的功能域，指出"-는（-nwn）/은（-wn）"在语篇层面的语义统摄力强于"-가（-ka）/이（-i）"。其次，根据话题的指称性质，把汉韩（朝）指称性话题标记分为定指、通指和不定指，并考察了汉韩（朝）不定指性话题标记的对应形式及语篇功能。同时，还讨论了汉语介引性话题标记在韩国语（朝鲜语）中的对应形式。

信息可以分为新信息、旧信息及回指信息，根据话题所表示的信息类型，本书把汉语和韩国语（朝鲜语）的话题标记分为初始性、回指性和激活性话题标记。其中，回指性话题标记又分为零形回指性、代词回指性和名词回指性话题标记，而名词回指性话题标记再分为同形回指性、部分同形回指性、同义回指性及上下义回指性话题标记。基于以上对话题标记类型的讨论，本书对汉语、韩国语（朝鲜语）语篇中的话题推进模式进行了讨论，并归纳了五种主要类型。

（四）对比了汉韩（朝）逻辑意义结构标记

首先，指出了汉韩（朝）逻辑意义结构标记的概念，并从功能、位置、形式及来源等四个方面归纳了汉韩（朝）逻辑意义结构标记的特点。其次，根据逻辑语义结构关系所具有的客观性，把汉韩（朝）逻辑意义结构标记分为"元素—元素"关系标记、"对应点—对应点"关系标记和"原因—结果"关系标记等三种类型。根据内部语义差异，"元素—元素"关系标记又分为罗列标记和序列标记，"对应点—对应点"关系标记分为比较标记、对立标记和转折标记，"原因—结果"关系标记则分为因果标记、条件标记和目的标记。在对比时，不仅讨论了汉韩（朝）同类逻辑意义结构标记的语义差异，还围绕不同逻辑意义结构标记所具有的管领力，探讨了其语篇衔接功能。

（五）对比了汉韩（朝）结构功能话语标记

作为人际意义结构标记，汉韩（朝）话语标记具有三个特点：主观性、程序性及句法上的独立性。本书重点考察了在话轮结构中具有结构标记功能的话语标记。首先，简单回顾了汉语学界和韩国语(朝鲜语)学界有关话语标记的研究概况，并从语类、音节、音律、形态、句法、语义、语用及成员等九个方面归纳了汉韩(朝)话语标记的共同特征。根据话语标记在话轮结构中的连贯功能，汉韩(朝)话语标记可分为五种类型。

(六) 对比了汉韩(朝)元话语标记

作为人际意义结构标记，汉韩(朝)元话语标记也具有主观性、程序性及句法上的独立性。本书首先考察了汉语学界和韩国语(朝鲜语)学界对元话语标记的研究现状，并指出研究的不足点。为解决这些不足点，本书提出界定元话语标记的标准，并依据界定标准把汉韩(朝)元话语标记限定在词组、词汇及部分惯用形式上，同时，从语类、音节、形态、语形、句法、语用及成分等七个方面归纳了汉韩(朝)元话语标记的特征。

根据元话语标记在语篇中的衔接功能，汉韩(朝)元话语标记可分为话语态度标记、话语组织标记和话语信息标记。在对比时，本书按照内部衔接功能的差异，把汉韩(朝)元话语标记中的话语态度标记分为视点标记和态度标记，把话语组织标记分为换述标记、简述标记、详述标记、插述标记、重述标记、推述标记、总述标记、举例标记及回述标记，把话语信息标记分为信息来源标记和信息状况标记，并依据具体类型进行了对比。

第二节 本书的主要发现

(一) 汉韩(朝)语篇结构标记系统

如下图所示，本书在前人研究的基础上建立了汉语、韩国语(朝鲜语)的语篇结构标记系统。在我们的研究体系中，语篇是系统，语篇结构是子系统，语篇结构标记则是分系统。语篇结构标记系统由一系列表示系统关系的成员组成，这些成员根据功能、语义及形式上的差异分为不同类型。本书所建立的语篇结构标记系统，具有分类依据明确、层次关系清晰、语言功能得到凸显、易于理解和把握的特点。汉韩(朝)语篇结构标记不仅体现在微观结构和中观结构，而且涉及显性连接和隐性连接；不仅是生成语篇的重要手段，而且是理解语篇的重要线索。本书的最大收获，就是建立了汉语，韩国语(朝鲜语)的语篇结构标记系统。

```
语篇结构标记系统 ┬ 概念意义结构标记 ┬ 按照指称性质：指称性话题标记、介引性话题标记、命题性话题标记
                │                  └ 按照信息性质：初始性话题标记、回指性话题标记、激活性话题标记
                ├ 逻辑意义结构标记 ┬ "元素—元素"关系标记 ┬ 罗列标记：并列标记、连贯标记、递进标记、附加标记、选择标记
                │                  │                      └ 序列标记：时间序列标记、逻辑序列标记
                │                  ├ "对应点—对应点"关系标记 ┬ 比较标记
                │                  │                          ├ 对立标记
                │                  │                          └ 转折标记：对立性转折标记、限制性转折标记、违逆性转折标记、转换性转折标记、解释性转折标记
                │                  └ "原因—结果"关系标记 ┬ 因果标记：缘由标记、结果标记
                │                                        ├ 条件标记：顺向条件标记、逆向条件标记、自由条件标记
                │                                        └ 目的标记
                └ 人际意义结构标记 ┬ 话语标记：起始功能话语标记、延续功能话语标记、切换功能话语标记、抢夺功能话语标记、结束功能话语标记
                                   └ 元话语标记 ┬ 话语态度标记：视点标记、态度标记
                                                ├ 话语组织标记：换述标记、简述标记、详述标记、插述标记、重述标记、推述标记、总述标记、举例标记、回述标记
                                                └ 话语信息标记：信息来源标记、信息状况标记
```

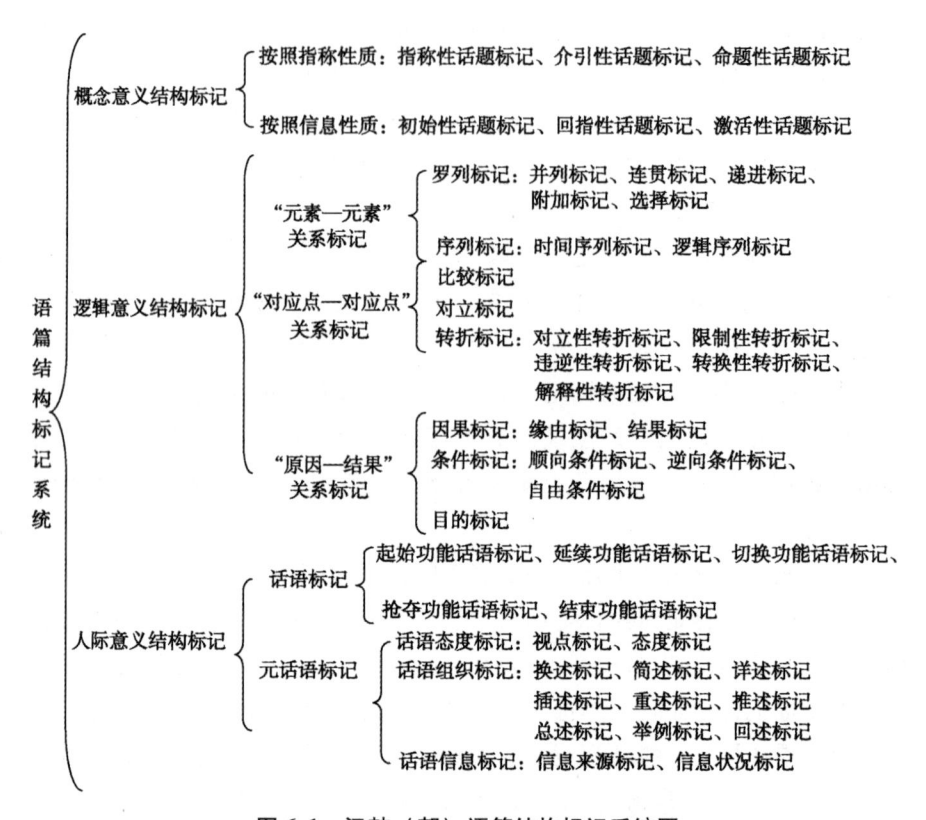

图 6.1　汉韩（朝）语篇结构标记系统图

（二）汉韩（朝）语篇结构的共性规律

（1）具有相同的复合三元结构。

汉语、韩国语（朝鲜语）语篇都由句子、句群、段落及段落群等四级单位构成。以段落为核心构成单位，汉语、韩国语（朝鲜语）语篇都可看作复合三元层级结构，即中观结构、微观结构和宏观结构的复合统一体。微观结构，指段落内部的逻辑语义关系，中观结构指段落与段落、段落群之间的逻辑语义关系，宏观结构则指整个语篇的功能结构，即语体结构。据此我们认为，汉韩（朝）语篇结构在结构层次和结构关系上具有高度的一致性。

（2）语篇结构标记的功能相同。

不是所有的语篇都有结构标记，但是典型的语篇必有结构标记。

语篇结构标记，是指体现基本话语层或元话语层一定的语法、语义及话语关系，并能通过这种关系管领语篇构成单位，具有语篇衔接功能的语

言标记。在汉语、韩国语(朝鲜语)中,话者或作者在建构一个语篇时通常提供语篇结构标记,以便听者或读者更好地把握相关命题之间的关系及语篇的主题;同样,当听者或读者理解语篇时,也会依据这些明示的结构标记来理解前后话语的关系层次,同时,重构语篇的语义结构,把握话者或作者的意图。语篇结构标记既是话者或作者建构语篇的重要手段,也是听者或读者重构语篇的重要线索,这一点在汉语和韩国语(朝鲜语)中是完全相同的。

(3) 语篇中的话题推进模式相同。

语篇的建构过程是话者或作者不断地选择话题,从而使表述得以展开和发展的过程。这种选择、确定话题的过程,就是话题推进的过程,是语篇的结构逐渐形成的过程。在汉语和韩国语(朝鲜语)中,微观结构和中观结构中的话题推进主要有延续式、派生式、集中式、交叉式、链条式等五种模式。延续式又分为贯通延续式和平行延续式,派生式又分为"上义词→下义词"派生式和"复数→单数"派生式,交叉式又分为插入交叉式和交替交叉式,链条式又分为长型链条式和短型链条式。据此我们认为,话题推进模式主要受认知模式的影响,而较少受语言类型或文化模式的影响。

(4) 语篇中的基本逻辑语义关系相同。

在汉韩(朝)语篇中,语篇构成单位之间的基本逻辑语义关系基本相同,体现这种逻辑语义关系的结构标记可以分为"元素—元素"关系标记、"对应点—对应点"关系标记和"原因—结果"关系标记。而这三种逻辑意义结构标记,可以细分为罗列标记、序列标记、比较标记、对立标记、转折标记、缘由标记、结果标记、条件标记、目的标记及其下位类型。据此我们认为,汉韩(朝)语篇中的基本逻辑语义关系具有很高的一致性。

(5) 话语中的会话结构相同。

根据我们对汉韩(朝)即兴口语语料的初步考察,汉语和韩国语(朝鲜语)的会话结构基本一致,不仅是话轮转换机制相同,话轮的内部结构、序列结构、修正结构、内嵌结构及打断结构也基本一致。另外,在汉语和韩国语(朝鲜语)口语中都大量使用话语标记。根据这些话语标记在话轮中的结构标记功能,汉韩(朝)话语标记都可分为起始功能话语标记、延续功能话语标记、切换功能话语标记、抢夺功能话语标记及结束功能话语标记。不仅如此,在汉语、韩国语(朝鲜语) 口语语篇和书面语语篇中,也都较多地使用元话语标记,其基本类型也都划分为话语态度标记、话语组织标记和话语信息标记。而汉韩(朝) 话语标记的功能都体现为话语连贯功能,汉韩(朝) 元话语标记的功能都体现为语篇衔接功能,具有很高的一致性。

据此我们认为,汉语、韩国语(朝鲜语) 语篇结构在总体上具有高度的一致性。究其原因:

其一,语篇的生成和理解,是一种逻辑思维活动。

语篇,是逻辑思维的语言表现,建构和重构语篇的关键在于逻辑。逻辑,是通过语言反映出的深层的思维结构,而思维是客观事物的反映,事物的客观性又决定了思维的全人类性。也就是说,尽管不同的民族具有不同的语言和思想文化,但是由于人类共有的社会文化系统和语言意义系统的相同和相近,不同民族的语言又具有了人类普遍的逻辑性。正是这种逻辑性的存在,使得不同的语言文化之间的交流得以实现,使得汉韩(朝) 语篇的组篇机制趋于相同或相近。因此,汉语、韩国语(朝鲜语) 语篇结构都具有逻辑上的层级性,都体现为复合三元层级结构,而且微观结构和中观结构内部的逻辑语义关系(包括话题推进模式) 也都具有很大的共性。

其二,语篇的生成与理解,也是一种认知活动。

认知,包括感觉、知觉、知识表征、概念形成、范畴化等各个方面,是人对客观世界进行概念化和结构化的过程。而概念和概念结构,并不完全等同于客观世界的外在结构,是人依据自身的身体结构和身体经验,通过完形感知、动觉及意象同客观现实互动所形成的。意象图式,则是在这种互动过程中形成的认知结构,是一种联系抽象关系和具体意象的组织结构。在汉民族和韩民族的认知活动中,"整体—部分" 意象图式是具有重要意义的认知模式。因此,汉语和韩国语(朝鲜语) 的话题推进模式中都有派生式和集中式,而且汉韩(朝) 回指性话题和先行语之间往往具有领属关系,而领属关系是"整体—部分" 意象图式的一种重要表现形式。

其三,语篇的生成与理解,还是一种修辞活动。

生成与理解,构成语篇的两极,二者统一于交际活动中。而交际是一种互动过程,是交际双方以提高交际效果为目的的修辞活动。在交际中,话者或作者尽可能准确地提供信息,以实现交际意图;而听者或读者也尽可能把话者或作者的信息理解为具有整体性的连贯信息，以把握话者或作者的交际意图。话者或作者为了使听者或读者更好地领会自己的交际意图，除了传递主要信息之外，还会选择恰当的语篇结构标记有效地组织语篇，以表明自己的态度、观点以及谋篇思路。听者或读者在理解语篇时，除了运用推理机制以外，也会利用语篇结构标记寻求最佳关联。可以说，这种由话者或作者和听者、读者以语篇为媒介所构成的修辞活动，反映了人类交际的普遍规律。因此，汉语、韩国语（朝鲜语）语篇中都普遍存在语篇结构标记，而且其功能也大体相同，也正因为如此，汉韩（朝）话语标记的连贯功能和元话语标记的衔接功能也具有很高的一致性。

可见，汉韩（朝）语篇结构的一致性，在一定程度上体现了人类语言的共性。然而，两种语言的语篇结构并不完全对应，亦即，汉语语篇结构关系并不以完全相同的结构关系对应于韩国语（朝鲜语），韩国语（朝鲜语）的语篇结构关系也并不以完全相同的结构关系出现在汉语中，而且语篇结构标记的固化与否、使用频率的高与否、语义功能的丰富与否，除了受语篇类型与话语风格的影响之外，也在一定程度上受语言类型、语言结构及语言心理和语言习惯的影响。下面，我们将重点论述汉韩（朝）语篇结构标记的差异。

（三）汉韩（朝）语篇结构标记的差异

语言是思维的物质形式，是民族的。不同的民族在自己特殊的历史、文化的发展进程中形成了不同的语言结构、语言心理和语言习惯。汉韩（朝）语篇结构标记的差异主要体现在：

（1）汉韩（朝）概念意义结构标记的差异

1）汉韩（朝）不定指话题标记的表现形式及其对应形式

在汉语中，表示不定指话题标记的主要是"一+（量词）+名词性成分"。当它以隐现句的主语出现时，对应于韩国语（朝鲜语）的"冠形词+名词"形式的主语；当它以隐现句的宾语出现时，转换为韩国语（朝鲜语）"冠形词+名词"形式的主语或偏正结构的主语；而当它以"有"字存在句的宾语出现时，则转换为韩国语（朝鲜语）的"NP1 에（e）（는）（nwn）+NP2 가（ka）/이（i）+있다（有）"句式中的主语"NP2 가（ka）/이（i）"；当它以"有"字兼语句的兼语出现时，通常转换为韩国语（朝鲜语）"NP1（의）（wi）+NP2 은（wn）+VP"中的"NP1（의）（wi）+NP2 은（wn）"。

韩国语(朝鲜语) 不定指话题标记的表现形式有"冠形词+名词""(冠形词) +名词+数词+(量词)""数词+의(wi) +量词" 及其组合形式，不定指话题标记主要由助词"가(ka) /이（i)" 及其零形式来表示。韩国语(朝鲜语) 不定指话题标记对应于汉语存现句中的宾语或主语，都表示行为主体。

2) 汉韩(朝) 介引性话题标记的对应形式

汉语的介引性话题标记对应于韩国语(朝鲜语) 的介引性话题标记或指称性话题标记，还可以转换为宾语、状语等句法成分。

具体来说，汉语"对于+NP" 对应于韩国语(朝鲜语)"NP+에 대해서 (도/만)""NP+있어서""NP+에서는" 等介引性话题标记；汉语"对于+NP""关于+NP" 还可以对应于韩国语(朝鲜语)"NP+ (이) 라면""NP+는/은" 等指称性话题标记；汉语"对于+NP""至于+VP" 还可转换为韩国语(朝鲜语) 的宾语 (목적어)"NP+를/을/도""VP+ (를/을)" 以及状语 (부사어)"NP+에게""NP+로서"。

3) 汉韩(朝) 延续式话题推进模式的对应形式

汉语句子话题的管领力强于韩国语(朝鲜语)，因此，汉语句子层面的贯通延续式推进模式主要对应于韩国语(朝鲜语) 语篇层面的贯通延续式推进模式，还可以对应于语篇层面的平行延续式推进模式和句子层面的贯通延续式推进模式相结合的复合形式。而韩国语(朝鲜语) 语篇话题的管领力强于汉语，因此，韩国语(朝鲜语) 语篇层面的贯通延续式推进模式经常对应于汉语语篇层面的平行延续式推进模式和句内贯通延续式推进模式相结合的复合形式。

(2) 汉韩(朝) 逻辑意义结构标记的差异

1) 汉韩(朝) 逻辑意义结构标记与指示词语的关系

在汉语常用的 127 个逻辑意义结构标记中，由表示 [-近指] 的"那""其"所构成的只有"那么、其中、其后、其次"等 4 个，占总数的 3.1%；由表示 [+近指] 的"这""此"所构成的逻辑意义结构标记则有 10 个，占总数的 7.9%。

在韩国语(朝鲜语) 中，逻辑意义结构标记与表示 [-近指] 的"그"具有密切关系。韩国语(朝鲜语) 有很多"그-"系列的逻辑意义结构标记，都是由指示谓词"그리하다，그러하다"的连接形经过词汇化而形成的。据我们统计，在 140 个常用逻辑意义结构标记中，"그-"系列逻辑意

义结构标记有 52 个，占总数的 37.1%；而表示［+近指］的"이-"系列逻辑意义结构标记则仅为 9 个，占总数的 6.4%。

可见，在汉语中，由表示［+近指］的指示词所构成逻辑意义结构标记较之由表示［-近指］的指示词所构成的逻辑意义结构标记多一些；在韩国语（朝鲜语）中，由表示［-近指］的指示词所构成的逻辑意义结构标记远远多于由表示［+近指］的指示词所构成的逻辑意义结构标记。

2）汉韩（朝）"元素—元素"关系标记的差异

①体现在汉韩（朝）连贯标记上。

韩国语（朝鲜语）连贯标记比较发达，常用连贯标记有 14 个，占常用逻辑意义结构标记的 10%；而汉语常用连贯标记只有 5 个，占总数的 3.1%。连贯标记表示行为或事件的连续性，但是标记本身并不指称时间。在韩国语（朝鲜语）中，使用频率最高的连贯标记是"그리고"，它在汉语中的对应形式有三种：一是连贯标记"接着""继而"等，二是时间词"然后""这时候""一瞬间"等，三是省略。

我们认为，与韩国语（朝鲜语）不同，汉语的时间词非常发达，连贯的行为或事件除了用凸显连续性的连贯标记来表示之外，还可以用指称时间的时间词来表示。此外，在汉语中，当话者按照空间关系叙述事物的特征或按照时间顺序叙述人物的行为动作时，经常使用隐性连接的方式而不使用标记词。所以，韩国语（朝鲜语）连贯标记除了对应于汉语的连贯标记之外，还经常对应于汉语的时间词，甚至省略。

②体现在汉韩（朝）序列标记上。

不论是汉语的时间序列标记还是逻辑序列标记，其表现形式和构成手段都比韩国语（朝鲜语）丰富。在汉语中，常用先时标记有 10 个，占常用逻辑意义结构标记的 7.9%；常用后时标记也有 10 个，也占 7.9%。而在韩国语（朝鲜语）中，常用先时标记只有 3 个，占常用逻辑意义结构标记的 2.1%；后时标记则有 7 个，占 5%。不仅是时间序列标记，汉语逻辑序列标记的表现形式和数量也比韩国语（朝鲜语）丰富得多。

我们认为，汉语是孤立语，当词语和词语、词组和词组以及小句和小句结合时，语序是非常重要的语法手段，因此，汉语语素的构词能力非常强。例如"前"可以直接构成"以前、此前、之前、在此之前"等时间词，"后"可以直接构成"然后、以后、而后、尔后、最后、此后、其后、事后"以及"后来"等不同形式的时间词。韩国语（朝鲜语）则是黏着语，当词语和词语、词组和词组以及小句和小句相结合时，词尾以及助词是非常重要的语法手段，因此，相对来说，韩国语（朝鲜语）语素的构词能力没有汉语强，其时间标记和逻辑标记的数量也就没有汉语丰富。

3) 汉韩（朝）"对应点—对应点"关系标记的差异

汉韩（朝）"对应点—对应点"关系标记的差异集中体现在转折标记上。

在韩国语（朝鲜语）中，转折标记的使用频率非常高。根据我们对《나목》（裸木）、《고등어》（青鱼）、《가시고기》（九刺鱼）等三部长篇小说的统计，转折标记（包括句内转折标记）分别出现了 95 例、236 例、471 例，分别占作品中逻辑意义结构标记总数的 30.6%、36.9%和 54.2%。在韩国语（朝鲜语）书面语中，使用频率最高的是"그러나"和"하지만"，而在日常口语中使用频率最高的则是"근데（그런데）"。在汉语中，转折标记在语料中所占比例也非常高，不同的是，在论证语篇中使用频率最高的是"但是"，在叙事语篇中使用频率最高的则是"可是"。

我们曾指出，逻辑意义结构标记是以客观的逻辑事实为基础的，但是又体现出话者或作者的主观视点。在汉语和韩国语（朝鲜语）中，具体选用哪一种转折标记，受语篇类型的影响，同时还受话者或作者话语风格的影响。而在韩国语（朝鲜语）中，除了以上因素之外，还更多地受话语礼貌原则的影响。因此，出于礼貌原则，话者在口语交际（要根据具体语境）中倾向于使用语气相对缓和的转换性转折标记"근데（그런데）"，而较少使用对立性转折标记"그러나"或"하지만"。在汉语中，不论是口语还是书面语，对立性转折标记的使用频率都非常高，但是又因为"可是"的语气较之"但是"弱一些，所以，韩国语文学语体中的"그러나""하지만"除了对应于"但是"之外，有时根据具体语境还对应为"可是（可）"或"不过"。

4) 汉韩（朝）"原因—结果"关系标记的差异

① 体现在汉韩（朝）缘由标记上。

汉语缘由标记"因为、究其原因"则倾向于表示原因，而韩国语（朝鲜语）因果标记中的缘由标记"왜냐하면(-기 때문이다)"倾向于表示理由。

② 体现在汉韩（朝）结果标记上。

汉语常用结果标记则有 6 个，占常用逻辑意义结构标记的 4.7%；韩国语(朝鲜语)结果标记非常丰富,常用的有 16 个,占常用逻辑意义结构标记的 11.4%。

我们认为,从本质上来讲,原因和结果的关系具有时间上的先后关系,因为结果总是出现在原因之后。从这一意义来说,"原因—结果"关系同连贯关系相同,都表示前后连续的两个事件或事态。如上所述,汉语除了使用关联词语或关联副词之外,还经常使用隐性连接的方式,而韩国语(朝鲜语)多用接续词来连接这种前后连贯的事件或事态。因此,与连贯标记相同,韩国语(朝鲜语)结果标记较之汉语丰富一些。

(3) 汉韩(朝)人际意义结构标记的差异

汉韩(朝)人际意义结构标记的差异,集中体现在汉韩(朝)元话语标记上。

1) 构成视点标记的核心动词不同。

构成汉语视点标记的核心成分是言说动词"说",而韩国语(朝鲜语)则是视觉动词"보다"(看)。汉语关注的是即将发生的话语行为,把视点看作一种表述角度,从而更加突出了"说"的行为;而韩国语(朝鲜语)视点标记所突出的是视点的视觉性,把作者的话语行为看作视觉行为的转移。因此,汉语元话语标记中的视点标记多用言说动词,而韩国语(朝鲜语)元话语标记中的视点标记多用视觉动词。

2) 直接信息标记所表示的确定性不同。

汉语直接信息标记多表示确定性信息,而韩国语(朝鲜语)直接信息标记多表示不确定性信息。在韩国语(朝鲜语)中,话者在表述自己的观点或见解时,尽管话者十分有把握,但是倾向于采用表示推测义的"-(은/는) 것 같다""-ㄹ(을/를) 것 같다""-ㄹ(을/를) 것이다"结构,力求淡化话者主体的判断语气,使话语带上一种协商的口气。而在汉语中,直接信息标记的使用在某种程度上也表示不确定性,但是较之韩国语(朝鲜语),其所在句倾向于采用肯定句,其语气也较之韩国语(朝鲜语)强烈。可见,汉语和韩国语(朝鲜语)直接信息标记表示的都是话者的观点或见解,但是韩国语(朝鲜语)倾向于淡化话者主体判断的确定性,而汉语则倾向于凸显话者的主体性,同时强调判断的确定性。

第三节 本书的不足之处

第一,在汉韩(朝)概念意义结构标记中,除了话题标记之外还有表示时空因素的时间标记和空间标记,以及表示述题的述谓性标记。但是由于时间、精力所限,本书只对比了在概念意义结构标记中最为重要的话题标记。

第二,在汉韩(朝)逻辑意义结构标记中,除了词语或词组形式的逻辑意义结构标记之外,还有一种用小句形式预示下文结构的结构标记。前者可称为黏着型逻辑意义结构标记,后者则可称为独立型逻辑意义结构标记。由于本书尚未找到能够使二者统一于一体的理论依据,而且后者主要出现在论证语篇中,因此本书只探讨了更为常见、更为重要的黏着型逻辑意义结构标记。

第三,在汉韩(朝)人际意义结构标记中,元话语标记具有较明显的语体特征。根据我们对语料的统计,汉韩(朝)元话语标记在文学语体中的随笔体和科学语体中具有较高的使用率,但是由于难以搜集理想的汉韩(朝)对应语料,本书未能进行更深入的语体特征对比。

第四,由于时间、精力及篇幅所限,书中的韩国语(朝鲜语)语料未能全部用国际音标转写,也未能进行细致的语素分析。

以上不足之处,使我们认识到汉韩(朝)语篇结构对比研究的难度及研究周期的长期性,同时,这些问题也将成为我们后续研究的重要议题。

参考文献

一 汉语著作及论文

曹逢甫:《主题在汉语中的功能研究》,谢天蔚译,语文出版社 1998 年版。

曹逢甫、王静:《汉语的句子与句子结构》,北京语言大学出版社 2005 年版。

曹秀玲:《现代汉语量限研究》,延边大学出版社 2005 年版。

陈平:《现代语言学研究——理论·方法与事实》,重庆出版社 1991 年版。

陈平:《引进·结合·创新》,《当代语言学》2006 年第 2 期。

陈开顺:《话语感知与理解——过程、特征与能力探讨》,外语教学与研究出版社 2001 年版。

陈青松:《符号化的逻辑思维与语篇的逻辑连接》,《外语学刊》2007 年第 3 期。

陈颖:《现代汉语传信范畴研究》,中国社会科学出版社 2009 年版。

陈宗明:《汉语逻辑概论》,人民出版社 1993 年版。

程工:《语言共性论》,上海外语教育出版社 2002 年版。

程晓堂、崔荣佳:《连接性词语的功能解析》,《外语教学》2004 年第 2 期。

程雨民:《语言系统及其运作》,上海外语教育出版社 2004 年版。

崔奉春:《朝汉语语汇对比》,延边大学出版社 2005 年版。

崔健:《韩汉范畴表达对比》,中国大百科全书出版社 2002 年版。

戴浩一、薛凤生:《功能主义与汉语语法》,北京语言学院出版社 1994 年版。

范晓:《汉语的句子类型》,书海出版社 1998 年版。

封宗信:《语言学的元语言及其研究现状》,《外语教学与研究》2005年第6期。

高一虹:《语言文化差异的认识与超越》,外语教学与研究出版社2003年版。

桂诗春编著:《新编心理语言学》,上海外语教育出版社2007年版。

郝长留:《语段知识》,北京出版社1983年版。

韩东吾:《朝汉翻译理论与技巧》,延边大学出版社1994年版。

何善芬:《英汉语言对比研究》,上海外语教育出版社2005年版。

何兆熊:《新编语用学概要》,上海外语教育出版社2009年版。

何自然主编:《认知语用学》,上海外语教育出版社2006年版。

何自然、冉永平编著:《新编语用学概论》,北京大学出版社2009年版。

胡胜高:《思维模式差异对语篇的影响》,《辽宁大学学报》2007年第7期。

胡壮麟:《语篇的衔接与连贯》,上海外语教育出版社2003年版。

胡壮麟:《功能主义纵横谈》,外语教学与研究出版社2000年版。

胡壮麟、朱永生等:《系统功能语言学概论》,北京大学出版社2006年版。

黄国文:《语篇分析概要》,湖南教育出版社2003年版。

黄衍:《论英语主位和述位》,《外国语》1985年第5期。

金基石:《朝汉词汇对比(讲义稿)》,《延边大学汉语言文化学院》2003年版。

金立鑫:《语言研究方法导论》,上海外语教育出版社2009年版。

金晓艳:《现代汉语时间连接成分研究》,博士学位论文,南开大学,2006年。

金永寿、全华民:《朝汉汉朝翻译基础》,延边大学出版社2006年版。

金永寿、金莉娜:《中国境内朝鲜语使用标准研究》,延边大学出版社2005年版。

康寔镇、南德铉等:《中韩辞典》,黑龙江朝鲜民族出版社1998年版。

康寔镇、李相度等:《韩中辞典》,黑龙江朝鲜民族出版社1999年版。

娄开阳:《现代汉语新闻语篇的结构研究》,世界图书出版公司2008年版。

李得春、金基石、张光军等:《中韩语言文字关系史研究》,延边教育出版社 2006 年版。

李明洁:《元认知和话语的链接结构》,华东师范大学出版社 2008 年版。

李秀明:《汉语元话语标记研究》,博士学位论文,复旦大学,2006 年版。

李战子:《话语的人际意义研究》,上海外语教育出版社 2004 年版。

廖秋忠:《廖秋忠文集》,北京语言学院出版社 1992 年版。

刘臣:《现代汉语篇章管界问题研究》,硕士学位论文,华东师范大学,2006 年。

刘辰诞:《教学篇章语言学》,上海外语教育出版社 2009 年版。

刘大为:《意向动词、言说动词与篇章的视域》,《修辞学习》2004 年第 6 期。

刘大为:《自然语言中的链接结构及其修辞动因》,首届"望道修辞学论坛",复旦大学,2008 年。

刘大为:《修辞性疑问:动因与类型——修辞性疑问的分析框架之二》,《修辞学习》2009 年第 1 期。

刘丹青、徐烈炯:《话题的结构与功能》,上海教育出版社 1998 年版。

刘丹青:《语序类型与介词理论》,商务印书馆 2004 年版。

刘丹青:《语言学前沿与汉语研究》,上海教育出版社 2005 年版。

刘鸿绅:《篇章语言学的发展史及其研究领域(上,下)》,《国外语言学》1987 年第 3—4 期。

刘丽艳:《口语交际中的话语标记》,博士学位论文,浙江大学,2005 年。

刘宓庆:《新编汉英对比与翻译》,中国对外翻译出版公司 2006 年版。

刘运兴:《语篇翻译引论》,中国对外翻译出版公司 2001 年版。

柳英绿:《朝汉语法对比》,延边大学出版社 1999 年版。

柳英绿、崔载光:《汉韩话题对比》,《华夏文化论坛》2009 年版。

陆丙甫、金立鑫:《语言类型学教程》,北京大学出版社 2015 年版。

陆俭明:《陆俭明自选集》,河南教育出版社 1993 年版。

陆俭明、沈阳:《汉语和汉语研究十五讲》,北京大学出版社 2005 年版。

罗选民等:《话语分析的英汉语比较研究》,湖南人民出版社 2001 年版。

罗选民、刘有元主编:《形式与功能:语言研究文集》,安徽文艺出版社 2003 年版。

吕叔湘:《近代汉语指代词》,学林出版社 1985 年版。

吕叔湘:《汉语语法论文集》,商务印书馆 2002 年版。

吕叔湘:《吕叔湘文集(第一卷)》,商务印书馆 2004 年版。

马国彦:《篇章的组块:管界和标记》,博士学位论文,复旦大学,2010 年。

马博森:《国内对比语篇研究:现状与借鉴》,《外语与外语教学》2002 年第 10 期。

聂仁发:《现代汉语语篇研究》,浙江大学出版社 2009 年版。

潘文国:《汉英语对比纲要》,北京语言大学出版社 2009 年版。

潘文国:《对比语言学:历史与哲学思考》,上海教育出版社 2006 年版。

彭宣维:《语言过程与维度》,清华大学出版社 2002 年版。

彭宣维:《英汉语篇综合对比》,上海外语教育出版社 2005 年版。

屈承熹:《汉语篇章语法》,潘文国等译,北京语言大学出版社 2007 年版。

钱冠连:《汉语文化语用学》,清华大学出版社 2002 年版。

钱军:《结构功能语言学——布拉格学派》,吉林教育出版社 1998 年版。

钱敏汝:《戴伊克的话语宏观结构论》,《国外语言学》1988 年第 2—3 期。

钱敏汝:《篇章语用学概论》,外语教学与研究出版社 2005 年版。

沈家煊:《不对称和标记论》,江西教育出版社 1999 年版。

沈开木:《句段分析(超句体的探索)》,语文出版社 1987 年版。

沈开木:《汉语话语语言学》,商务印书馆 1996 年版。

束定芳:《中国语用学研究论文精选》,上海外语教育出版社 2001 年版。

谭学纯、唐跃、朱玲:《接受修辞学》,安徽大学出版社 2000 年版。

王德春、陈晨:《现代修辞学》,上海外语教育出版社 2005 年版。

王德春、陈瑞端:《语体学》,广西教育出版社 2000 年版。

王德春、孙汝建:《社会心理语言学》,上海外语教育出版社 2004 年版。

王福祥、白春仁主编:《话语语言学论文集》,外语教学与研究出版社 1989 年版。

王静:《论语篇性质与话题的关系》,《世界汉语教学》2000 年第 4 期。

王卫新:《语篇视点与翻译策略》,《外语学刊》2004 年第 5 期。

王维贤、李先焜、陈宗明:《语言逻辑引论》,河北教育出版社 1989 年版。

王秀丽:《篇章分析:汉法话语范围导入词对比研究》,北京语言大学出版社 2008 年版。

韦旭升、许东振编著:《新编韩国语实用语法》,外语教学与研究出版社 2009 年版。

魏在江:《英汉语篇连贯认知对比研究》,复旦大学出版社 2007 年版。

吴启主:《汉语构件语篇学》,岳麓书社 2001 年版。

吴为章、田小琳:《汉语句群》,商务印书馆 2002 年版。

邢福义:《汉语复句研究》,商务印书馆 2003 年版。

熊沐清:《论语篇视点》,《外语教学与研究》2001 年第 1 期。

徐赳赳:《现代汉语篇章回指研究》,中国社会科学出版社 2003 年版。

徐赳赳:《现代汉语篇章语言学》,商务印书馆 2010 年版。

徐盛桓:《主位和述位》,《外语教学与研究》1982 年第 1 期。

徐盛桓:《再论主位和述位》,《外语教学与研究》1985 年第 4 期。

徐通锵:《语言论(第一卷)》,东北师范大学出版社 1997 年版。

徐通锵:《汉语研究方法论初探》,商务印书馆 2004 年版。

许余龙:《汉英篇章中句子主题的识别》,《外国语》1996 年第 6 期。

许余龙:《从回指的确认的角度看汉语叙述题篇章中的主题标示》,《当代语言学》2005 年第 2 期。

许余龙:《篇章回指的功能语用探索》,上海外语教育出版社 2006 年版。

许余龙:《对比语言学》,上海外语教育出版社 2008 年版。

尹世超:《标题语法》,商务印书馆 2005 年版。

曾庆香:《新闻叙事学》,中国广播电视出版社 2005 年版。

赵艳芳:《认知语言学概论》,上海外语教育出版社 2001 年版。

赵元任:《汉语口语语法》,商务印书馆 2005 年版。

张伯江、方梅:《汉语功能语法研究》,江西教育出版社 1996 年版。

张岱年:《文化与哲学》,教育科学出版社 2003 年版。

张德禄:《语篇内部衔接的原则》,《解放军外国语学院学报》2001 年第 11 期。

张德禄:《语篇连贯与衔接理论的发展及应用》,上海外语教育出版社 2006 年版。

张寅德编选:《叙述学研究》,中国社会科学出版社 1989 年版。

郑贵友:《汉语篇章语言学》,外文出版社 2002 年版。

郑文贞:《段落的组织》,福建人民出版社 1984 年版。

郑文贞:《郑文贞修辞文集》,厦门大学出版社 2007 年版。

中国社会科学院语言研究所词典编辑室:《现代汉语词典》,商务印书馆 2007 年版。

朱德熙:《现代汉语语法研究的对象是什么》,《中国语文》1987 年第 5 期。

朱德熙:《现代汉语语法研究》,商务印书馆 2005 年版。

朱德熙:《语法讲义》,商务印书馆 2006 年版。

朱永生、严世清、苗兴伟编著:《功能语言学导论》,上海外语教育出版社 2005 年版。

朱永生、郑立信、苗兴伟:《英汉语篇衔接手段对比研究》,上海外语教育出版社 2006 年版。

祝克懿:《新闻语体探索——兼论语言结构问题》,海风出版社 2007 年版。

祝克懿:《超文本的语篇功能与发展空间构想》,中国修辞学会:《修辞学论文集(12)》,黑龙江人民出版社 2009 年版。

祝克懿主编:《掇沉珠集·李宗熙》,复旦出版社 2010 年版。

左思民:《汉语语用学》,河南人民出版社 2000 年版。

二 韩国语(朝鲜语)著作及论文

강범모. 한국어의 텍스트 장르와 언어 특성 [M]. 서울: 고려대학교 출판부, 1999.

강상호. 조선어입말체연구 [M]]. 평양: 사회과학출판사, 1989.

고영근. 텍스트 이론과 국어통사론 연구의 방향 [J]. 배달말, 1990, (15).

고영근. 텍스트이론 [M]. 서울: 아르케, 2002 년.

고영근, 장경희 이성만 외. 텍스트이론 [M]. 서울: 도서출판 역락, 2001 년.

고익환, 박영철. 텍스트유형-분류기준에 대한 비판적 고찰 [J]. 독일어문학, 제 8 집.

권재일. 텍스트 언어학과 인문학 [A]. 권재일, 김윤한, 김호중 등. 언어학과 인문학 [C]. 서울대학교출판부, 2001.

김미선. 말뭉치 분석을 통한 접속부사의 결속 단위 고찰 [J]. 한국어학, 2007, 제 34 집.

김봉군. 문장기술론 (제 6 판) [M]. 서울: 삼영사, 2005.

김봉순. 텍스트 의미구조의 표지 연구 [D]. 서울대 박사학위 논문, 1996.

김선영. 현대 국어의 접속 부사에 대한 연구 [D]. 서울대 석사학위 논문, 2003.

김영수. 조선중세한문번역본의 언어사적연구 [M]. 서울: 도서출판 역락, 2001.

김영희. 한국어 통사론의 모색 [M]. 서울: 탑출판사, 1988.

김옥희. 조선어 품사론 [M]. 평양: 사회과학출판사, 2005.

김일웅. 담화의 짜임과 그 전개 [J]. 인문논총, 1989, 제 34 집.

김재봉. 주제 전개의 텍스트적 기능 [J]. 국어교육, 1997, 제 94 집.

김진호. 국어 특수조사의 통사·의미 연구 [M]. 서울: 도서출판 역락, 2000.

김향화. 한국어 담화 표지에 대한 연구 [D]. 계명대 박사학위 논문, 2002.

남기심, 고영근. 표준국어문법론 (개정판) [M]. 서울: 탑출판사, 2005.

노대규. 한국어의 입말과 글말 [M]. 서울: 국학자료원, 1996.

노석기. 국어 담화의 엮음관계 연구 [J]. 외대논총, 1987, (5).

두산 출판 BG. 동아 새국어사전 [K]. 서울: 두산동아, 1999.

리득춘, 리승자, 김광수. 조선어 발달사 [M]. 연길: 연변인민출판사, 2006.

박갑수 편저. 국어문체론 [M]. 서울: 대한교과서주식회사, 1994.

박갑수. 신문·광고의 문체와 표현 [M]. 서울: 집문당, 1998.

박여성. 한국어 텍스트 유형의 결정변수와 분포에 관한 연구 [J]. 텍스트 언어학, 1999, (6).

박영순. 한국어 담화·텍스트론 [M]. 서울: 한국문화사, 2004.

박용순. 조선어문체론연구 [M]. 평양: 사회과학출판사, 2005.

박용한. 입말/글말 텍스트의 스타일 연속체 연구 [J]. 한민족어문학, 2004, (45).

박진용. 읽기 교수-학습을 위한 텍스트구조의 전개과정 고찰 [J]. 청람어문교육, 2003, (27).

박철우. 한국어 정보구조에서의 화제의 초점 [M]. 도서출판 역락, 2003.

백봉자. 한국어문법사전 [K]. 서울: 연세대학교 출판부, 2000.

백수진. 텍스트성과 번역전환 [J]. 중국어문학지, 1994, (9).

서정수. 국어구문론연구 [M]. 서울: 탑출판사, 1983.

서정수. 국어문법의 연구 [Ⅱ] [M]. 서울: 한국문화사, 1990.

서정수. 국어문법 [M]. 목단강: 흑룡강조선민족출판사, 2006.

서 혁. 담화의 구조와 주제 구성에 관한 연구 [D]. 서울대 박사학위논문, 1996.

서 혁. 담화의 분석과 화제·초점에 대하여 [J]. 선청어문, 1994, 제 22 집.

신계성. 화제의 위계와 일관성 [J]. 언어연구, 1987.

신계성. 화제와 화제도 [J]. 언어연구, 1994, (5).

신명선. 텍스트 결속 기제로 작용하는 국어 명사의 특징에 대한 연구 [J]. 한국어학, 2010, (42).

신명선. 국어 학술텍스트에 드러난 헤지표현 (Hedge) 에 대한 연구 [J]. 배달말, (38).

신지연. 거시구조 접속의 양상 [J]. 텍스트 언어학, 2003, (14).

신지연. 단락 경계에서의 '그러나'의 의미 기능 [J]. 텍스트 언어학, 2005, 제 19 집.

신지연. 국어 텍스트의 거시구조 접속 [J]. 시학과 언어학, 2006, 제 11 호.

안주호. 한국어 담화표지 분석 [J]. 말, 1992, (17).

양명희. 현대국어 대용어에 대한 연구 [M]. 서울: 태학사, 1998.

유목상. 접속어에 대한 고찰 [J]. 한글, 1970, 146 집.

윤평현. 국어의 접속어미에 대한 연구 [D]. 전남대 박사학위 논문, 1989.

이삼형. 설명적 텍스트의 내용구조 분석과 교육적 적용에 관한 연구 [D]. 서울대학교 박사학위 논문, 1994.

이삼형. 텍스트 구조 분석 연구 [J]. 텍스트언어학, 1999, (6).

이삼형. 텍스트 이해와 추론 [J]. 텍스트 언어학, 1999, (7).

이석규 편저. 텍스트 분석의 실제. 이석규 [M]. 서울: 도서출판 역락, 2003.

이석규 외. 텍스트 언어학의 이론과 실제 [M]. 서울: 도서출판 박이정, 2001.

이성만. 텍스트는 체계인가 [J]. 독일문학, 1993, 제 50 집.

이성만. 「논평」의 텍스트 유형론적 연구 [J]. 독어교육, 1999, 제 17 집.

이성만. 텍스트의 주제와 기능을 찾아서 [J]. 언어과학연구, 2001, 제 19 집.

이원표. 담화분석 [M]. 서울: 한신문화사, 2002.

이은희. 교육적 측면에서의 접속어 연구 [J]. 국어교육학연구, 1992. (2)

이은희. 텍스트 언어학 소고 [J]. 한성어문학, 1993. (12).

이은희. 접속관계의 텍스트 언어학적 연구 [D]. 서울대학교 박사학위 논문, 1993.

이익섭, 임홍빈. 국어문법론 [M]. 서울: 학연사, 1988.

이익섭, 채 완. 국어문법론강의 [M]. 서울: 학연사, 1999.

이정민, 배영남, 김용석. 언어학사전 (3 판 [개정증보판]) [K]. 서울: 박영사, 2000.

이희자. 한국어교재 텍스트의 효율적인 분석 방법론 1 [J]. 텍스트

언어학, 2001, (10).

이희자. 주제부 전개로 본 텍스트 구성 연구 [J]. 텍스트언어학, 2004, (17).

임규홍. 국어 '주제'에 대하여 [J]. 배달말, 1990, (15).

임규홍. 주제말과 풀이말의 매임관계에 대하여 [J]. 배달말, 1991, (16).

임규홍. 국어 담화분석 연구의 현황과 전망 [J]. 우리말연구, 2007, 제 20 집.

임지룡. 국어의미론 [M]. 서울: 탑출판사, 1998.

임홍빈. 국어문법의 심층 (2) [M]. 서울: 태학사, 1998.

장석진. 통합문법론 [M]. 서울: 서울대학교출판부, 1997.

장정줄. 국어의 접속사 연구 [D]. 동아대 석사학위 논문, 1996.

전병선. 본문언어학 [M]. 평양: 과학백과사전종합출판사, 1995.

전영옥. 문어와 구어에 나타난 '그러나' 연구 [J]. 한말연구, 2007, 제 21 호.

전영옥. 구어와 문어의 접속부사 실현 양상 비교 연구 [J]. 텍스트언어학, 2007, 제 22 집.

전영옥. 한국어 담화 표지의 특징 연구 [J]. 화법연구, 2002, (4).

정 오. 지시어·접속어에 관한 연구 [D]. 전북대 석사학위 논문, 1990.

조국현. 한국 텍스트언어학 연구에 대한 성찰 [J]. 텍스트언어학, 2003, (15).

조국현. 한국 텍스트언어학사 연구의 이론적 토대와 과제 및 절차 [J]. 독어교육, 2005, 제 32 집.

조국현. 언어 교육에 관한 한국 텍스트언어학의 연구 내용 및 성과 [J]. 텍스트언어학, 2007, (22).

주경희. 대명사의 특성 [J]. 한국어 의미학, 2001, 제 8 집.

주시경. 국어문법 [M]. 서울: 박문서관, 1910. (고영근, 이현희 공동교감, 1986).

차윤정. 이음말 연구 [D]. 부산대 박사학위 논문, 2000.

차윤정. 이음말의 담화표지 기능 [J]. 우리말 연구, 2000, 제 10 집.

최규수. 한국어 주제어와 임자말 연구 [M]. 부산: 부산대학교 출판부, 1999.

최명식, 김광수. 조선어문법 [M]. 연길: 연변대학출판사, 2000.

최웅구. 조선어 문체론 [M]. 심양: 료녕인민출판사, 1979.

최현배. 새로운 말본 [M]. 서울: 정음사, 1970.

채 완. 화제의 의미 [J]. 관악어문연구, 1976, 제4집.

한국텍스트언어학회 지음. 텍스트언어학의 이해 [M]. 서울: 도서출판 박이정, 2009.

홍사만. 국어특수조사론 [M]. 서울: 학문사, 1987.

황미향. 한국어 텍스트의 구성소 분석 [J]. 텍스트언어학, 1999, (6).

황미향. 한국어 텍스트의 계층구조와 결속표지의 기능 연구 [D]. 경북대 학사학위 논문, 1998.

황미향. 조사 '도' 의 텍스트 형성기능 연구 [J]. 언어과학연구, 2002, 제21집.

三 译著及译文

(미) J. L. Austin (오스틴) 지음, How To Do Things With Words, 장석진 편저. J. L. Austin, 서울대학교출판부, 1987.

(독) R. de Beaugrand・W. Dressler (보그란데, 드레슬러) 지음, 김태옥, 이현호 옮김. 텍스트 언어학 입문》, 서울: 한국문화사, 2002년초판 3쇄.

(독) Klaus Brinker (클라우스 브링커) 지음, 이성만 옮김. 텍스트언어학의 이해, 서울: 도서출판월인, 2004.

(독) Plett Heinrich (하인츠 파터) 지음, 이성만 옮김. 텍스트 구조와 이해, 대전: 배재대학교출판부, 2006.

(독) Heineann, Wolfgang; Dieter Viehweger (볼프강 하이네만, 디터 피이베거) 지음, 백설자 옮김. 텍스트언어학 입문, 서울: 도서출판월인, 2001.

[英] Diane Blakemore: The organization of discourse，林成武译,《话语的结构》(上，中，下),《国外语言学》1992 年第 4 期—1993 年第 2 期。

[美] 布龙菲儿德:《语言论》, 袁家骅、赵世开、甘世福译, 商务印

书馆 2004 年版。

［英］戴维·克里斯特尔编:《现代语言学词典》，沈家煊译，商务印书馆 2007 年版。

［荷］托伊恩·A. 梵·迪克:《作为话语的新闻》，曾庆香译，华夏出版社 2004 年版。

［荷］冯·戴伊克:《话语·心理·社会》，施旭、冯冰编译，中华书局 1993 年版。

［英］约翰·甘柏兹:《会话策略》，徐大明、高海洋译，社会科学文献出版社 2001 年版。

［法］A. J. 格雷马斯:《结构语义学：方法研究》，吴泓缈译，生活·读书·新知三联书店 1999 年版。

［英］S. C. Levinson:《沈家煊译．语用学论题之三：言语行为》，《国外语言学》1986 年第 4 期。

［英］S. C. Levinson:《沈家煊译．语用学论题之四：会话结构》，《国外语言学》1987 年第 1 期。

［英］S. C. Levinson:《沈家煊译．语用学论题之五：指示现象》，《国外语言学》1987 年第 2 期。

［德］哈杜默德·布斯曼:《语言学词典》，陈慧瑛等编译，商务印书馆 2007 年版。

［法］海然热:《语言人：论语言学对人文科学的贡献》，张祖建译，生活·读书·新知三联书店 1999 年版。

［英］韩礼德、［英］哈桑:《英语的衔接》，张德禄、王珏纯、韩玉萍等译，外语教学与研究出版社 2007 年版。

［德］威廉·冯·洪堡特:《论人类语言结构的差异极其对人类精神发展的影响》，姚小平译，商务印书馆 2008 年版。

［美］D. W. 卡罗尔:《语言心理学》，缪小春译，华东师范大学出版社 2006 年版。

［美］伯纳德·科姆里:《语言共性和语言类型》，沈家煊译，华夏出版社 1989 年版。

［瑞典］麦蒂森、［英］韩礼德:《系统功能语法：理论之初探》，黄国文、王红阳译，高等教育出版社 2009 年版。

［美］爱德华·萨丕尔:《语言论》，陆卓元译，商务印书馆 2002

年版。

［法］丹·斯珀波、［英］迪埃珏·威尔逊:《关联：交际与认知》，蒋严译，中国社会科学出版社 2008 年版。

［瑞士］费尔迪南·德·索绪尔:《普通语言学教程》，高名凯译，商务印书馆 2005 年版。

［比］耶夫·维索尔伦:《语用学诠释》，钱冠连、霍永寿译，清华大学出版社 2008 年版。

［奥］维特根斯坦:《哲学研究》，李步楼译，商务印书馆 2008 年版。

［美］Arnold M. Zwicky:《社会语言学演讲录》，刘明霞等译，北京语言学院出版社 1989 年版。

［美］威廉·克罗夫特:《语言类型与语言共性》（第二版），龚群虎等译，复旦大学出版社 2009 年版。

四 评介

정시호:《반 데이크의 텍스트학 이론에 대해》,《텍스트언어학》1998 年第 5 期。

D. Blakemore 著，姚岚述评:《〈关联与语言意义〉述评》,《当代语言学》2005 年第 2 期。

曹其军:《荷兰功能语法研究近况》,《国外语言学》1997 年第 4 期。

陈春燕:《Van Dijk 新著〈话语与语境〉介绍》,《外语教学与研究》2010 年第 1 期。

程琪龙:《Beaugrande 的语篇程序模式及其理论》,《外语教学与研究》1998 年第 4 期。

顾曰国:《John Searle 的语言行为理论与心智哲学》,《国外语言学》1994 年第 2 期。

顾曰国:《John Searle 的言语行为理论：评判与借鉴》,《国外语言学》1994 年第 3 期。

M. Heoy 著，刘英述评:《〈语篇的互动〉述评》,《当代语言学》2004 年第 2 期。

钱军:《捷克语言学家 Jan Firbas》,《国外语言学》1995 年第 4 期。

钱敏汝:《戴伊克的话语宏观结构论(上)》,《国外语言学》1987 年第 3 期。

钱敏汝:《戴伊克的话语宏观结构论(下)》,《国外语言学》1987年第4期。

孙朝奋:《〈虚化论〉评介》,《国外语言学》1994年第4期。

王伟:《"修辞结构理论"评介(上)》,《国外语言学》1994年第4期。

王伟:《"修辞结构理论"评介(下)》,《国外语言学》1995年第2期。

尉文珧:《索温斯基的〈话语语言学〉简介》,《国外语言学》1987年第4期。

徐赳赳:《Van Dijk 的话语观》,《外语教学与研究》2005年第5期。

徐林:《Halliday〈功能语法导论〉介绍(上,下)》,《国外语言学》1986年第1、2期。

周晓康:《韩礼德的〈语篇与语境〉简介》,《国外语言学》1988年第2期。

附录 A

韩国语"그-"系列连接成分的词类地位问题

本书所要研究的韩国语（朝鲜语）逻辑意义结构标记，包括"그러나，그런데，그리고，그래서，그러니까，그렇지만，그럼에도 불구하고"等多数"그-"系列的连接成分。然而，围绕"그-"系列连接成分，韩国语（朝鲜语）学界历来存在较大分歧，主要观点有如下几种：

表 A.1　　　　　汉语、韩国语（朝鲜语）元话语标记的类型

观　点		学　者
看作接续词	韩国	유길준（1909），주시경（1914），김두봉（1916），이필수（1922），이규방（1923），이병기（1929），박상준（1932），박승빈（1937），홍기문（1947），김윤경（1948），심의린（1949），정경해（1953），김민수（1955），이희승（1956），장정줄（1982），허웅（1983），이광정（1987），강우원（1991），민현식（1991），김석득（1992），이희자（1995），김승곤（1996），임유종（1999）
	朝鲜	정순기（1988）
	中国	무빈홍（1991）
看作接续副词	韩国	최현배（1937，1971），이승녕（1966），유목상（1970），남기심、고영근（1985），김경훈（1996），김미선（2001）
	朝鲜	《조선어문화어》저자（1979）、렴종률、김영황（1990）
	中国	최윤갑（1980），서영섭（1981），동북 3 성《조선어문》편찬소조（1983），최명식、김광수（2000）
看作谓词的活用形	韩国	도수희（1965），주경희（1991），박선자（1999），양명희（1998）
	朝鲜	최정후（1983），김백련（2005），리기만（2005）

从上表中可以看出，围绕"그-"系列连接成分，学界主要有三种观点：

第一种观点，把"그-"系列连接成分看作独立的词类，即"접속사"（接续词）。这种观点从韩国语（朝鲜语）语法研究的草创时期便开始确立，但是最初的接续词研究包括了词尾和助词，是广义的接续词。直到李

圭方（이규방，1923）、李丙起（이병기，1929）才出现了纯粹意义上的"接续词"概念，这种观点一直延续至探索期。到了近期，这种观点更加成熟，如张正茁（장정줄，1982）认为，"그-"系列的词语不同于助词或词尾，它们都是实词，不论在形态上还是在语义上都具有独立的形式，不仅具有使用上的可分离性，而且前后都有语音上的停顿，因此应该看作独立的词类。

第二种观点，把"그-"系列连接成分看作副词的下位类型，即"접속부사"（接续副词）。把"그-"系列连接成分看作独立词类的观点，到了崔铉培（최현배，1937，1971）发生了变化，他把历来看作接续词的成分"및，또，그러나，그러니"视为副词性概念词，认为这种概念词不同于印欧语或日语的接续词，并把它们命名为"이음어찌씨"（连接副词）。由于崔铉培的语言学理论后来成为韩国学校语法的框架，所以南基心、高永根（남기심，고영근，1985）等学校语法论著也都遵循了这一观点，不同的是，他们把副词分为成分副词（성분부사）和句子副词（문장부사），并把"그-"系列连接成分归入句子副词中的接续副词。值得注意的是，朝鲜和中国韩国语（朝鲜语）学界的大部分学者也都采取了相同的观点，即把这些成分看作接续副词。

第三种观点，把"그-"系列连接成分看作谓词的连接形，即"그리고，그러나"不是独立的词，而是"그리하다+어미（词尾）"或"그러하다+어미（词尾）"的谓词活用形。代表性的学者是都守熙（도수희，1965），他提出了"代用言（대용언）"这一概念，认为代用言是代替用言（也就是谓词）与之保持同一活用的语言形式，"그러나，그리고，그러니，그러면"等语言形式既不是接续词，也不是副词，而是代用（谓词）的活用形即连接形。

另外，徐正洙（서정수，1969）提出了"自由副词"（자유부사）和"制约副词"（제약부사）等概念，并把"그러나，그렇지만，그래도，그러면，그러므로"等词语归入自由副词中的"句子连接副词"（문장연결부사）；申贤淑（신현숙，1989）、安周浩（안주호，1992）、申智妍（신지연，1998）等学者从话语分析的角度分析了"그러니까，그래서，그런데"等词语的话语功能；郑悟（정오，1990）、李恩义（이은희，1992）、车润晶（차윤정，2000）等学者则采用了"접속어/이음말"（接续语/连接语）这一语篇概念，把"그-"系列连接成分看作语篇层面的概念，但

是对这些成分的归属问题并没有给出明确的回答。

那么，应该如何看待"그-"系列连接成分的词类归属问题？

我们主张，应该把韩国语（朝鲜语）的"그-"系列连接成分设为独立的词类即"接续词"。理由如下：

第一，就句法功能来说，韩国语（朝鲜语）副词的主要功能是修饰或限定谓词。但是"그-"系列连接成分却不修饰或限定某一个动词性成分或形容词性成分，而是连接前后的语言成分，包括连接句子和句子，也包括连接语篇和语境，因此，它们的主要功能不是对谓词性成分的修饰或限制，而是对前后语言成分或的衔接。

第二，就句法成分来说，韩国语（朝鲜语）副词一般充当谓语的"부사어"（状语）。但是当"그-"系列连接成分出现在句首时，它们不与所在句的其他成分发生任何句法关系，是句法结构之外的独立成分。那些把"그-"系列连接成分视为接续副词的学者，也都无一例外地承认接续副词在句法上是独立成分（독립성분/홀로말/외딴성분），这样就与副词主要充当"부사어"（状语）的表述相脱节，暴露出词类的上位类型与下位类型在句法特征上不一致的矛盾，而这一点有悖于词类划分中形式、语义和功能相统一的核心原则。

第三，从语法化的角度来说，"그-"系列连接成分都是谓词的连接形逐渐词汇化的结果，从形态上来说都已固定为一种词汇形式。虽然这些成分或多或少地保留了指代的语义特点，但是相当于指示谓词的"그리하다, 그러하다"的语义功能已经非常虚化，只保留了谓词的范畴意义，成为类似功能词的化石形态[①]。因此，在一般韩国语（朝鲜语）母语者的语感中，"그리고""그러나""그렇지만"等连接成分并不是"그리하다+고""그러하다+나""그러하다+지만"等谓词活用的结果，而是一个固定的词汇，他们在理解和使用时也是直接以一个词汇的形式来理解和使用的。因此，把这些词语看作谓词连用形的观点，只注重了词语的初始形态与来源，而忽视了共时平面上母语使用者的实际语感和使用状况。

第四，从语篇理解的角度来说，"그-"系列连接成分在语篇结构的理

---

① 朴善子（박선자，1996）指出，"가리킴 풀이씨의 줄기에 해당하는 부분은 본디 풀이씨의 어휘적 뜻이 약화되고 가리킴 풀이씨가 가지는 가리킴 기능으로써 대용 기능만 가지므로 풀이씨라는 범주의 자취만을 가지는 일종의 화석 형태이다."《어찌말의 통어·의미론》（《副词的句法语义论》）第83页，（韩国）世宗出版社。

解中具有重要的意义。在语篇中，这些连接成分通常出现在句首，在标志一个句子开始的同时也标志前一个句子结束，它们凸显或增加前后命题之间的逻辑意义，提供框架结构信息，使读者或听者能在较大范围内进行期待和组织，一旦识别出这些连接成分，读者或听者便可以立即开始期待并构建一个新的命题。因此，从语言教学的角度来说，如果把这些连接词单独设为接续词，就可以在超越句子的语篇层面上进行有关接续词的教学，不仅有利于学生更好地掌握这些连接成分，而且有利于提高口语教学和写作教学的效率。

据此，本书把"그-"系列连接成分看作独立的接续词，认为接续词是连接句子成分和句子成分、句子和句子的一种语言形式。但是需要指出的是，并不是所有的"그-"系列连接成分都是接续词，有的则是谓词的连接形，需要分析者进行鉴别和判断。

附录 B

本书语料的构成

(一) 汉文语料出处
(1) 文学语体
1) 小说体
长篇小说：
钱锺书：《围城》，人民文学出版社 2007 年版
老　舍：《骆驼祥子》，人民文学出版社 1979 年版
(노　사,《낙타샹즈》, 유성준 옮김, 중앙일보사, 1989 年版)
老　舍："猫城记",《老舍小说经典》，九州图书出版社 1995 年版
王　朔：《我是你爸爸》，云南人民出版社 2004 年版
余　华：《活着》，上海文艺出版社 2006 年版
短篇小说：
朱栋霖主编：《中国现代文学作品选》（1917—2000）第三卷，高等教育出版社 2003 年版：孙犁，"山地回忆"（김영무 역<산지대를 회상하여>）；王蒙，"春之声""组织部来了个年轻人"；宗璞，"红豆"（강범구 역<상사자>）；茹志娟，"百合花"（김일 역<나리꽃>）；蒋子龙，"乔厂长上任记"；张洁，"爱，是不能忘记的"；谌容，"人到中年"；铁凝，"哦，香雪"；阿城，"棋王"；残雪，"山上的小屋"；马原，"冈底斯的诱惑"；余华，"鲜血梅花"
2) 散文体
双流主编，《名家散文精品选》，陕西摄影出版社 1995 年版：王蒙，"苏州赋"
巴金、谢大光主编，《中国当代文学作品精选》（1949—1999）散文卷，北京十月文艺出版社 2000 年版（第二次印刷）：黄秋耘，"古怪的猫的自白"；史铁生，"我与地坛"；周晓枫，"它们"；杨闻宇，"乡村琐忆"

刘增山:"秋魂",高级中学教科书(试用本)《汉语》第一册,延边教育出版社 2008 年版

3)随笔体

中国作协创研部选编,《2009 年中国随笔精选》,长江文艺出版社 2010 年版:熊召政,"还威福于皇上";安妮宝贝,"清扫";韩小蕙,"人格大师季羡林";张宏杰,"乾隆盛世是一个饥饿的盛世";丛山,"一个黑色家族的疯狂与覆灭"

(2) 科学语体

1)教材体

郭齐勇:《中国哲学史》,高等教育出版社 2007 年版

童庆炳主编:《文学理论教程》,高等教育出版社 2008 年版

齐振海主编:《认识论探索》,北京师范大学出版社 2008 年版

游国恩、王起、萧涤非等主编:《中国文学史》修订本(三、四),人民文学出版社 2008 年版

2)学术论文体

李泽厚:《美学旧作集》,天津社会科学院出版社 2002 年版

3)科普短文体

竺可桢:"向沙漠进军",高级中学教科书(试用本)《汉语》第一册,延边教育出版社 2008 年版

王晓雨:"珍奇的稀有动物——针鼹",高级中学教科书(试用本)《汉语》第一册,延边教育出版社 2008 年版

(3) 政治语体

邓小平:《邓小平文选》(第三卷),人民出版社 2000 年版

(4) 新闻语体

《人民日报》2010 年 11 月 14 日、15 日的所有消息报道

(5) 公务语体

中华人民共和国宪法(2004 年 03 月 16 日第二版)

(二) 韩(朝)文语料出处

(1) 文学语体

1)小说体

长篇小说:

염상섭:《삼대》,도서출판 빛샘,2000 年版

박경리:《토지》제1부, 학원출판공사, 1991 년판
(朴景俐著,《土地》第一部第一卷, 刘广铭、金英今译, 民族出版社 2008 年版)
박완서:《나목》, 세계사, 1970 년판
(朴婉绪著,《裸木》, 金连兰译, 上海译文出版社 2007 年版)
공지영:《고등어》, 웅진출판주식회사, 1994 년판
조창인,《가시고시》, 도서출판 밝은세상, 2000 년판
(赵昌仁著,《九刺鱼》, 金莲兰译, 延边大学出版社 2002 年版)
短篇小说:
《정통한국문학대계 8》, 어문각, 1996: 이효석, <메밀꽃 필 무렵>
《우리 시대의 한국문학 23》, 주식 회사 계몽사, 1991: 양귀자, <한계령>; 이문열, <금시조>, <서늘한 여름>; 윤후명, <높새의 집>; 표성흠, <안개섬>
《제 1 회 황순원문학상 수상작품집》, 중앙 M&B, 2001: 윤후명, <달의 향기>; 전성태, <퇴역 레슬러>;

2) 随笔体

이어령:《흙 속에 저 바람 속에》, 문학사상, 1962《한국대표수필》, 도서출판 빛샘, 2000: 나도향, "그믐달"; 이상, "권태"; 이양하, "나무"; 방정환, "어린이 찬미"; 윤오영, "달밤"; 양주동, "웃음설"; 안병욱, "행복의 메타포"; 박완서, "꼴찌에게 보내는 갈채"

3) 童话体

"양반전",《고전소설 속 논술 따라가기》, 일곱난쟁이, 2007 년판

(2) 科学语体

1) 教材体

황경식: "인간과 사회", 철학문화연구소 편,《철학강의》, 철학과현실사, 1995 년판

2) 论文体

박용숙:《한국의 미학사상》, 일월서각, 1990 년판
김동원: "과학과 철학",《이성과 자연》, 도서출판 한승, 1990 년판
김 진: "진리란 무엇인가",《생활속의 철학》, 자유사상사, 1990 년판

3）科学说明体

이병철:《살아남기, 근원으로 돌아가기》, 도서출판 두레, 2000年版

정범모:《정보사회와 인간생활》, 조선족고급중학교 조선어문 제 2 권, 연변교육출판사, 2007 年版

류성금:《인간게놈프로젝트와 의의》, 조선족고급중학교 조선어문 제 4 권, 연변교육출판사, 2008 年版

（3）政治语体

回忆纪实体①

김일성:《세기와 더불어》제 1 부, 조선로동당출판사, 1992 年版

（金日成,《与世纪同行》第一部第一卷,（朝鲜）外文出版社 1994 年版）

（4）新闻语体

《조선일보》2010 년 11 월 14 일, 15 일 모든 기사문

（5）公务语体

대한민국 헌법（1987 년 10 월 29 일 전문개정판）

---

① 朝鲜学者李正勇《朝鲜语语体学》（2005：223）把他人回忆朝鲜领袖金日成同志的伟大革命业绩和崇高品德的文章称为"回忆实纪体", 并归入社会政治语体。根据语体划分的依据, 又考虑到金日成回忆录在朝鲜所具有的重大的政治、思想意义及影响, 本书将其归入"政治语体"。

后　记

本书是作者2013年承担的国家教育部人文社会科学研究一般项目《基于类型学的韩汉语篇结构标记对比研究》（项目批准号：13YJA740021）的最终成果，是在作者的博士学位论文的基础上修改、补充而成的。如今即将付印，我十分激动，也十分高兴，因为经过这些年的不断努力，我在汉韩（朝）语篇对比方面所取得的一点成果终于能与读者见面了，同时，我也有些不安，因为书中还有一些问题没能得到更好的解释。

我于2011年6月通过博士学位论文答辩，2014年获得吉林省"优秀博士学位论文"荣誉。我十分感激我的博士生导师金永寿先生，先生为人师表，不仅治学严谨、正直公正，而且与人为善、平易近人，先生引领我在语言学的道路上大步前进，同时，给予了我无限的教益与帮助，先生的教诲与嘱托将是我未来教学工作和学术研究中永远恪守的信念！

我很幸运，能得到李得春先生的耳提面命。先生虽已故去，但是，当年老先生在朝鲜语史和汉字词方面的深刻造诣让我获得新知，受益良多。感谢延边大学的金光洙教授、李敏德教授、金哲俊教授、金香花教授、金日教授、张成日教授，感谢他们对我的书稿提出的宝贵意见。

另外，感谢我在复旦大学访学期间的导师祝克懿教授和刘大为教授。两位教授深邃的理论功底、渊博的学识、严谨的学风，都对我产生了很大的影响。两位教授对于我的语篇对比思路提出了宝贵的意见，而且热心地拿出他们的研究成果，供我参考。

感谢上海外国语大学的金基石教授和金忠实教授，感谢两位教授对我的鼓励和关心。金基石教授是我一直以来十分敬重的学者，他不仅始终鼓励和关心我，而且对我的书稿提出了中肯的意见和建议，让我大受启发。金忠实教授对韩国语语篇有深入的研究，对本书也提出了一些宝贵的意见。

感谢复旦大学的姜银国教授和姜宝有教授,在我复旦大学访学期间,姜银国教授的韩国语词汇学理论使我受益匪浅,姜宝有教授的韩汉语言文化对比成果也对我颇有启发。

感谢我在北京语言大学访学期间的导师崔健教授,在崔健教授的对比语言课程中,我不仅学习了语言对比研究的系统理论知识,也接触到了更多的类型学意义上的语言材料,感谢崔健教授在学术上给予我的启发,感谢他一直以来对我科学研究的关心和帮助。

此外,感谢李兰、姜美子、卢星华、池东恩、姜美花、金秀东、马国彦、金顺吉、金贤植、李海燕等老师,他们都曾为我提供所需资料,并同我共勉。

感谢中国社会科学出版社的任明老师,感谢他为本书的出版所付出的辛勤劳动。

最后,由衷地感谢我的家人,感谢我先生和我的公公婆婆,感谢我父母和我的姐姐和妹妹,感谢他们在物质上、经济上、精神上给予我的关怀和帮助,感谢他们对我科学研究工作的理解和支持!此外,十分感谢我乖巧的女儿和可爱的儿子,感谢他们在我为理想而奔波的岁月里能够健康快乐地成长!感谢所有关心过我、帮助过我的朋友们!

金莉娜
2018 年 10 月 18 日